U1069118

Judgment Rules for Bankruptcy Litigation and
Legal Practices of Administrator

破产诉讼案件
裁判规则与管理人实务

高美丽 ——— 编著

中国法制出版社
CHINA LEGAL PUBLISHING HOUSE

序一

新中国的破产法治实践，经历了《企业破产法（试行）》和《企业破产法》适用的两个阶段，至今已30余载。尤其是《企业破产法》实施以来，管理人队伍蓬勃发展，破产审判专业化专门化建设、府院联动机制建设日趋完善，破产案件数量增长较快，破产诉讼的裁判规则也在司法实践中不断得到发展和深化。破产衍生诉讼反映的是破产程序中各方利益主体的争论焦点。本人及所在的研究机构中国人民大学破产法研究中心一直重视破产衍生诉讼问题的研究，通过举办专题研讨会的方式进行过多次深入研讨，但囿于时间和精力，一直未能进行全面的个案梳理和总结。

近日，活跃在破产管理人执业领域的高美丽律师发来了《破产诉讼案件裁判规则与管理人实务》书稿并邀请我作序。本书按照最高人民法院《民事案件案由规定》中的“与破产有关的纠纷”案由，选取了破产撤销权纠纷、请求确认债务人行为无效纠纷、对外追收债权纠纷、追收未缴出资纠纷、追收抽逃出资纠纷、追收非正常收入纠纷、普通破产债权确认纠纷、取回权纠纷、破产抵销权纠纷、别除权纠纷、损害债务人利益赔偿纠纷、管理人责任纠纷12个主题，对每一个主题进行重点问题的细分，然后从争议焦点、实务裁判观点、典型案例三个方面进行探讨，深入研究12个主题领域内的破产诉讼纠纷案件，并对其中的争议焦点和各地法院的裁判观点进行类型化、抽象化的总结，力图探寻破产程序中各利益相关方的冲突与博弈，对于破产管理人履职具有重要的参考意义，对于破产法律实务的发展亦有裨益。

本书作者高美丽律师具有丰富的破产实务经验，在撰写的过程中参考了大量的案例，涉及范围较广。本书章节安排适当，虽然引用了大量的案例但行文却不烦琐，既有经典案例的重点剖析，又有大量类案的总结与列举，兼顾案例的数量与质量。同时，作者将团队多年来担任破产管理人和破产程序各参与方顾问律师的心得体会融入了书中，言之有物，实乃用心之作。

破产法治建设，道阻且长，既需要破产法学界的努力探索，也需要实务界的归纳总结。如果我们只顾埋头个案，若干年之后留给我们的仍然只是一个个零星分散的案例。只有及时地发现和梳理问题，归纳和总结经验教训，才能让破产法的规则得到准确的适用，经过检验的良好实践才能转化为可复制可推广的经验，破产法市场化、法治化、常态化实施所需要的制度和机制才能逐步建立健全。衷心期待有更多的破产从业者能够在个案之余，利用自身专业优势归纳和总结实务中的问题和经验，为破产法治事业做出我们应有的贡献。

中国人民大学法学院教授、博士生导师

中国人民大学破产法研究中心副主任兼秘书长

北京市破产法学会副会长兼秘书长

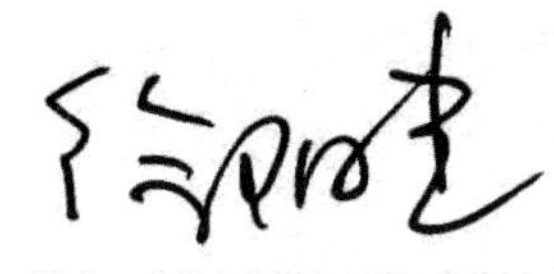

2021 年 9 月 24 日

序二

破产是市场经济优胜劣汰的结果，然而破产并不意味着企业的“死亡”，从某种意义上说，破产反而是对企业的“保护”和“挽救”，能帮助部分企业涅槃重生。随着我国市场经济的日益成熟，破产业务也获得不断发展，破产业务从业者的数量在未来几年将会持续增长。同时，破产业务对于从业者的专业化程度要求也不断增强。破产项目，尤其是大型破产项目，往往面临非常复杂的局面，各方博弈非常激烈，作为破产管理人需要一种执着：即使问题繁杂交织，依然能够沉下心来认真细致地对待分析每一个问题的执着；即使项目障碍重重，依然能够多头想办法积极应对，不放弃的执着；即使有过不少项目经验，依然如履薄冰地对待每一个项目并从头开始的执着……

作为专门从事破产业务的律师，大部分时间都在破产项目上奔忙。2020 年疫情期间居家工作，让我们有了一些时间能够静下心来对过往的破产项目经验教训进行回顾、思考和总结，对项目过程中遇到的疑难问题系统进行整理和研究，于是开始筹划撰写本书。

破产程序中涉及债权人、债务人、债务人的出资人、投资人等各方的利益冲突、矛盾与博弈，破产衍生诉讼是各方矛盾的深层次体现。最高人民法院《民事案件案由规定》（2021 年 1 月 1 日生效）中第二级案由“二十三、与破产有关的纠纷”项下的 13 个三级案由，基本涵盖了破产项目的各个环节。在破产衍生诉讼中，各方利益诉求得到了更加充分的展示，不同当事人、各地和各级裁判机关的观点也都得到了充分表达。

破产业务千头万绪，从破产衍生诉讼中窥探破产程序涉及的各方利益诉求以及法院的裁判观点，对于破产管理人履职具有重要的参考意义。因此，我们拟定了从诉讼视角切入破产业务，反观管理人履职的思路，前后参考的案例超过600件，总结了实践中较为常见、容易发生争议的疑难问题。每一问题下，提炼具体的争议焦点、总结司法实践中对该问题的不同裁判观点、对典型案例进行剖析，更好地指导破产管理人开展相关破产业务。本书还增加了管理人履职提示部分，将争议焦点与实践中可能发生的情形相联系，提示管理人在业务操作过程中如何尽量减少争议，如何在发生争议时审慎履职等。

如今破产衍生诉讼已经成为解决与破产程序相关的实体权利义务纠纷的通行方式。破产衍生诉讼作为一种诉讼类型，存在与一般诉讼的共性，也有着不同于一般诉讼的特性。结合破产衍生诉讼实务，总结破产诉讼案件裁判规则，也可为参与破产衍生诉讼的律师等主体提供良好的借鉴思路。

由于破产案件的实践差异，并随着府院联动机制在破产领域的不断深化，我们相信在实践中有更多法律效果与社会效果相统一的疑难问题解决方式。本书提出的观点和解决思路实为抛砖引玉，欢迎大家与我们探讨和交流。本书中的瑕疵也在所难免，敬请各位读者在给予厚爱、宽容的同时不吝批评、指正。

本书从疫情突发居家办公时开始筹划，开始时进度还是不错的，随着疫情稳定，大家各自返回项目，本书的推进陷入了“蜗牛模式”。真是既有大家一起持续讨论快速推进撰写的时刻，也有近一个月一字未动的局面。出版前恰逢民法典生效，团队根据民法典对本书重新进行了全面的整理和修改，当时参与本书编写的全体成员心情五味杂陈，不过倒是对于民法典和破产业务的衔接进行了系统学习。想来，破产业务工作者想集中精力完成项目以外的总结和梳理实属不易，由此也对各位老师、同行等长期以来对于破产事业的付出更加钦佩，不论是论坛、交流还是书籍、文章，都是对我们破产实务人员的引领和支持，在此表示深深的感谢。此外，感谢本书的全体编辑成员，感谢大家在承担繁重的项目任务的同时，加班加点甚至通宵达旦地付出。感谢中国法制出版社在本书出版过程中的指导与帮助，尤其是因为民法典的修改对于本书的多次指导和辛苦付出。

高美丽

2021年9月6日

目录

第一章
破产撤销权纠纷

破产撤销权是指管理人对于债务人在破产申请受理前的法定期间内所为的损害债权人利益的行为，向法院申请撤销的权利。《企业破产法》[①] 第三十一条和第三十二条规定的可撤销行为包括：在人民法院受理破产申请前一年内，无偿转让财产的、以明显不合理的价格进行交易的、对没有财产担保的债务提供财产担保的、对未到期的债务提前清偿的、放弃债权的；以及在人民法院受理破产申请前六个月内，债务人出现破产情形仍对个别债权人进行清偿的。上述行为减损了债务人的责任财产或者增加了债务人的债务，从而降低了债权受偿比例，损害了债权人利益。因此对于上述行为，管理人有权撤销，撤销后追回的财产并入破产财产。

可撤销行为必须发生在法定的临界期以内，即人民法院受理破产申请前一年内或六个月内，此时企业往往已经出现破产原因。在法定临界点之前的上述行为管理人无权予以撤销。

实务中有关破产撤销权的争议主要集中于可撤销行为的具体表现形式和判断上，如无偿转让财产等行为具体如何认定、如何证明债务人在对个别债权人进行清偿时已具备破产原因，以及《企业破产法》第三十二条“但书规定”的管理人无权撤销的使债务人财产受益的个别清偿行为该如何认定的问题等。本章针对实务中出现的特殊情形是否能够适用《企业破产法》第三十一条和第三十二条的规定予以撤销进行了研究。

---

① 为便于阅读，本书法律文件标题中起始的“中华人民共和国”均予以省略。

一、无偿转让财产

（一）为他人债务提供担保

◆争议焦点

为他人债务提供担保是否系《企业破产法》第三十一条规定的“人民法院受理破产申请前一年内，涉及债务人财产的下列行为，管理人有权请求人民法院予以撤销：（一）无偿转让财产的”情形。

◆实务裁判观点

关于债务人在破产申请前一年内为第三人债务提供担保是否属于可撤销的无偿转让财产行为，理论上观点不一。一种观点认为，债务人提供的担保能够以将来的求偿权对第三人行使追偿权，故应属有偿行为。另一种观点认为，债务人为他人提供担保并无任何经济利益，且在担保契约成立时，从司法实践的情况看，此时第三人往往已丧失清偿能力，债务人权利实现的可能性很小，所以将其解释为无偿行为可予以撤销，显然更为适宜。还有一种折中的观点认为，如果在担保时第三人没有财力，求偿权实质上是没有价值的，因此应将担保视为无偿行为。但在第三人尚有财力的情况下，债务人在负担担保债务的同时取得将来的求偿权，担保债务与求偿权之间构成对价关系。

司法实践中，法院判别对外担保是否属于无偿转让财产这一可撤销行为的核心，在于判断对外担保是否为“无偿”行为。总结归纳司法案例，此“无偿”行为至少包括以下两种情况：1. 债务人（破产企业）明知第三人无力偿还而仍然为其借款提供担保。贷款人无清偿能力，意味着破产企业要在无对价的情况下将其财产让渡给他人，有害于债权人的整体利益。在该种情形下，虽然破产企业形式上享有对第三人追偿的权利，但因该追偿权不可能实现，故构成无偿转让财产。对于不知道将来可否求偿的不确定的求偿权，比较破产债权人应该得到的补偿会被减少的可能性与担保权人不根据代偿而得到的利益，这种求偿权也只是形式上的，它牺牲了破产债权人的利益而保护了担保权人的利益，显然有失合理性。尤其在提供抵押担保的情形下，企业一旦破产，将由于清偿顺位的变化，导致偏颇清偿，损害其他债权人利益。2. 债务人（破产企业）并无担保的义务且也未从第三人处获得任何对价。这种担保行为损害了债务人财产，并且不能作为个别清偿的例外情形，即个别清偿使债务人财产受益。尤其在被担保人为担保人的关联公司，存在恶意转移财产的嫌疑，被撤销的可能性更大。

在司法实践中，对于为他人债务提供财产担保及保证这两种担保形式，在能够证明符合上文提到的转让财产行为的“无偿性”的情形下，具体表现为第三人在借款时明显缺乏偿还能力，债务人仍为其提供担保，并且该担保行为未使债务人获得任何对价，法院倾向于认为属于《企业破产法》第三十一条规定的可撤销行为。

对于为第三人提供财产担保及为第三人提供保证是否均属于《企业破产法》第三十一条第（一）项的“无偿转让财产”行为，理论和实践中还存在争议。多数法院倾向于认为破产企业为第三人债务提供保证担保属于广义的“无偿转让财产”，可以根据《企业破产法》第三十一条第（一）项予以撤销。对于为第三人债务提供财产担保的，争议较大。有的法院认为第（三）项“对没有财产担保的债务提供财产担保”，其中的债务仅指自有债务，为他人债务提供财产担保在满足“无偿性”的条件下属于第（一）项“无偿转让财产”；但是，也有法院认为“对没有财产担保的债务提供财产担保”既包括自有债务，也包括为他人债务提供担保，因此，在同时满足无偿性和为无财产担保的债务提供财产担保的情况下，在法律适用上可能产生竞合。

（1）为他人债务提供财产担保的，在满足无偿性的条件下，法院倾向于认为属于可撤销行为，但适用《企业破产法》第三十一条第（一）项或第（三）项存在争议。争议焦点主要为案件所涉的为他人债务提供财产担保行为是否属于“无偿转让财产”，部分案例如下：

在“（2016）苏06民终4623号小额贷款有限公司小额借款合同纠纷二审案”中，A公司在被法院裁定受理破产申请前一年内，向B公司提供抵押担保的行为属于“无偿转让财产”之情形。所谓无偿转让财产，指以无代价或者实质上无代价的方式将债务人财产让渡给他人的行为。在破产程序中，有财产担保的债权相较于普通债权优先受偿，债务人在人民法院受理破产申请前一年内为他人的债务提供抵押担保，意味着本应用于集体清偿的财产变成了有财产担保的债权人优先受偿的标的，从而使普通债权人通过破产程序所能获得的清偿数额减少，这显然违背了通过破产程序实现公平清偿之目标，属于有害于一般债权人的欺诈行为。且 A 公司从中未获得任何利益，故该行为应定性为无偿转让财产。①

在“（2017）川 20 民终 874 号破产撤销权纠纷二审案”② 中，一审法院认为，A 公司与被告所签《抵押合同》系双方真实意思表示，不违反法律禁止性规定，合法有效。但 A 公司系在自身经营亏损、资产远不足以清偿全部债务的情形下，为 B 公司融资需要而以其自身财产提供抵押担保，甚至承诺承担连带清偿责任；A 公司的抵押行为并不能使自身财产获得收益，反而导致自己的责任财产减少，普通债权人可获利益受阻，损害了普通债权人的利益，且该抵押行为是不具有对价的减少财产或增加债务的无偿行为；该无偿抵押担保的实质是无偿转让财产，违背了通过破产程序实现公平清偿的目的。二审法院认为，提交的证据显示，A 公司、B 公司之间在案涉抵押担保发生之前有经济往来，A 公司与 B 公司系关联公司。在为 B 公司提供担保后，A 公司及其他关联公司最终也收到部分款项。故不能认定 A 公司为 B 公司 1 亿元融资提供抵押担保属无偿抵押担保，也不能认定为“无偿转让财产”的情形。

（2）有的观点认为，为他人债务提供保证，在满足无偿性的条件下，属于“无偿转让财产”，作为可撤销的情形。部分案例如下：

在“（2018）冀 10 民初 438 号破产撤销权纠纷一审案”中，法院认为，可撤销期间内，A 公司为他人先前已经存在的债务提供保证担保，A 公司自身并未因提供该担保获得相应对价，也未使自身财产受益。进入破产程序后，该笔

① 为便于阅读，本书收录的案例在案情介绍及说理部分就当事人的名称都进行了简化处理。

② 再审案件详见（2019）川民再 649 号。再审法院认为，A 公司管理人撤回一审起诉的请求，已经其他当事人同意，且不损害国家利益、社会公共利益、他人合法利益，依法予以准许管理人撤回起诉。

担保债权只能利用A公司的财产在破产程序中予以清偿，清偿后被告即可无偿取得A公司财产或者财产所转化的收益。因此，A公司将自己的财产以提供担保的方式无偿让渡于被告，侵害了A公司债权人的整体利益，符合《企业破产法》第三十一条第（一）项规定的无偿转让财产的情形，应当予以撤销。

在“（2018）鲁10民终2716号破产撤销权纠纷二审案”中，法院认为，A公司、B公司如承担保证责任，虽取得对丁某的追偿权，但丁某个人无清偿债务的能力，故A公司、B公司为丁某的借款向李某提供担保的行为实际上致使破产财产减少，损害了全体债权人的利益。所以，应当认定A公司、B公司及其乳山分公司为涉案借款提供担保的行为属于无偿转让财产的行为。

在“（2018）苏06民终2801号破产撤销权纠纷二审案”中，法院认为，A公司向卢某、潘某提供反担保后，则将增加其承担的份额，必然导致A公司责任财产减少，属广义的无偿转让财产。

在“（2018）川16民终1801号破产撤销权纠纷二审案”中，法院认为，A公司自愿为B公司向C市分行的2000万元借款本息提供保证担保，并以自身采矿权为该债务提供抵押担保，并到自然资源部门办理了抵押登记备案的行为，系将自有财产为他人设立本不属于自身债务的保证担保或抵押担保，其并未从上述担保行为中获得任何法律上的对价，属于无偿转让财产的行为。

相反地，也有个别法院认为，为他人债务提供保证可以追偿，不属于《企业破产法》第三十一条第（一）项规定的情形。在“（2016）闽民终50号破产撤销权纠纷二审案”中，法院认为，A公司为李某债务提供担保的行为系增加A公司的债务而非无偿转让财产行为，且A公司依法亦有权在承担担保责任之后向李某追偿。A公司管理人认为因A公司难以实现追偿权故主张A公司提供担保的行为系无偿，不符合《企业破产法》第三十一条第（一）项规定的情形。

在“（2018）湘民终848号破产撤销权纠纷二审案”中，一审法院认为，为第三人债务提供保证，属于第三十一条第（二）项“对没有财产担保的债务提供财产担保的”情形，支持管理人的撤销请求。二审法院认为，为第三人债务提供保证不属于"对没有财产担保的债务提供财产担保"，认为"无偿转让财产"的前提是破产债务人本身对受让人没有债务，其出于逃废本身债务之目的而为之，损害了全体债权人利益。支付 120 万元系 A 公司履行担保义务的行为，A 公司对受让人 B 公司本身存在担保之债。其履行担保责任后，可以向主债务人中的 C 公司追偿，因此该行为并未造成破产财产的减少，不损害全体债权人利益。

另外，在司法实践中，有的法院还从为他人债务提供保证的行为属于"无偿加入他人债务"情形的角度，认为该行为将导致债务人责任财产减少，违背了《企业破产法》中关于债权平等和集体清偿的原则，因而属于无偿转让财产的一种方式。

在"（2017）苏 0681 民初 8005 号破产撤销权纠纷一审案"中，法院认为，如为他人债务提供担保，如果发生在破产受理前一年内，不管是为已有债务提供担保还是为新设债务设定担保都可认定为无偿转让财产而予以撤销，此时《企业破产法》第三十一条第（三）项与第（一）项就有了适用上的竞合，但最终的法律结果是相同的。故即便卢某、潘某抗辩成立，但债务人在法院受理破产申请前一年内无偿加入他人债务，导致债务人责任财产减少，属于广义的无偿转让财产，管理人请求人民法院予以撤销，应予支持。

在"（2019）苏 1081 民初 284 号破产撤销权纠纷一审案"中，法院认为，根据企业破产法的规定，人民法院受理破产申请前一年内，债务人无偿转让财产的，管理人有权请求人民法院予以撤销。本案中，A 公司在未取得相应对价的情况下，于本院受理破产申请前一年内为其原法定代表人祁某之前所欠被告的债务提供保证担保，系无偿加入他人债务，将导致其责任财产减少，违背了《企业破产法》中关于债权平等和集体清偿的原则，属于无偿转让财产的一种方式，管理人有权请求人民法院予以撤销。

在"（2018）苏 06 民终 3103 号破产撤销权纠纷二审案"中，两级法院均认为 A 公司在法院受理破产申请前一年内，又为 B 公司向 C 公司提供反担保，无偿加入 B 公司债务，将导致其本身责任财产减少，属于广义的无偿转让财产行为。

◆典型案例

1. A 公司管理人与 B 银行 F 支行破产撤销权纠纷一审案[①]

(2019) 浙 0226 民初 160 号

【案情简介】

● 2017 年 12 月 25 日，甲方即被告 B 银行 F 支行与乙方即第三人 C 公司签订《最高额综合授信合同》1 份，约定甲方同意在授信额度有效期间内向乙方提供 2 亿元整的授信额度。合同项下授信额度的有效使用期间为 3 年，自 2017 年 12 月 21 日至 2020 年 12 月 20 日。

● 同日，抵押人 A 公司与抵押权人 B 银行 F 支行签订《最高额抵押合同》1 份，合同载明的抵押财产评估值为人民币 51179 万元，约定 A 公司将登记在其名下的 440 套房产为上述《最高额综合授信合同》项下的业务提供抵押担保，担保的最高额债权（主债权）为在 2017 年 12 月 21 日至 2020 年 12 月 20 日《最高额综合授信合同》项下发放的贷款、开出的信用证、保函、银行承兑汇票等，债权本金总额不超过 2 亿元。

● A 公司作为保证人与 B 银行 F 支行签订《最高额保证合同》1 份，约定本合同所担保的最高额债权（主债权）为在 2017 年 12 月 21 日至 2020 年 12 月 20 日《最高额综合授信合同》项下发放的贷款、开出的信用证、保函、银行承兑汇票等，及产生的本合同约定担保范围内利息、违约金等所有应付款项，担保人承担连带责任保证。

● 2017 年 12 月 28 日，甲方 B 银行 F 支行与乙方 C 公司签订《银行承兑协议》，约定乙方申请甲方承兑其开出的商业汇票共 10 张，金额共计 2 亿元，汇票载明的汇票到期日均为 2018 年 6 月 28 日，收票人均为 D 公司。当日，B 银行 F 支行予以了承兑。

● 2018 年 5 月 9 日，C 公司向 B 银行 F 支行发送通知，告知因公司资金紧

---

① 二审案件详见（2020）浙 02 民终 608 号。二审法院认为，从案件查明的事实来看，案涉贷款并未流入 A 公司，且没有证据证明 A 公司从中受益的事实，该行为实质上属于《企业破产法》第三十一条第（一）项规定的“无偿转让财产”的情形。故驳回上诉，维持原判。

张，到期无法偿还。

● 被告于2018年5月29日向某市第一中级人民法院起诉要求C公司归还银行承兑汇票本金20000万元及罚息、违约金等，并要求A公司承担抵押担保责任和连带保证责任，并就抵押物享有第一顺位优先受偿权。

● 2018年9月17日，某县人民法院受理申请人E支行对A公司的破产申请。

【双方争议】

案件的争议焦点在于A公司为C公司向被告B银行贷款提供抵押担保及连带责任担保是否系《企业破产法》第三十一条规定的"人民法院受理破产申请前一年内，涉及债务人财产的下列行为，管理人有权请求人民法院予以撤销：（一）无偿转让财产的"情形。

原告A公司管理人认为：（1）C公司无力偿还该笔2亿元贷款，除A公司外的其他保证人均无能力承担保证责任，A公司履行抵押担保义务后，将无法实现追偿权，其提供抵押担保的行为，实为变相无偿转让财产的事实。（2）唯一股东夏某实际未出资，C公司实际资产与其声明的总资产37792万元不符，实际资产匮乏，被告明知C公司资产、经营均为不良的状况，恶意向没有资产且无偿还能力的C公司发放20000万元贷款。（3）A公司为C公司提供担保时，自身财务状况较为紧张，实际财务状况与《B银行最高额综合授信合同附件（担保人资料）》中的相关内容不符。

被告B银行认为：（1）本案不应适用《企业破产法》第三十一条第（一）项的规定，因为本案A公司提供抵押及保证担保，不是转让行为，抵押导致的拍卖也是被动转让，不是破产法规定的主动转让。（2）本案不应适用转让规定来适用担保情形，抵押导致的拍卖可能有余额。（3）本案也不是无偿行为，原告是有收益的。（4）A公司与C公司的关联企业之间存在资金统一调配统一使用的情况，A公司承担抵押担保责任后，可以向借款人、保证人追偿，不管追偿能否实现，不能认为没有收益。

【判决结果及理由】

《企业破产法》第三十一条规定的撤销权的目的主要在于确保债务人财产

的最大化，避免债务人通过无偿或低价交易等方式突击转移财产，或避免债务人基于个人选择优先清偿个别债权人，损害债权人的整体利益。依照上述规定，管理人行使破产撤销权的条件：一是必须是在人民法院受理破产申请前一年内所实施的行为；二是必须是有害于债权人利益的行为，同时，《企业破产法》并未要求以当事人在实施行为时存在主观恶意为构成条件。

首先，2017年12月，A公司将其名下440套房产为被告B银行F支行提供抵押担保，该抵押系涉及A公司财产的行为，抵押的时间在A公司破产清算前一年内。

其次，A公司将其名下440套房产为第三人C公司向被告的贷款设定抵押，A公司不是为自身贷款提供抵押担保，也没有证据证明涉案2亿元贷款有款项汇入A公司。

最后，C公司未清偿涉案贷款，其申请2亿元贷款无相应偿还能力，当时被告与A公司签订的《最高额抵押合同》载明的抵押财产评估值为51179万元，现被告作为抵押权人已向法院主张抵押权，意味着A公司要在无对价的情况下将其财产让渡给他人，有害于债权人的整体利益，该行为实质上属于《企业破产法》第三十一条第（一）项规定的“无偿转让财产的”情形，有违破产法的公平清偿原则。

因此，原告诉请撤销抵押担保行为法院予以支持。原告诉请要求撤销A公司为涉案贷款提供的连带保证行为，因该保证行为不是涉及A公司财产的行为，法院不予支持。

2. A公司与B公司破产管理人破产撤销权纠纷二审案

（2019）湘04民终2723号

【案情简介】

● 2012年9月20日至9月21日，C公司与D支行签订《流动资金借款合同》，向D支行借款8000万元。为此，2012年9月11日，B公司与D支行签订（2012）抵押字第7004号《最高额抵押合同》，约定B公司以建筑物以及土地为C公司自2012年9月11日至2021年9月20日向D支行的借款在1亿元内提供抵押担保，并进行了抵押登记。

● 2013年8月15日至9月23日，C公司与D支行签订了《网贷通循环借款合同》，合计借款8000万元，用于偿还C公司在2012年9月向D支行的借款8000万元。在上述四份借款合同中均约定“合同项下的担保合同为D支行（2012）抵押字第7004号《最高额抵押合同》”。

● 2014年4月11日，D支行根据《最高额抵押合同》，约定：B公司自2014年4月11日至2015年4月10日对D支行借款给A公司所产生的主债权在人民币48639050.82元最高余额内提供抵押担保，并办理了《动产抵押登记书》。B公司2014年8月14日与D支行签订《最高额抵押合同》，约定B公司为自2014年4月11日至2017年4月10日D支行借款给C公司、A公司、B公司所发生的主债权在人民币58225189.53元最高余额内提供抵押担保。

● 2014年4月11日至7月21日，A公司以虚构的应收账款债权与D支行签订共11份《国内保理业务合同》，合同总金额为9995.5万元。D支行实际发放保理融资贷款9466万元。此前，2014年1月1日，B公司与D支行签订《最高额抵押合同》，并进行抵押登记。

● 2014年8月15日，B公司又与D支行签订《最高额抵押合同》，以其名下所有动产为C公司、A公司自2014年1月1日至2024年12月31日向D支行的借款在1.8亿元的最高余额内提供抵押担保，并进行抵押登记。

● 截至2014年8月26日，A公司尚欠D支行379.37081万元。

● 2014年9月17日，D支行以C公司、B公司等未按期偿还利息为由向某市中级人民法院提起诉讼，要求C公司等偿还尚未到期的借款共计17132万元及利息。法院于2014年11月20日调解，B公司确认对C公司上述贷款债务承担抵押担保责任；合同中约定的保证人确认对上述债务承担连带清偿责任。

● 2014年11月6日，法院受理B公司破产清算一案。

● 2015年2月6日，第三人D支行向B公司管理人申报债权，要求B公司对涉案的C公司、A公司拖欠贷款本息175113730.81元承担担保责任并要求就抵押物优先受偿。

【双方争议】

B公司管理人认为：（1）B公司与D支行签订《最高额抵押合同》没有任何回报且抵押权实现后不能实现求偿权系无偿转让财产，且D支行通过让C公司以新贷还旧贷的方式使得原没有财产担保的债务在B公司破产清算一案受理前一年内设立了抵押担保，上述行为违反了《企业破产法》第三十一条第（一）项、第（三）项的规定，请求予以撤销。

上诉人A公司系D支行该笔债权受让方，其认为：（1）B公司为C公司、A公司的银行贷款提供担保，并非无偿转让资产的行为，抵押与转让是两个完全不同的法律行为。（2）B公司就其抵押担保行为获得了商业利益，并非无偿。叶某系B公司、A公司、C公司的实际控制人，B公司为A公司、C公司提供抵押担保并非没有对价，对价体现在三公司的关联收益行为上。

【判决结果及理由】

B公司、A公司、C公司均系叶某实际控制的关联公司，叶某利用其控制人的优势地位，在B公司濒临破产的一年内明知A公司、C公司并无偿债能力，仍然控制B公司为A公司、C公司银行贷款债务无偿提供财产担保，也即B公司在为A公司、C公司的债务设定本案抵押担保的同时就决定了是由B公司的财产负责偿还，且担保人B公司的求偿权得不到任何保证，该抵押担保行为实质上就是将B公司的财产无偿转移给了A公司和C公司。

此外，B公司进入破产清算后，管理人对该公司破产财产予以拍卖所得价款也只有7000余万元，而B公司在本案中设立抵押担保的银行贷款债务却高达1亿多元，B公司的全部财产尚不足以完全清偿D支行（现A公司）一家债权人所主张的优先债权，故B公司在濒临破产的一年内，明知债权人众多，债务额巨大，清偿困难，却通过“掏空”自己的方式将其全部财产为没有任何清偿能力的关联公司A公司、C公司银行贷款债务设定抵押担保，使得B公司本应用于集体清偿的财产变成了个别债权人优先受偿的标的，使得其他破产债权人通过破产程序获得清偿的数额减少或丧失，既损害了其他债权人的合法权益，也违反了公平清偿原则。

最终，二审法院根据《企业破产法》第三十一条中关于人民法院受理破产申请前一年内，债务人无偿转让财产的，管理人有权请求人民法院予以撤销的规定，认为原审法院依法撤销本案讼争的抵押担保行为并无不当。

◆管理人履职提示

管理人进行企业破产前一年内个别清偿情况梳理时，发现企业为他人债务提供了担保，且担保行为生效时间发生在人民法院受理破产申请前一年内。此时，管理人是否应当提起撤销权诉讼？

实践中，在破产申请受理前一年内，公司为他人提供担保，贷款方在贷款时无相应清偿能力，担保人的追偿权不可能实现，且该担保行为没有使破产企业受益，将可能被认定为损害债权人利益，符合《企业破产法》第三十一条规定的无偿转让财产的行为。

管理人在进行企业个别清偿行为的调查时，应当关注到破产企业为他人债务提供担保的详细情况，符合上述情况的，管理人可以诉讼方式履行管理人撤销权，最大限度地保护公司财产，维护债权人合法权益。在诉讼中，管理人应当把握关键性证据，即证明担保人提供抵押担保时，债务人明显缺乏清偿能力、担保人未从债务人处获利等，担保人在很大程度上需要最终承担担保责任，且难以追偿。同时，如果担保人和债务人系关联公司，也可作为管理人诉讼的有利证据。对于以财产担保的情况，由于法院可能对该情况属于《企业破产法》第三十一条第（一）项或第（三）项在认识上存在偏差。建议管理人与受理法院提前沟通思路，可以同时主张符合第（一）项、第（三）项，提高胜诉的可能性。

（二）无偿加入他人债务

◆争议焦点

无偿加入他人债务是否系《企业破产法》第三十一条规定的“人民法院受理破产申请前一年内，涉及债务人财产的下列行为，管理人有权请求人民法院予以撤销：（一）无偿转让财产的”情形；以及如何判断加入他人债务具有“无偿性”。

◆实务裁判观点

加入他人债务，又称并存的债务承担，《民法典》第五百五十二条规定："第三人与债务人约定加入债务并通知债权人，或者第三人向债权人表示愿意加入债务，债权人未在合理期限内明确拒绝的，债权人可以请求第三人在其愿意承担的债务范围内和债务人承担连带债务。"

加入他人债务在实践中的具体表现形式有很多，多为非明确表达构成债务加入，如"承诺共同还款""自愿承担"等。此外，在破产撤销权纠纷司法实践中，也有将为他人债务提供保证担保这一形式认定为加入他人债务的情况。

关于加入他人债务行为的可撤销性，理论上通常分以下四种情况加以讨论：1. 在破产债务人加入了第三人的债务或代第三人清偿债务时，第三人并未丧失清偿能力，因破产债务人同时也取得了对第三人的追偿权，因此，若无其他事实，其行为本身并不构成无偿转让财产；2. 破产债务人为了向第三人转移财产而代第三人清偿债务且第三人并未丧失清偿能力的，可构成向第三人无偿转让财产，撤销的相对方是第三人；3. 在债权人明知第三人丧失清偿能力且其债权本已处于无价值状态的情况下，破产债务人代第三人清偿的，属无偿转让财产，接受清偿的债权人为撤销的相对方；4. 还可能存在的情形是，在债务人加入债务时，第三人已丧失清偿能力且其债权人不知情。对此种情形，鉴于债权人并不知情且并无进一步审核的义务，因此撤销的相对方应是该第三人，即如同该第三人接受债务人的赠与。

司法实践中，法院判别加入债务是否属于无偿转让财产这一可撤销行为的核心，在于判断是否为"无偿"行为，即其加入他人债务的行为是否取得合理对价。

在"（2019）浙04民终987号破产撤销权纠纷二审案"中，两级法院均认为，A公司为他人债务作出共同还款承诺的行为发生在2018年2月26日，而法院于2018年4月17日裁定受理B公司对A公司的破产清算申请，A公司在自身涉及多起诉讼、濒临破产时对于这样多笔与自身不相干的巨额债务作出共同还款承诺的行为是无偿的单务行为，属于单纯的负担行为。虽然《企业破产法》第三十一条未明确列举债务人为他人债务作出共同还款承诺的行为属于可以撤销的行为，但A公司为他人债务作出共同还款承诺这一行为发生在人民法院受理A公司破产清算申请前一年内，且属于单纯的负担行为，客观上导致A公司的责任财产减少，与《企业破产法》第三十一条列举的五项行为对债务人财产的减损以及对全体一般债权人利益的损害在作用和性质上是一致的，有违《企业破产法》所确立的公平清偿原则。

在“（2016）苏0282民初12801号请求撤销个别清偿行为纠纷一审案”中，法院认为，A公司自愿承担B公司债务并与沙某签订债权转让协议，系以实质上无代价的方式将债务人财产让渡于他人，属于无偿转让财产。

因此，如果破产企业加入他人债务或代为清偿他人债务未能取得合理对价，即我们通常所讲的“无偿加入他人债务”，则法院倾向于将破产企业这一行为定性为无偿转让财产行为。但是，如果破产企业加入他人债务或代为清偿他人债务取得合理对价，或者如果破产企业与债务人在经营、股权关系上有着错综复杂的关系，加入他人债务事出有因，则法院将破产企业这一行为定性为无偿转让财产行为的可能性较低。在“（2019）浙04民终332号破产撤销权纠纷二审案”中，二审法院认为，A公司本为B公司分设成立，人员、场所均由B公司提供，B公司更是持有A公司近九成股份，A公司的经营盈亏与B公司利益直接相关。因此，B公司之所以愿意出具《还款承诺书》为A公司承担部分债务，实为事出有因，不应将此行为简单地定性为无偿负担债务。

◆典型案例

顾某与A会计师事务所破产撤销权纠纷二审案

（2018）苏06民终4272号

【案情简介】

● B公司于1990年10月29日由宋某某投资登记设立，2004年8月24日公司股东变更为宋某某、刘某某。

● 2011年4月6日，刘某某与顾某协议离婚。按离婚协议约定，刘某某应从B公司的经营收入中提取200万元补偿顾某，为保证公司生产的正常进行及流动资金不受影响，顾某暂将此200万元滞留B公司不提取，该款作为B公司向顾某的借款，年息10%，从2011年4月7日起计息。2014年11月，B公司与顾某签订了《借款协议》。

● 2015年9月8日，法院裁定受理被申请人B公司破产清算一案。

【双方争议】

二审中，双方争议焦点主要在于《借款协议》所涉200万元支付行为是否具有无偿性。

顾某上诉主张B公司对刘某某负有债务，B公司加入刘某某债务的行为系清偿行为而非无偿转让。B公司大量的银行流水及审计报告充分说明B公司管理人拍卖的B公司固定资产中存在大量刘某某的资产，且刘某某对B公司亦有应收账款达2000多万元，因此，B公司加入刘某某债务的行为存在对价，不能简单定义为无偿。

管理人认为，《借款协议》中关于双方债权债务的核心约定内容“甲方从经营收益中提取200万元整补偿给乙方”，其他内容亦未提及B公司给付顾某200万元的对价，《借款协议》内容本身即能充分证明B公司加入刘某某对顾某债务的无偿性。

【判决结果及理由】

一审法院认为，案涉纠纷为破产清算过程中的破产撤销权纠纷，依据《企业破产法》第三十一条规定，人民法院在受理破产申请前一年内，涉及债务人无偿转让财产的；以明显不合理的价格进行交易的；对没有财产担保的债务提供财产担保等情形的行为，管理人有权请求人民法院予以撤销。

二审法院认为，就上诉人顾某所称的B公司加入刘某某债务的行为系清偿行为，二审法院《借款协议》既未涉及B公司对刘某某负有债务，亦未提及B公司因加入刘某某对顾某的债务而获得相应对价，而顾某亦未能充分举证证明《借款协议》形成时B公司对刘某某负有债务，故顾某的该主张没有事实依据。最终，二审法院维持原判。

◆**管理人履职提示**

管理人如果梳理发现企业无偿加入他人债务，且加入他人债务的时间发生在人民法院受理破产申请前一年内，管理人是否应当提起撤销权诉讼？

在司法实践中，对于无偿加入他人债务是否系《企业破产法》第三十一条规定的“无偿转让财产”的情形，如果能够证明“无偿性”，即破产企业加入他人债务或代为清偿他人债务未能取得合理对价，则法院倾向于将破产企业这一行为定性为无偿转让财产行为。但是，如果破产企业加入他人债务或代为清偿他人债务取得合理对价，或者如果破产企业与债务人在经营、股权关系上有着错综复杂的关系，加入他人债务事出有因，则法院将破产企业这一行为定性为无偿转让财产行为的可能性较低。如“（2019）浙04民终332号破产撤销权纠纷二审案”。

管理人在进行调查时，应当关注到破产企业无偿加入他人债务的情况。符合相关情况的，管理人可以诉讼方式履行管理人撤销权，最大限度地保护公司财产，维护债权人合法权益。同时，管理人在诉讼举证过程中也应当特别注意对“无偿性”的证明，掌握证明无偿性的关键证据。

二、以明显不合理的价格进行交易

◆**争议焦点**

是否属于以明显不合理的价格进行交易，在实务中主要体现为对“明显不合理的价格”的认定标准上的争议。

◆**实务裁判观点**

《全国法院贯彻实施民法典工作会议纪要》（法〔2021〕94号）第九条规定：“对于民法典第五百三十九条规定的明显不合理的低价或者高价，人民法院应当以交易当地一般经营者的判断，并参考交易当时交易地的物价部门指导价或者市场交易价，结合其他相关因素综合考虑予以认定。转让价格达不到交易时交易地的指导价或者市场交易价百分之七十的，一般可以视为明显不合理的低价；对转让价格高于当地指导价或者市场交易价百分之三十的，一般可以视为明显不合理的高价。当事人对于其所主张的交易时交易地的指导价或者市场交易价承担举证责任。”从当前各地法院的实务操作来看，主要有以下三种标准：

（1）一般买卖合同中，以低于市场交易价的百分之七十作为明显不合理低价的衡量标准；

（2）股权标的转让合同中，对于1元转让有价值股权的，认定为明显不合理价格；

（3）转让的标的物涉及核减价值的，以低于标的物净值的百分之七十作为明显不合理低价的衡量标准。

在司法实践中，交易的标的物千差万别。部分代表案例及法院判断标准如下：

（1）对于一般的买卖合同，法院以市场交易价的百分之七十作为明显不合理人价格的衡量标准的较多，例如：

在“（2018）鲁10民终1931号破产撤销权纠纷二审案”中涉案标的为转让的债权，法院对债权的真实性均应予以认定。仅就A公司管理人认可的债权本金并计付利息数额即为490余万元，该数额高于郭某通过债权转让协议获得的对C公司债权数额的百分之七十，参照《最高人民法院关于适用〈中华人民共和国合同法〉若干问题的解释（二）》第十九条[①]规定，该交易不能认定为明显不合理的低价。

在“（2019）湘11民终2511号破产撤销权纠纷二审案”中，A公司和B公司将开发的房屋销售给谢某1，后该公司破产，原告肖某、谢某2在管理人未行使《企业破产法》所规定的管理人撤销权的情况下，根据《最高人民法院关于适用〈中华人民共和国企业破产法〉若干问题的规定（二）》以债权人身份

---

① 《最高人民法院关于适用〈中华人民共和国合同法〉若干问题的解释（二）》第十九条已失效，现行有效的法律规定为《全国法院贯彻实施民法典工作会议纪要》第九条第二款，转让价格达不到交易时交易地的指导价或者市场交易价百分之七十的，一般可以视为明显不合理的低价。

向法院起诉要求撤销《商品房买卖合同》。

一审法院根据《最高人民法院关于适用〈中华人民共和国合同法〉若干问题的解释（二)》规定的“转让价格达不到交易时交易地的指导价或市场交易价百分之七十的，一般可视为明显不合理的低价”[①] 进行交易价格是否合理的判断。原告既未向法庭提交被告谢某1与A公司和B公司交易时交易地的房产指导价和市场交易价的具体数额，也未向法庭提交交易房屋左右隔壁同向的房产当地当时的交易价格作为参考，因此，交易的房产价格是否低于当时交易地的指导价或市场交易价的百分之七十无法确定，该后果应由原告承担。依照“谁主张、谁举证”的原则，对原告的诉讼请求应予驳回。

二审法院认为，上诉人（原审原告）所提供的证据为一份评估报告，该报告所评估的房产与诉争房产位置不一致，不能客观地反映诉争房产的价值。对于被上诉人与A公司和B公司签订的房产买卖合同是否低于市场价的百分之七十，无法进行客观判断。上诉人对其陈述的事实，应当提供证据予以证实，否则应承担举证不利的法律后果。

（2）对于以1元对价转让有价值公司的股权的，通常认定为明显不合理的价格。

“（2019）豫0425民初2011号破产撤销权纠纷一审案”，涉案标的为转让的股权，法院认为，涉案7.03%股权的认缴出资金额为703万元，实缴出资金额为421.8万元，该股权转让时虽未经审计评估，但A公司处于存续状态，注册资本为1亿元，该7.03%股权的质押担保金额为1050万元。同时，姚某将该7.03%股权接受质押，根据其债权申报材料、《股权转让暨质押协议》，姚某应当了解A公司并知晓A公司股权的实际价值。结合A公司的经营状况，以人民币1元作为7.03%股权的对价明显不具有合理性。

在“（2017）粤民终2872号破产撤销权纠纷二审案”中，一审法院认为，虽然A公司与B公司签订《股权转让协议》，约定A公司将其持有的C公司100%股权转让给B公司，转让价为人民币1元。但C公司注册资本高达1000

---

① 《最高人民法院关于适用〈中华人民共和国合同法〉若干问题的解释（二)》已失效，现行有效的法律规定为《全国法院贯彻实施民法典工作会议纪要》第九条第二款。

万元，B公司亦对C公司名下拥有资产不持异议，以人民币1元作为股权对价明显不具有合理性。B公司虽抗辩称其以人民币1元受让股权的真实意思是代陈某持有陈某享有质押权的股权，但是，依照我国物权法律相关规定，在质押法律关系中，股权的所有权仍是出质人享有，并不发生转移，且股权质押自办理质押登记时设立。

二审法院认为，破产法规定撤销权的目的，在于恢复因破产人不当处分而失去的利益，保护全体债权人公平受偿的机会。陈某对A公司的债权已有其他财产提供了担保，若再以涉案股权提供担保，相当于以大部分优质资产对同一债权进行担保，可能损害全体债权人公平受偿的机会，故该财产处分的本质仍是以明显不合理价格进行涉及债务人财产的交易行为。

（3）部分案例中，法院并未直接以《最高人民法院关于适用〈中华人民共和国合同法〉若干问题的解释（二）》规定的市场价的百分之七十作为衡量标准，而是以一般理性人的角度进行判断。

在“（2015）皖民二终字第00293号破产撤销权纠纷二审案”中，法院认为，涉案标的物斯柯达昊锐轿车购置价格197145元，2013年7月累计折旧24971.68元，余值172173.32元，以100000元转让给被告价格明显偏低。

在“（2016）冀1128民初1241号破产撤销权纠纷一审案”中，法院认为，A公司于2012年9月从账上直接核减价值89.76万元的8632平方米土地，即在借款到期之前用上述土地直接清偿了张某的10万元借款本息，将土地证直接交给张某持有。A公司与张某的上述交易，属于明显不合理的价格交易，且发生在人民法院受理A公司破产申请前一年之内。

◆典型案例

A公司管理人、郭某甲破产撤销权纠纷二审案

（2018）鲁10民终1931号

【案情简介】

● 2017年3月15日，郭某甲（协议乙方）与案外人魏某、郭某乙、张某、贾某、B公司（协议甲方）以及A公司（协议丙方）签订债权转让协议，约定乙方受让甲方对丙方享有的债权共计630.419万元。

● 2017年3月15日，郭某甲（协议甲方）与A公司（协议乙方）、C公司（协议丙方）签署债权转让协议，约定A公司将对C公司享有的到期债权中的630.419万元转让给郭某甲，该协议生效后郭某甲与A公司双方间债权债务全部结清；C公司承认协议生效后欠郭某甲1630.419万元。

● 2017年11月29日，某区人民法院裁定受理对A公司的重整申请。

【双方争议】

本案的争议焦点为郭某甲、A公司、C公司三方间的债权转让是否属于《企业破产法》第三十一条规定的以不合理的价格进行交易而应当予以撤销的情形，主要争议为郭某甲通过债权转让协议所获清偿债权的真实性以及A公司以其对C公司的债权来清偿其对郭某甲所负债务的行为，是否属于以明显不合理的价格进行交易。

A公司管理人主张郭某甲受让的A公司债权人的630.419万元债权中部分虚假，A公司将其对C公司享有的630.419万元债权转让给郭某甲，损害了其他债权人的利益，属于无偿转让财产或以明显不合理的价格进行交易。

郭某甲否认A公司管理人的此项主张，并申请与A公司管理人及C公司核对债权数额，经初步对账，该630.419万元债权包含400余万元本金、利息，其他部分各方尚存有争议。

【判决结果及理由】

对此，某市中级人民法院认为，本案中，无论该债权是郭某甲受让的债权还是其本人对A公司的债权，对债权的真实性均应予以认定。仅就A公司管理人认可的债权本金及计付利息数额即为490余万元，该数额高于郭某甲通过债权转让协议获得的对C公司债权数额的百分之七十，参照《最高人民法院关于适用〈中华人民共和国合同法〉若干问题的解释（二）》第十九条①规定，该交易价格不能认定为明显不合理的低价。

---

① 《最高人民法院关于适用〈中华人民共和国合同法〉若干问题的解释（二）》第十九条已失效，现行有效的法律规定为《全国法院贯彻实施民法典工作会议纪要》第九条第二款。

◆管理人履职提示

从广义上看，买卖、互易、借款、租赁、承揽、运输、仓储等合同行为都属于交易行为的范畴。以明显不合理的价格进行交易，实务中常见于买卖行为，包括高价买入和低价卖出两种。是否属于以明显不合理价格进行交易，在实务中主要体现为对“明显不合理的价格”的认定标准上的争议。

关于“明显不合理的价格”的认定标准，《全国法院贯彻实施民法典工作会议纪要》第九条规定：“对于民法典第五百三十九条规定的明显不合理的低价或者高价，人民法院应当以交易当地一般经营者的判断，并参考交易当时交易地的物价部门指导价或者市场交易价，结合其他相关因素综合考虑予以认定。转让价格达不到交易时交易地的指导价或者市场交易价百分之七十的，一般可以视为明显不合理的低价；对转让价格高于当地指导价或者市场交易价百分之三十的，一般可以视为明显不合理的高价。当事人对于其所主张的交易时交易地的指导价或者市场交易价承担举证责任。”因此，从当前各地法院的实务操作来看，有的法院参照该司法解释，优先以市场交易价与交易价格相比较，以百分之七十作为“明显不合理的价格”的标准。也有的法院并未明确提出按照百分之七十的客观标准认定，而是以一般理性人的角度认为交易价格具有明显不合理性。最为典型的，如以1元的价格进行股权转让。

因此，管理人在进行偏颇清偿情形的梳理时，对于破产企业在破产申请受理前一年以内发生的转让行为，转让价格明显不合理的，应当予以关注。管理人可以参考《全国法院贯彻实施民法典工作会议纪要》第九条以交易当时交易地的物价部门指导价或者市场交易价的百分之七十作为初步衡量标准。但是，由于交易行为的对象不仅包括商品、货物等买卖，也包括服务合同等特殊合同，在不同行业领域，不同交易背景下，标准价格不能简单地一概而论。因此，管理人实务操作中，应需要根据具体情况，并结合交易背景，以一般理性人的判断标准具体分析。

三、对没有财产担保的债务提供财产担保

（一）可撤销的担保是否系为债务人自有债务提供的担保

◆争议焦点

《企业破产法》第三十一条第（三）项规定了人民法院受理破产申请前一年内，涉及债务人财产的“对没有财产担保的债务提供财产担保的”行为，管理人有权请求人民法院予以撤销，但实务中对于该“债务”是否仅限于破产企业自有债务，有不同观点。

一种观点认为，如果为他人债务提供财产担保，由于破产企业仍可以向主债务人就自己承担的部分全额追偿，不会造成破产企业债权人之间的偏颇清偿，因此，《企业破产法》第三十一条第（三）项中的“债务”不应当包括主债务人是他人的债务。

另一种观点认为，受理前一年内新增抵押担保，无论主债务人是否为破产企业，都会导致本可用于向普通债权人清偿的整体财产数额减少，损害破产债权人的整体利益，违背《企业破产法》公平清偿的立法本意，因此，为他人债务提供财产担保的情形也属于《企业破产法》第三十一条第（三）项的可撤销行为。

◆实务裁判观点

以下选取了最高人民法院2012年的判决，依据《企业破产法》第三十一条第（三）项规定，撤销了破产受理前一年内债务人企业为他人债务提供的财产担保，同样的案例还有“（2016）粤民破10号破产撤销权纠纷二审案”“（2019）浙02民终2452号破产撤销权纠纷二审案”“（2017）浙05民终1228号破产撤销权纠纷二审案”。

实务中也有认为为他人债务提供担保不应当依据这一项规定进行撤销的案例，如“（2018）湘民终848号破产撤销权纠纷二审案”。但是为他人债务提供财产担保，同时符合了“无偿转让财产”条件的，可以适用《企业破产法》第

三十一条第（一）项规定进行撤销，如“（2016）苏06民终4623号破产撤销权纠纷二审案”“（2019）湘04民终2723号破产撤销权纠纷二审案”。

◆典型案例

A银行B分行、C公司、D公司等借款及担保合同纠纷二审案

（2011）民四终字第19号

【案情简介】

● 2007年6月29日，A银行向D公司发放贷款1.5亿元。

● 2008年10月17日，C公司与A银行签订了《机器设备抵押合同》，为上述贷款提供担保，并于2008年10月20日在某区工商行政管理局办理了抵押登记。

● 2008年12月，A银行向某E市高级人民法院提起金融借款纠纷诉讼，请求就上述抵押物优先受偿。

● 2009年6月15日，某区人民法院受理F公司等24家企业对C公司的破产申请。

● 2009年9月21日，C公司的破产管理人依照《企业破产法》第三十一条的规定，向受理破产申请的某区人民法院对A银行提起了机器设备抵押担保的撤销权纠纷诉讼。

● 2010年8月5日，某区人民法院作出（2009）温江民初字第827号民事判决，C公司的抵押担保行为属于《企业破产法》第三十一条第（三）项规定的在人民法院受理破产申请前一年内，对没有财产担保的债务提供财产担保的可撤销情形，判决撤销C公司与A银行签订的《机器设备抵押合同》，以及双方于2008年10月20日在某区工商行政管理局办理抵押登记的行为。

● 2010年10月19日，某E市高级人民法院作出（2008）沪高民四（商）初字第8号民事判决，C公司就其抵押的财产对D公司之给付义务承担担保责任，A银行对C公司的抵押物可以行使优先受偿的权利，履行上述义务后，当事人间可依法律规定或内部约定向责任方行使追偿的权利。

● 2010年11月9日，某F市中级人民法院立案受理A银行（中国）有限公司某E分行不服某区人民法院（2009）温江民初字第827号民事判决提起的上诉，2011年12月15日，某F市中级人民法院作出（2010）成民终字第4743号民事判决，维持原判。

● A银行B分行、C公司不服某E市高级人民法院作出的（2008）沪高民四（商）初字第8号民事判决，向最高人民法院提起上诉，2012年10月30日，最高人民法院作出（2011）民四终字第19号判决，认为某E市高级人民法院关于C公司以抵押物对D公司债务承担抵押担保责任的判项应予撤销，支持C公司的上诉理由。

【双方争议】

关于C公司对主债务人D公司的债务承担抵押担保责任，是否属于《企业破产法》第三十一条第（三）项规定的“对没有财产担保的债务提供财产担保的”可撤销行为。

C公司主张：本案中C公司是否应当承担抵押担保责任应以某区人民法院受理的撤销权诉讼的审理结果为依据。但某E市高级人民法院没有依C公司的申请中止审理，反而继续审理C公司的抵押担保责任，并就同一事实作出了与某区人民法院截然相反的判决。某区人民法院已判决撤销A银行与C公司签订的《机器设备抵押合同》以及抵押登记，原审法院判决C公司承担抵押责任，显属适用法律错误。

A银行主张：《企业破产法》第三十一条第（三）项规定“对没有财产担保的债务提供财产担保的”为可撤销行为，不应作扩大解释，C公司不是为自己的债务提供担保，其在承担担保责任后还可以向债务人追偿。

【判决结果及理由】

关于C公司的抵押担保责任问题。C公司没有在本案一审审理过程中以反诉方式主张撤销权诉请，而是由其管理人向某区人民法院提起了撤销权纠纷诉讼，并不违反我国民事诉讼法的规定。该撤销权纠纷案的管辖权争议已于2010年3月4日由某F市中级人民法院作出终审裁定，某区人民法院作为受理破产申请的人民法院对该案享有管辖权。由于该案处理的是C公司与A银行之间的抵押合同是否具有可撤销情形的问题，本案中C公司是否应当承担抵押担保责任须以该撤销权纠纷案的审理结果为依据，故原审法院未依据《民事诉讼法》现行第一百五十条的规定中止审理本案不当。目前该撤销权纠纷案已由某 F 市中级人民法院作出终审判决，本案现已具备继续进行实体审理的条件。

从该撤销权纠纷案终审判决查明认定情况看，C 公司确系在人民法院受理破产申请前一年内，以其财产为原先没有提供担保的债务新增抵押担保。C 公司的上述行为导致本可用于向普通债权人清偿的整体财产数额减少，损害了破产债权人的整体利益，根据《企业破产法》第三十一条第（三）项的规定，人民法院受理破产申请前一年内，债务人对没有财产担保的债务提供财产担保的，管理人有权请求人民法院予以撤销。某 F 市中级人民法院终审判决撤销 C 公司与 A 银行的《机器设备抵押合同》以及双方办理抵押登记的行为，已经发生法律效力，对当事人具有法律拘束力。本案原审判决关于 C 公司以抵押物对 D 公司债务承担抵押担保责任的判项应予撤销。C 公司的上诉理由成立，本院予以支持。

◆管理人履职提示

管理人进场后，通过调查，发现破产企业 A 以自有财产为主债务人 B 提供了抵押担保，且抵押生效的时间发生在人民法院受理破产申请前一年内。此时，管理人是否应当提起撤销权诉讼，法律依据是什么。

破产企业为他人债务提供财产担保是否属于《企业破产法》第三十一条第（三）项规定的人民法院受理破产申请前一年内，债务人“对没有财产担保的债务提供财产担保的”情形，实务中存在争议。

从经典案例可以看出，债权人 A 银行的上诉理由之一即为“C 公司不是为自己的债务提供担保，其在承担担保责任后还可以向债务人追偿”，从而主张《企业破产法》第三十一条第（三）项中的“债务”仅限于破产企业自有债务，不包括主债务人为他人的情形，但显然某 F 市中级人民法院未支持这一主张。

某 F 市中级人民法院认为，该条应当理解为，只要该笔债务无任何财产担保，或者该笔债务即使有财产担保，但财产担保未能足额，人民法院受理破产申请前一年内，涉及债务人又为该笔债务余下尚未足额担保的债务提供财产担保的，都符合《企业破产法》第三十一条第（三）项规定的可撤销情形。因为在破产程序中，有财产担保的债权较之普通债权优先受偿，债务人在人民法院受理破产申请前一年内对没有财产担保的债务提供财产担保，意味着本应用于集体清偿的财产变成了有财产担保的债权人优先受偿标的，从而使普通债权人通过破产程序所能获得的清偿数额减少，这显然不符合通过破产程序实现公平清偿的目标，也与《企业破产法》的立法精神相悖。

实务中也有另外一种声音。如江苏省高级人民法院在其2017年发布的《破产案件审理指南（修订版）》中认为，对没有财产担保的债务提供财产担保的认定。债务人在破产申请受理前一年内，为没有财产担保的债务提供财产担保，将让债务人的特定债权人取得原先没有的优先受偿地位、获得更多清偿，构成偏颇性清偿，有违债权平等、集体清偿原则，依照《企业破产法》第三十一条第（三）项的规定，担保行为应予撤销。审理中应当注意：一是可撤销的担保是为债务人自有债务提供的担保，而非为他人债务提供的担保……

此外，还有第三种观点，如王欣新教授认为，可撤销的担保仅限于债务人以自己的财产为自己的债务设定的担保。只有进入破产程序的债务人的财产被设定为物权担保，才会使担保债权人获得原本没有的就该破产财产的优先受偿权，进而损害其他债权人的利益。……反过来，如果是破产的债务人为他人的债务而不是自己的债务提供物权担保，也不能适用这一规定加以撤销。因为该债权人并不是债务人的债权人，债务人的对外担保行为并没有造成在自己的破产债权人之间的清偿不公。[①] 不过虽不能适用这一规定予以撤销，笔者认为，这种为他人债务提供物权担保的行为在性质上属于无偿行为，是可以考虑适用《企业破产法》第三十一条关于“无偿转让财产”行为的规定进行撤销的。

四川省高级人民法院民二庭法官许静也持有与王欣新教授相同的观点，认为《企业破产法》第三十一条第（三）项规定的“没有财产担保的债务”，应

① 王欣新：《论“对没有财产担保的债务提供财产担保”行为的认定》，载《人民法院报》2016年1月27日第7版。

是指债务人自有的没有财产担保的债务。他人为债务人的债务提供物权担保的，与破产公平清偿问题无关，不在可撤销行为之列。债务人为他人的债务而非自己的债务提供财产担保，理论上其承担担保责任后从法律上取得了对主债务人的追偿权，并没有造成在自己的破产债权人之间的清偿不公，故债务人为他人债务提供财产担保，也不应适用这一规定予以撤销。具体案件中，债务人为他人债务提供财产担保在性质上可归属于无偿行为的，可适用《企业破产法》第三十一条第（一）项“无偿转让财产”行为的规定进行撤销。[1]

综上，我们可以看到，破产企业在破产受理前一年内以自有财产为他人债务提供担保的，管理人能否依据《企业破产法》第三十一条第（三）项提起撤销权诉讼，实务中确实有不同观点。那么，面对实务中存在的争议，管理人应当如何履职呢?

首先，关于此种情形下是否应当提起撤销权诉讼，法律依据为何。建议管理人遇到此种情形时，根据不同的司法环境，采取不同的思路。

对于破产受理法院所在司法辖区有明确规定的，如上文提到的江苏省高院，可以不考虑以《企业破产法》第三十一条第（三）项为依据提起撤销权之诉。至于是否依据第三十一条第（一）项“无偿转让财产”提起撤销权诉讼，则要综合分析是否存在担保行为发生时主债务人偿还能力差、管理人向主债务人追偿回款可能性小、提供财产担保的行为无对价等情形，如存在以上情形，从债务人财产价值最大化角度，建议考虑依据第三十一条第（一）项提起诉讼。

对于破产受理法院所在司法辖区没有明确规定的，建议在决定是否提起撤销权诉讼之前，提前与受理法院沟通思路，做好两手准备，即同时向法院主张该行为符合《企业破产法》第三十一条第（一）项“无偿转让财产”和第（三）项“为没有财产担保的债务提供担保”的行为要件。

其次，关于此种情形下提起撤销权诉讼应当准备的主要证据材料。对应上述两种思路，本书建议，在准备证据材料过程中，除证明破产受理前一年内发生了为他人债务提供财产担保的行为外，还应当证明在担保行为作出的时点，

---

① 许静：《破产撤销权：在可撤销期内，债务人为他人所负债务提供无偿担保，可适用“无偿转让财产”规则予以撤销》，载四川省高级人民法院《民事司法评论》2018年12月5日版，案例评析专栏。

主债务人不具有偿还能力、担保人承担担保责任可能性极大、本次担保行为无对价等。笔者建议，作为管理人，可以在向法院陈述事实和理由时，做好两种思路的准备，以便实现在法院不支持依据第三十一条第（三）项撤销时，仍然可以适用依据第三十一条第（一）项“无偿转让财产”主张判决撤销的目的。

（二）为他人债务提供财产担保的行为是否包括保证担保行为

◆争议焦点

《企业破产法》第三十一条规定了人民法院受理破产申请前一年内，涉及债务人财产的“对没有财产担保的债务提供财产担保的”行为，管理人有权请求人民法院予以撤销。当出现破产企业为他人债务提供担保时，实务中对于该“财产担保”是否仅限于物权担保，有不同观点。

一种观点认为，该条中规制的可撤销行为仅限于有特定财产担保的物权担保，不包括保证方式即以破产企业一般责任财产作担保的担保。

另一种观点认为，该条中规制的可撤销行为也包括以保证方式作出的担保，实践中主要是破产企业管理人向法院主张该种观点。

同时应当注意，为他人债务提供保证担保的，正如本章“一、无偿转让财产”部分所论述，存在被法院依据《企业破产法》第三十一条第（一）项撤销的风险。

◆实务裁判观点

实务中多数观点都认为该条中规定的“提供财产担保”行为不包括保证担保。如“（2018）皖0422民初1188号破产撤销权纠纷一审案”“（2019）鄂民终926号破产撤销权纠纷二审案”“（2018）湘民终848号破产撤销权纠纷二审案”“（2018）川16民终1801号破产管理人破产撤销权纠纷二审案”“（2016）闽民终48号破产撤销权纠纷二审案”等。

◆典型案例

A公司破产管理人与林某破产撤销权纠纷二审案

（2016）闽民终48号

【案情简介】

● 2014年6月5日，案外人李某向林某出具《借款条》一张，载明“兹因投资建设需要，向林某同志借到人民币壹拾万元整。月息1.65%，每三个月结息一次。此：借款人李某”。A公司在《借款条》“担保方”一栏加盖公章。

● 2015年6月4日，某市中级人民法院裁定受理了A公司的破产清算申请。

● 2015年6月30日，某市中级人民法院指定B律师事务所担任A公司破产管理人。

● 2016年2月25日，某省高级人民法院终审判决，不予撤销保证担保行为。

【双方争议】

A公司为涉案借款所作担保是否属于我国《企业破产法》第三十一条第（一）项、第（三）项规定的可撤销情形。

A公司管理人主张：A公司对林某提供担保属于《企业破产法》第三十一条第（三）项规定的“对没有财产担保的债务提供财产担保”的可撤销情形。《企业破产法》第三十一条第（三）项规定实质要件是满足担保权益的行为可能使债务人财产实质减少，从而损害全体或大部分债权人的利益。本案中，李某对被上诉人的债务此前并无任何担保，而众多此类担保行为无限扩张了A公司的债务，目前已约8亿元之巨，大大超过了A公司的清偿能力，显然使A公司的财产实质减少，也减少了大部分A公司债权人通过破产程序能够获得的清偿额从而损害其利益。因此，认定A公司为林某债权实现所出具的《担保书》的行为属于《企业破产法》第三十一条第（三）项规定的情况符合立法原意。

林某主张：《企业破产法》第三十一条第（三）项规定的“对没有财产担保的债务提供财产担保”中的“财产担保”指的就是债务人在其特定财产上设

立可以排除一般债权人平等受偿的“抵押、质押”等担保物权的行为，否则为“无财产担保”，这也是《企业破产法》体系解释的必然结论。保证担保行为应是以保证人的信用而非财产担保，即使保证人破产了，债权人也不能主张优先受偿权，只能以保证债权申请破产债权，故其未被《企业破产法》列入可撤销情形。A 公司的保证担保，不属于《企业破产法》第三十一条规定的可撤销情形，A 公司管理人对本案并不享有撤销权。

【判决结果及理由】

本院认为，A 公司于 2014 年 6 月 5 日向林某出具一份《担保书》，为李某债务承担保证责任，该担保书已为债权人林某接受，A 公司与林某之间的保证合同成立，保证合同的约定系双方当事人的真实意思表示，内容未违反法律、行政法规的强制性规定，是有效的，双方均应按保证合同约定履行义务。

可撤销的行为是指对债务人在破产申请受理前一定期限内所为的有害于破产债权人整体利益的行为予以撤销，使其失去效力的行为。为维护正常交易秩序的稳定性，管理人可撤销的行为必须限定于《企业破产法》第三十一条、第三十二条明文规定的行为。而《企业破产法》第三十一条第（一）项规定“无偿转让财产”，是以无对价的方式将债务人财产让渡给他人的行为。例如，直接将债务人财产赠与他人。在破产程序中，有财产担保的债权较之普通债权优先受偿，债务人在人民法院受理破产申请前一定期限内对没有财产担保的债务提供财产担保，意味着本应用于集体清偿的财产变成了有财产担保的债权人优先受偿的标的，从而使普通债权人通过破产程序所能够获得的清偿数额减少，这显然不符合通过破产程序实现公平清偿的目标。故《企业破产法》第三十一条第（三）项将“对没有财产担保的债务提供财产担保的”规定为可撤销行为。A 公司为李某债务提供担保的行为系增加 A 公司的债务而非无偿转让财产行为，且 A 公司依法亦有权在承担担保责任之后向李某追偿。A 公司管理人认为因 A 公司难以实现追偿权故主张 A 公司提供担保的行为系无偿，不符合《企业破产法》第三十一条第（一）项规定的情形。林某的保证债权来源系因 A 公司为李某的债务提供担保，林某作为申报债权人并不享有优先于 A 公司普通债权受偿的权利，亦不符合《企业破产法》第三十一条第（三）项规定的可撤销的情形。

综上，本院认为，本案中 A 公司为他人债务提供担保，不属于《企业破产法》第三十一条第（一）项、第（三）项规定的可撤销的情形。管理人要求撤销 A 公司出具的《担保书》缺乏法律依据。

◆管理人履职提示

管理人进场后，通过调查，发现破产企业 A 以自有财产为主债务人 B 提供了保证担保，且保证行为生效的时间发生在人民法院受理破产申请前一年内。此时，管理人是否应当提起撤销权诉讼，法律依据是什么？

实务中，面对以上情形，也有管理人请求予以撤销保证行为的，但就目前检索到的案例来看，法院并未支持。正如在“（2018）湘民终 848 号破产撤销权纠纷二审案”的论述——《企业破产法》第三十一条规定的破产撤销权，是通过否定破产债务人在破产程序开始前法定期间内的不当财产处分行为的合法性，使破产债务人出于欺诈、偏颇之意而对财产和权利所进行的处分行为自始归于无效，从而将相应财产归入破产财产，并向全体债权人依法定顺序公平清偿。该条第（三）项规定“对没有财产担保的债务提供财产担保的”，管理人有权请求人民法院予以撤销，是因为破产债务人为原先没有财产担保的债务提供担保，将让破产债务人的特定债权人取得原先没有的优先受偿地位，获得更多的清偿，违反了《企业破产法》集体清偿、公平清偿的原则。由此，在认定破产债务人的行为是否属于该条第（三）项规定的“对没有财产担保的债务提供财产担保”时，应注意把握两点：第一，“没有财产担保的债务”仅限于破产债务人自有的没有财产担保的债务，而不包括他人的债务。当破产债务人为他人债务提供担保时，不适用该项规定予以撤销。因为破产债务人为自身债务提供担保，其在承担担保责任后，无法再进行追偿，实际上造成了自身破产财产减少；而当破产债务人系为他人债务提供担保时，债务的终极承担者是主债务人而非破产债务人，破产债务人在承担担保责任后即从法律上取得了对主债务人的追偿权，并将追偿的财产纳入破产财产，所以并不影响自己与破产债权人之间的公平清偿。如果适用该项规定，将与破产撤销权的立法目的相冲突。第二，该条第（三）项所指的“提供财产担保”，仅限于破产债务人提供的物权担保，不包括非物权的保证担保、定金担保等。当破产债务人提供保证担保时，不适用该项规定予以撤销。因为非物权财产担保在破产程序中不享有优先受偿权，设立非物权财产担保后，特定债权人并不能由此取得优先受偿地位，不违反《企业破产法》集体清偿、公平清偿的原则。

综合王欣新教授的观点“所谓提供财产担保，仅限于提供物权担保，不包括非物权的财产担保如定金担保，因为非物权财产担保在破产程序中不享有优先受偿权”来看，基本可以认为为他人债务提供保证担保不属于《企业破产法》第三十一条第（三）项规制的可撤销行为。[①] 但正如本书在本章“一、无偿转让财产”中所述，若符合一定条件，部分法院可以以《企业破产法》第三十一条第（一）项为依据，将对他人提供保证担保的行为予以撤销。

建议管理人在履职过程中，针对破产企业在破产受理前一年内，为他人债务提供保证担保的行为，本着使债务人财产最大化的原则，可以同时以《企业破产法》第三十一条第（一）项和第（三）项作为主张撤销的依据。从本书观点来看，审理法院依据第三十一条第（三）项撤销的可能性不大，但存在依据第三十一条第（一）项撤销的可能性。

（三）可撤销的担保是否为既存债务提供担保

◆争议焦点

关于同时担保行为是否可撤销，实务中有不同观点。

一种观点认为，只有为既存的没有财产担保的债务提供财产担保才属于可撤销行为，设立新债务同时提供担保的，不属于可撤销范围。

另一种观点认为，设立新债务同时提供担保的，也应当撤销，实务中主要是管理人向法院提出的主张。

---

① 王欣新：《论“对没有财产担保的债务提供财产担保”行为的认定》，载《人民法院报》2016年1月27日第7版。

◆**实务裁判观点**

实务中一般认为同时担保行为不予撤销，如“（2015）浙绍商终字第44号破产撤销权纠纷二审案”“（2012）浙温商终字第1326号破产撤销权纠纷二审案”等。

◆**典型案例**

A公司管理人与B支行破产撤销权纠纷二审案

（2012）浙温商终字第1326号

【案情简介】

● 2009年2月26日，B支行与A公司签订编号为200900006的《最高额抵押合同》（以下简称《原厂房抵押合同》），以A公司的厂房为A公司与B支行在2009年2月26日至2012年2月25日签订的借款合同、银行承兑协议、信用证开证合同等形成的债务提供最高额为1200万元的抵押担保。

● 2011年3月7日贷款600万元。

● 2011年6月9日贷款1500万元。

● 2011年8月3日签发1000万元承兑汇票。

● 2011年9月19日签发1200万元承兑汇票。

● 2011年12月26日签发2000万元承兑汇票。

● 2012年1月30日，B支行与A公司约定将《原厂房抵押合同》的最高限额从1200万元增加至2800万元。双方重新签订了编号为XC62756211312003的《最高额抵押合同》（以下简称《新厂房抵押合同》）。约定：担保范围为A公司与B支行在2012年1月30日至2015年1月29日签订的借款合同、银行承兑协议、信用证开证合同等形成的债务；合同签订前，A公司与被告之间已存在的所有债务转入《新厂房抵押合同》担保范围内。之后，双方撤销了原来的1200万元的抵押登记，另外按2800万元的抵押金额办理了抵押登记手续。

● 2012年2月2日贷款1000万元。

● 2012年3月12日，某市人民法院裁定受理A公司破产清算申请。

● 2012 年 10 月 17 日，某市中级人民法院受理撤销权纠纷二审。

● 2012 年 12 月 14 日，某市中级人民法院判决不支持管理人主张的撤销 2012 年 2 月 2 日发生的 1000 万元贷款。

【双方争议】

2012 年 2 月 2 日的 1000 万元的贷款是否属新增（贷款）债权及其财产担保是否可撤销的问题。

A 公司管理人主张：B 支行申报的第六笔债权 1000 万元，实质上属于 A 公司 2011 年 1 月 18 日贷款的续贷。请求法院对《新厂房抵押合同》为 2012 年 2 月 2 日的 1000 万元贷款提供的抵押担保予以撤销。

B 支行主张：1. 从法律关系来说，2012 年 1 月 18 日，A 公司借用专项资金归还 2011 年 1 月 18 日的到期贷款，至此，2011 年 1 月 18 日的借款合同消灭。2012 年 2 月 2 日，B 支行与 A 公司订立新的借款合同并于当日放贷，属于新的贷款行为，该贷款法律关系依法成立。管理人提供的第四组证据 2 中的贷款转存凭证已明确了 2012 年 2 月 2 日 B 支行向 A 公司放贷 1000 万元，因此，管理人认为 2012 年 1 月 30 日后 A 公司并无实际贷款与客观事实不符。2.《企业破产法》第三十一条第（三）项的规定是指对先前已存在的债务，以后又设定担保的情形。而本案是先设定担保，后建立贷款，因此不受该法条的限制。2012 年 2 月 2 日的贷款受《新厂房抵押合同》的约束，不属于《企业破产法》第三十一条第（三）项之规定的可撤销情形。

【判决结果及理由】

法院关于 2012 年 2 月 2 日 1000 万元的贷款是否属新增（贷款）债权以及抵押担保是否可撤销的问题作如下论证：1. 关于该笔 1000 万元贷款是否属新增贷款问题。本院认为，2011 年 1 月 18 日的 1000 万元贷款的还款日期为 2012 年 1 月 17 日，于 2012 年 1 月 18 日由 A 公司借用专项资金予以归还，至此，2011 年 1 月 18 日的借款合同已经履行完毕。2012 年 2 月 2 日，B 支行与 A 公司订立了新的借款合同并于当日向 A 公司放贷，属于新的贷款行为，该贷款法律关系依法成立。A 公司认为该笔续贷实质上仅是后一份贷款合同对前一份贷款合同关于借款利率、还款期限等条款的变更，明显与事实不符，本院不予采信。2. 就该笔贷款财产担保是否可撤销问题。本院认为，双方于 2012 年 1 月 30 日签订了《新厂房抵押合同》，该笔借款发生在 2012 年 2 月 2 日，显然该笔借款在《新厂房抵押合同》新增的抵押额担保范围内；虽《新厂房抵押合同》中新增的抵押额对此前既存债务提供担保，因符合《企业破产法》第三十一条第（三）项规定的情形，管理人可以申请法院予以撤销，但此后为该 1000 万元新增贷款提供担保，并不符合上述法律规定的情形，因此，管理人无权请求法院予以撤销。

◆管理人履职提示

管理人进场后，通过调查，发现在人民法院受理破产申请前一年内，破产企业 A 发生了新的负债，并且该笔负债还同时设定了财产担保。此时，管理人是否应当提起撤销权诉讼，法律依据是什么？

理论和实务界一般认为，同时担保行为不予撤销。除上述实务案例外，理论界如王欣新教授也认为，同时担保行为也被称为同期交易。《企业破产法》规定对没有财产担保的债务提供财产担保的行为应予撤销，仅限于对原无担保的债务补充提供财产担保，进而使该债权人享有原本没有的优先受偿权的情况。据此，债务人与债权人在可撤销期间内签订主合同的同时签订抵押等担保从合同的，不在可撤销行为之列，因其不是对原无财产担保的债权补充提供担保，不具有改善某一债权人原有清偿地位的不公平性质，而且抵押担保合同的签订是具有主合同对价利益的。[①]

另外，江苏省高级人民法院在《破产案件审理指南（修订版）》中也认为，对没有财产担保的债务提供财产担保的认定。债务人在破产申请受理前一年内，为没有财产担保的债务提供财产担保，将让债务人的特定债权人取得原先没有的优先受偿地位、获得更多清偿，构成偏颇性清偿，有违债权平等、集体清偿原则，依照《企业破产法》第三十一条第（三）项的规定，担保行为应予撤销。审理中应当注意：……二是可撤销的担保是为已有债务提供的担保，而非为新设债务提供的担保。债务与担保同时设定的，担保具有对价利益，不构成

---

① 王欣新：《论“对没有财产担保的债务提供财产担保”行为的认定》，载《人民法院报》2016 年 1 月 27 日第 7 版。

偏颇性清偿，但规避破产撤销制度、将已有债务转换为新债务并追加财产担保的除外。

建议管理人提前与受理法院沟通思路，如果受理法院也认同，同时担保行为不属于可撤销行为之列，则可以不提起撤销权诉讼。

四、对未到期的债务提前清偿的

（一）双方就提前还款达成合意

◆争议焦点

双方在债务到期前就提前还款达成合意，以现金或实物抵债等方式提前支付，变更还款期限，是否属于《企业破产法》第三十一条第（四）项规定的“对未到期的债务提前清偿的”情形。

◆实务裁判观点

法院倾向于支持对上述双方合意下的提前清偿行为予以撤销。有法院认为在破产申请受理前一年内，双方就提前还款达成合意，债务人以现金或实物等方式提前清偿欠款，虽系双方的真实意思表示，但该变更不能改变提前清偿侵害不特定债权人权益的本质，故属于《企业破产法》第三十一条第（四）项规定的“对未到期的债务提前清偿的”情形。也有法院认为《企业破产法》第三十一条规定是为了避免债务人选择性清偿，导致债务人财产减少，造成债权人权益受损，属于特别法的强制性规定，不因当事人的合意改变而改变。

◆典型案例

1. A公司管理人诉被告B公司破产撤销权纠纷一审案

（2019）浙0109民初12659号

【案情简介】

● 2017年8月20日，A公司、B公司签订《借款协议》，约定：A公司向

B 公司分期借款 800 万元，借期自 2017 年 8 月 20 日至 2019 年 8 月 19 日，到期后还本付息。B 公司自 2017 年 8 月 21 日至 2018 年 8 月 6 日共向 A 公司出借 647 万元。

● 2018 年 8 月 29 日，A 公司向 B 公司转账 80 万元。同期，B 公司与 A 公司签订《抵偿协议》，约定：A 公司将 5 辆运输车辆共计作价 100 万元，于 2018 年 9 月 16 日转让给 B 公司，用于抵偿拖欠 B 公司的部分借款。2018 年 10 月 15 日，双方办理了上述车辆的过户登记。

● 法院根据债权人的申请，于 2019 年 4 月 16 日作出（2019）浙 0109 破申 14 号《民事裁定书》，裁定受理对 A 公司的破产清算申请。

【双方争议】

本案的争议焦点为，对未到期债务，双方合意变更到期时间并进行清偿的，是否还属于《企业破产法》第三十一条第（四）项所规定的“对未到期的债务提前清偿”的情形。

被告主张：2018 年 8 月前后，B 公司因资金周转需要要求 A 公司还款，双方经多次交涉达成合意，B 公司要求 A 公司于 2018 年 8 月底前归还借款，后 A 公司还款 80 万元、以车辆抵偿 100 万元。A 公司还款及签订《抵偿协议》的行为，是对《借款协议》中还款期限的实质性变更。前述债务已全额到期，不属于对未到期债务提前清偿。

【判决结果及理由】

法院认为破产撤销权制度设立的宗旨，在于恢复破产债务人的责任财产，维持债务人的财产状况，确保债权人债权的实现；其目的是确定破产企业在一定时间段内向特定债权人处分自身财产的行为不发生法律效力，以保障其他不特定债权人对破产企业财产的合法、平等受偿的权益。依据《企业破产法》第三十一条规定，人民法院受理破产申请前一年内，债务人对未到期的债务提前清偿的，管理人有权请求人民法院予以撤销。回归本案，《借款协议》约定 800 万元借款分期交付，到期日为 2019 年 8 月 19 日。现 A 公司在借款尚未到期前返还 80 万元，及以车辆抵偿 100 万元借款的行为，其实质即为提前清偿，管理人有权申请法院予以撤销。B 公司辩称双方合意变更还款时间，但该变更不能改变提前清偿侵害不特定债权人权益的本质。故判决撤销A公司向B公司还款80万元的行为及A公司向B公司转让五辆重型货车的行为。

2. A公司破产管理人与赵某某、鲁某某破产撤销权纠纷一审案

（2019）黔2622民初740号

【案情简介】

● 2015年3月20日，A公司与赵某某、鲁某某（被告）签订《商品房买卖合同》，合同约定被告购买A公司开发的星宸国际第15幢1层9号（房号15-1-9）商用房，双方约定：房屋总价款1044252元，被告在合同签订之日向A公司交付首期房款524252元，尾款520000元以银行贷款按揭方式支付。

● 合同签订后，被告于2015年8月7日支付给A公司首付款524252元，后又将购房尾款520000元支付给A公司。至此，被告已将购房款全部支付完毕，并取得了该商用房的不动产权证。

● 2016年3月22日，双方在《商品房买卖合同》第八条中补充约定购房尾款支付方式由银行贷款按揭支付变更为一次性支付（实际于前一天已支付）。

● 2015年3月20日，A公司与被告签订《A公司"星宸国际"租赁协议》，约定被告将其购买的星宸国际第15幢1层9号商用房出租给A公司，租赁期限自2016年3月1日起至2021年3月1日止，年租金共计79833.60元，租赁期间租金总计399168元。租金按年结算，合同期内每年4月1日之前A公司向被告一次性支付当年租金。

● 协议签订后，A公司于2016年3月21日将2016年4月1日至2018年1月1日的租金220000元一次性支付给被告。

● 2017年1月5日，某县人民法院依法裁定受理A公司重整申请。

【双方争议】

本案有两个争议的焦点：焦点一，A公司于2016年3月21日一次性支付给被告2016年4月1日至2018年1月1日的租金220000元中的140166.40元是否属于对未到期债务进行清偿的行为；焦点二，原告主张的撤销权是否已消灭。

被告主张，《A公司"星宸国际"租赁协议》是A公司与被告在平等自愿的基础上签订的，因A公司未能按照协议约定为被告办理银行按揭贷款支付购房尾款手续，双方协商由被告一次性支付购房尾款，A公司支付2016年4月1日至2018年1月1日的房租给被告，符合法律规定；因购房尾款支付方式的改变，双方对租金的支付方式也进行了合意的修改，不属于A公司提前清偿未到期债务的情形；A公司进入破产程序后并未进入实质性破产，目前尚欠被告一年多的租金，被告保留重新诉讼的权利；破产撤销权应在人民法院裁定受理破产申请之日一年内行使，原告起诉时已超过一年的撤销权行使期限，其撤销权已消灭。

【判决结果及理由】

关于焦点一，A公司于2016年3月21日一次性支付给被告2016年4月1日至2018年1月1日的租金220000元中的140166.40元是否属于对未到期债务进行清偿的行为。《企业破产法》第三十一条规定是为了避免债务人选择性清偿，导致债务人财产减少，造成债权人权益受损，属于特别法的强制性规定，不因当事人的合意改变而改变。本案中，除《最高人民法院关于适用〈中华人民共和国企业破产法〉若干问题的规定（二）》第十二条规定的在破产申请受理前已到期的租金79833.60元外，A公司支付给被告的未到期租金140166.40元（220000元－79833.60元），虽系双方经协商后的真实意思表示，但违反了法律的强制性规定，属于提前清偿未到期债务的行为，依法应予撤销。

关于焦点二，原告主张的撤销权是否已消灭。我国现行法律对破产管理人行使破产撤销权未作时间上的限制，破产撤销权系适用破产程序的特殊权利，不适用普通诉讼程序规定的除斥期间，故被告关于原告撤销权因超过法定除斥期间而消灭的辩解不能成立。

◆管理人履职提示

《企业破产法》第三十一条第（四）项规定："人民法院受理破产申请前一年内，涉及债务人财产的下列行为，管理人有权请求人民法院予以撤销：……（四）对未到期的债务提前清偿的……"如双方就提前还款达成合意，是否属于《企业破产法》第三十一条第（四）项规定的"对未到期的债务提前清偿的”情形？管理人是否应提起撤销权诉讼？

结合上述案件，双方就提前还款达成合意的具体表现方式包括债务人实际向债权人还款、债权人与债务人签订有关抵债协议并实际交付等。虽法院裁判理由及依据可能存在差异，但倾向于支持对上述行为予以撤销，主要有两种观点：一是认为提前还款虽系双方的真实意思表示，但不能改变提前清偿侵害不特定债权人权益的本质，如“（2019）浙0109民初12659号破产撤销权纠纷一审案”；二是认为《企业破产法》第三十一条属于特别法的强制性规定，不因当事人的合意改变而改变，如在“（2019）黔2622民初740号C房地产开发有限公司破产管理人与赵某某、鲁某某破产撤销权纠纷一审案”中，法院认为《企业破产法》第三十一条规定是特别法的强制性规定，为了避免债务人选择性清偿，以维护全体不特定债权人的平等受偿权益，不因当事人的合意改变而改变。故针对破产申请受理前一年内在双方合意下的提前清偿行为，在不存在例外情形时，如债务人企业所欠债务在破产申请受理前已经到期，应当予以撤销。

管理人在调查债务人企业在破产申请受理前一年内涉及债务人财产的可撤销行为时，对于上述在双方合意下达成的提前清偿行为，如符合撤销条件，应及时向法院申请撤销，以最大限度保全债务人企业财产，维护全体不特定债权人利益。

但需提示的是，《最高人民法院关于适用〈中华人民共和国企业破产法〉若干问题的规定（二）》第十二条针对“对未到期的债务提前清偿的”作了例外规定：“破产申请受理前一年内债务人提前清偿的未到期债务，在破产申请受理前已经到期，管理人请求撤销该清偿行为的，人民法院不予支持。但是，该清偿行为发生在破产申请受理前六个月内且债务人有企业破产法第二条第一款规定情形的除外。”根据该规定，如债务人向债权人清偿时该笔债务尚未到期，按《企业破产法》第三十一条的规定，管理人有权申请法院撤销，但如该笔债权在破产申请受理前已经到期，则属于《最高人民法院关于适用〈中华人民共和国企业破产法〉若干问题的规定（二）》第十二条规定的例外情形，不能撤销。但需注意的是，即使该笔债权在破产申请受理前已到期，如该清偿行为发生在破产申请受理前六个月内且债务人企业在清偿时已经存在破产原因即债务人企业已不能清偿到期债务且资不抵债或明显缺乏清偿能力，则仍属于可撤销范围。管理人应对债务人提前清偿的事实及时间点进行详细调查了解，确定是否属于可撤销的范围。

（二）银行等债权人依据协议中的加速到期条款提前收回贷款

◆争议焦点

为确保借贷安全、防范风险，金融机构在与企业签订贷款合同时，往往在协议中约定加速到期条款，当约定的情形发生时，贷款人有权宣布贷款加速到期，从而提前收回贷款。银行等债权人依据加速到期条款提前收回贷款，通常采取的方式为直接扣划借款人在该银行账户中的资金。实务中对于银行等债权人依据加速到期条款提前收贷的行为是否属于对未到期的债务提前清偿存在争议。

◆实务裁判观点

实务中，法院对于破产程序中加速到期条款的效力问题存在不同的观点。部分法院认为银行依据加速到期条款提前收贷，未到期债务视为已到期，此时的清偿不能算作清偿未到期债务，管理人不能申请法院依据《企业破产法》第三十一条第（四）项撤销该清偿行为。如“（2013）宁商终字第241号破产撤销权纠纷二审案”“（2009）港民二初字第0168号破产撤销权一审案”“（2013）绍虞商初字第925号破产撤销权纠纷一审案”等。

也存在法院因债权人不能举证证明借款人违约及（或）其已履行宣告提前到期的通知义务，认为债权人扣划时贷款尚未到期，如“（2016）沪民申2381号请求撤销个别清偿行为纠纷再审案”“（2017）苏05民终2171号破产撤销权纠纷二审案”。但需要明确的是，在该类案例中，法院并非否认加速到期条款在破产程序当中的效力，其是因债权人未能履行举证责任而判定债权人扣划时贷款尚未到期。

实务中也存在法院认为债权人提前收贷的行为系对于未到期债权的清偿，

如在某集团与A银行B支行破产撤销权一案中，一审法院某中院判决撤销B支行的扣划行为，判决理由为根据特别法优于一般法的原则，借款合同中的约定不能对抗《企业破产法》的规定，应适用《企业破产法》的有关规定。二审法院某高院判决驳回B支行的上诉请求，认为借款合同中约定的加速到期条款违反我国《企业破产法》第三十一条禁止在一定期限内个别清偿债务、提前清偿债务的规定。

◆典型案例

1. A银行B分行与C公司破产撤销权纠纷二审案

（2017）苏05民终2171号

【案情简介】

● C公司于2015年8月12日向A银行B支行借款35万美元，约定到期还款日为2016年1月5日。

● 2015年10月21日，A银行B支行扣划C公司资金美元145585.75元、人民币205330.12元。

● 2015年12月3日，某市人民法院裁定受理C公司的破产清算申请。

【双方争议】

本案的争议焦点在于A银行B支行扣划C公司存款行为是否属于提前清偿债务，主要争议焦点在于A银行B支行依据加速到期条款单方扣划债务人银行存款的行为系偿还到期债务还是清偿未到期债务。

A银行B支行主张扣划行为属于债权的加速到期清偿而非提前清偿，A银行B支行依照合同约定的加速到期条款，在债务人发生财务状况严重恶化等情况时，使合同提前到期，单方面扣划债务人银行存款清偿债务系偿还到期债务而非清偿未到期债务。

【判决结果及理由】

一审法院认为A银行B支行于借款期限届满前扣划C公司资金美元145585.75元、人民币205330.12元，无论是否存在提前收贷的约定，均不改变债务提前清偿的性质。C公司请求撤销上述行为，应予支持。

二审法院认为，《企业破产法》第三十一条规定："人民法院受理破产申请前一年内，涉及债务人财产的下列行为，管理人有权请求人民法院予以撤销：……（四）对未到期的债务提前清偿的……"A银行B支行于2015年10月21日扣划C公司账户资金行为的法律效果系清偿了C公司所负的未到期债务，且该行为发生于一审法院受理C公司破产申请前一年内，故对C公司主张撤销上述行为的请求，应予支持。A银行B支行上诉主张双方约定了加速到期条款，其扣划属于偿还到期债务，但该行未向该院提交相应证据证实其在扣划前已向C公司宣布提前到期，故该院对其该主张不予采纳。判决驳回上诉，维持原判。

2. A银行B支行与C公司管理人破产撤销权纠纷二审案

（2013）宁商终字第241号

【案情简介】

● 2010年11月15日，A银行B支行与C公司签订流动资金借款合同，C公司向A银行B支行借款1000万元用于流动资金，借款期限自2010年11月16日起一年，该合同第3.7.1.2条约定："贷款人依照法律规定或者合同约定行使抵销权的，借款人异议期间为七日，自贷款人以书面、口头或者其他形式通知借款人之日起计算。"第4.2条约定："贷款人如发现有不利于贷款人信贷资金安全的风险因素及借款人经营出现滑坡时，贷款人有权提前收回贷款。"第5.2条约定："有下列情形的，贷款人可以解除本合同以及双方签订的其他合同：……（2）借款人或者保证人还款能力可能发生重大不利变化……贷款人解除合同的，借款人的异议期间为七日，自贷款人以书面、口头或者其他形式通知借款人之日起计算。"

● 合同订立后，A银行B支行按约于2010年11月16日向C公司出借借款1000万元，在借款凭证上言明：借款年利率6.116%，到期时间2011年11月15日等。

● 2011年8月31日，C公司法定代表人突然下落不明，该企业生产经营停止。

● 2011 年 9 月 2 日，A 银行 B 支行扣收 C 公司在 A 银行 B 支行处开立账户上的存款 44041.93 元用于归还 C 公司的上述借款。

● 2012 年 3 月 15 日，法院裁定受理了 C 公司破产清算一案。

【双方争议】

本案争议焦点为：1. A 银行 B 支行扣划 C 公司存款时，案涉借款是否到期；2. C 公司管理人是否有权撤销 A 银行 B 支行的扣划行为。

A 银行 B 支行主张，其与 C 公司签订的借款合同明确约定，当借款人发生可能影响借款安全或者债务履行情形的，贷款人可以宣布合同项下的借款提前到期。在借款人或保证人的还款能力可能发生重大不利变化情形下，贷款人可以解除借款合同，并可以采取提前收回已发放借款、对借款人行使抵销等法定或约定权利。2011 年 8 月 31 日，C 公司的法定代表人杨某下落不明，2011 年 9 月 1 日 C 公司被原审法院封条封门。C 公司的该情形属于双方合同中约定的“可能影响借款安全或者债务履行情形”，也是“还款能力可能发生重大不利变化的情形”。A 银行 B 支行根据合同约定宣布 C 公司的借款合同于 2011 年 9 月 1 日提前到期，符合法律规定和双方约定。

C 公司管理人认为 C 公司与 A 银行 B 支行的 1000 万元借款到期日应为 2011 年 11 月 15 日，A 银行 B 支行认为 2011 年 9 月 1 日到期没有事实和法律依据。双方签订的借款合同约定，2010 年 11 月 16 日，A 银行 B 支行向 C 公司发放金额为人民币 1000 万元的流动资金贷款，期限为一年，到期日为 2011 年 11 月 15 日。A 银行 B 支行认为，2011 年 9 月 1 日 C 公司出现了“可能影响借款安全或者债务履行情形”，A 银行 B 支行有权根据合同约定宣布借款合同提前到期，但 A 银行 B 支行并未提供向 C 公司主张、宣告、通知借款合同到期的证据，其没有履行催告和通知义务，无权单方面决定借款合同到期。

【判决结果及理由】

原审法院认为，A 银行 B 支行与 C 公司虽然在借款合同中约定了扣收的条件和解除合同的条件，但是，这种扣收并不必然说明借款期限提前到期，与合同约定的借款期限没有关系。A 银行 B 支行如果行使合同解除权，必须依法通知C公司，合同自通知到达时才能解除。本案中，A银行B支行并没有证据证明其通知C公司解除合同，A银行B支行在没有履行法定通知义务的情况下，原合同不能当然解除。在原合同没有解除的情况下，借款期限依法应当按照原借款合同确定。在借款合同约定的借款期限尚未到期的情况下，A银行B支行无权要求C公司提前偿还贷款。因此，本案中，A银行B支行于2011年9月2日扣收C公司存款账户上的存款，用于归还C公司于2011年9月15日到期的借款，属于提前清偿自身未到期的债权。

二审法院认为，A银行B支行与C公司签订的借款合同系双方当事人的真实意思表示，双方均应依约履行。关于第一个争议焦点，该院认为，双方签订的借款合同已约定，当贷款人发现有不利于贷款人信贷资金安全的风险因素及借款人经营出现滑坡时，贷款人有权提前收回贷款，该条款系双方对贷款提前到期情形的约定。2011年8月31日，C公司法定代表人突然下落不明，企业生产经营停止。此时，合同约定的贷款人提前收回贷款的条件已经成就。因此，A银行B支行于2011年9月2日扣划C公司存款时，案涉借款已提前到期。A银行B支行关于债务已提前到期的上诉理由成立。

关于第二个争议焦点，该院认为案涉债权于2012年9月2日已到期，在C公司未主动归还借款时，A银行B支行从C公司的账户中扣划款项用于归还其到期款项，并不违反法律规定，且该行为发生于原审法院受理申请人对C公司的破产清算申请六个月之前，故C公司管理人申请撤销该债务清偿的请求缺乏法律依据，该院不予支持。

◆管理人履职提示

企业向银行等债权人申请贷款时，为防范风险，贷款方往往会在合同中约定提前到期条款，一般情况下，在加速到期条款不违反法律、法规的强制性规定的情况下，如借款人发生合同约定的情形，贷款人宣布贷款提前到期并提前收贷无法律障碍，收贷的通常表现形式为直接扣划借款人在该银行开立的账户中的资金。就加速到期条款的效力问题，《上海市高级人民法院关于审理借款合同纠纷案件若干问题的解答》第五条规定："借款合同关于贷款人提前收贷有约定的，该约定只要不违反法律、法规的强制性规定，应认定为有效。在贷款人主张借款人提前还贷的条件成就时，贷款人据此诉请要求借款人提前还款的，法院应予支持。该诉请不以解除合同为前提，故贷款人无须主张解除合同诉请。”① 但加速到期条款在破产程序中是否得到承认仍存在争议，如发生在人民法院受理借款人破产申请前一年内的提前收贷行为，是否属于“对未到期的债务提前清偿”。在此情况下，管理人是否应向法院申请撤销该提前收贷行为？

对此，实务中主要存在两种观点：第一种观点认为，借贷双方在贷款合同中约定的加速到期条款违反我国《企业破产法》第三十一条第（四）项禁止在破产受理前一年内提前清偿未到期债务的规定，即一般法违反特别法，对于债权人提前收回贷款的行为应予以撤销。

第二种观点认为，因在不违反法律、法规的强制性规定的情况下，加速到期条款有效，进而银行提前收贷的行为属于对已到期的债务进行清偿，不能落入《企业破产法》第三十一条第（四）项的范围，即不属于对未到期的债务提前清偿。

从法院裁判观点中看，虽存在部分法院认为加速到期条款属一般法，违反《企业破产法》的特别规定，故认为仍属于对“未到期的债务提前清偿”，但多数法院倾向于肯定债权人依据协议中约定的加速到期条款扣收的行为，系对到期债务的清偿，不属于可依据《企业破产法》第三十一条第（四）项可予以撤销的范围。

大多数学者也持相同意见，如王欣新教授在《法治研究》2015 年第 6 期《银行贷款合同加速到期清偿在破产程序中的效力研究》一文中提出：“由于已经认定加速到期条款原则上有效，所以此时银行的扣款清偿行为属于对到期债务的清偿，能否撤销要根据《企业破产法》第三十二条规定认定，而不能依据

① 《上海市高级人民法院关于审理金融借款合同纠纷案件若干问题的解答》第五条，借款合同关于贷款人提前收贷有约定的，该约定只要不违反法律、法规的强制性规定，应认定为有效。在贷款人主张借款人提前还贷的条件成就时，贷款人据此诉请要求借款人提前还款的，法院应予支持。该诉请不以解除合同为前提，故贷款人无须主张解除合同诉请。

第三十一条规定的‘对未到期的债务提前清偿’来认定。”[①]

根据上述分析，管理人依据《企业破产法》第三十一条第（四）项申请法院撤销银行等债权人依据加速到期条款进行扣划的行为存在被驳回的较大可能性。但需要关注的一点是，如“（2016）沪民申2381号请求撤销个别清偿行为再审案”中，法院认为，银行未能举证公司违约及其已履行宣告提前到期的通知义务，还款期限仍为合同约定期限，本院确认涉案贷款并未提前到期。故当银行等债权人并未依照法定或约定的程序履行有关通知义务等时，如经全面调查了解，确定对方确未履行相关义务，管理人依据《企业破产法》第三十一条第（四）项规定申请撤销银行的提前收贷行为存在胜诉可能性。故建议管理人在全面调查时，要特别关注贷款方是否按法定或约定的程序履行宣布贷款加速到期的行为。

同时，需要提示的是，银行的提前收贷行为如发生在企业破产申请受理前六个月内，建议管理人同时根据《企业破产法》第三十一条第（四）项及第三十二条规定申请法院撤销，如“（2016）沪民申2381号请求撤销个别清偿行为纠纷再审案”中，管理人同时就案涉清偿行为符合“对未到期的债务提前清偿”及“个别清偿行为”申请撤销。因如协议约定的加速到期情形发生且贷款方已履行相关通知义务等时，法院可能认为案涉贷款清偿时已到期，管理人仅依据第三十一条第（四）项的胜诉可能性较低，但如该行为符合第三十二条规定的“个别清偿行为”，仍可达到撤销案涉清偿行为，维护全体不特定债权人利益的目的。

五、放弃债权

◆争议焦点

在法院受理破产申请前一年内，如债务人企业存在放弃债权的情况，管理人可申请法院撤销该行为。实务中，对于债务人作为担保人放弃对于主债务人

---

① 王欣新：《银行贷款合同加速到期清偿在破产程序中的效力研究》，载《法治研究》2015年第6期。

追偿权的行为是否属于《企业破产法》第三十一条第（五）项规定的“放弃债权”，存在一定的争议。

◆典型案例

A公司管理人、B公司管理人与徐某某破产撤销权纠纷一审案[①]

（2018）浙0411民初4299号

【案情简介】

● 某区人民法院于2016年8月17日，裁定受理A公司、B公司的破产清算申请。

● 在申报债权过程中，C公司向管理人申报债权4445866.98元。经查，2016年1月22日，两破产企业为徐某某向C公司的400万元的借款提供保证担保。因徐某某到期未归还借款，C公司要求两破产企业承担担保责任。该债权经过依法确认，管理人向C公司代偿407453.34元。

● 代偿后，管理人向法院提起诉讼向徐某某追偿担保代偿款，法院已立案受理。该案审理过程中，徐某某提交一份两破产企业与其签订的《委托担保合同》抗辩，合同中约定两破产企业承诺在承担连带清偿责任后自愿放弃向其追偿的权利。

● 签订时间为2016年1月22日的《委托担保合同》记载如下事实：徐某某向C公司借款400万元，期限为2016年1月22日起至2017年1月20日止，两破产企业及D公司、苗某某、越某某自愿为徐某某的借款提供连带责任保证；徐某某向C公司的借款只用于向D公司购买商品房；徐某某借款到期后不按时归还的，由两破产企业及D公司、苗某某、越某某承担连带清偿责任，两破产企业及D公司、苗某某、越某某承诺在承担连带清偿责任后自愿放弃向徐某某追偿的权利。

---

① 二审案件详见（2018）浙04民终2954号。二审法院认为两破产企业无故放弃对徐某某享有的追偿权利，导致其在承担保证责任后无法救济，变相使得企业财产不当减少，实际损害了全体债权人的合法利益，故对两破产企业放弃担保追偿权的行为予以撤销，符合企业破产法的立法本意。故驳回上诉，维持原判。再审案件详见（2019）浙民申3297号，法院裁定驳回再审申请。

【双方争议】

本案的主要争议在于两破产企业放弃的担保追偿权是否是《企业破产法》第三十一条第（五）项表述的“放弃债权”的行为。

管理人主张两破产企业与被告签订《委托担保合同》的时间为2016年1月22日，在人民法院受理破产申请前一年内，因此，两破产企业的管理人为了维护各债权人利益，合法、公平处置破产财产，履行管理人应履行的职责，依法提起诉讼。

被告徐某某主张，《委托担保合同》中两破产企业表示预放弃的是在其承担担保责任后向被担保人徐某某的追偿权，而追偿权是我国《担保法》规定在履行担保责任后所取得的一项法定救济权利，其本身不属于基于民事活动中所产生的民事财产关系上的债权，与一般民事债权归属不同的法律关系并受不同的法律调整。原告将放弃担保追偿权认定为放弃债权，没有法律依据。

【判决结果及理由】

法院认为担保追偿权是法律规定担保人承担责任后，向主债务人追偿的权利，与合同债权等其他债权虽然在产生方式上有所不同，但并不改变其为债权的属性。放弃担保追偿权的法律后果必然是放弃相应债权，从而减少两破产企业承担民事责任的财产，损害两破产企业债权人的利益。因此，两破产企业在《委托担保合同》中承诺放弃将来可能发生的担保追偿权的行为属于上述法律规定的“放弃债权”的行为，管理人依法有权请求人民法院予以撤销。

◆管理人履职提示

《企业破产法》第三十一条第（五）项规定：“人民法院受理破产申请前一年内，涉及债务人财产的下列行为，管理人有权请求人民法院予以撤销：……（五）放弃债权的。”放弃债权的表现形式包括债务人企业自行核销、与债务人签订协议等。实务中，对于债务人作为担保人放弃对于主债务人追偿权的行为是否属于《企业破产法》第三十一条第（五）项规定的“放弃债权”，存在一定的争议，在此情况下，管理人是否应提起撤销权诉讼？

上述案例中，法院支持管理人撤销企业放弃对主债务人的追偿权的行为，肯定了担保追偿权的债权属性。《企业破产法》第五十一条规定："债务人的保证人或者其他连带债务人已经代替债务人清偿债务的，以其对债务人的求偿权申报债权。债务人的保证人或者其他连带债务人尚未代替债务人清偿债务的，以其对债务人的将来求偿权申报债权。但是，债权人已经向管理人申报全部债权的除外。"本条规定亦是对保证人对债务人的求偿权性质为债权予以确认，故管理人在对债务人企业在破产申请受理前一年内可能涉及"放弃债权"的行为进行调查时，应关注企业所作出的放弃向主债务人进行追偿的承诺，并及时向法院提起诉讼。

六、个别清偿

（一）个别清偿是否要求债务人积极履行

◆争议焦点

实务中对"个别清偿"之行为的主观性理解，即是否要求债务人积极履行清偿行为，存在不同观点。在此情形下，银行的自动扣划是否属于债务人的个别清偿，存在争议。

一种观点认为，若债务人缺乏主观上履行的积极性，客观上未主动进行个别清偿，不属于债务人的个别清偿行为。债权人或债权人计算系统自主扣划，属于债务人与债权人之间借款或融资合同约定履行合同义务之行为。因此，《企业破产法》第三十二条中的"个别清偿"要求债务人积极履行。

另一种观点认为，个别清偿并无主动与被动之分。债权人或债权人计算系统自主扣划使债务人财产受损，符合《企业破产法》第三十二条中管理人有权请求法院撤销的个别清偿情形，间接侵害其他债权人的合法权益，产生破产企业债权人之间偏颇性清偿结果。因此，《企业破产法》第三十二条中的"个别清偿"不要求债务人积极履行。

◆实务裁判观点

实务中，多数法院认为，债务人的个别清偿并不要求债务人积极履行，即债务人清偿行为的积极主动并非个别清偿的必备构成要件，如“（2019）浙05民终1765号请求撤销个别清偿行为纠纷二审案”“（2019）浙0522民初3457号请求撤销个别清偿行为纠纷一审案”“（2019）黔02民终987号请求撤销个别清偿行为纠纷二审案”“（2019）浙01民终3463号请求撤销个别清偿行为纠纷二审案”“（2017）浙0803民初3667号请求撤销个别清偿行为纠纷一审案”“（2016）浙民终523号请求撤销个别清偿行为纠纷二审案”等。

但实务判例中也存在少数相反观点，如“（2016）最高法民申717号请求撤销个别清偿行为纠纷再审案”，最高人民法院认为债权人银行的款项扣划并非债务人的自行清偿行为，而是债权人的自主划扣，不属于《企业破产法》第三十二条的规范范围。

◆管理人履职提示

如管理人调查后发现债权人（通常为银行）自主扣划款项使债务人的债务得以清偿，则该类债务人未自主积极履行的清偿是否属于《企业破产法》第三十二条规定的“个别清偿”，管理人是否应当提起撤销权诉讼？

债权人自主扣划款项清偿债务的行为缺乏债务人积极履行的意思表示，是否属于《企业破产法》第三十二条规定的“个别清偿”，实务中争议很大，法院判例也存在不同的结果。多数法院认为，《企业破产法》第三十二条并未区分主动清偿与被动清偿，据此不论是主动清偿还是被动清偿都可以构成个别清偿；即使是自主扣划构成被动清偿，结果仍然是个别清偿了债权，不符合通过破产程序实现公平清偿的目标，也与《企业破产法》的立法精神相悖。

但实务判例中，也存在不同的看法，有的法院认为，《企业破产法》第三十二条规定的立法目的是防止债务人的个别清偿行为损害其他债权人的公平受偿权利，通过对债务人相关行为的撤销，以保全债务人的责任财产，维护债权人之间的实质平等，实现破产财产在全体债权人之间的公平分配，管理人行使该条的前提条件是债务人对债权人进行了个别清偿，该个别清偿应为债务人主动自行的个别清偿行为。

综上，对于债权人银行自动扣款是否属于债务人的个别清偿，即该情形下债务管理人请求法院撤销该清偿行为的主张是否能得到支持，实务中确有不同意见。

关于此种情形下是否应当提起诉讼。建议管理人遇到此种情形时，如经调查后发现扣划行为发生在法院受理破产申请前六个月内且未发现不得撤销的例外情形时，应当积极起诉，以保障债务人财产。虽然实务中也有法院认为《企业破产法》第三十二条规定的“个别清偿行为”限于债务人的主动清偿，但多数法院倾向于支持债权人的主动扣划同样属于“个别清偿”。为避免被债权人以管理人未积极履行职责而追责的风险，应积极起诉。

（二）个别清偿时债务人是否具有破产原因

◆争议焦点

《企业破产法》第三十二条规定，构成个别清偿，需债务人清偿时已具备《企业破产法》第二条第一款所规定的破产原因。对于如何证明债务人清偿时已具备破产原因，是否必须有确切的证据证明企业在向债权人清偿的时点已具备破产原因，根据案件的具体情况，包括债务人个别清偿的时点与法院受理破产时点的间隔等，法院可能采取不同的做法。多数法院要求必须有可以证明破产企业在个别清偿时具备破产原因的证据，少数法院也存在依据企业破产申请受理时与个别清偿行为发生时间间隔较短，进而推定企业在个别清偿时已具备破产原因的情形。

◆实务裁判观点

（1）少数法院因企业个别清偿的时点与法院受理破产申请的时点间隔较短，推定企业个别清偿时已具备破产原因。

在“（2015）浙民申字第2076号A银行B分行与C公司管理人请求撤销个别清偿行为纠纷再审案”中，法院认为截至2013年2月18日某县人民法院受理C公司破产重整申请之时，C公司负债已达6亿元左右，此时距A银行B分行扣款仅两个半月时间，C公司不可能在短时间内出现如此巨额的负债，一、二审法院据此合理推定在A银行B分行扣款之时C公司已明显缺乏清偿能力有相应依据。

在“（2019）浙06民终2125号请求撤销个别清偿行为纠纷二审案”中，法院认为个别清偿与破产清算程序相差不足十天，可以直接认定清偿时已具备破产原因。

（2）但多数法院认为必须有明确的证据能够证明破产企业在个别清偿时具备破产原因，不能因为相近时点存在破产原因而推定企业个别清偿时也存在破产原因。

如法院受理破产申请时的证据或受理破产申请裁定书可以体现出企业在个别清偿时已具备破产原因，法院可能据此作出裁判，无须管理人另行提供其他证据举证证明。如在“（2017）黔03民终5849号A公司、B公司管理人请求撤销个别清偿行为纠纷二审案”中，法院认为B公司以拉拔管抵偿A公司债务的行为发生于2016年11月，根据一审法院于2017年3月16日作出的（2017）黔0303破（预）字第1号民事裁定书载明的内容，B公司截至2016年9月30日的财务状况已达到资不抵债，无能力清偿到期债务，其在对A公司清偿债务时已出现破产原因，且该清偿行为发生在受理破产申请前六个月内，B公司管理人有权撤销该行为。

同样地，在“（2017）鄂民申3545号A公司、B公司管理人请求撤销个别清偿行为纠纷再审案”中，法院认为（2016）鄂0321民破1号民事裁定书中已确认B公司自2012年以来连续亏损，经营状况恶化，初步统计资产负债率为143.86%，企业不能清偿到期债务，且资产不足以清偿全部债务。审计报告也显示截至2016年6月30日B公司资产总额小于负债总额，可以认定B公司资产不足以清偿全部债务，也可以证明2016年6月7日破产企业在还款时，已具备破产原因。

如无法根据企业破产申请时的证据或是法院受理破产申请裁定书等证明企业在个别清偿时存在破产原因，管理人需另行提供证据加以证明。

在“（2019）浙01民终3934号A银行B分行、C公司管理人请求撤销个别清偿行为纠纷二审案”中，两级法院均认为，2017年5月的资产负债表显示C公司所有者权益为负，表明C公司的全部资产已不足以偿付全部负债，因此可认定C公司资产不足以清偿全部债务。此外，由C公司向A银行B分行的还款情况可见，C公司清偿能力明显下降，已不能清偿到期债务。

在“（2017）渝04民终547号A公司与B公司破产管理人请求撤销个别清偿行为纠纷二审案”中，一审中B公司破产管理人举示执行裁定书及执行案件一览表，证明截至2015年10月9日，债权人向某区人民法院申请执行B公司且未执行到位的案件为11件。二审法院认为，B公司在经营期间，基于建设工程合同、民间借贷、买卖合同等，已有大量到期债务不能清偿，且金额巨大，部分到期债务经人民法院执行仍未能兑现，应当认定在签订案涉支付协议时，B公司不能清偿到期债务。诉讼中，尽管B公司破产管理人没有提供资产负债表、债务清册、债权清单等证据证明B公司资不抵债，即使B公司的账面资产大于负债，但是经人民法院强制执行，无法清偿所有债务，可以认定是明显缺乏清偿能力。B公司不能清偿到期债务，且明显缺乏清偿能力，具备了《企业破产法》第二条所规定的破产原因。故一审法院依据执行法案件相关证据作为认定B公司不能清偿到期债务、明显缺乏清偿能力，具备破产原因的认定并无不当，上诉人的该上诉理由不成立。

在“（2019）苏13民终289号请求撤销个别清偿行为纠纷二审案”中，一审中管理人向法院提交多起案件执行裁定书及生效判决书，法院认为，案涉公司于2015年4月30日经一审法院裁定进入破产清算程序，而在其进入破产清算前六个月内已经存在多起案件未能履行生效法律文书确定的债务，具备我国《企业破产法》第二条第一款规定的情形，即不能清偿到期债务，并且资产不足以清偿全部债务或者明显缺乏清偿能力。

◆典型案例

A公司与B公司管理人请求撤销个别清偿行为纠纷二审案

（2016）苏02民终3798号

【案情简介】

● 2015年7月14日，A公司与C公司签订了保理业务合同，取得C公司对B公司的应收账款3433302.53元。

● 2015 年 7 月 31 日，B 公司向 A 公司付款 70 万元，又于 8 月 14 日付款 30 万元、31 日付款 30 万元，9 月 15 日付款 48 万元、21 日付款 10 万元，30 日付款 30 万元、22 万元，以上 7 笔付款合计 240 万元。

● 2016 年 1 月 27 日，某区人民法院受理 B 公司的破产申请并指定管理人。

● 2016 年 8 月 22 日，某区人民法院应破产管理人请求，判决撤销 B 公司对 A 公司的清偿。

● 2017 年 2 月 6 日，某市中级人民法院依照破产管理人提供的新证据，维持一审判决。

【双方争议】

关于在 B 公司 2015 年 7 月至 9 月向 A 公司清偿 240 万元债务时，B 公司是否已具备破产原因。

B 公司管理人认为，法院在受理破产申请时，已经查明企业存在破产原因，可以用来证明个别清偿时企业存在《企业破产法》第二条第一款规定的情形。

A 公司认为，B 公司在清偿债务时尚处于正常生产经营状态，B 公司管理人无证据证明讼争清偿行为发生时 B 公司已具备破产原因，讼争清偿行为不属于可撤销的情形。

【判决结果及理由】

法院认为，一审中 B 公司管理人举证了一审法院（2016）苏 0205 民破 1 号民事裁定书，并经庭审质证，故一审法院在本案一审判决书中引用该生效民事裁定书中确认相关事实内容作为本案查明的事实内容符合法律规定，并不存在程序违法。虽一审法院系认定 B 公司在 2015 年 10 月 31 日已不能清偿到期债务且资产不足以清偿全部债务的前提下，以经验法则认定 B 公司清偿本案所涉 240 万元时也已经存在《企业破产法》第二条第一款规定的破产原因，证据并不充分，但 B 公司在二审期间对此补强了证据，其提供的承诺书等证据足以证明 B 公司自 2013 年至 2016 年，始终存在拖欠职工社会保险费的情况；其提供的专项审计报告亦能反映出 B 公司于 2015 年 6 月 30 日已存在资不抵债的情况。因此 B 公司在 2015 年 7 月至 9 月清偿 A 公司债务时已符合法律规定的“企业法人不能清偿到期债务，并且资产不足以清偿全部债务或者明显缺乏清偿能力的”的破产条件。

◆**管理人履职提示**

《企业破产法》第三十二条规定，构成可撤销的个别清偿，前提之一是债务人在为清偿行为时已具备破产原因，即不能清偿到期债务且资不抵债或不能清偿到期债务且明显缺乏清偿能力。管理人申请撤销债务人的个别清偿行为时，是否需举证证明债务人在个别清偿时已具备破产原因？

实务中存在少数法院仅凭个别清偿时点与受理破产时点相近进而推定个别清偿时存在破产原因的情形，建议管理人在申请撤销个别清偿行为时，应积极提供相关证据。证明内容包括两方面，一是不能清偿到期债务，二是资产不足以清偿全部债务或明显缺乏清偿能力，基于此，管理人需提供的证据包括未能清偿已到期债务的情况（如贷款已到期、社会保险费拖欠证明等）及用以证明第二点的审计报告、资产负债表、债务清册、未履行生效法律文书的情况等。如对同一债权人存在多笔个别清偿时，建议提供每一笔个别清偿发生时债务人是否具备破产原因的证明。

七、个别清偿之例外

◆**争议焦点**

《企业破产法》第三十二条的但书规定，使债务人财产受益的个别清偿行为，管理人无权请求人民法院撤销。实务中对于“使债务人财产受益”的认定标准存在争议。

◆**实务裁判观点**

对于哪些行为属于“使债务人财产受益”的个别清偿行为，法律没有作出明确的规定，《最高人民法院关于适用〈中华人民共和国企业破产法〉若干问题的规定（二）》第十六条列举了两种典型的“使债务人财产受益”的个别清偿，即“（一）债务人为维系基本生产需要而支付水费、电费等的；（二）债务人支付劳动报酬、人身损害赔偿金的”，并以“使债务人财产受益的其他个别清偿”作为兜底规定。实践中，法院对于“受益”与否的裁判标准不尽相同，主要存在三种标准：未造成债务人财产价值的减少；债务人因个别清偿行为所增加的财产需大于使其减少的财产；债务人的未来财产未受损。

部分代表案例及法院的判断标准如下：

（1）若债务人的个别清偿是为了使债权人为其提供“后位新价值”，法院多倾向于将该个别清偿认定成“使债务人财产受益”的行为而不予撤销，如债务人对原贷款进行清偿以获取新的贷款或是对原欠货款进行清偿以获取新的货物。

在“（2016）浙03民终2847号A律师事务所与B银行C支行请求撤销个别清偿行为纠纷二审案”中，法院认为对于D公司管理人诉称的D公司于2015年5月8日偿还的本金部分1300万元，其来源系政府应急转贷资金，且B银行C支行在受偿当日立即向D公司续贷1300万元，用于归还政府应急转贷资金。虽然D公司清偿了先前的债务，减少了破产财产，但相应地，B银行C支行随即根据新的信用提供了贷款，破产财产又得到了增加，获得了新价值（即“后位新价值”），此时清偿和新价值相互抵销，破产财产并没有减少，在新价值的额度范围内没有出现偏颇性清偿的后果，不应被撤销。相反，若管理人有权行使撤销权，将会导致债权人不愿继续与陷入财务危机的债务人从事贸易，会加速债务人的破产进程。

在“（2014）温乐商初字第915号A会计师事务所有限公司与B银行破产撤销权纠纷案”中也存在类似情形，破产债务人C公司在2012年6月8日（破产申请受理前六个月内）向被告债权人清偿到期债权1000万元，被告于2012年6月13日再次向C公司发放了1000万元贷款，与数日前的清偿数额相等。同样地，法院认为C公司的个别清偿并未使自身财产受到损害，也避免了债务人自身因不能清偿到期债务而产生的违约责任，事实上使债务人财产受益，该个别清偿不应予以撤销。

在“（2017）沪02民终11851号A公司破产管理人与B公司请求撤销个别

清偿行为纠纷二审案”中，破产债务人 A 公司在 2015 年 7 月、10 月（均在破产申请受理前六个月内）共计向 B 公司转账 254000 元，B 公司亦在 2015 年 8 月至 10 月先后向 A 公司转款 254000 元，与 A 公司所转涉案款项数值相等。一审法院认为，实际情况中，B 公司长期对 A 公司有大额垫资行为，两公司的转账往来填平涉案金额，无法得出债务人财产不利减少的结论，未影响到全体债权人利益，A 公司的清偿不宜撤销。二审法院认为，从整体时间线来看，B 公司作为 A 公司的债权人，持有的 733 万元债权金额未变；同时，B 公司是 A 公司的股东，长期向 A 公司垫付工资、水电费等各类往来款，因此 A 公司的个别清偿并未导致其公司财产的不当减少，支持一审判决。

（2）对于债务人为维持正常生产经营所为的清偿行为是否系“使债务人财产受益”，实务中多表现为向供货商清偿货款等，法院判决结果不一。结合具体案件的不同情形，部分法院认定属于可撤销的个别清偿，如“（2015）锡商终字第 00097 号请求撤销个别清偿行为纠纷二审案”。但如果可体现原、被告双方存在长期稳定的合作交易，债务人清偿货款的行为确实为维持生产经营所必需，且未损害全体债权人利益，对于债务人按约支付货款的行为，法院倾向于认定为“使债务人财产受益”。

在“（2016）辽民终 827 号 A 公司破产管理人诉 B 公司请求撤销个别清偿行为纠纷二审案”中，二审法院认为，B 公司与 A 公司自 2006 年开始业务往来，A 公司直至破产申请前六个月内仍在要求 B 公司供货，双方之间存在长期连续性的购销合同关系，并且形成了延后给付货款的惯常交易状态。基于 A 公司的供货请求，B 公司在人民法院受理破产申请前六个月内向 A 公司的持续供货行为，满足了 A 公司的生产需要，保证了 A 公司的正常生产经营，因此，A 公司偿付部分货款的行为并非不当处理公司财产，既是履行应尽的合同义务，也使得 A 公司受益，对全体债权人亦是有利的，依照上述法律规定，该个别清偿行为不应予以撤销。

在“（2015）甬余商初字第 157 号 A 公司破产管理人与 B 公司请求撤销个别清偿行为纠纷一审案”中，法院认为，A 公司对原告的付款行为的确发生在法院受理破产申请前六个月内，但是从 A 公司与被告之间发货及支付货款的时间来看，双方之间的交易要么实行款到发货，要么在发货之后较短的时间内付款，最后一次发货与付款是同一天，且原告提交的付款申请单的付款事由中载明“款到发货，电线铜丝”，2012 年 3 月 5 日的付款申请单下方亦写有“生产急需”字样，说明 A 公司向被告购买铜丝且及时支付货款是为了保障正常生产经营需要，甚至是为了保障双方交易顺利进行，尽量不拖欠被告货款，故 A 公司向被告支付货款，属于使债务人财产受益的法定情形。

在“（2019）浙 03 民终 204 号请求撤销个别清偿行为纠纷二审案”中，法院认为，破产撤销权的构成前提应是存在或推定存在因债务人的可撤销行为使债权人受偿利益受到损害的客观事实。本案的双方当事人存在多年的业务往来。从破产案件受理前六个月内的交易情况来看，该段时间的交易并无异常，符合双方的交易习惯，也符合商业规则，虽付款金额略多于货款金额，但根据 A 公司的审计报告显示其于 2016 年的主营业务收入为 3000 多万元，2017 年 1 月到 4 月的业务收入为 1900 多万元，A 公司通过该小额的清偿行为维持与上诉人的正常供货关系，获取必要的生产物资，以保证 A 公司大规模的正常生产经营，其整体利益并未实质受损，全体债权人的利益也未受到实质损害。故诉争的 45000 元清偿行为可认定为使债务人财产受益，故对被上诉人请求撤销 A 公司支付的 45000 元，本院不予支持。

在“（2015）锡商终字第 00097 号 A 公司管理人与 B 公司请求撤销个别清偿行为纠纷二审案”中，B 公司上诉称 A 公司向其支付货款，对 A 公司具有利益。企业在没有被宣告破产前，会尽最大努力来保持生产的正常运行。维持生产的基本条件就是要有原料。废铜正是 A 公司生产所必需的原料。A 公司为了保持正常生产就必须且应当付清货款。法院认为，A 公司因债务危机，于 2014 年 5 月 23 日被法院裁定受理破产清算，经管理人清算，截至 B 公司受偿时，A 公司已经资不抵债，明显缺乏清偿能力，实际上已经达到法律规定的破产界限。在此情况下，A 公司的财产在法律上已经有了特别意义，应当随时准备按照破产程序规则分配给全体债权人，若此时发生债务个别清偿，将破坏破产债权平等原则，损害其他债权人利益。且 A 公司对 B 公司支付货款 4221 万元的行为，并不能增加 A 公司的财产，从而使 A 公司财产受益。因此，A 公司对 B 公司支付货款4221万元的清偿行为应予撤销。

（3）对于使债务人未来财产未受损是否属于“使债务人财产受益”，实务判例存在不同观点。

该种情形主要指使债务人避免承担违约责任是否系“使债务人财产受益”。例如，扣划利息、清偿贷款等避免违约责任的行为是否使债务人财产受益，各地法院的观点不尽相同。

部分法院不支持将清偿贷款等避免违约责任之行为认定为使债务人财产受益，认为部分个别清偿即便使债务人消除违约责任的风险，客观上仍使债务人财产减损，该债务清偿会间接侵害其他债权人的合法权益，因此不符合第三十二条规定的“使债务人财产受益”的情况，应属于可撤销的“个别清偿行为”。如“（2019）浙0782民初8186号请求撤销个别清偿行为纠纷一审案”“（2019）浙02民终1922号请求撤销个别清偿行为纠纷二审案”“（2018）浙0382民初8521号请求撤销个别清偿行为纠纷一审案”“（2016）浙07民终4832号请求撤销个别清偿行为纠纷二审案”等。

但实践中也存在部分案件，将避免违约赔偿的行为划定为使债务人财产受益行为，如在“（2014）温乐商初字第976号破产撤销权纠纷一审案”中，法院认为免于承担违约罚息同样是使债务人财产受益的情形之一。

◆典型案例

A会计师事务所有限公司与B银行C支行破产撤销权纠纷一审案

（2014）温乐商初字第976号

【案情简介】

● 2011年12月27日，D公司与B银行C支行签订了一份编号为90122011281615的《流动资金借款合同》，合同约定：B银行C支行向D公司发放贷款人民币500万元；借款期限为2011年12月27日至2012年12月27日；借款利率为年利率9.84%，利息按季结息，每季末月的20日为结息日，如发生借款人未按期偿还贷款本金及利息等情形即构成违约，贷款人有权宣告合同项下借款本金全部或部分立即到期，并要求立即归还部分或全部借款，所欠利息结清，对逾期贷款按逾期当日贷款利率基础上加收50%计收罚息，并计收复息。合同签订当日B银行C支行向D公司发放了贷款500万元，2012年6月21日B银行C支行根据合同扣划了D公司500万元借款的2012年第二季度应付利息125733.33元。

● 法院于2012年11月30日裁定受理D公司破产申请。

● A会计师事务所有限公司接管D公司财务账簿后，根据账面金额作出D公司2012年5月至9月的资产负债表，该资产负债表第122项所有者权益合计5月至9月分别为－7410264.11元、－22500019.51元、－27374825.39元、－36696520.13元、－34256992.70元。根据账面反映，D公司从2012年年初开始因不能清偿到期债务，频繁向政府申请使用应急转贷专项资金来解决到期金融债务。

【双方争议】

本案中双方的争议焦点在于D公司于2012年6月21日对B银行C支行清偿债务125733元的个别清偿行为是否使D公司财产受益。

【判决结果及理由】

法院认为D公司在破产申请受理前六个月内，明显已资不抵债，其因不能清偿到期债务而频繁向政府申请连续使用应急转贷专项资金来偿还到期债务。D公司在破产申请受理前六个月内偿付了B银行C支行的到期借款利息125733.33元，该清偿行为的确发生在破产申请受理前六个月内，但D公司清偿的是正常贷款的到期应付利息，如不支付到期利息，根据合同约定D公司将构成违约，违约的后果是贷款被宣告提前到期，D公司需立即归还部分或全部借款本金，所欠利息结清，还需支付相应的逾期罚息及复利。

由此可见，2012年6月21日D公司对B银行C支行的清偿行为使D公司避免了因不能清偿到期债务而产生的违约责任，该清偿行为事实上使D公司的财产受益。使债务人财产受益的个别清偿不应予以撤销。

◆管理人履职提示

对于管理人对企业个别清偿行为撤销权的例外情形，《企业破产法》第三十二条规定“使债务人财产受益”的个别清偿行为不得撤销，《最高人民法院关于适用〈中华人民共和国企业破产法〉若干问题的规定（二）》第十六条列举了“维系基本生产需要而支付水费、电费等”“支付劳动报酬、人身损害赔偿金”两种“使债务人财产受益”的典型情况，并以“使债务人财产受益的其他个别清偿”作为兜底规定。此外，《最高人民法院关于适用〈中华人民共和国企业破产法〉若干问题的规定（二）》第十四条规定了“债务人对以自有财产设定担保物权的债权进行的个别清偿”的撤销权例外情形；第十五条规定了“债务人经诉讼、仲裁、执行程序对债权人进行的个别清偿”的撤销权例外情形。由于法律上对“使债务人财产受益”的标准没有明确的界定，《最高人民法院关于适用〈中华人民共和国企业破产法〉若干问题的规定（二）》仅就两种典型情况进行列举，在实践中争议主要在于“使债务人财产受益”的认定标准。

对于哪些行为属于“使债务人财产受益”的个别清偿行为，实务中存在不同的裁判标准，即使是类似的案件情况，也可能出现不同的判决结果。因案件类型多样，上述只列举三种常见的情形，对于不同案件，需结合具体案件的情况加以判断。

八、主观恶意是否为可撤销行为的构成要件之一

◆争议焦点

债权人是否具有主观恶意，是否作为可撤销行为的构成要件，实务中存在不同观点。

◆实务裁判观点

第一种观点认为债权人无主观恶意不能撤销，如“（2009）港民二初字第0168号破产撤销权一审案”。

第二种观点认为无论是善意还是恶意均可撤销，债权人的主观状态不是可撤销行为的构成要件，如“（2010）成民终字第4743号撤销权纠纷二审案”“（2018）粤民终第826号破产撤销权纠纷二审案”。

◆典型案例

1. A 公司破产管理人诉 B 银行 C 支行破产撤销权一审案

(2009) 港民二初字第 0168 号

【案情简介】

● 2007 年 11 月 13 日，A 公司与 B 银行 C 支行订立借款合同。

● 2008 年 3 月 26 日，B 银行 C 支行向 A 公司发出书面通知，按照合同约定主张贷款提前到期的权利，扣划 A 公司账户存款。

● 2008 年 7 月 14 日，某区人民法院受理了 A 公司的破产申请，并指定南通产权交易所有限公司为 A 公司的破产管理人。

● 2009 年 8 月 6 日，某区人民法院判决，不支持管理人的撤销请求。

【双方争议】

关于人民法院受理破产申请前六个月内的这一个别清偿行为，是否能够根据《企业破产法》第三十二条予以撤销。

A 公司管理人主张：根据《企业破产法》第三十二条的规定，在人民法院受理破产申请前的六个月内，债务人仍对个别债权人进行债务清偿的，管理人有权申请人民法院予以撤销。故请求撤销被告扣划 A 公司 147812 元存款的行为，并将该款返还给破产管理人。

B 银行 C 支行主张：因 A 公司欠贷款利息多日未还，且被告发现该公司财务状况严重恶化，已经影响其债权的实现。其宣布借款合同项下的贷款提前到期并自行扣划 A 公司的账户存款，是符合双方合同约定的；其扣款时并不知道 A 公司将要向人民法院申请破产，也不存在与原告恶意串通，其主观上是善意的；《企业破产法》第三十二条规定的是债务人在人民法院受理破产申请前六个月内仍对个别债权人进行清偿的，破产管理人有权申请人民法院予以撤销，这里规定的可撤销之条件必须是债务人主动清偿债务，而本案是债权人主动扣划债务人的存款，不属于法律规定的可以撤销的情形。

【判决结果及理由】

从《企业破产法》第三十二条和第二条第一款的规定中可以看出对个别清偿行为行使破产撤销权应具备的条件：一是清偿行为发生在人民法院受理破产申请前六个月内；二是债务人出现了《企业破产法》第二条第一款规定的破产原因，即债务人不能清偿到期债务，并且资产不足以清偿全部债务或者明显缺乏清偿能力；三是受偿债权人在主观上应当明知债务人已出现了《企业破产法》第二条第一款规定的破产原因。从本案来看，被告扣款抵偿 A 公司对其负有的债务的行为确实发生在人民法院受理破产申请前六个月内，当时 A 公司也可能出现了不能清偿到期债务并且资产不足以清偿全部债务或者明显缺乏清偿能力的情形，但该情形是否为被告所知悉，原告并没有充分的证据加以证明。《企业破产法》第三十二条之所以规定需债务人出现了该法第二条第一款规定的情形，显然是为了赋予已受偿的债权人以善意抗辩权，即只有当债权人明知债务人出现了该法第二条第一款规定的破产原因而仍然为个别清偿时，人民法院才能依据破产管理人的申请对之予以撤销。因为对到期债务的清偿毕竟是债务人的法定义务，破产撤销权的立法目的也仅仅是限制债务人的不当清偿行为，以保护其整体债权人的利益。倘对善意受偿的到期债务均可依破产管理人的请求予以撤销，将使债务人在破产前一定期间内的所有交易行为的效力处于不确定状态之中，这将大大损害交易安全，不利于市场经济的健康发展，不符合《企业破产法》以及其他民事法律之立法本意。本案被告行使借款合同单方解除权并扣划 A 公司账户存款抵债，依据的是我国民法典的规定和双方的约定，不能仅凭被告向 A 公司发出的合同项下的债务提前到期的通知来推定被告已明知 A 公司出现了破产原因。因为该公司的负债情况的审计报告于 2008 年 4 月 14 日才出具，且负债情况的审计结果与资不抵债或无力偿债的破产原因之间并不存在必然的因果关系；债务人出现了财务恶化等债权人可以单方解除合同的情形，与债务人出现破产原因之间也不能完全画上等号。在没有证据证明被告主观上存在恶意的情况下，被告依照合同约定自行扣划债务人账户存款抵债，并不违反法律禁止性规定，是善意的合法行为。据此，本案原告的诉讼请求不能成立。当然，被告提出的对非债务人的主动清偿行为不得撤销的抗辩理由于法无据。因为无论是债务人主动清偿，还是债权人自行扣款抵偿，乃至依据人民法院生效裁判强制执行获得清偿，法院只需审查实施清偿行为是否发生在破产临界期内、债务人是否出现了破产事由以及债权人是否明知债务人出现了破产原因这三个要件。

2. A 公司、B 公司管理人破产撤销权纠纷二审案

（2018）粤民终字第 826 号

【案情简介】

● 2015 年 10 月 9 日，A 公司向某区人民法院起诉 B 公司返还货款，并办理了诉前财产保全，案号为（2015）深龙法立保字第 243 号，查封了 B 公司名下位于龙岗××街道××工业××路旁（宗地号为G02××－0014）的土地。

● 2015 年 10 月 10 日，因 B 公司需办理位于该土地上的房产证，办理房产证后，该不动产的价值能实现最大化，有利于公司偿还货款，因此需要 A 公司配合办理对该土地的解封手续，双方经协商，对该土地办理解封手续后再办理抵押，并于同日签订了《抵押合同》，B 公司以其名下宗地号为 G02××－0014 的土地为上述货款提供了抵押担保。

● 2015 年 10 月 10 日，A 公司与 B 公司签订《货款结算协议书》，确认 B 公司自 2014 年 12 月至 2015 年 9 月尚欠 A 公司货款 8176323.61 元。双方同意上述债务月结 90 天，最终所欠货款以法院出具的生效文书为准。B 公司同意以名下位于某××街道××工业××路旁宗地号为 G02××－0014、宗地面积 15000.24 平方米、房地产证编号为深房地字第××的土地使用权及房产抵押给 A 公司。

● 2015 年 10 月 12 日办理抵押登记手续。

● 2016 年 3 月 7 日，某区人民法院作出（2015）深龙法民二初字第 1348 号民事判决，认定 B 公司应向 A 公司支付货款 8176323.61 元及利息。

● 2016 年 6 月 29 日，某市中级人民法院作出（2016）粤 03 民破 143 号民事裁定，受理 D 公司提出的对 B 公司进行破产重整的申请，并指定 E 公司担任 B 公司管理人。

● 2018 年 5 月 4 日，某省高级人民法院立案受理上诉人 A 公司与被上诉人 B 公司管理人破产撤销权纠纷一案。

● 2019 年 12 月 4 日，某省高级人民法院终审判决，撤销上述抵押行为。

【双方争议】

本案争议焦点：在 A 公司不具有主观恶意的情况下，B 公司破产受理前一年内作出的行为是否可撤销。

A 公司主张：B 公司为 A 公司的债务提供财产担保的行为并未造成其责任资产减损，也不存在主观上的恶意，不属于破产撤销权的范围。《企业破产法》设置撤销权的立法意图是纠正债务人在破产程序法定期间内，不当处分财产的行为。根据《最高人民法院关于正确审理企业破产案件为维护市场经济秩序提供司法保障若干问题的意见》第十四条的规定："……对于不当处置公司财产的行为，要依法撤销或者认定无效，并追回有关财产……"最高人民法院对于不当处置财产的理解为"是否存在恶意"。B 公司为该笔债务提供抵押担保的行为合法，也符合商业交易的惯例，并不存在主观上的恶意，该抵押行为显然不构成"不当处分财产的行为"，故该抵押行为不在破产撤销权的范围内。

B 公司管理人主张：B 公司为涉案债务提供担保，是否造成公司财产减损及主观上是否恶意并不是适用撤销权的条件，改变清偿顺序亦在可撤销之列。

【判决结果及理由】

本院认为，本案为破产撤销权纠纷。《企业破产法》赋予管理人撤销权，是实现破产债权人集中统一清偿、保障普通债权人公平受偿的重要制度。对破产案件受理前一年内出现的破产财产不正当减少或改变债权人受偿顺序的行为，管理人可以行使撤销权。根据《企业破产法》第三十一条的规定："人民法院受理破产申请前一年内，涉及债务人财产的下列行为，管理人有权请求人民法院予以撤销：……（三）对没有财产担保的债务提供财产担保的……"只要在法定期限内出现对没有财产担保的债务提供财产担保的行为，管理人即可以行使撤销权，而并无要求当事人是否存在过错。A 公司上诉主张在设立抵押前，其已对涉案标的物申请进行了诉前财产保全，为债权实现提供了保障，只是为配合 B 公司办理涉案标的物的产权证，才解除保全改为抵押，该行为有利于破产财产增值，其并无过错。对此，本院认为，B公司在破产受理前一年内，为之前拖欠A公司的货款设立抵押，符合对没有财产担保的债务提供担保的法律规定。进行诉前财产保全并不能改变B公司拖欠A公司的货款为普通债权的性质，A公司并不能依此享有优先受偿权，而对涉案标的物办理抵押登记则赋予A公司优先受偿权，二者的法律性质和行为后果不同。解除担保配合B公司办理涉案标的物产权证，客观上可能有利于破产财产增值，但仍未使A公司的债权由普通债权变为有担保的债权，该情形亦未被法律排除在可撤销行为之外。故A公司上诉主张本案不属于依法应撤销的情形，没有法律依据，本院不予支持。

◆管理人履职提示

管理人进场后，通过调查，发现在人民法院受理破产申请前六个月内，破产企业A偿还了某笔到期债务，但无法判断该债权人是否明知破产企业当时具备破产原因，此时，管理人是否应当提起撤销权诉讼，法律依据是什么？

目前实践中的案例和理论分析，大致上分为客观标准、客观与主观相结合标准两种观点。

所谓客观标准，也被称为形式判断标准。如《企业破产法》并不以主观恶意作为可撤销行为的构成要件，而仅以形式判断。如《企业破产法》第三十一条规定：人民法院受理破产申请前一年内，涉及债务人财产的下列行为，管理人有权请求人民法院予以撤销：（一）无偿转让财产的；（二）以明显不合理的价格进行交易的；（三）对没有财产担保的债务提供财产担保的；（四）对未到期的债务提前清偿的；（五）放弃债权的。仅规定了破产临界期内的上述行为均可撤销，并未对债权人和债务人的主观状态作出规定。再如，《企业破产法》中无论是第三十一条还是第三十二条，均没有规定受偿人的主观方面为能否行使撤销权的构成要件之一。因此，破产程序中撤销权的行使应当严格按照《企业破产法》的规定进行操作，即只要满足前文所述时间要件、清偿能力要件及个别清偿要件，管理人就应当可以依据法律规定行使撤销权。将受偿人是否善意或债务清偿的主、被动性作为管理人能否行使撤销权的构成要件不当地限制了管理人撤销权的适用范围，为管理人行使撤销权人为设置了障碍。①

所谓客观与主观相结合标准，即认为无恶意不能撤销。如“（2012）浙温商终字第1326号破产撤销纠纷二审案”，法院认定，破产债务人为续贷合同提供的抵押担保因银行续贷的用意是支持债务人解决财务困难，且债务人与银行无欺诈一般债权人的恶意，也不存在偏颇性清偿，不属于破产债务可撤销的法定情形，管理人无权请求法院予以撤销。再如，“（2009）港民二初字第0168号破产撤销纠纷一审案”中，法院的观点强化了理由，破产撤销权的立法目的也仅仅是限制债务人的不当清偿行为，以保护其整体债权人的利益。倘若对善意受偿的到期债务均可依破产管理人的请求予以撤销，将使债务人在破产前一定期间内的所有交易行为的效力处于不确定状态之中，这将大大损害交易安全，不利于市场经济的健康发展。

以上研究可以发现，理论和实务界对于主观状态是否作为可撤销行为的构成要件，确有不同判决，也有各自的理论支撑。那么，面对以上争议，管理人应当如何履职呢?《企业破产法》对撤销权采取形式判断原则，未规定撤销权以当事人包括转得人交易时存在主观恶意为构成条件，通常情况下对善意受让的转得人也可以追回财产。因此，管理人原则上应当全方位地实施追回，如债务人积极放弃债权的行为，由于属于无偿行为，不以当事人存在主观恶意为前提。但在一些特殊情况下，可撤销行为的构成也应适当考虑主观要件问题，以免出现被善意第三人追责的风险。

本章小结

撤销权是指破产程序开始后，管理人请求法院对破产债务人在程序开始前法律规定的期限内实施的有害于破产关系人利益的行为予以撤销，并使因此而转让或放弃的财产或利益回归破产财产的权利②。破产程序中的撤销权，主要

---

① 上海市锦天城律师事务所高级合伙人郭锐、上海市锦天城律师事务所律师王嘉熹：《破产企业与金融机构的权利对决：债务的加速到期与单独清偿的撤销权何去何从?》，载 http：//jtc. zhihedongfang. com/?p=1025，2018年10月9日最后访问。

② 李永军：《破产法——理论与规范研究》，中国政法大学出版社2013年版，第258页。

集中于《企业破产法》第三十一条[①]、第三十二条[②]的规定，其是合同法上的撤销权在破产法上的延伸，这种延伸保留了撤销权的基本特征，同时又结合破产法保护的法益作出了特殊的制度设计和安排。概言之，破产撤销权是管理人对破产债务人在破产受理前对特定期间内所为的侵害债权人利益的行为具有否认其效力并申请法院撤销该行为的权利。

破产撤销权制度设计的目的就是保护债权人公平受偿的机会，防止本应用于集体清偿的财产变成个别债权人优先受偿的财产，使其他债权人无法得到公平的清偿。破产中的清偿有别于民法上的“先到先得”原则，采取的是“平等受偿”原则。

从诉讼主体来看，管理人有权就符合《企业破产法》第三十一条、第三十二条规定的清偿行为，向人民法院提起诉讼。如果管理人未起诉，则债权人可以依据《民法典》第五百三十八条等规定提起诉讼。

《最高人民法院关于适用〈中华人民共和国企业破产法〉若干问题的规定(二)》虽然对撤销权制度作了较大篇幅的规定，但实践中各方对本章所列举的热点问题争议仍较大。从管理人履职的角度来讲，也存在两难。一方面，管理人需要依法提起撤销权诉讼，以维护全体债权人利益，否则存在被利害关系人依据《企业破产法》第一百三十条主张赔偿的风险；另一方面，如果管理人错误地判断了撤销权行使的范围，提起不必要的诉讼导致破产程序的成本不当增加，也属于造成了损失。

管理人进场后，往往通过调查最大化圈定可撤销行为，然后决策是否提起撤销权之诉。此时，管理人需要针对每个项目中调查出的不同行为进行特殊化的考量，作出是否提起诉讼的决策。裁判规则的不统一，确实给管理人的预判带来一定程度的困扰。

---

① 《企业破产法》第三十一条，人民法院受理破产申请前一年内，涉及债务人财产的下列行为，管理人有权请求人民法院予以撤销：（一）无偿转让财产的；（二）以明显不合理的价格进行交易的；（三）对没有财产担保的债务提供财产担保的；（四）对未到期的债务提前清偿的；（五）放弃债权的。

② 《企业破产法》第三十二条，人民法院受理破产申请前六个月内，债务人有本法第二条第一款规定的情形，仍对个别债权人进行清偿的，管理人有权请求人民法院予以撤销。但是，个别清偿使债务人财产受益的除外。

第一，针对司法实践中争议较大的问题，即针对同一类事实，不同法院作出了不同法律判断的。包括但不限于以下问题：为他人债务提供财产/保证担保、无偿加入他人债务、双方就提前还款达成合意、债权人依据加速到期条款提前收贷、债务人积极履行是否为撤销个别清偿行为的构成要件、主观恶意是否为可撤销行为的构成要件等。这类问题，实务中争议较大，建议管理人积极作为，并在诉讼过程中尽可能采取多种思路论证其可撤销性。

第二，关于事实认定标准问题，即这些争议往往是由于抽象的法律条文无法对所有具体事实进行列举，导致实践中对哪些事实落入法律规定的可撤销范围产生争议。包括但不限于以下问题："明显不合理的价格"采何种认定标准、"放弃债权"都有哪些具体表现形式、哪些行为属于"使债务人财产受益"的个别清偿行为等。这类问题，需要管理人结合项目具体情况，对事实认定作出具体判断，最考验证据准备等诉讼功底。

第三，实务中形成较为统一的主流观点的，包括但不限于以下问题：撤销权期间的计算方式、同时担保行为等。针对这类问题，管理人可提前与受理法院沟通标准，如果受理法院没有相反意见，对于以历法计算法得出的六个月和一年期间对应的行为、同时担保行为，可不提起撤销权诉讼。

综上，管理人在履职过程中，需要详细梳理企业破产受理前一年内的清偿情况，《企业破产法》设置撤销权的目的是使全体债权人实现公平受偿，而且该公平受偿的结果应是债权人的平均受偿比例增加而不是减少，如果因撤销导致的公平受偿反而是债权人的受偿比例下降，则该撤销并不符合《企业破产法》的立法目的。

撤销权之设置是以维护债权人整体利益、保证公平清偿为基础的，所以其不得不在一定程度上舍弃对债务人与行为相对人交易自由的保护，通过对债务人无偿转让、非正常交易、偏袒性清偿等债务人具有清偿能力时在民法上有效行为的撤销，来维护债务人与债权人之间、债权人相互之间的实质平等，实现破产财产分配上的正义。为此，撤销权的行使难免与民法上的契约自由等原则发生冲突，需要人们对公平、正义、平等的价值观念在债务人破产的特殊情况下予以重新理解，并在债权人的整体利益与个别利益的维护之间进行权衡并作出选择。

对当事人行为的撤销必然会影响到交易的安全与稳定，所以如果在设置撤销权时过于强调债权人（整体）的利益而忽视其他主体的正当利益，同样可能会造成市场经济秩序的混乱。为此，必须强调在撤销权上的利益平衡，对于某些当事人基于诚实善意实施的行为，虽然可能减损了债务人的责任财产，影响了债权人的整体利益，也不宜简单地予以撤销。这便是诚实信用原则在《企业破产法》中的体现，只有恰当地平衡各方当事人的利益，才能保证撤销权制度的立法价值得以顺利实现。[①]

① 王欣新：《破产撤销权研究》，载《中国法学》2007年第5期。

第二章
请求确认债务人行为无效纠纷

《企业破产法》第十六条、第三十三条规定对于法院受理破产申请后的个别清偿行为，为逃避债务而隐匿、转移财产的行为，以及虚构债务或者承认不真实的债务的行为，管理人可以向人民法院请求确认债务人行为无效，由此产生的纠纷属于请求确认债务人行为无效纠纷。从无效行为的表现形式来看，其结果为减损债务人责任财产，损害债权人利益。因此，管理人可以向人民法院提起请求确认债务人行为无效之诉，维护债权人的权利。

管理人作为债务人财产的接管者，是提起请求确认债务人行为无效之诉的适格诉讼主体，而该无效行为实际损害的是全体债权人的利益，在管理人不作为的情况下，债权人能否提起请求确认债务人行为无效之诉？债务人又能否作为诉讼主体提起请求确认债务人行为无效之诉？此外，债务人所为的损害债务人财产的行为在实务中有不同的表现形式，不同的行为在实务中该如何判断是否属于无效行为，这些问题均为本章的讨论重点。

一、无效行为的诉讼主体

◆争议焦点

对属于《企业破产法》第十六条、第三十三条规定中的涉及债务人财产无效的行为，提起诉讼的主体是否仅限于管理人？

◆实务裁判观点

《企业破产法》第三十四条对涉及第三十三条无效行为的诉讼主体进行了

规定："因本法第三十一条、第三十二条或者第三十三条规定的行为而取得的债务人的财产，管理人有权追回。"《最高人民法院关于适用〈中华人民共和国企业破产法〉若干问题的规定（二）》第十七条规定："管理人依据企业破产法第三十三条的规定提起诉讼，主张被隐匿、转移财产的实际占有人返还债务人财产，或者主张债务人虚构债务或者承认不真实债务的行为无效并返还债务人财产的，人民法院应予支持。"这些规定赋予了管理人对此类案件的原告主体资格。《企业破产法》第十六条规定："人民法院受理破产申请后，债务人对个别债权人的债务清偿无效。"但该规定对于诉讼主体并未明确规定。

在实践中，主要有管理人、债权人、债务人三类主体，就涉及债务人财产的无效行为提起诉讼。对于管理人提起的，由于有法律规定支持，在实践中鲜有争议。争议主要集中在债权人、债务人两类主体。

（1）债权人对债务人涉及债务人财产的无效行为向法院提起诉讼。对此，部分法院认为管理人不提起债务人行为无效的诉讼，将损害债权人利益。因此，债权人提起的，法院予以受理。

在"（2017）冀1128民初1085号请求确认债务人行为无效纠纷一审案[①]"中，本案原告为债权人，当事人未对诉讼主体资格产生争议，法院未以诉讼主体不适格驳回诉讼请求。对于诉讼主体问题，法院认为，被告B公司的破产管理人在发现B公司虚构债务行为后，未依法向高某某追回因虚构债务取得的财产，损害了原告等合法债权人的利益。对因为无效行为取得的债务人财产，破产管理人有权追回，这也是破产管理人的法定职责，不履行该职责即属于失职行为。本案破产管理人经过审计发现该虚构债务行为后，怠于依法向虚构债务取得债务人巨额财产的高某某追回，损害了原告等债权人的合法权益。被告B公司破产管理人经法院合法传唤，未到庭参加诉讼，视为放弃抗辩权利。

---

① 二审案件详见（2017）冀11民终2123号。二审法院认为，股东高某某以报销费用的名义核减的债务没有依据，缺少真实的票据，采购玉米也缺乏真实的交易，还款异常，属于虚构债务、减少B公司资产的行为，应自始无效。因此，一审认定并无不当，依照《企业破产法》的相关规定，应由破产管理人依法予以追回，列入破产财产。故驳回上诉，维持原判。

在“（2016）京01民初281号请求确认债务人行为无效纠纷一审案①”中，法院认为，请求确认债务人行为无效纠纷是指债务人进入法院破产案件审理程序后，管理人或债权人对债务人实施的特定行为提起诉讼，请求法院确认该行为无效的民事纠纷，处理该类纠纷的法律依据主要是《企业破产法》第三十三条的规定。在破产程序中，债务人的财产应由管理人接管，追回债务人财产属于管理人的职权范围，因此管理人可以作为原告提起该类诉讼，因债务人的行为实际损害的是全体债权人的利益，故在管理人不作为的情况下，债权人也可提起诉讼。在本案中，C公司破产管理人明确表示其在处理破产企业事务过程中未发现C公司与B公司存在虚构债务的事实，故其不会提起本案诉讼。因此，A公司可以C公司债权人的身份提起本案诉讼，故A公司作为本案主体适格。

但是，也有部分法院依照《企业破产法》第三十四条、《最高人民法院关于适用〈中华人民共和国企业破产法〉若干问题的规定（二）》第十七条的规定，认为债权人并不具备诉讼资格，驳回其诉讼请求。

在“（2019）琼民终362号请求确认债务人行为无效纠纷二审案②”中，法院认为，《最高人民法院关于适用〈中华人民共和国企业破产法〉若干问题的规定（二）》第十七条规定：“管理人依据企业破产法第三十三条的规定提起诉讼，主张被隐匿、转移财产的实际占有人返还债务人财产，或者主张债务人虚构债务或者承认不真实债务的行为无效并返还债务人财产的，人民法院应予支持。”本案中，D律师事务所作为E公司的管理人，有权提起无效诉讼并主张返还财产，而A公司是破产案件的债权人，并非管理人，其提起本案诉讼不符合上述法律规定，故一审裁定认定A公司不具备本案原告诉讼主体资格，进而驳回A公司的起诉并无不当。

---

① 二审案件详见（2017）京民终62号。二审法院认为A公司的上诉理由均不成立，不予支持其上诉请求。故驳回上诉，维持原判。

② 再审案件详见（2019）最高法民申4896号。再审法院认为《最高人民法院关于适用〈中华人民共和国企业破产法〉若干问题的规定（二）》第二十三条第三款规定的“管理人不予追收”的对象，应理解为归属于债务人且可用于清偿其债务的财产。本案中，E公司拥有的会计资料对于E公司的债权人而言，不具有直接实现其债权的价值。且瑞新公司一审提交的《E公司管理人工作报告》载明，管理人已向中国建材公司要求提供E公司的相关财务资料，故本案不存在上述“管理人不予追收”的情形。因此二审裁定处理结果正确，裁定驳回再审申请。

（2）部分案件中，以债务人为诉讼主体对涉及债务人财产的无效行为向法院提起诉讼，代表债务人出庭应诉的仍为破产企业管理人。在笔者检索的关于《企业破产法》第十六条无效行为纠纷的88个案例中，有19个以债务人为主体提起诉讼，除1个案件产生主体争议，法院认为诉讼主体不适格外，其余案件当事人双方并未对主体问题产生争议；在涉及《企业破产法》第三十三条的61个案例中，有8个为债务人提起的诉讼，除1个案件产生主体争议，法院认为诉讼主体不适格外，其余案件当事人双方并未对主体问题产生争议。

在“（2019）黔06民再47号仲裁程序案件再审案”中，法院认为，在破产案件中，对涉及处置债务人财产的无效行为，应当由破产管理人行使权利。债务人A公司以其名义提起本案确认债务人行为无效，诉讼主体资格不适合，依法应予驳回。

在“（2018）川04民初31号请求确认债务人行为无效纠纷一审案”中，原告A公司主张，在法院受理破产案件后对被告进行个别清偿，致使其他债权人可供分配的破产财产减少，违反债权公平清偿的原则，严重损害了其他债权人的合法权益，依据《企业破产法》第十六条的规定提起诉讼。法院经审查认为，请求确认债务人行为无效纠纷是指债务人进入法院破产案件审理程序后，管理人或债权人对债务人实施的特定行为提起诉讼，请求法院确认该行为无效的民事纠纷。法院受理A公司破产清算一案后，指定C律师事务所为管理人，在破产程序中，债务人的财产由管理人接管，追回债务人财产属于管理人的职权范围，因此，管理人可以作为原告提起该类诉讼。债务人的行为实际损害的是全体债权人的利益，在管理人不作为的情况下，债权人也可以起诉至法院，故A公司（债务人）作为原告提起本案诉讼其主体不适格。

因此，在实践中对于债权人能否作为诉讼主体，存在不同观点的案例；对于债务人能否作为诉讼主体的多数对此争议不大，但也存在因主体不适格而被驳回诉讼请求的案例。建议管理人认为破产企业存在《企业破产法》第十六条或第三十三条的行为的，以管理人的名义提起诉讼。

◆典型案例

A 公司与 B 公司、C 公司请求确认债务人行为无效纠纷一审案[①]

（2016）京 01 民初 281 号

【案情简介】

● 2013 年 10 月 31 日，法院裁定受理 B 公司破产申请。

● 2015 年 8 月 26 日，A 公司以破产债权确认纠纷为诉因，将 B 公司和 C 公司诉至法院，请求判令：1. 确认 B 公司存在 1500 万元虚假债权；2. 确认 B 公司 1500 万元虚假债权产生的利息为 500 万元……诉讼中，C 公司破产管理人明确表示其未发现 C 公司与 B 公司存在虚构债务的事实，因此不会提起诉讼。

● 2016 年 6 月，A 公司作为 B 公司的债权人，就债务人虚构债务向个别债权人清偿的行为向法院提起债务人行为无效之诉。

【双方争议】

双方争议焦点之一为原告诉讼主体适格性。

原告 A 公司主张：1. 请求确认 C 公司承认 B 公司对其享有 2000 万元债权的行为无效，并且应当从 C 公司的债务总额以及 B 公司的债权总额中分别扣除 2000 万元本金、违约金、迟延支付利息以及诉讼费；2. 请求确认 C 公司主动放弃已经支付给 B 公司的 1500 万元债权的行为无效，并确认 B 公司应当扣除 1500 万元本金及所产生的银行利息。

被告 C 公司辩称：A 公司不具有本案的诉权。《企业破产法》第三十四条规定："因本法第三十一条、第三十二条或者第三十三条规定的行为而取得的债务人的财产，管理人有权追回。"因此，C 公司破产管理人才具有提起确认无效之诉的诉权，A 公司作为 C 公司的债权人，无权提起本案诉讼。

【判决结果及理由】

对于诉讼主体问题，法院认为，请求确认债务人行为无效纠纷是指债务人

---

① 二审案件详见（2017）京民终 62 号。二审法院认为 A 公司的上诉理由均不成立，不予支持其上诉请求。故驳回上诉，维持原判。

进入法院破产案件审理程序后，管理人或债权人对债务人实施的特定行为提起诉讼，请求法院确认该行为无效的民事纠纷，处理该类纠纷的法律依据主要是《企业破产法》第三十三条的规定，即“涉及债务人财产的下列行为无效：（一）为逃避债务而隐匿、转移财产的；（二）虚构债务或者承认不真实的债务的”。在破产程序中，债务人的财产应由管理人接管，追回债务人财产属于管理人的职权范围，因此管理人可以作为原告提起该类诉讼，因债务人的行为实际损害的是全体债权人的利益，故在管理人不作为的情况下，债权人也可提起诉讼。在本案中，C公司破产管理人明确表示其在处理破产企业事务过程中未发现C公司与B公司存在虚构债务的事实，故其不会提起本案诉讼。法院认为，在C公司破产管理人明确表示不会提起诉讼的情况下，A公司可以C公司债权人的身份提起本案诉讼，故A公司作为本案主体适格。

◆管理人履职提示

如果管理人未发现企业存在隐匿财产、转移财产、虚构债务等行为，或者发现上述行为但未履行法定职责向法院提起债务人行为无效的诉讼，则债权人此时向法院提出确认该涉及债务人财产的行为无效的诉讼，法院倾向于认为该行为损害全体债权人利益，债权人提起诉讼主体适格。若债权人胜诉，将使管理人处于非常被动的地位，可能因此受到其他债权人或其他相关方对管理人未能尽职履职的异议，甚至诉讼。因此管理人应当尽职尽责，对隐匿财产、转移财产、虚构债务等行为认真核查，包括聘请专业审计机构进行审计，关注实践中符合无效行为的表现方式等。发现可能存在上述情形的，向相对方发函沟通，主张该行为无效，要求相对方返还债务人财产，必要时提起诉讼。实践中，建议管理人以管理人名义提起诉讼，而非以破产企业为主体，以免因诉讼主体不适格被法院驳回诉讼请求。

二、为逃避债务而隐匿、转移财产的行为

◆争议焦点

案件所涉行为是否属于《企业破产法》第三十三条第（一）项规定的

“为逃避债务而隐匿、转移财产的”行为，即涉及债务人财产行为的效力问题。

◆实务裁判观点

在司法实践中，每个案件事实千差万别，法院在判定是否属于《企业破产法》第三十三条第（一）项的情况时，往往根据个案情况，综合多种因素进行判断。但总体来说，法院主要通过个案具体情况，从逻辑上分析涉案行为是否具有主观故意性，即行为的目的是否是逃避债务，主要体现在以下两个方面：

（1）在论证案件所涉行为属于《企业破产法》第三十三条第（一）项规定的“为逃避债务而隐匿、转移财产的”行为时，法院重点关注转移财产时债务人是否已存在“大量债务”，或者该行为与企业破产在时间上的逻辑关系等角度从而认定具有“逃避债务”的目的。

在“（2018）苏民终1393号A公司申请B公司管理人、C公司二审案”中，法院认为，B公司在与A公司签订《股权转让协议》时，已明知B公司存在大量债务，并已无力清偿到期债务，将持有的D公司98%股权转让给A公司，虽然《股权转让协议》约定了三日内全额支付980万元对价，但在A公司未支付的情况下仍然办理了股权过户登记，B公司亦无催收对价的证据，依据《企业破产法》第三十三条规定该转让行为认定无效。

在“（2013）浙湖商初字第5号请求确认债务人行为无效纠纷一审案”中，法院认为，C公司在已经具备破产原因时，为逃避债务，将车架号为LFV3A24F3A30 93139的奥迪牌轿车无偿转让并过户给B公司，该行为属于《企业破产法》第三十三条规定的“为逃避债务而隐匿、转移财产的”行为，应确认为无效。

在“（2018）最高法民申1348号破产管理人再审案”中，法院判定属于无效行为的因素之一为相关生效裁判在已确认A公司对B公司5000万元的债务承担连带清偿责任且该案已经进入执行程序、债务尚未履行的情形下，作为A公司股东和监事的张某与A公司签订《房地产买卖合同》，且未实际支付购房款便取得A公司名下的房产并办理移转登记。A公司与张某签订《房地产买卖合同》并办理移转登记的行为是张某为逃避债务而将房产无偿转移、损害其他债权人利益的行为。

在“（2019）粤01民终8636号申请确认人民调解协议效力二审案”中，法院认为，B公司所提交的证据足以证明其于2011年5月开始占有使用案涉地块存在合理之处。退一步而言，无论B公司于2011年5月开始占有使用案涉地块是基于租赁关系还是土地使用权转让关系抑或其他原因，A公司管理人在本案中没有提交充分的证据证明A公司当时已经完全丧失了清偿债务的能力，也没有提交充分的证据证明A公司是为了逃避债务而隐匿、转移涉案地块的财产给B公司。故A公司管理人主张A公司将涉案地块交给B公司占有使用的行为无效，理据不充分，法院不予支持。

（2）在论证案件所涉行为属于《企业破产法》第三十三条第（一）项规定的“为逃避债务而隐匿、转移财产的”行为时，法院重点关注财产转移是否具有法律上的原因，具体体现在如合同未支付对价等情形。

在“（2019）苏11民申274号再审案”中，法院认为，B公司与D公司签订的《关于厂房及办公设施的抵押协议》及《关于土地转拍及房产转让的协议》，虽然言明“双方债务两清”，但就协议所涉的债权债务关系及D公司支付相应对价等情况，D公司以其原法定代表人去世为由，不能提供该公司的会计账簿等有关证据，也不能提供与B公司有债权债务关系或支付对价的证据。在此情况下，不能排除B公司为逃避债务而隐匿、转移财产，即B公司将案涉土地及土地上的建筑物转让给D公司没有法律上的原因，B公司管理人有权依据上述法律规定予以追回。

在“（2018）最高法民申1348号破产管理人再审案”中，法院判断的标准之一为A公司与张某就涉案七处房产签订《房地产买卖合同》，涉案房产均已办理产权移转登记至张某名下，但张某并未按照约定支付购房款。

在“（2018）苏01民终1599号请求确认债务人行为无效纠纷二审案”中，程某某主张资产转让协议系以物抵债协议，但未能提交证据证明其与A公司就其所称以该公司资产抵偿借款达成了一致合意，未能证明程某某向A公司履行了付款义务。从资产转让协议的履行情况看，程某某并未实际占有该协议所涉资产，亦未聘请他人进行看管，不符合其主张签订资产转让协议系为取得A公司资产的目的。双方明知A公司负债累累，而签订资产转让协议，主体之间不具有资产转让的真实意思表示，该协议系双方恶意串通损害第三人利益，且系债务人为逃避债务、转移财产而签订。

在“（2019）鲁10民终2361号破产债权确认纠纷二审案”中，法院认为，李某某作为C公司、B公司的法定代表人，同意由B公司以房屋抵顶D公司、C公司的债务，现亦无证据表明B公司与A事务所、C公司等存在债权债务关系，通过承担关联企业债务而转移财产，明显属于转移B公司财产。

在“（2019）苏05民终4850号房屋买卖合同纠纷二审案”中，一审法院、二审法院均认为，B公司与A公司并不存在真实的房屋买卖合同关系，B公司并未真实收到房款，故双方签订的28套房屋买卖合同符合《企业破产法》第三十三条规定的情形，应当认定无效。法院并未明确将该情形归于《企业破产法》第三十三条第（一）项或第（二）项。

在诉讼中，原告如何证明涉案行为属于“为逃避债务而隐匿、转移财产的行为”？实践中不同法院对证明程度的要求也不尽相同。部分法院认为，应当由管理人证明“隐匿、转移财产”的行为是“为逃避债务”，若管理人无法证明，则法院不支持债务人行为无效。如在“（2019）粤01民终8636号申请确认人民调解协议效力二审案”中，A公司管理人主张A公司将涉案地块交给B公司占有使用的行为无效，但是没有提交充分的证据证明A公司当时已经完全丧失了清偿债务的能力，也没有提交充分的证据证明A公司是为了逃避债务而隐匿、转移涉案地块的财产给B公司。最终管理人的请求被法院驳回。

但是，也有案例在管理人没有直接证据证明财产转移不具有法律原因，但无相反证据证明财产转移具有法律原因时，从企业已经存在大量债务、涉案行为背景，并结合破产情形等，可以推定财产接受方与破产企业间存在“为逃避债务”而交易的情形。在“（2019）苏11民终1834号A公司管理人B律所申请C公司二审案”中，法院认为，A公司、C公司均不能提供双方有债权债务关系的任何证据或支付对价的证据。结合法院受理A公司破产申请案后，A公司仍以案涉厂房所有者的身份与他人签订厂房出租合同，其原法定代表人赵某某仍参与涉案厂房的出租、出售事宜，并收取租金等实际情况，足以认定A公司将案涉土地及土地上的建筑物转让给C公司没有法律上的原因。

◆**典型案例**

1. 张某、A公司破产管理人再审案

（2018）最高法民申1348号

【案情简介】

● 2014年5月15日，B公司起诉C公司、A公司、黄某某，经法院调解达成协议，确认C公司于2014年7月15日前向B公司返还合同保证金5000万元，A公司、黄某某对C公司的履行内容共同向B公司承担连带清偿责任。

● 2014年10月17日，A公司与张某签订了七份房地产买卖合同，合同约定将总面积为2328.95平方米的七处房产出售给张某，张某应于2014年10月17日前一次性付清房款15222200元，A公司将上述房产正式交付给张某时该建筑物范围内的土地使用权一并转移。同日，A公司与张某共同向某市房地产交易中心提交了七份房屋所有权转移登记申请书。

● 2014年10月20日办理完成过户登记。后经核实张某并未支付房屋价款。

● 2016年9月7日，法院受理申请人B公司对被申请人A公司的破产清算申请。

【双方争议】

案件的争议焦点：张某与A公司签订《房地产买卖合同》的行为是否有效。

A公司管理人主张：张某与A公司之间的房产交易行为实质上是张某与第三人恶意串通、逃避债务、损害债权人利益的无效行为。1. A公司对B公司等的债务确认时间均早于张某与A公司签订《房地产买卖合同》的时间，张某作为A公司的股东应当明知A公司对外负有高额债务。2. 张某与A公司以买卖方式将案涉七套房屋过户至张某名下，合同签字、盖章的参与人为张某、C公司的实际控制人黄某某和张某的朋友龙某，张某并未向A公司支付房款，黄某某对此知情并予以积极配合。张某存在逃避债务的主观故意与客观行为。3. 张某将公司股权与公司资产的概念混淆，意图掩盖张某违法占有、隐匿 A 公司资产的事实；将股权转让款与购房款混淆，意图掩盖其未与 A 公司进行真实房产交易且未支付购房款的事实。

张某主张：1. 案涉合同在房管局办理了网签备案手续，且案涉合同均为合法的格式合同。依据《合同法》第五十二条[①]的规定，张某与 A 公司签订的《房地产买卖合同》并不存在法律规定的合同无效的情形，张某是否支付合理的对价对《房地产买卖合同》的效力不产生影响。2. 其与朱某某、C 公司共同竞价取得 A 公司的资产且张某已支付 1000 万元的竞购款，A 公司的相关资产自完成股权转让后，张某即取得 A 公司资产的使用权与所有权。因竞买资产仍在 A 公司名下，为完成房管局要求的房屋过户手续，张某与 A 公司签订《房地产买卖合同》。张某取得案涉房屋支付了足额对价，并不存在关联交易、隐匿资产损害他人利益的主观恶意和客观行为。

【判决结果及理由】

法院认为，张某与 A 公司签订《房地产买卖合同》的行为是 A 公司为逃避债务而隐匿、转移财产的行为，应属无效，具体理由如下：

第一，A 公司与张某就案涉七处房产签订《房地产买卖合同》，约定案涉七处房产成交价共计 15222200 元，张某于 2014 年 10 月 17 日前一次性付清房款。案涉房产均已办理产权移转登记至张某名下。但张某并未按照约定支付购房款。张某虽主张 2012 年 3 月 30 日其向 C 公司转账 1000 万元是购买 A 公司 20% 的股权及 A 公司名下的相应资产（其中包括案涉七处房产），但依据张某与 C 公司、朱某某签订的《联合竞买协议》、C 公司与甘肃隆盛拍卖有限公司签订的《拍卖成交确认书》及张某等人向相关银行致函要求协助办理过户手续的内容，张某以该 1000 万元取得的是 A 公司 20% 的股权与 A 公司名下的另一处房产，与《房地产买卖合同》涉及的七处房产并非同一房产。因此认定张某向 C 公司汇

---

① 对应《民法典》第一百五十三条，违反法律、行政法规的强制性规定的民事法律行为无效。但是，该强制性规定不导致该民事法律行为无效的除外。违背公序良俗的民事法律行为无效。《民法典》第一百五十四条，行为人与相对人恶意串通，损害他人合法权益的民事法律行为无效。

款并非用于购买案涉房产、张某取得案涉房产并未支付对价。

第二，相关生效裁判在已确认 A 公司对 B 公司 5000 万元的债务承担连带清偿责任且该案已经进入执行程序、债务尚未履行的情形下，作为 A 公司股东和监事的张某与 A 公司签订《房地产买卖合同》，且未实际支付购房款便取得 A 公司名下的房产并办理移转登记。依据《企业破产法》第三十三条的规定，债务人为逃避债务而隐匿、转移财产或虚构债务或者承认不真实的债务的行为无效。A 公司与张某签订《房地产买卖合同》并办理移转登记的行为是 A 公司为逃避债务而将房产无偿转移、损害其他债权人利益的行为。

2. A 公司申请 B 公司管理人、C 公司二审案

（2018）苏民终 1393 号

【案情简介】

● 2014 年 9 月 30 日，B 公司与 E 公司（后更名为 A 公司）签订《股权转让协议》，约定将 B 公司在 D 公司中所持有的 980 万元股权（占 98%）转让给受让人，受让人在协议生效之日起三日内全额支付价款 980 万元。

● 同年 10 月 9 日，D 公司将讼争股权变更至 E 公司名下。

● 同年 12 月 8 日，E 公司与 C 公司签订《股权转让协议》，约定内容同前述协议，协议尾部加盖两公司公章。

● 同年 12 月 18 日，E 公司（甲方）与 C 公司（乙方）签订一份《代持股协议书》，约定：鉴于甲方母公司 B 公司因市场大环境以及管理不善等导致整个集团资金链断裂，为了使甲方所控制的 D 公司的运营免受各种因素的影响，甲方与乙方协商，乙方同意以零元转让形式帮 E 公司代为持有 D 公司 98% 的股权。甲方作为标的股权的实际拥有者享受股东权利，承担股东义务。当日，D 公司将讼争股权变更至 C 公司名下。

● 2015 年 7 月 1 日，法院裁定受理 B 公司破产清算一案。

【双方争议】

案件的争议焦点：1. B 公司管理人诉请确认案涉两次股权转让行为无效，依据是否充分；2. 两次股权转让行为的效力应当如何确定？

上诉人A公司（原审被告）认为，B公司管理人诉请确认案涉两次股权转让行为无效，事实依据、法律依据不充分。2014年12月8日《股权转让协议》既然并非A公司与C公司双方真实意思表示则依法不能成立而不是无效；A公司未破产，B公司管理人不是A公司管理人，原审一并判决A公司转让股权给C公司行为无效缺乏法律依据。本案属于行政诉讼受案范围，应裁定驳回起诉。

被上诉人B公司管理人（原审原告）辩称，从代持股权和B公司申请破产的时间节点足以证明A公司、C公司签订所谓代持协议时已经明知B公司存在大量债务且无法到期清偿。A公司并没有按照约定在《股权转让协议》生效后三日内向B公司支付股权转让对价，且在最终截止的转让支付时间节点届满前也没有任何主张权利的行为。

代持协议本质上是A公司、C公司以股权代持的方式帮助B公司逃避破产债务，A公司实质为案涉股权的持有人，损害了B公司债权人的合法权益，因此本案属于民事案由规定中关于债务人为逃避债务转让资产的无效行为，而不是A公司声称的确认工商登记机关登记行为无效的涉案范围，本案不属于确认行政行为无效纠纷，且一审判决中明确记载我方诉请为确认逃避债务行为无效，而不是变更登记行为无效。

【判决结果及理由】

一审法院认为：1. 根据《代持股协议书》所载内容及相关破产清算案件申请时间节点，足以认定B公司在与A公司签订《股权转让协议》时，已明知B公司存在大量债务，并已无力清偿到期债务。2. B公司在A公司须于协议生效起三日内，将股权转让款980万元一次性支付给B公司，但B公司却在A公司未支付约定股权转让款的情况下，将讼争股权变更登记至A公司名下，且在一审法院受理B公司破产清算一案前从未向A公司主张过权利，明显有悖于商业常理。3. A公司与C公司虽在2014年12月8日《股权转让协议》中约定，A公司将讼争股权以980万元对价转让给C公司，但双方在其后签订的《代持股协议书》中确认，该股权转让实际是由C公司以零元形式代A公司持有D公司股权，A公司仍是讼争股权的实际权利人，即双方并非股权转让关系而是股权代持关系，故2014年12月8日《股权转让协议》并非双方真实意思表示，依法应为无效。4. 安某作为B公司、A公司共同的实际控制人，在《代持股协议书》中确认代持目的是使A公司控股的D公司的运营免受各种因素的影响，结合前述协议履行情况，足以认定B公司在临近破产清算前将讼争股权转至A公司名下，后由C公司代持，目的是逃避债务。因此，讼争股权两次转让行为均是B公司为逃避债务而转移财产，依法应确认为无效。

二审法院与一审法院观点基本一致，二审法院认为，B公司将持有的D公司98%股权转让给A公司，虽然《股权转让协议》约定了三日内全额支付980万元对价，但在A公司未支付的情况下仍然办理了股权过户登记，B公司亦无催收对价的证据；此后A公司将标的股权再次转让给C公司并签订代持协议书，明确“鉴于甲方母公司B公司因市场大环境以及管理不善等导致整个集团资金链断裂，为了使甲方所控制的D公司的运营免受各种因素的影响……”等，2015年7月1日一审法院受理B公司的破产申请。故综合上述因素应当认定B公司转让股权的目的在于逃避债务，受让人A公司与C公司后续又签订《股权转让协议》只是实现该不法目的的手段，真实意思是由C公司代持股权，两次缔结《股权转让协议》均属于恶意串通、损害B公司债权人利益的行为，虽然形式上两次股权转让均办理了过户登记，但是依据《企业破产法》第三十三条规定两次转让行为均应认定无效。

◆管理人履职提示

在破产程序中，管理人发现企业在破产前有涉嫌隐匿、转移财产的行为，如何判断该行为是否属于《企业破产法》第三十三条第（一）项规定的“为逃避债务而隐匿、转移财产”的情况，该涉及债务人财产的行为效力如何？

在司法实践中，对于是否属于《企业破产法》第三十三条第（一）项规定的“为逃避债务而隐匿、转移财产”的情况，其核心是涉案行为的主观故意性，即行为是否为了逃避债务，实践中由于个案差异较大，往往综合案件的具体情形作出综合判断，在大量案例检索的过程中，笔者发现判断具有主观故意性的表现主要可以归纳为两方面：第一，转移企业财产时，企业已经大量负债，或者该行为与企业破产具有在时间上的逻辑关系等。破产企业往往有一个逐渐陷入破产境地的过程，在企业已经大量负债的情况下，而作出区别于正常交易的行为，如转让股权、转让资产等，则可能被认为具有隐匿、转移财产的主观故意性。第二，财产转移是否具有法律上的原因，主要体现为财产的转让是否支付了对价等。没有对价的转让可能被法院认定为恶意串通损害第三人利益，系债务人为逃避债务、转移财产的行为。

因此，管理人在准备证据时可参考上述要素，注意对主观故意性的举证，可从转让行为本身的目的性和不合理性，以及交易背景、企业各方面情况等辅助论证主观故意性。

三、虚构或承认不真实的债务的行为

本书将实务中常见的表现形式分为两类：一类是没有基础法律关系的，即虚构债务和承认根本不存在的债务；另一类是有基础法律关系但在债务金额上不符合客观事实的，即承认较低数额的债务为较高数额的债务。

（一）虚构债务和承认根本不存在的债务

◆争议焦点

这类案件的争议焦点集中在某一法律行为是否属于虚构债务和承认根本不存在的债务，根据不同案件的事实情况，具有不同的表现形式。

◆实务裁判观点

如果基础法律关系合法有效存在，法院将不会支持确认无效行为。但如果不存在基础法律关系或者基础法律关系仅为一个合法形式却没有实际履行，法院将确认为无效行为。

在“（2014）温瑞商初字第4020号请求确认债务人行为无效纠纷一审案”中，争议的焦点是破产企业（A公司）与被告黄某某之间是否存在真实的债权债务关系。借款协议明确注明乙方（即借款人）为A公司法定代表人施某某，目前也没有证据证明施某某借款系其执行职务行为，并实际用于 A 公司，因此仅能认定被告黄某某与 A 公司法定代表人施某某个人之间存在借贷关系，尚不足以认定被告黄某某与 A 公司之间存在真实的债权债务关系。被告黄某某收取 A 公司租金收入 13 万元系认识错误，将本属于施某某的个人债务视为 A 公司的债务而接受 A 公司的财产以清偿借款，其行为损害了 A 公司债权人的合法权益，依法应确认无效，并予以返还。

在"（2019）冀民再 138 号 A 公司破产管理人、B 律所再审案"中，争议的焦点是破产企业（A 公司）根据关联公司 C 公司的委托支付函代其向 B 律所付款，是否属于承认不真实的债务。A 公司并无对 C 公司的欠款。虽然在 C 公司、A 公司诉 D 公司买卖合同纠纷一案中，A 公司为 B 律所出具了委托书，B 律所也为其提供了法律服务，但根据 B 律所和 C 公司签订的《常年法律顾问合同》的约定，法律顾问费、律师委托代理费应由 C 公司支付。因此，A 公司与 B 律所之间不存在债权债务关系，其向 B 律所转账 228500 元的行为无效。

在"（2017）桂 0204 民初 270 号请求确认债务人行为无效纠纷一审案[①]"中，争议的焦点是 2015 年 7 月 11 日至 2015 年 9 月 10 日，A 厂先后三次以支付"货款"的名义向被告个人转款支付合计 49200 元，上述向被告转款行为是否属于《企业破产法》第三十三条规定的无效行为。法院认为，被告刘某某与 A 厂之间并不存在关于买卖业务的真实债权债务关系。上述 49200 元之款项实际全部用于代 A 厂向有特殊困难的工人支付工资之辩解，由于被告为佐证其该辩称观点所提交的领（借）款单及收条均系复印件却无原件核实，且被告亦并未能提交证据证实该相应的"收款人"实际为 A 厂聘请的工人，而该相应的"收款人"在庭审时亦均未到庭确认该收款之事实。确认 A 厂于 2015 年 7 月 11 日至 2015 年 9 月 10 日以支付货款之名义向被告刘某某三次转款支付合计人民币 49200 元之行为无效。

在"（2017）浙 0105 民初 2976 号请求确认债务人行为无效纠纷一审案"

---

① 二审案件详见（2017）桂 02 民终 3523 号。二审法院认为刘某某把企业的资金转入自己账户的行为，属于《企业破产法》第三十三条第（一）项的转移财产行为。由于金钱属于种类物，刘某某提交的领（借）款单及收条即使有原件，也只是刘某某转移钱款后的另外的行为，不能确定与转移的钱款有关，也不能否认刘某某转移财产的违法性。故驳回上诉，维持原判。

中，破产企业因担心财产被查封导致公司无法正常生产经营，遂与被告签订抵押借款《协议书》一份，约定向被告借款1800万元，并将名下工业用房以及工业用地抵押给被告且办理了抵押登记，但事实上，破产企业与被告之间并无实际债务往来，因此，签署的合同和设立抵押的行为均被法院确认为无效行为。

◆**典型案例**

1. **某市某广告有限公司与周某、李某请求确认债务人行为无效纠纷一审案**

（2012）青民二（商）初字第1002号

【案情简介】

● 2000年12月24日的协议书，载明李某、张某、秦某、施某等八人对共同出资竞拍A科技法人股事宜达成协议，证明上市某广告有限公司名下的法人股系李某等八人出资购买。

● 2001年5月27日，B公司现场成交确认书，证明李某等八人以原告名义向B公司以275万元的价格竞买100万股法人股，并以现金方式支付拍卖款项。

● 2008年12月11日持有876143股“某科技”（股票代码为000425，后更名为“某机械”）。

● 2008年12月25日，前述876143股“某科技”被抛售完毕，共获得人民币18101507.41元。

● 2009年6月8日，上述18101507.41元被转入某市某广告有限公司账户后，又以“归还欠款”为名，转入周某的个人账户。

● 2011年6月25日，某区法院裁定受理某市某广告有限公司破产清算案并指定C律所为管理人。

【双方争议】

本案主要争议焦点为某市某广告有限公司名下的“某科技”法人股是否实际属于两被告周某、李某所有。

某市某广告有限公司主张：原告所持有的股票及其抛售所得，均应归属于原告所有。由于两被告虚构原告与周某的债务，并转移1800余万元，导致原告财产不当减少，直接损害了债权人的合法权益。根据《企业破产法》第三十三条之规定，该虚构债务并转移财产的行为应被认定为无效。

被告周某、李某主张：系争法人股系两被告和朋友出资借用原告名义竞买所得，资金的来源、收益都属于被告，未虚构债务。

【判决结果及理由】

法院认为，被告提供的7份证据，虽单个证据的证明力并非很强，甚至存在细节瑕疵，但综合而言，7份证据形成了证据链，能够证明系争法人股由李某等人实际出资拍卖所得，原告仅为代持。在此情况下，原告仍否认代持，即主张系公司出资购买，应对购买情况、资金流向等积极举证，但原告对此未能提供相关证据。故比较双方的举证情况，法院对被告的意见予以采信。

法院认为，原告请求确认债务人行为无效，需举证证明债务人的行为符合《企业破产法》第三十三条的规定。本案中，系争法人股由李某等人出资购买，原告仅为代持，故实际权益应归李某等所有，原告与李某等基于代持关系，将抛售法人股后的收益交付李某、周某并无不当，对此不存在虚构债务的情形。故原告的诉讼请求缺乏事实依据，法院不予支持。据此，依照《企业破产法》第三十三条、《最高人民法院关于民事诉讼证据的若干规定》第二条之规定，判决如下：驳回原告某市某广告有限公司的全部诉讼请求。

2. A公司管理人、B公司请求确认债务人行为无效纠纷二审案

（2018）浙01民终10002号

【案情简介】

● 2014年1月16日，B公司与业主单位C公司（买方）签订主合同，B公司为该合同卖方的中标人。

● 2014年3月，B公司经业主同意与A公司签订分包合同。

● 2017年4月6日，因A公司履约困难，无力继续履行合同项下有关义务，A公司与B公司签订终止协议，达成以下结算条款：……二、逾期交货22天（附件载明：第一批约定时间为2014年5月31日，交货时间为2014年6月6

日），按照主合同约定每迟延一周，按迟交货物价值0.5%赔偿，应支付违约金922237.20元……

● 2017年5月5日，某区法院裁定受理A公司破产清算一案，并指定D律所担任管理人。

【双方争议】

本案争议焦点：A公司与B公司订立的终止协议是否存在虚构债务或承认不真实债务的情形。

A公司管理人主张：B公司无实际损失，终止协议中的违约金条款系承认不真实债务，应当无效。

B公司主张：业主方将来可能提出索赔，终止协议中的违约金条款系真实意思表示，合法有效。

【判决结果及理由】

在民事活动中，债的发生必须有依据，与债的发生依据相对应的，是双方之间的权利义务关系。一般来说，民事活动中各方之间的权利义务具有对等性和一致性，这是维护交易公平的基本保障和重要体现。由于债务人在破产之时其全部财产已不足以清偿债务，此时债务的虚假增加对其已经没有实际利益影响，损害的只是其他债权人的利益。所以，债务人就可能通过虚构债务或者承认不真实的债务，与相对人恶意串通转移利益，变相抽逃财产，逃避债务。对此种欺诈行为不但妨碍管理人依法履行职责，影响破产程序的正常进行，而且严重损害债权人的合法权益，《企业破产法》规定债务人的上述行为无效。

结合本案终止协议……从结算内容的性质分析，可划分为工程价款结算、质量赔偿款和违约金结算两大类：……（二）违约金属于违反合同应承担的法律责任的金钱体现，当事人是否存在违约行为以及违约金的高低，具有不确定性，通常由当事人协商或提交有权机关裁判才能确定，且法律规定了相应的衡量标准。适用违约条款的前提，是当事人存在违约行为，如不履行合同、迟延履行合同、不适当履行合同、不完全履行合同等，并造成了守约方的损失。结合本案，B公司虽可依据合同相对性向A公司主张逾期交货的违约责任，但分包合同的履行与总包合同有关联，部分合同义务交叉或重合。在不排除业主、总包方违约或各方存在混合过错的情况下，不能仅凭分包人实际交货时间点客观上延后而确定其迟延交货的违约责任。根据本案查明的事实，业主以及 B 公司支付投料款的时间、金额与合同约定不符。且合同履行中涉及货物交付存在各方的配合环节和众多客观因素，A 公司可以此行使抗辩权。而本案中，首先，签订终止协议双方主体在没有依据确认履行中是否存在因业主原因而影响交货时间的客观因素，A 公司是否对 B 公司存在履行抗辩事由的情况下，仅简单套用迟延交货天数确认 A 公司逾期交货的违约责任，确实有违常理。其次，A 公司、B 公司在终止协议中以交付第一批货物的时间确定交货时间，实际交货时间与约定交货时间计算的逾期天数也与终止协议确定的 22 天不符。该结算条款在 B 公司未实际产生损失的情况下，扣除高额的违约金也缺乏合理性。B 公司提出业主将来可能会提出索赔，以此证明损失存在的该节抗辩理由显然薄弱。该院确信管理人提出协议双方存在恶意串通的可能性的观点，且对该待证事实存在的可能性能够排除合理怀疑。综上，法院可以认定双方恶意串通订立不真实的违约金条款的事实成立。因违约金条款无效与其他结算部分在客观上是可以分离的，故该院认定终止协议项下的违约金结算条款无效。无效行为是因其本质具有违法性，所以自始不发生法律效力的行为。违约金结算条款被法院认定无效后，管理人可依据《企业破产法》的规定行使相应职权，与 B 公司重新结算。据此，判决如下：一、确认 A 公司与 B 公司于 2017 年 4 月 6 日签订的《关于终止的协议》项下“A 公司支付 B 公司违约金 922237.20 元的条款”无效……

◆管理人履职提示

《中华人民共和国企业破产法释义》关于第三十三条的释义中对第（二）项解释如下：“（2）虚构债务或者承认不真实的债务。在民事活动中，债的发生必须要有依据。这些依据主要有合同、侵权行为、无因管理和不当得利四种。与上述四种债的发生依据相对应的，是双方之间的权利义务关系。一般说来，民事活动中各方之间的权利义务具有对等性和一致性，这是维护交易公平的基本保障和重要体现。在实践中，一些债务人为了转移财产、逃避债务，往往通过虚构债务或者承认不真实的债务的方式来达到目的。虚构债务与承认不真实的债务主要表现为订立虚假的合同、虚构应付账款、在财务账册上多列支出等。”①

因此，管理人首先应当合理识别债务人企业的对外支付行为或设立权利负担的行为是否有基础法律关系。其次对认为是虚构债务与承认不真实的债务的行为，应当积极通过催收或诉讼等方式追回。

通过案例检索，本书认为，实务中不存在基础法律关系或者基础法律关系仅为合法形式却没有实际履行的表现形式，包括如下几类：

第一，无任何法律依据代替他人偿还债务的，如“（2014）温瑞商初字第4020号请求确认债务人行为无效纠纷一审案”中，破产企业代替其法定代表人偿还债务，被法院确认为无效行为；“（2019）冀民再138号A公司破产管理人、B律所再审案”中，破产企业根据关联公司的委托支付函代其偿还债务，被法院确认为无效行为。

第二，无任何法律依据对外付款或在财产上设立权利负担的，如“（2017）桂0204民初270号请求确认债务人行为无效纠纷一审案②”中，破产企业与其实际控制人之间并无基础债权债务关系，却向实际控制人多次转账，被法院确认为无效行为；“（2017）浙0105民初2976号请求确认债务人行为无效纠纷一审案”中，破产企业因担心财产被查封导致公司无法正常生产经营，遂与被告签订抵押借款《协议书》一份，约定向被告借款1800万元，并将名下工业用房以及工业用地抵押给被告且办理了抵押登记，但事实上，破产企业与被告之间并无实际债务往来，因此，签署的合同和设立抵押的行为均被法院确认为无效行为。

---

① 蒋黔贵：《中华人民共和国企业破产法释义》，中国市场出版社2006年版。来源：http：//www.pkulaw.cn/CLink_ form.aspx？Gid = 78895&Tiao = 33&km = siy&subkm = 0&db = siy。

② 二审案件详见（2017）桂02民终3523号。二审法院认为刘某某把企业的资金转入自己账户的行为，属于《企业破产法》第三十三条第（一）项的转移财产行为。由于金钱属于种类物，刘某某提交的领（借）款单及收条即使有原件，也只是刘某某转移钱款后的另外的行为，不能确定与转移的钱款有关，也不能否认刘某某转移财产的违法性。故驳回上诉，维持原判。

（二）承认较低数额的债务为较高数额的债务

◆争议焦点

这类案件的争议焦点集中在承认较低数额的债务为较高数额的债务是否属于承认不真实的债务。

◆实务裁判观点

目前实务中一般认为承认较低数额的债务为较高数额的债务，也属于承认不真实的债务，为无效行为。

◆典型案例

A公司破产管理人与邓某某请求确认债务人行为无效纠纷一审案

（2017）渝0114民初2777号

【案情简介】

● 2013年12月8日，A公司与邓某某签订了从2014年1月1日起至2014年12月31日止为期一年的聘用合同，合同约定：工资待遇每月20000元，实行年薪制，即全年240000元。

● 2014年9月30日，邓某某领走工资70000元。

● 2014年11月18日，邓某某领走工资150000元，两次合计领走工资220000元，此时A公司仅欠邓某某工资20000元。

● 2015年11月12日，A公司与邓某某在签订《支付工程款协议》中约定“用×××B栋负×楼车库××号车位，共计100000元，抵付工资”。

● 2015年12月4日，某区法院以A公司资不抵债，不能清偿到期债务为由，裁定受理A公司破产清算一案。

【双方争议】

本案的争议焦点：A公司向邓某某清偿债务的行为是否属于无效。

A公司管理人主张：《支付工程款协议》约定“用×××B栋负×楼车

库××号车位，共计100000元，抵付工资”，此协议存在虚假债务或者不真实债务，违反了企业破产法的相关规定，应属无效。

邓某某：未到庭，未提交答辩状，亦未提交证据。

【判决结果及理由】

本案中，B集团以A公司不能清偿到期债务为由向法院申请破产清算，法院经审查于2015年12月4日受理该破产申请，故A公司清偿债务的行为应符合企业破产法的规定。2015年11月12日，A公司与邓某某签订《支付工程款协议》，承认其欠邓某某人工工资100000元，但从原告提交的证据来看，A公司与邓某某签订《聘用合同》，邓某某的聘用时间为一年，即2014年1月1日起至2014年12月31日止；工资待遇每月20000元，实行年薪制，即全年240000元，邓某某于2014年9月30日、2014年11月18日分别领走工资70000元、150000元，两次合计领走工资220000元，A公司仅欠邓某某工资20000元，现《支付工程款协议》表明A公司尚欠邓某某100000元债务，不符合客观事实，违反了《企业破产法》第三十三条之规定，存在虚构债务或承认不真实债务的行为，故对于A公司承认尚欠邓某某80000元（100000元-20000元）债务的行为，应属无效行为。邓某某经法院公告传唤未到庭参加诉讼，视为放弃举证及答辩等诉讼权利，法院依法作出缺席判决。据此，依照《企业破产法》第二条第一款、第三十三条，《民事诉讼法》第六十四条、第一百四十四条之规定，判决如下：一、A公司于2015年11月12日承认尚欠被告邓某某80000元债务的行为无效……

◆管理人履职提示

正如“（2015）贵民二初字第00201号请求确认债务人行为无效纠纷一审案”中，某区人民法院所述“在（2013）贵民二初字第00247号《民事判决书》中已就B公司的诉讼请求作出判决，该判决已发生法律效力。王某某在2013年8月26日作出的‘情况说明’中记载‘同意在判决书的基础上另行补偿B公司10万元，该款直接在货款中充抵’，法院认为该份‘情况说明’符合《企业破产法》第三十三条第（二）项规定‘虚构债务或者承认不真实的债务的’情形，被告王某某所出具的‘情况说明’行为无效。无论上述‘情况说明’是A公司法定代表人所签名，抑或股东会决议，只要该企业进入破产程序，该‘情况说明’损害了多数债权人利益，就当然无效”。

承认较低数额的债务为较高数额的债务，与虚构债务和承认根本不存在的债务不同，这类型的案例，其基础法律关系一般均为双方真实意思表示，但双方恶意串通，损害破产债权人合法权益，也将被确认为无效行为。

综上，与《企业破产法》第三十三条第（一）项规定中降低资产价值，损害破产债权人合法权益相比，第（二）项规定则是通过扩大债务方式，损害了债权人利益。《企业破产法》第三十三条第（二）项规定的无效行为，实践中常见为两种情形：1. 虚构债务，指债务人主观上凭空捏造本不存在的债务，虚假增加债务人的人数，并使该“虚构的债务人”参加到债务人财产的分配中来，以减少真正债权人清偿份额的行为。2. 承认不真实的债务，是指债务人在他人提出虚假债务请求时予以承认的行为，又可以具体区分为两种情形，一是承认根本不存在的债务，对于不存在基础法律关系或者基础法律关系仅为一个合法形式却没有实际履行，案例中通常认为基于此情形的清偿损害了其他债权人的利益，应为无效行为。二是承认较低数额的债务为较高数额的债务，[①] 虽然基础法律关系为双方真实意思表示，但双方恶意串通，损害破产债权人合法权益，也将被确认为无效行为。从举证方面，管理人可基于以上实践中的情况进行类比分析，其核心也是证明损害破产债权人利益的主观故意性。

四、受理后的个别清偿

◆争议焦点

《企业破产法》第十六条规定，人民法院受理破产申请后，债务人对个别债权人的债务清偿无效。实务中一般对于系争行为的发生时间没有争议，争议

---

① （2018）浙01民终10002号请求确认债务人行为无效纠纷二审判决书。

点在于该行为是否属于债务人对个别债权人的债务清偿行为。这是因为，除破产企业主动向个别债权人直接清偿外，个别清偿还有许多其他表现形式。

◆**实务裁判观点**

通过检索案例，笔者发现司法实践中常见的个别清偿的表现形式主要有如下几类：

第一，人民法院受理破产申请后，破产企业主动向个别债权人直接清偿的。如“（2019）皖01民初272号请求撤销个别清偿行为纠纷一审案”“（2018）沪01民终10525号请求确认债务人行为无效纠纷二审案”“（2019）浙03民终111号请求确认债务人行为无效纠纷二审案”“（2014）浙温商终字第824号请求确认债务人行为无效纠纷二审案”。

第二，人民法院受理破产申请后，使用他人账户向个别债权人清偿的。如在“（2017）新43民终500号请求确认债务人行为无效纠纷二审案”中，2016年9月20日，某县法院裁定受理A公司破产清算；2016年10月10日，A公司将1215903.85元转入蓝某的账户，再由蓝某的账户转入李某某的账户，最终从李某某的账户清偿A公司在信用社的旧贷款。法院判决认为，该1215093.85元系A公司未通过破产程序对个别债权人阿勒泰信用社的清偿，该行为发生在某县法院受理A公司破产申请之后，应当依法认定为无效。类似案例还有“（2017）鲁民终345号请求确认债务人行为无效纠纷二审案”“（2016）浙01民终6572号请求确认债务人行为无效纠纷二审案”“（2014）浙温商终字第944号请求确认债务人行为无效纠纷二审案”“（2016）皖05民终152号请求确认债务人行为无效纠纷二审案”“（2018）浙08民终1004号请求确认债务人行为无效纠纷二审案”。

第三，人民法院受理破产申请后，债权人代破产企业收取应收款项却没有返还给破产企业的，或者破产企业的债务人直接向破产企业的债权人清偿的。如在“（2015）锡商终字第01144号A公司、B公司等请求确认债务人行为无效纠纷二审案”中，2015年3月28日，某区法院裁定受理B公司破产重整申请；2015年5月20日、22日，B公司分别出具《授权收款委托书》，委托A公司向C公司、D公司收取货款。后A公司分别向C公司、D公司收取货款10万元、4万元。法院判决认为，B公司向A公司以应收账款形式清偿14万元债务的时间在法院受理B公司破产重整申请之后，故该清偿行为按《企业破产法》第十六条规定应当认定无效。类似案例还有“（2016）苏02民终993号请求确认债务人行为无效纠纷二审案[①]”。

◆典型案例

A公司管理人、A公司请求确认债务人行为无效纠纷二审案

（2019）浙02民终489号

【案情简介】

● 2013年8月14日，依据B公司与A公司签订的《40万吨/年聚酯直纺长丝安装工程施工合同》，约定保证金2200000元待工程竣工后一周内返还给B公司，B公司按约将保证金汇入A公司账户。

● 2016年12月6日，B公司与A公司签订《还款协议书》一份，确认A公司尚欠B公司工程款（含履约保证金）3040000元，约定于2016年12月10日前支付工程款760000元、于2017年1月10日前支付工程款760000元、于2017年6月10日前支付工程款760000元、于2017年12月10日付清工程尾款760000元。

● 2016年12月14日，A公司支付B公司款项760000元，B公司向A公司出具的收款收据中载明“退履约保证金”。

● 2017年1月18日，A公司支付B公司款项760000元，B公司向A公司出具的收款收据中载明“退还履约保证金余款为440000元，其余为工程款支付”。

● 2017年6月8日，A公司支付B公司款项760000元，附言载明“安装费”。

---

① 再审案件详见（2017）苏民申1416号。再审法院认为，《企业破产法》第十六条规定：“人民法院受理破产申请后，债务人对个别债权人的债务清偿无效。”本案中，A公司认可B公司2015年5月5日清偿案涉货款债务，显然在法院受理B公司破产申请之后。因此，无论A公司当时是否知晓法院指定B公司为管理人，也无论B公司管理人是否认可B公司已向A公司清偿案涉债务217746.74元，均不影响案涉债务清偿依法应认定无效。因此裁定驳回再审申请。

● 2017 年 6 月 12 日，法院依法裁定受理 A 公司破产清算一案。

● 2017 年 7 月 6 日，A 公司以转账方式支付 B 公司款项 450000 元，附言载明“货款”。

● 2017 年 9 月 21 日，A 公司管理人向 B 公司发送通知书，告知 B 公司 A 公司于 2017 年 7 月 6 日向 B 公司清偿 450000 元的行为属于无效清偿，要求 B 公司于 7 个工作日内返还，但 B 公司未予返还。

【双方争议】

本案争议焦点为 A 公司于 2017 年 7 月 6 日支付 B 公司的 450000 元款项是否属于履约保证金以及是否属于债务人财产。

A 公司管理人主张：该款项并非履约保证金，A 公司被受理破产后仍对 B 公司进行清偿的行为属于无效清偿，B 公司应返还 450000 元款项。

B 公司主张：该款项属于履约保证金，B 公司对该履约保证金享有所有权，故该款项不属于债务人的破产财产。

【判决结果及理由】

法院认为，A 公司虽于 2015 年 2 月 13 日支付 B 公司 2200000 元“押金”，但在 A 公司与 B 公司于 2016 年 12 月 6 日签订的还款协议书中明确载明尚欠的 3040000 元款项中包含履约保证金，因还款协议书签订在后，故一审法院认定 3040000 元款项中包含履约保证金，但在还款协议书签订后，A 公司共支付 B 公司款项 2730000 元，除 B 公司出具的收款收据外，没有其他证据显示哪部分款项属于履约保证金，且 A 公司在支付 B 公司 450000 元款项时载明“货款”，故难以认定本案所涉 450000 元属于 A 公司退还 B 公司的履约保证金，且即使属于履约保证金，货币为种类物，在 B 公司将 2200000 元款项汇入 A 公司的账户后即与 A 公司的存款发生混同，后又经过多次转入转出，难以区分，B 公司将款项交付 A 公司后并未将该款项“特定化”，故难以认定 B 公司对其交付的履约保证金仍享有所有权，本案所涉 450000 元款项属于债务人的财产范围。根据《企业破产法》第十六条规定“人民法院受理破产申请后，债务人对个别债权人的债务清偿无效”，本案所涉 450000 元的清偿行为发生于 A 公司被受理破产清算后，故应认定无效，B 公司理应返还 A 公司案涉 450000 元款项。

◆管理人履职提示

管理人在履职过程中，在调查破产企业是否在破产受理后作出过个别清偿行为时，建议关注以下问题：

（1）注意时间跨度上的全覆盖

对于支付指令在破产前，实际支付之日在破产程序中的；在受理破产申请当天支付；支付行为发生在破产受理后、管理人接管之前等情况都可能被认定为个别清偿行为，管理人在调查符合《企业破产法》第十六条的个别清偿行为时应予以关注。

第一，支付指令和实际支付两个行为存在一定时间差，支付指令在破产受理之前作出而实际支付行为在破产受理后作出的，如“（2017）鲁民终345号请求确认债务人行为无效纠纷二审案”中，B公司在破产清算前就将部分款项转移到C公司账户，并书面委托C公司代为向A会计师事务所清偿先前所欠的20000元审计费；2015年8月17日，法院裁定受理华海船业公司的破产清算申请；2015年8月21日，C公司依据华海船业公司的书面委托支付给A会计师事务所20000元。法院判决认为，虽然该清偿行为系于破产申请受理前作出的支付指令，但实际清偿发生于破产申请受理后，认定清偿行为发生在破产申请受理前或破产申请受理后，应以实际发生清偿的时间为依据，故仍属于受理破产申请后的个别清偿。

第二，个别清偿行为发生在受理裁定作出当日的，如“（2019）浙03民终2662号请求确认债务人行为无效纠纷二审案”中，一审法院认为，依据《民法总则》[①] 第二百零一条第一款“按照年、月、日计算期间的，开始的当日不计入，自下一日开始计算”的规定，计算B公司对林某某个别清偿行为无效的起算日，应当是2018年8月27日作出破产受理裁定后的2018年8月28日。因此，B公司对林某某的清偿行为有效（是否可撤销的问题，可另案处理）；但二审法院某市中院认为，人民法院受理破产申请后，是指自人民法院裁定受理破

---

① 对应《民法典》第二百零一条，按照年、月、日计算期间的，开始的当日不计入，自下一日开始计算。

产申请之日起，包括裁定作出的当日，因此B公司对林某某个别清偿行为符合《企业破产法》第十六条规定的无效之情形。

第三，个别清偿行为发生在破产受理后、管理人接管之前的，如“（2017）苏民申1416号请求确认债务人行为无效纠纷审判监督案”“（2019）浙02民终2700号请求确认债务人行为无效纠纷二审案”。

无效行为的监管应当持续整个破产期间。建议管理人在接管企业时，尽可能与法院共同召集公司实际控制人、高级管理人员等召开项目启动会议，向公司人员告知应当包括禁止个别清偿行为；管理人应全面接管企业账户，所有未冻结账户中的款项，均应转入管理人账户；管理人在接管企业后，通过访谈实际控制人、财务人员，由会计师进行企业账目的调查等手段，调查是否在受理后发生过个别清偿行为。

（2）管理人可主张债权人占用资金期间的利息

实务中，除要求债权人返还破产企业个别清偿的资金外，还有的管理人请求法院判决返还资金占用期间的利息，如在“（2019）黔02民终988号请求确认债务人行为无效纠纷二审案”中，法院判决认为，自2017年11月16日，A银行收悉作为破产管理人的原告发送的（2017）六安破管字第6号通知书之后，就应当并已知C公司已进入破产清算程序的情况，从而应当负有依照《企业破产法》相关规定返还受偿款项的法定义务，未尽此义务，则构成对C公司资金的占用，故对原告的利息诉请，自2017年11月17日起至返还受偿款项之日止的利息，予以支持。类似案例还有“（2017）浙03民终6097号请求确认债务人行为无效纠纷二审案”“（2016）皖05民终152号请求确认债务人行为无效纠纷二审案”。

但也有案例以不能证明债权人存在过错为由，未支持管理人返还资金占用期间的利息的诉讼请求，如“（2017）渝05民终5862号请求确认债务人行为无效纠纷二审案”。

从债务人财产最大化原则出发，管理人在向破产受理后个别受偿的债权人发出要求返还财产的通知或者提起诉讼时，可以要求返还资金占用期间的利息。

本章小结

破产无效行为是指对债务人所为的有损债权人整体利益的在法律上认定为不发生法律效力的行为。我国的破产无效行为制度是对债务人主观恶意明显、严重损害债权人利益和社会公益的行为进行规制。无效行为制度的目的在于在私法自治和社会利益之间寻找一种平衡，来维护社会利益、行为人利益、相对人利益和第三人利益。[①]

无效行为与破产法的可撤销行为在实践中的具体情形存在一定相似性。两者相较而言，无效行为是严重损害债权人利益的行为，与可撤销行为相比，债务人实施无效行为的主观恶意更大，对债权人权益的损害一般来说也更大。

从时间上看，对于符合《企业破产法》第三十三条的无效行为并不要求发生在特定期限内，对于《企业破产法》第十六条的行为要求发生在破产受理后；撤销权的行使，以破产受理前一年内发生的行为为前提。从检索的案例来看，《企业破产法》第三十三条规定的两项行为从表现形式上与《企业破产法》第三十一条的情形具有一定的相似性，尤其是对于无偿转让财产的表现形式。因此，从行为发生时间可以较为明显地区分法律条文的适用。

从诉讼主体的角度两者也不尽相同，无效行为法律确定了管理人的诉讼主体地位，但对于债权人是否可以提起诉讼，并未明确规定；而撤销权除了在法律上确定了管理人的诉讼主体地位，在司法解释中明确了在管理人未提起撤销权诉讼的情况下，债权人也可提起撤销权之诉。

无效行为是法律上确定不发生效力的行为，当事人之间不因此而存在权利义务关系，并且无效行为自始无效，不因当事人的承认、除斥期间、诉讼时效的经过或者无效原因的消灭而成为有效。

在司法实践中，无效行为，无论是《企业破产法》第十六条规定的受理后的个别清偿，还是第三十三条规定的隐匿、转移财产以及虚构、承认不真实的债务，均有各种具体表现方式。我国作为成文法国家，很难将实践中存在的各

① 郭海宁：《破产无效行为研究》，载《社科纵横》2011 年 6 月第 26 卷。

种具体情况都在法律和司法解释中完全列举。

管理人在调查债务人企业是否存在符合《企业破产法》第三十三条的逃避债务行为时，应当注意：第一，无效行为具有多种表现方式。因为对于中介机构来讲，破产之外的诉讼案件与破产无效行为案件对其履职要求不同。一般的诉讼案件，均为当事人等利益相关方有诉讼需求后聘请律师作为诉讼代理人，但破产无效行为案件却要求作为管理人或管理人成员的中介机构主动调查和发现。这就要求管理人对实务中各类无效行为的具体表现方式有深入了解，才能在调查过程中敏锐地进行识别，明确需要追回的债务人财产，保障债务人财产最大化。第二，聘请专业审计机构对逃避债务及个别清偿的行为进行专项审计，从企业账册中寻找转移财产的线索，管理人参考审计的调查结果，结合法律规定进行再次判断。第三，管理人发现确实存在逃避债务情形的，向相对方发函沟通，主张该行为无效，要求相对方返还债务人财产，必要时向人民法院提起诉讼。第四，债权人在管理人不提起行为无效之诉的情况下也可能提起诉讼，管理人需要审慎履职，认真调查，以免被债权人提出管理人未能尽职履职的异议，甚至诉讼。对于进入破产程序后符合《企业破产法》第十六条规定的个别清偿行为，应严格界定时间范围，与破产前的个别清偿行为相区分，并可主张债权人占用资金期间的利息。第五，由于宣告债务人的行为无效将对债务人在破产前的交易安全产生很大影响，因此，管理人对行为无效的认定必须慎重。只有在债务人以逃避债务为目的，实施《企业破产法》第三十三条规定的两项行为，并且严重损害债权人利益的情况下，才能宣告该行为无效。

第三章
对外追收债权纠纷

根据《企业破产法》第十七条的规定，人民法院受理破产申请后，债务人的债务人或者财产持有人应当向管理人清偿债务或者交付财产。债务人的债务人或者财产持有人故意违反前款规定向债务人清偿债务或者交付财产，使债权人受到损失的，不免除其清偿债务或者交付财产的义务。债务人的对外债权属于债务人财产的一部分，在企业进入破产程序后，破产企业的债务人应当清偿债务，持有破产企业财产的人应当交还财产，由此获得的财产一并归入破产财产，用于清偿债权人的债权。若债务人的债务人或者财产持有人拒绝清偿债务或者交付财产的，或者管理人与债务人对于债务内容、数额存在争议的，管理人可以向人民法院提起诉讼。

对外追收债权纠纷的争议焦点主要集中于债权关系的确认，如管理人往往需要在多个相互关联的合同关系之中，分析债权债务关系是否存在。此外，在侵害破产企业财产权的案件中，确认侵权责任类型及破产企业的责任承担亦存在不确定性。总之，企业在濒临破产之际，经营状况混乱，难免会存在财产被不当占用的情形，此时需要管理人判断是否存在不当得利的情形，并予以追收。

一、对外追收合同债权

◆争议焦点

司法实践中，如破产企业作为合同一方当事人享有对外债权，管理人追收时，有复杂的表现形式。争议焦点主要集中于破产企业是否享有债权以及破产企业的债务人是否应当向管理人清偿债务。

◆**实务裁判观点**

破产企业基于合同关系享有的对外债权，包括但不限于基于买卖合同、委托代理合同、租赁合同、建设工程合同、债务承担协议、股权转让协议、以房抵债协议等享有的债权。有时不仅仅是基于某一合同关系，还需要结合几个连贯发生的合同权利义务进行分析。

基于买卖合同关系享有的对外债权，如在“（2018）川03民初93号对外追收债权纠纷一审案”中，原告A公司与被告B公司签订《工矿产品购销合同》后，原告A公司已全部履行了合同义务，被告B公司也应履行相应的付款义务。为维护破产企业A公司的合法权益，依据《企业破产法》第十七条“人民法院受理破产申请后，债务人的债务人或者财产持有人应当向管理人清偿债务或者交付财产”的规定，法院判决被告B公司应向原告A公司支付剩余货款64万元。

基于委托代理关系享有的对外债权，如在“（2019）浙05民初83号对外追收债权纠纷一审案”中，A公司破产管理人在履职过程中，委托会计师事务所对部分应收账款进行专项财务审计，并认真核查公司对外应收款项，发现至2007年年底，A公司为B公司垫付其经营农场各项费用共计409300元。法院判决认定A公司受B公司委托而代为支付相关款项，由此产生的垫付款项应由B公司承担。

基于租赁合同关系享有的对外债权，如在“（2018）川0402民初4190号对外追收债权纠纷一审案”中，法院受理A公司破产申请后，管理人决定解除A公司作为出租人的《房屋租赁合同》，并将解除合同通知书送达被告，《房屋租赁合同》依法解除。法院判决双方合同解除，被告支付欠付租金及房屋占用期间的占用使用费用。再如，“（2019）川04民终152号对外追收债权纠纷二审案”中，法院受理B公司破产申请后，管理人决定解除B公司作为承租人的《场地租赁协议》，并将解除合同通知书送达被告，《场地租赁协议》依法解除，法院判决被告将其向 B 公司收取的租赁押金予以退还。

基于股权转让协议享有的对外债权，如在“（2017）川 3221 民初 32 号对外追收债权纠纷一审案”中，破产企业 A 公司作为 B 公司的股东，将其持有的 B 公司股权转让给 B 公司股东以外的被告黄某某，且该股权已变更登记在被告黄某某名下，而被告黄某某未按该合同的约定支付原告 A 公司股权转让款 390 万元。法院判决黄某某应当向破产企业 A 公司管理人支付股权转让款。

基于建设工程合同关系享有的对外债权，如在“（2018）浙 0603 民初 3729 号对外追收债权纠纷一审案”中，作为《建设工程施工合同》施工方的 A 公司进入破产程序，被告 B 街道办事处欠付其工程款尾款一直未支付，法院判决其向 A 公司支付尾款。

基于债务承担协议关系享有的对外债权，如在“（2019）渝 0115 民初 2745 号对外追收债权纠纷一审案”中，根据破产企业 A 公司与 C 公司、B 公司三方签订的《债务承担协议》，A 公司向 C 公司清偿债务后，享有对 B 公司的追偿权，法院判决 B 公司向 A 公司清偿债务。

基于以房抵债协议关系享有的对外债权，如在“（2019）豫 0726 民初 2372 号对外追收债权纠纷一审案”中，破产企业 A 公司与被告李某某之间存在债权债务关系，双方约定以 B 房屋折抵李某某对 A 公司的债权，由于该房款超过李某某对 A 公司的债权 45000 元，被告李某某于 2016 年 1 月 13 日向 A 公司出具欠条，该欠条显示：“今欠 A 公司现金肆万伍仟元整（B 房屋房款）李某某 2016 年 1 月 13 日。”后被告李某某并未向 A 公司支付欠款。法院判决李某某向 A 公司支付欠款 45000 元及利息。

◆典型案例

A 公司与 B 公司对外追收债权纠纷一审案

（2018）浙 0304 民初 8781 号

【案情简介】

● 2014 年 12 月始，原告在被告经营的平台上销售童鞋，双方约定销售所得的货款存放在被告账户，被告在原告开具相应的增值税专用发票后支付原告相应货款。

● 2015年6月15日，原告与案外人小贷公司签订《额度借款合同》一份，约定原告在2015年6月15日至2018年6月14日可向小贷公司申请使用的借款额度为164万元；在本合同履行过程中，原告经营状况恶化或已经发生重大经营困难的，被告有权调整或取消借款额度，以及对本合同项下原告已提取的全部借款要求提前清偿本息等。

● 2015年6月15日，原告与小贷公司签订《委托结算协议》一份，约定自2015年6月15日起原告将其对被告及其子公司名下的债权/应收款全部转让给小贷公司，并以此款归还《额度借款合同》项下未清偿本金、利息及其他相关费用。

● 2015年6月15日，原告通知被告及其子公司将其享有的相关债权及应收款转给小贷公司，并委托小贷公司代理其与被告及其子公司进行资金结算，被告及其子公司按照与原告商务合同约定的付款期限支付至小贷公司的账户；小贷公司同意在收到被告及其子公司的相关款项后，直接用以偿扣原告应向小贷公司偿还的借款本金、利息、逾期罚息及其他相关费用，抵扣后尚有余款的，小贷公司应及时将余款付至原告账户等。

● 2015年6月15日，原告与小贷公司又签订《结算账户变更通知书》一份，被通知人为被告及其子公司，通知内容为根据原告与小贷公司于2015年6月15日签订的《额度借款合同》《委托结算协议》，原告已经将原告与被告签订的所有商务合同项下产生的债权及应收款项转让给小贷公司，并以上述款项归还《额度借款合同》项下未清偿本金、利息及其他相关费用；请被告及其子公司及购销合同中约定的其他关联公司自2015年6月15日起至2018年12月14日止，按照相关商务合同约定及时将款项直接支付至小贷公司账户。

● 上述合同、协议及通知书签订后，小贷公司依约陆续向原告发放贷款，被告依约将其账户中的原告相应货款支付给小贷公司。

● 2017年3月8日，法院裁定受理原告破产清算一案。

● 2017年5月5日，法院裁定确认小贷公司的债权723318.60元。

● 2017年5月16日，小贷公司向被告提交《无票结算申请函》，称依据小贷公司与原告签订的《额度借款合同》《委托结算协议》《结算账户变更通知书》等协议上约定的条款，请求被告将原告在被告及其子公司中未结算的应收账款551735.53元进行无票结算。

● 2017年5月24日，被告向原告发送电子邮件，告知原告已于2017年5月24日将原告的货款分两笔支付给小贷公司，金额分别为220248.15元、126033.46元。

【双方争议】

双方争议焦点为，在原告破产申请受理后，被告已经按照合同约定将货款转入小贷公司账户的情况下，是否仍然应当向原告管理人返还上述货款。

原告主张：被告应返还原告货款551735.53元。被告明知在原告资不抵债，破产清算的情况下，将原告的应收货款予以处分，已经违反了《企业破产法》的相关规定，严重侵害了原告全体债权人的合法权益，依法应当予以返还。

被告主张：涉案应收账款已转让给小贷公司，所有权人为小贷公司，被告向小贷公司支付应收账款于法有据。被告从未收到过任何有关止付应收账款的通知。原告诉称被告在明知原告资不抵债，破产清算的情况下，擅自处分应收货款，毫无事实根据。

【判决结果及理由】

法院认为，根据原、被告提供的证据及陈述，可以确认被告为原告销售货物以及截至2017年5月16日原告有551735.53元的货款存放在被告账户中的事实。现原告要求被告返还上述货款551735.53元，被告辩称其有权将涉案货款直接支付给小贷公司，无须返还原告货款。法院经审查后认为，根据《企业破产法》第十七条规定，人民法院受理破产申请后，债务人的债务人或者财产持有人应当向管理人清偿债务或者交付财产。本案中，虽然原告与案外人小贷公司之间签订的《委托结算协议》约定自2015年6月15日起原告将其对被告及其子公司名下的债权/应收款全部转让给小贷公司，并以此款归还《额度借款合同》项下未清偿本金、利息及其他相关费用。但原告于2017年3月8日被法院裁定进入破产清算程序时，涉案货款551735.53元尚存放在被告账户中，未被支付给小贷公司，小贷公司向管理人申报债权733893.46元时亦未在债权金额中扣减上述货款，故上述551735.53元货款仍是原告的财产，原告进入破产程序后，被告应依法向管理人交付上述货款。

◆管理人履职提示

相较于基于侵权和不当得利产生的债权，破产企业基于合同关系享有的对外债权，一般体现在财务账簿、会计凭证、合同文本等管理人接管范围内的资料中。但管理人在实际获取资料方面经常面临一定的难度，一方面破产企业陷于困境进而破产的常见原因之一即为经营管理混乱，另一方面企业陷入困境后往往会出现管理人员大量离职的情形，导致管理人仅从既有的文件中很难识别债权的真实性和债权的可实现性。[①] 对此，管理人在既有文件的基础上，需进一步调查债权的详细情况，如债权发生的时间、性质、履行期限、追收情况、担保情况、有无对方认可的证据等，进而予以确认。在调查方式上，可与审计机构充分沟通，在审计机构协助下通过银行流水、财务记账等详细调查，同时，建议与企业实际经手该笔业务的人员对接，通过访谈、出具说明等方式进一步确认合同履行情况等。

实务中，建议管理人在履职过程中，不仅要关注与企业主营业务相关的合同，更要全面筛选其他债权债务合同。企业濒临破产时，可能会自行开展某些债权债务的处理工作，如债权债务转移、以物抵债、由于账户被冻结而产生的委托第三方付款协议等。因此，对破产企业作为一方当事人签订的双务合同，建议管理人全面开展双方债权债务履行情况的核实工作，确定可对外追收的合同债权范围。

二、对外追收侵权债权

◆争议焦点

管理人对外追收侵权债权在实务中多为侵害破产企业财产权的案件，主要包括物权、知识产权、作为经营者的合法权益等。争议焦点集中在债务人是否应当对破产企业承担侵权责任以及承担何种侵权责任。

---

① 杨悦：《破产债权清收的制度完善》，载《人民司法》2012 年 1 月。

◆实务裁判观点

基于侵害银行存款享有的对外债权，如在“（2018）川民终502号对外追收债权纠纷二审案”中，侵权行为人张某某利用其担任破产企业A公司出纳的职务便利，将其持有的本应妥善管理的A公司的银行存款擅自用于清偿A公司对其的个人债务，侵犯了A公司的财产权益，法院判决张某某应将其持有的A公司的银行存款30288元归还A公司。

基于侵害不动产所有权享有的对外债权，如在“（2019）浙0782民初5627号对外追收债权纠纷一审案”中，A公司进入破产程序后，涉案原租赁合同已经到期，但本案被告丁某继续占有使用A公司2号楼2楼厂房及5间宿舍。法院判决丁某向破产企业支付租赁到期日至实际搬离之日的占有使用费。类似案例还有“（2019）皖0221民初1852号对外追收债权纠纷一审案”。

基于侵害商标权享有的对外债权，如在“（2017）浙0382民初8809号侵害商标权纠纷一审案”中，破产企业A公司为注册商标“D”的持有人，原、被告之间的涉案注册商标许可使用合同根据《企业破产法》第十八条规定，至迟于2016年10月底已经解除。但被告在其对外展示的产品铭牌上仍有“D”标识，经比对，该些标识与原告的涉案“D”注册商标完全相同。被告在涉案产品上使用该些“D”标识，具有识别产品来源的功能，属于《商标法》意义上的商标使用行为，侵犯了破产企业的注册商标专用权。法院判决被告停止使用“D”注册商标并赔偿损失。

基于不正当竞争行为享有的对外债权，如下述典型案例。

◆典型案例

A公司、B公司侵害企业名称（商号）权纠纷一审案

（2018）桂0303民初1179号

【案情简介】

● 2003年4月11日，A公司向国家工商行政管理总局商标局申请将“A”注册为商标。

● 2004 年 9 月 14 日，“A”被商标局核准注册。

● 2007 年 12 月，“A”被 C 市旅游局评为“知名品牌演艺项目”。

● 2008 年 10 月，A 公司被评为 2008 年 C 市旅游优质服务知名企业。

● 2010 年 12 月，“A”被列入《国家文化旅游重点项目名录——旅游演出类》。

● 2015 年 11 月 6 日，B 公司与 D 公司签订《房屋租赁合同》，约定由 B 公司承租影剧院用于经营旅游文化演艺项目。

● 2016 年 3 月 24 日，A 公司与 B 公司签订《协议书》，约定由 B 公司将上述场地转租给 A 公司全权实际使用管理。

● 2016 年 9 月，A 公司获得“E 自治区服务业品牌”称号。

● 2016 年 10 月 8 日，“A”注册商标因期满未申请续展而被注销。

● 2016 年 12 月 30 日，A 公司因经营不善完全停止营业运作，将租赁的影剧院场地交还给 B 公司管理使用。

● 2017 年 1 月，B 公司从 A 公司处接管涉案影剧院场地后，自己用于文艺演出经营活动。A 公司原经营的影剧院场地入口左侧系一面直立的高墙，墙面由上至下印制悬挂有“F”四个大字。剧场主体建筑顶部悬挂一大型广告招牌，招牌正中印制有“A”注册商标字样，在 A 公司撤离涉案剧场后，B 公司没有拆除“F”“A”的广告字体及招牌，B 公司在进行经营使用时，在 A 公司原有的字体招牌上加注了“新”字，“新”字位于“梦”字左上角，明显小于“F”“A”字体。

● 2017 年 3 月 22 日，B 公司向商标局申请将“A”注册为商标。

● 2017 年 7 月 7 日，某区法院受理 A 公司的破产清算申请。

● 2018 年 3 月 14 日，“A”被核准注册。

【双方争议】

双方争议焦点在于 B 公司使用“新 A”进行市场经营的行为是否构成对 A 公司“A”字号（或商号）权的不正当竞争。

A 公司主张，“A”系原告公司的企业字号，原告对该企业字号享有专用权，且原告经营的“A”在 C 市业内享有较高知名度。被告未经原告许可，擅自以“新A”的名义对外进行与原告同样的文艺演出经营，其行为易造成市场混淆，构成对原告字号权的侵害，依法应向原告承担侵权责任。

B公司主张，被告系注册商标的权利人，使用“新A”进行市场经营的行为系使用自己享有权利的注册商标的合法行为，没有侵害原告的企业字号权。原告未举证证明其经营的“A”具有市场知名度，被告使用“新A”对外经营不会造成市场混淆，不存在借助原告的良好声誉进行营利的情形。原告于2017年1月就已完全停止经营，没有任何盈利收入，故被告的经营行为不会给原告造成任何经济损失。另外，原告已进入破产清算，早已不再进行市场经营，不属于我国《反不正当竞争法》所规定的“经营者”，被告与原告之间不存在任何经营竞争关系。

【判决结果及理由】

原告对“A”依法享有字号权，被告使用“新A”进行市场经营的行为构成对原告“A”字号（或商号）权的不正当竞争。法院认为，原告通过多年的努力，将“A”字号与其企业的市场经营建立起了稳定的对应关系，使得“A”在行业内产生了一定的品牌效应，具有显著性和影响力，属于《反不正当竞争法》所规定的“字号”，受《反不正当竞争法》保护。即便本案原告因经营不善、负债累累而申请破产，但也不能据此当然地认为“A”字号等其他经营成果不应具有市场知名度和影响力，被告使用“新A”标识进行市场经营的行为易造成市场混淆且具有主观过错。原告虽已进行破产清算，但在其被宣告破产、注销前，其仍属于《反不正当竞争法》所规定的“经营者”。法院最终判决被告停止侵权并赔偿原告A公司经济损失5万元。

◆管理人履职提示

对于破产企业的合法权益被侵害所产生的对外债权，由于一般不在管理人接管的书面资料中体现，相对来说，较难发现。尤其是知识产权被侵犯的情形，如破产企业的知识产权被他人未经许可而予以实施，从而构成对破产企业权利的侵害，或者他人虽未直接实施破产企业的知识产权，但以不正当竞争手段侵害破产企业的合法权益等。

建议管理人结合破产企业的实际情况，开展调查工作。以知识产权为例，不同行业的破产企业，其知识产权的类型和重点也往往存在差异。如制造企业，重在专利、商标和商业秘密；房地产开发企业，重在著作权、商标和专利；设计企业，重在著作权；施工企业，重在商业秘密；文化创意企业，重在著作权和商标；流通服务企业，重在商标；农业科技企业，重在专利和植物新品种；软件开发企业，重在著作权和集成电路布图设计；等等。[①] 破产企业因被侵权产生的经济利润可能是巨大的，管理人对基于侵权产生的对外债权的催收应予以重视。

三、对外追收不当得利债权

◆争议焦点

在破产程序中，关于管理人对外追收不当得利债权，实务中争议焦点集中在破产企业的债务人是否构成和应当返还不当得利。

◆实务裁判观点

破产企业的债务人在没有法律根据的情况下取得资金占用的不当利益的，如在“（2016）粤19民初64号对外追收债权纠纷一审案”中，破产企业A公司未付B公司2014年7月、8月的货款共计642922.12元，未付C公司的货款共计7406346.34元。2015年1月8日，A公司取得金额为6000000元的支票，并拟用于向C公司及B公司支付货款。由于该支票是转账支票，只能同城背书转让，因此，A公司于同日将该支票背书转让给B公司，B公司收到款项6000000元的支票、扣除当中属于B公司的货款642922.12元后，剩余的5357077.88元由B公司代收，作为A公司支付给C公司的货款。C公司否认收到A公司支付的部分货款5357077.88元，某市第一法院作出的生效判决对A公司向C公司支付5357077.88元不予认定，并判决A公司向C公司支付货款

① 山东龙头律师事务所冯克法：《论管理人对破产企业的知识产权保护》，载《山东审判》2011年第6期。

7406346.34元及利息。2015年8月13日，某市中院裁定准许A公司重整。法院认为，鉴于A公司主张剩余的5357077.88元系由B公司代收，作为A公司支付C公司的货款未被另案生效判决所认定，B公司收取案涉支票所涉5357077.88元没有合法依据，B公司应当向A公司返还5357077.88元，并赔偿资金占用期间的利息损失。

破产企业的债务人在没有法律根据的情况下收取破产企业房产的租金，取得不当利益的，如在"（2018）浙0782民初14823号对外追收债权纠纷一审案"中，2017年被告金某某、破产企业A公司法定代表人王某1与陈某某签订《房屋租赁合同》，约定由陈某某租赁A公司地下室，合计面积1600平方米，租赁期限自2017年8月5日至2017年9月5日，租金2400元，陈某某交纳押金10000元。后被告金某某、A公司法定代表人王某1又与陈某某签订《房屋租赁合同》，约定由陈某某继续租赁上述房地产，租赁期限自2017年9月5日至2018年9月5日，租金153600元，并交纳押金10000元。2017年12月30日，A公司与陈某某就上述房地产再次签订《仓库租赁合同》，约定租赁期限自2018年10月5日至2019年10月4日，租金为153600元。嗣后，陈某某共支付给被告金某某房屋租金、押金共计176000元。A公司于2018年5月18日被裁定进入破产清算程序。法院最终判决认为，案外人陈某某租赁的系原告A公司的房地产，该收益理应由原告A公司享有。被告金某某以其对案外人王某2享有债权为由收取上述房地产租赁收益，缺乏法律依据，王某3并不是原告A公司的股东、法定代表人或实际控制人，其转汇给王某3的款项与本案无关。被告金某某返还原告A公司房屋租金176000元。

破产企业在没有法律依据的情况下为他人代偿债务的，如在"（2019）川0115民初2445号对外追收债权纠纷一审案"中，关于B公司收取A公司600000元是否构成不当得利。法院认为，A公司即使与C公司、D公司存在关联关系，但其各自具有独立的企业法人资格，是相互独立的法律主体。本案中《委托贷款协议书》系刘某1、刘某2与B公司签订，仅对合同当事人具有法律约束力，在不存在合同主体变更的情况下，A公司没有法律义务代替刘某1、刘某2或者C公司和D公司向B公司清偿债务，B公司收取其费用没有法律和事实依据，构成不当得利。故对于A公司主张请求判决B公司返还不当得利600000元的诉讼请求，法院予以支持。

◆典型案例

杨某某与A公司、B公司等对外追收债权纠纷二审案

（2018）浙03民终1382号

【案情简介】

● 2014年间，A公司因多起债务案件被起诉，其法定代表人张某1外出避债，下落不明，致使企业停产。A公司的20多位债权人成立了包括杨某某、金某1、金某2在内的债权人小组来管理A公司的资产，并由杨某某、金某1、金某2三人保管现金的收支。

● 2015年4月12日，包括杨某某、金某1、金某2在内的A公司的20多位债权人与案外人季某某签订了一份《厂房租赁合同》，约定：A公司的债权人将A公司所有的相关厂房、空地约3500平方米出租给季某某作为办公、仓库、生产使用，承租人有权转租第三方等。

● 季某某在合同签订后即将第一季度租金105000元支付给杨某某；不久，季某某就将上述厂房按原租赁条件转租给B公司使用，并向B公司收取了其已支付的第一季度租金105000元。

● B公司按原《厂房租赁合同》的约定陆续向金某1、金某2等人支付了第一年的其余租金315000元。A公司的债权人在收取A公司上述厂房第一年租金420000元的过程中向C搬运装卸站偿还债务共计80000元，于2015年4月11日、12日共支出了管理费用485元，于2015年12月4日支付杨某某日常费用20000元，其余的租金319515元分别存于杨某某银行账户85000元、金康林银行账户234515元；2016年3月，金康林将银行账户中存款234515元转到金某1的银行账户名下。

● 2015年10月8日，某市法院裁定A公司破产清算，并于同月22日指定破产管理人。杨某某、金某1、金某2在该院指定管理人后一直未将A公司厂房的剩余租金移交给破产管理人。

【双方争议】

双方争议焦点为，杨某某等债权人收取的租金是否属于不当得利，是否应当返还 A 公司管理人。

A 公司管理人主张，债权人小组收取 B 公司第一年的租金 420000 元扣除合理费用 100485 元后剩余的 319515 元应认定属于 A 公司的财产，在瑞安市人民法院依法裁定受理 A 公司破产清算后，杨某某作为 A 公司厂房租金持有人，应当及时向 A 公司破产管理人交付该厂房租金。

杨某某、金某 1 等主张，其持有的 A 公司厂房租金已全部用于支付债权人交通费、住宿费、车油费、工资等费用。

【判决结果及理由】

法院认为，根据《企业破产法》第十七条之规定："人民法院受理破产申请后，债务人的债务人或者财产持有人应当向管理人清偿债务或者交付财产。债务人的债务人或者财产持有人故意违反前款规定向债务人清偿债务或者交付财产，使债权人受到损失的，不免除其清偿债务或者交付财产的义务。"本案中，在某市法院依法裁定受理 A 公司破产清算后，杨某某作为 A 公司厂房租金持有人，应当及时向 A 公司破产管理人交付该厂房租金。杨某某上诉称其持有的厂房租金已用于支付债权人交通费、住宿费、车油费、工资等费用，并未得到 A 公司全体债权人认可，无事实法律依据，法院不予支持。

◆管理人履职提示

破产企业在濒临破产阶段，由于经营管理的失灵，可能经常发生资产被不当占用或无权处分的情况。对于他人因此获取的不当收益，破产企业往往已经失去追收能力，需要管理人进场后开展追收工作。管理人在对破产企业开展尽职调查时，除梳理主要资产的权属情况外，更要通过访谈、走访等手段厘清现行资产占用和使用情况，查明是否存在被不当占用的事实。

权益侵害不当得利的构成要件包括：受有利益、侵害他人权益、致他人受损害以及受益人获利没有法律根据。不当得利这一类型的债权，特殊之处在于需要证明"没有法律根据"，当事人双方对"存在给付事实"通常没有争议，核心争议焦点往往集中于“该给付是否欠缺给付原因”。在比较典型的权益侵害不当得利情形中，基于无权处分、无权出租而发生的不当得利，“没有法律根据”即指“受益人欠缺保留受让人、承租人所交付对价的正当性”，管理人需要通过证明债务人系无权处分、受让人获得且债务人取得了对价（被告受有利益）等事实来证明债务人保有对价或租金缺乏法律根据，其中最能体现“没有法律根据”的事实无疑是被告的处分行为系无权处分。基于无权使用、无权占用而发生的不当得利，“没有法律根据”是指“债务人无权获益于应归属于权利人的利益”，管理人需要证明债务人使用、占有财物没有合法权源。[①]

管理人查清事实，并在此基础上要求债务人返还不当得利时，在返还内容上，可以要求返还原物，包括要求返还受领利益，即权利、对动产的使用、获得登记的不动产以及被免除的债务等，还包括基于以上利益所取得的利益，即孳息和使用利益、原物的替代物如损害赔偿和保险金等。若出现原物毁损灭失或受领人已经将原物予以处分等无法返还的情形，还可以要求以价额偿还。[②]

本章小结

企业进入破产程序后，往往存在大量应收债权，管理人应对破产企业资产进行全面调查，积极追收对外债权。管理人对破产企业该类资产的处理，不仅是履行管理人职责所需，也直接关系到可供全体债权人分配的财产，影响债权人的利益。

管理人首先应通过企业提供的债权清册对破产企业享有的对外债权进行全面梳理，债权清册中应尽可能要求公司提供每一家债务人的名称、金额、记账科目、联系人、联系方式及邮寄地址，以便开展下一步的发函催收工作。同时，审计人员在其审计过程中也会通过给企业债务人发询证函的方式确认应收金额。由于催收的周期往往会比较长，在催收的过程中也会通过与企业债务人的沟通确认最终还款金额，建议管理人出于工作效率的考虑，可以先根据企业账面记

---

① 袁琳：《不当得利“没有法律根据”要件的证明》，载《国家检察官学院学报》2020年第3期。

② 李东旭：《不当得利法律效果研究——以内容和范围为对象》，吉林大学法学院2020年硕士学位论文，第11页。

载的应收金额进行债权催收。对于基于侵权、不当得利等关系发生的债权，一般情况下，在破产企业对外债权中的数量占比较小，且不易通过查阅接管资料获取信息。建议管理人可以通过访谈企业人员、实地走访等方式开展调查工作。

在梳理完破产企业的对外债权后，管理人可以通过诉讼与非诉相结合的方式进行催收。在债务人数量众多的情况下，可以根据债权金额及回款可能性对债权进行区分，分类开展债权催收工作。从诉讼成本角度出发，管理人可以先邮寄催收函。但是，很多情况下管理人根据企业提供的债权清册进行发函催收后，收不到反馈或是对方可能回函称不欠款。对此，管理人需进一步核实每一笔债权的具体情况。基于管理人介入程序的滞后性及获取资料的有限性，建议管理人与公司财务部门、业务部门及聘请的审计机构对接，进一步了解债权的形成原因、回款成本及可能性：通过业务部门了解每一笔对外债权的形成原因，通过财务部门了解具体债权金额及发生时间，此环节中，可以请审计机构同步介入，逐一审查每笔对外债权的原始凭证等。通过各方协同梳理，核实账面记载的债权，为后续工作奠定基础。

对于确实存在但发函催收无果的债权，管理人可以成立催收小组，并调动企业留守人员，尤其销售部门人员的积极性，安排人员到企业债务人所在地点进行现场催收。现场催收由于涉及差旅费等成本，建议对债权收回的可能性进行评估，对于收回可能性高的进行现场催收。同时，也可以以债务人的名义向受理破产案件的基层人民法院或者受理破产案件的中级人民法院下属的基层人民法院申请支付令的方式进行催收。

管理人掌握充足证据能够证明欠款事实的，如不能通过发函等成本较低的方式进行催收，可以考虑通过诉讼、仲裁等方式开展催收工作。根据《企业破产法》第二十一条规定，人民法院受理破产申请后，有关债务人的民事诉讼，只能向受理破产申请的人民法院提起。约定仲裁条款或订立仲裁协议的，需向约定的仲裁机关提起仲裁。如果决定通过诉讼、仲裁等方式进行催收的，建议报告人民法院或债权人委员会，经同意后提起诉讼或仲裁。

在管理人追收过程中，除了夯实证据、确认债权是否真实存在，管理人往往需要通过债权金额、追收可能性、追收成本、诉讼胜诉的可能性等多重因素，综合判断一笔债权是否具有追收的价值。对于追收成本高于追收可得款项时，追收行为也就失去了意义，还会减少破产财产。对于进行债权追收意义不大的，管理人可以参考《北京市高级人民法院企业破产案件审理规程》及《江苏省高级人民法院破产案件审理指南（修订版）》，经债权人会议决议，可以放弃债权，亦可以选择拍卖债权。拍卖不成的，可以分配债权。

第四章
追收未缴出资纠纷

《企业破产法》第三十五条规定，人民法院受理破产申请后，债务人的出资人尚未完全履行出资义务的，管理人应当要求该出资人缴纳所认缴的出资，而不受出资期限的限制。因此企业破产的，出资人的出资义务加速到期，管理人有权向未完全履行出资义务的出资人追收未缴出资。出资人的出资作为企业责任财产的一部分，在破产程序中用以清偿债务，管理人追收出资人的未缴出资不受出资期限限制，出资人的出资义务也不受诉讼时效和除斥期间的限制。

《最高人民法院关于适用〈中华人民共和国公司法〉若干问题的规定（三）》第十三条规定了发起人的资本充实责任，即该未完全履行出资义务的出资人是发起人的，其他发起人需对未补足的出资承担连带责任，但是已将股权转让的发起人是否仍要承担该资本充实责任，实践中仍有争议。此外，若出资人因出资期限尚未届满而未完全履行出资义务即转让股权的，是否仍承担缴足出资的义务亦存在争议。本章将详细讨论上述问题。

一、发起人转让股权后对其他发起人的连带责任承担

◆争议焦点

在公司进入破产程序后，未实缴出资的股东需要补足出资；若该未出资的股东为发起人，根据《最高人民法院关于适用〈中华人民共和国公司法〉若干问题的规定（三）》第十三条第三款规定，其他发起人股东需对未补足的出资

承担连带责任。在其他发起人股东已将股权转让的情况下，是否能够免除这一连带责任，《最高人民法院关于适用〈中华人民共和国公司法〉若干问题的规定（三）》未作出明确规定。

◆实务裁判观点

司法实践中对该问题的观点较为一致，即即便发起人股东之一已经转让股权，其仍对其他发起人未实缴出资部分承担连带责任。

◆典型案例

A公司与叶某某、徐某某、吴某某追收未缴出资纠纷一审案

（2019）皖18民初84号

【案情简介】

● 2011年10月18日，破产企业A公司设立，注册资本为6000万元，股东为吴某某、徐某某、叶某某，持股比例分别为10%、80%、10%，出资方式是货币，其中叶某某认缴出资额为600万元，实际出资额为200万元，出资时间是2011年10月18日，余额缴付日期为2013年10月18日。

● 2013年10月15日，A公司及法定代表人徐某某申请办理了注册资本余额缴付日期变更手续，余额缴付日期由2013年10月18日改为2014年4月17日之前。

● 2014年5月21日，全体股东吴某某、徐某某、叶某某重新制定了《A公司章程》，将出资日期修改为2016年10月18日。

● 2014年11月6日，徐某某将其持有的A公司80%的股权转让给周某某，周某某与叶某某、吴某某重新制定了A公司章程，修改出资日期为2017年11月。

● 2018年9月13日，某市中院裁定受理A公司破产清算一案。管理人接受指定后，经过查询、调查，发现叶某某没有依法履行缴纳出资义务，故依法提起诉讼。

【双方争议】

双方争议焦点为，徐某某作为公司的发起人股东之一，已将股权转让给周某某，是否仍应当在发起人股东叶某某未全面履行出资义务的范围内承担连带责任。

A 公司主张，徐某某作为公司的发起人股东之一，已将股权转让给周某某，仍应当在发起人股东叶某某未全面履行出资义务的范围内承担连带责任。

徐某某主张，法律规定公司设立可以采用认缴制，A 公司的资产包括土地等已超过 6000 万元，所有出资都已履行到位，不同意承担叶某某未尽出资义务的连带责任，请求驳回 A 公司对徐某某的诉讼请求。

【判决结果及理由】

法院认为，《公司法》第二十八条规定，股东应当按期足额缴纳公司章程中规定的各自所认缴的出资额。股东以货币出资的，应当将货币出资足额存入有限责任公司在银行开设的账户；以非货币财产出资的，应当依法办理其财产权的转移手续。A 公司设立时，注册资本为 6000 万元，叶某某作为股东之一，认缴出资额为 600 万元，实际出资仅 200 万元，该节事实有章程、验资报告及出资信息等证据证明，且叶某某予以认可。徐某某辩称公司设立可以采用认缴制的法律规定，不能免除公司股东应就认缴注册资金足额出资的义务。A 公司设立后，各股东数次重新制定公司章程，将注册资本缴付日期最终延后至 2017 年 11 月，现叶某某未举证证明在该期限内对其应出资的金额进行了缴付。故对 A 公司要求叶某某作为股东补缴其出资的诉请予以支持。同时，根据法律规定，徐某某、吴某某作为公司的发起人，在叶某某未全面履行出资义务的范围内，应对该出资承担连带责任。徐某某、吴某某承担责任后，可依法向叶某某追偿。

◆管理人履职提示

管理人在对破产企业股东出资情况进行调查时，应详细了解公司的设立、股权变更等历史沿革，同时在审计机构的协助下对注册资本是否实缴进行财务调查，厘清公司注册资本自成立以来的缴纳情况。

在公司进入破产程序后，未实缴出资的股东需要补足出资；若该未出资的股东为发起人，其他发起人股东需对未补足出资承担连带责任，即使其他发起人股东已将股权转让，也不能免除。但是，其他发起人承担补足出资的责任后可以向未出资的股东追偿。因此，对于发起人股东是否已经出资到位，管理人应加以重视，以判断是否可将其他发起人股东一并作为追收对象。

二、公司进入破产程序后，因未到期而未实缴出资即转让股权的原股东的出资义务

◆争议焦点

原始股东在转让股权时因出资期限尚未届满而未实缴出资，在股权转让完成后，如公司进入破产程序的，该原始股东是否应承担出资义务存在争议。

◆实务裁判观点

《公司法》第二十八条规定，股东应当按期足额缴纳公司章程中规定的各自所认缴的出资额。股东在出资期限届满时，才负有实缴出资义务，即在出资期限尚未届满时，股东享有“期限利益”，可以不进行实缴出资。此时股东尚未完全缴纳其出资份额的行为不应认定为“未履行或者未全面履行出资义务”。司法实践中主流观点认为，转让时出资期限尚未届满的，股东转让股权属合法转让，不适用《最高人民法院关于适用〈中华人民共和国公司法〉若干问题的规定（三）》第十三条和第十八条；在股权转让后，标的股权对应的出资义务随之转移，即应由受让方承担标的股权尚未实缴的出资义务（在章程规定的出资期限内实缴）。参考非破产程序中的相关案例，如“（2019）最高法民终 230 号股权转让纠纷二审案”“（2016）沪 0101 民初 16631 号股东出资纠纷一审案”等也体现了该种观点。

◆典型案例

A公司、伊某、周某等追收未缴出资纠纷一审案

(2019) 浙01民初1813号

【案情简介】

● 2015年3月23日，破产企业A公司在B市市场监督管理局登记设立，注册资本为6100万元，股东钟某某认缴注册资本5490万元，占注册资本的90%，股东曹某某认缴出资610万元，占注册资本的10%，认缴注册资本均在2030年4月14日前足额缴纳。

● 2016年4月22日，钟某某与周某签订股权转让协议，约定钟某某将持有的A公司15%的915万元股权（其中未到位915万元股权）转让给周某，转让价款为0元，未到位的915万元股权由周某在2030年4月14日前承担出资到位义务；同日，曹某某与周某签订股权转让协议，约定曹某某将拥有的A公司10%的610万元股权（其中未到位610万元股权）转让给周某，转让价款为0元，未到位的610万元股权由周某于2030年4月14日前承担出资到位的义务。A公司于同日修改了公司章程，并办理了股权转让、章程修正的工商变更登记手续。

● 2017年6月9日，钟某某与伊某签订股权转让协议，约定钟某某将拥有的A公司75%的4575万元股权（其中未到位4575万元股权）转让给伊某，转让价款为0元，未到位的4575万元股权由伊某于2030年4月14日前承担出资到位的义务。A公司于同日修改了公司章程，并办理了股权转让、章程修改的工商变更登记手续。A公司章程第四章第十一条规定，公司由两个股东组成。股东一为伊某，以货币方式认缴出资4575万元，占注册资本的75%，将在2030年4月14日前足额缴纳；股东二为周某，以货币方式认缴出资1525万元，占注册资本的25%，将在2030年4月14日前足额缴纳。

● 2018年12月24日，某市中院裁定A公司破产清算。

【双方争议】

案件的争议焦点在于伊某、周某是否应当向A公司履行出资义务及钟某某、

曹某某是否应当承担相应的连带责任。

A公司主张，钟某某对伊某、周某总计6100万元注册资本中5490万元承担连带责任，曹某某对伊某、周某总计6100万元注册资本中610万元承担连带责任。

钟某某、曹某某主张，A公司要钟某某、曹某某对公司未缴纳出资履行出资义务及对出资义务承担连带责任，没有事实和法律依据。从A公司的公司章程、股权转让协议的书面约定可得出，股权转让时，钟某某、曹某某不存在“未履行或者未全面履行出资义务”的情形。A公司章程第四章第十一条明确约定，股东钟某某以货币方式认缴出资5490万元，在2030年4月14日前缴足；股东曹某某认缴出资610万元，在2030年4月14日前缴足，因实缴期限未到期，故钟某某、曹某某在三份股权转让协议签订时不存在“未履行或者未全面履行出资义务”的情形，不属于出资期限届满而不履行出资义务的情形，故此A公司要求钟某某、曹某某承担连带责任的请求缺乏事实和法律依据。最高人民法院对此亦有判例。另外，《企业破产法》第三十五条、《最高人民法院关于适用〈中华人民共和国企业破产法〉若干问题的规定（二）》第二十条所规定的出资人出资期限应加速到期，指向的也仅是企业进入破产程序后公司工商登记的现有股东，不可能扩大化地类推适用于之前股权转让过程中的转让方，“法不溯及既往”是一项基本的法治原则，所以钟某某、曹某某在三次股权转让的基准日根本不存在出资期限应加速到期的问题。

【判决结果及理由】

关于伊某、周某是否应向A公司履行出资义务。法院认为伊某、周某为A公司现股东，二人均未向A公司履行过出资义务，虽然A公司章程规定伊某、周某可在2030年4月14日之前足额缴纳出资，但因法院已受理A公司破产清算一案，伊某、周某的出资义务已加速到期，其应立即向A公司缴纳其所认缴而未缴纳的出资。

关于钟某某、曹某某是否应当承担相应的连带责任。法院认为，有限责任公司股东应当按期足额缴纳公司章程中规定的各自所认缴的出资额。本案中，钟某某、曹某某为A公司成立时的股东，根据公司章程规定，其可在2030年4

月14日前缴纳出资。故在公司章程规定的上述出资期限届满前，钟某某、曹某某未向A公司缴纳出资并不构成未履行或未全面履行出资义务的违法行为。同时，钟某某、曹某某向伊某、周某出让股权后，其负有的股东义务及享有的股东权利已一并概括转让给了受让人，各方签订的三份股权转让协议也对出资义务作出了相应的约定。并且，A公司也未提交证据证明钟某某、曹某某存在其他的、应对出资义务承担连带责任的情形。因此，根据现有有效证据，A公司要求钟某某、曹某某承担相应连带责任的诉讼请求，无事实和法律依据，法院不予支持。

◆管理人履职提示

对于原股东在转让股权时，因出资期限尚未届满而未实缴出资，在股权转让完成后，公司进入破产程序的，原股东是否仍承担出资义务，目前检索的案例中较多案例认为出资期限尚未届满而未实缴的不属于《最高人民法院关于适用〈中华人民共和国公司法〉若干问题的规定（三）》第十八条规定的“未履行或者未全面履行出资义务”的情形。此时，管理人无须向股权转让方追收未缴出资。

但司法实践中也有相反观点，如《人民法院报》2019年12月所载的“（2018）苏02民终1516号股东出资纠纷二审案[①]”中，法院认为，虽然B公司章程规定注册资本采取认缴制，原股东A公司可在2044年5月28日之前认缴，但案涉债务均在A公司转让股权之前形成，而A公司作为B公司的唯一股东，在上述债务形成期间，并未向B公司进行任何出资，在债务经法院生效判决确认后，也未积极履行债务，反而以零对价向D公司转让B公司股权。在A公司股权转让前，B公司的注册资本金始终为零且公司财产处于不能清偿案涉

① 再审案件详见（2019）苏民申708号。再审法院认为，本案中，虽然A公司出资的认缴期限为2044年5月28日之前，但A公司作为B公司的唯一股东，在B公司成立后未进行任何出资，在B公司财产不能清偿债务且B公司作为被执行人的案件，因穷尽执行措施无财产可供执行，被人民法院裁定终结执行的情况下，仍以零对价将B公司的股权转让给D公司，在此种情况下，一、二审判决A公司就上述3笔债务向B公司缴纳出资，并无不当；A公司主张其在出资认缴期限届满之前转让股权不应当履行出资义务的理由不能成立。法院裁定驳回再审申请。

债务的状态，对此，法院认为A公司在股权转让前已经触发了出资义务，其关于股权转让后出资义务已经消灭的上诉请求，法院未予采纳。该案裁判要旨为，认缴制下，公司股东虽然享有出资期限利益，但当公司财产不足以清偿债务时，认缴出资的股东应向公司履行出资义务；并且，该出资义务被触发后不因股权转让而消灭，否则将导致股东向偿债能力较差的受让人转让股权、逃避出资义务进而损害公司债权人的利益和交易安全。该观点在《全国法院民商事审判工作会议纪要》中亦有所体现，关于股东出资应否加速到期，该条原则上规定在注册资本认缴制下，股东依法享有期限利益。债权人以公司不能清偿到期债务为由，请求未届出资期限的股东在未出资范围内对公司不能清偿的债务承担补充赔偿责任的，人民法院不予支持。同时又列举了两种例外情形，一是公司作为被执行人的案件，人民法院穷尽执行措施无财产可供执行，已具备破产原因，但不申请破产的；二是在公司债务产生后，公司股东（大）会决议或以其他方式延长股东出资期限的。

综上，管理人在掌握股权转让方在认缴制下享有出资期限利益的原则的同时，需要结合破产企业的实际情况，若存在虽认缴期限未届满，但公司已经陷入资产不足以清偿债务的境地，原股东此时仍将股权转让给受让方的例外情况的，建议仍将股权转让方列为未缴出资的追收对象，以尽可能追回未缴出资，维护全体债权人利益。

三、股权让与担保中的出资义务人

◆争议焦点

让与担保在各国司法实务中并不鲜见，但我国法律对于该种非典型性担保未作明确规定。由于缺乏法律认可，让与担保的认定与否在司法实践中常存在争议。股权让与担保的常规模式为债务人或第三人通过转移股权（工商变更）的方式为债务进行担保，并约定在债务履行完毕后返还股权。[①] 此时，从权利

① 黄佳铃：《股权让与担保的司法认定：从审判实务到最高法院专委讲话》，载微信公众号“审判研究”，https：//mp. weixin. qq. com/s/CLziJDdmhK4B53Z1MrKAvw，2020年9月12日最后访问。

外观上看，债权人成为股权受让方，在这种情况下，受让方是否要承担未出资到位的责任存在争议。

◆实务裁判观点

司法实践中，法院倾向于认为仍然由股权转让方承担资本充实责任，受让方只是名义股东，不享有股东权利，也不承担股东责任。

如在“（2018）兵1201民初102号股东出资纠纷一审案”中，破产企业A公司自成立到被法院受理破产清算，共进行了4次股权变更登记，其中一次系将股东王某某变更为周某。基于二人签订的“股权转让协议”已被另一生效判决确认为有效的股权让与担保行为，法院因此判定“股权转让协议”是A公司因欠付B公司的债务不能履行，作为履行债务的担保，王某某将名下的股权转让给周某作为A公司履行债务的担保，该行为并未改变王某某仍是A公司股东的身份，故周某不是A公司股东，最终仍由王某某补缴相应的出资款。

◆典型案例

A公司、B公司小额借款合同纠纷二审案

（2019）皖11民终3138号

【案情简介】

● 2014年1月15日，破产企业B公司成立。设立登记时，股东为赵某某、郑某某，其中赵某某认缴出资额1650万元、持股比例为55%，郑某某认缴出资额1350万元、持股比例为45%，二人认缴出资方式均为货币，实缴出资额均为0元，出资时间均为两年内。

● 2014年11月12日，B公司修改了章程，该章程第五条载明注册资本3000万元、实收资本0万元、出资3000万元由全体股东于2034年11月12日前缴足。

● 2014年11月17日，赵某某（甲方、转让方）、郑某某（乙方、转让方）与张某某（丙方、受让方）签订《股权转让协议》，约定赵某某将其持有的B公司30.25%股权转让予张某某、郑某某将其持有的B公司24.75%股权转让予张某某等内容。2014 年 11 月 18 日，B 公司工商登记中的股东名录由赵某某、郑某某变更为赵某某、郑某某、张某某。

● 2014 年 12 月 17 日，赵某某（甲方、转让方）、郑某某（乙方、转让方）与 A 公司（丙方、受让方）签订《股权转让协议》，约定赵某某将其持有的 B 公司 24.75% 股权转让予 A 公司、郑某某将其持有的 B 公司 20.25% 股权转让予 A 公司，A 公司承诺在赵某某、郑某某还清欠款及为赵某某、郑某某担保的贷款本息后将股权全部归还给原股东等内容。同日，B 公司原股东赵某某、郑某某、张某某与新股东 A 公司、张某某签署股东会决议，内容为：同意增加 A 公司为公司新股东、同意赵某某将其持有的 24.75% 股权转让予 A 公司、同意郑某某将其持有的 20.25% 股权转让予 A 公司等内容。

● 2014 年 12 月 23 日，B 公司工商登记中的股东名录由赵某某、郑某某、张某某变更为张某某、A 公司。

● 2015 年 12 月 22 日，B 公司原股东 A 公司、张某某与新股东赵某某、郑某某签署股东会决议，内容为：同意张某某将其持有的 B 公司 30.25% 股权转予赵某某、24.75% 股权转予郑某某，同意 A 公司将其持有的 B 公司 24.75% 股权转予赵某某、20.25% 股权转予郑某某等内容。同月 30 日，张某某（甲方、转让方）与赵某某（乙方、受让方）、郑某某（丙方、受让方）签订《股权转让协议》，约定张某某将其持有的 B 公司 30.25% 股权转让予赵某某、24.75% 股权转让予郑某某等内容；A 公司（甲方、转让方）与赵某某（乙方、受让方）、郑某某（丙方、受让方）签订《股权转让协议》，约定 A 公司将其持有的 B 公司 24.75% 股权转让予赵某某、20.25% 股权转让予郑某某等内容。

● 2016 年 1 月 14 日，B 公司工商登记中的股东名录由张某某、A 公司变更为赵某某、郑某某，其中赵某某持股比例为 55%、郑某某持股比例为 45%。

● 2016 年 1 月 16 日，赵某某（甲方、转让方）、郑某某（乙方、转让方）与张某某（丙方、受让方）签订《股权转让协议》，约定赵某某将其持有的 B 公司 30.25% 股权转让予张某某、郑某某将其持有的 B 公司 24.75% 股权转让予张某某等内容。同日，赵某某（甲方、转让方）、郑某某（乙方、转让方）与 A 公司（丙方、受让方）签订《股权转让协议》，约定赵某某将其持有的 B 公司 24.75% 股权转让予 A 公司、郑某某将其持有的 B 公司 20.25% 股权转让予 A 公司等内容。同日，B 公司原股东赵某某、郑某某与新股东 A 公司、张某某签署股东会决议，内容为：同意 A 公司、张某某为公司股东、同意赵某某将其持有的 B 公司 30.25% 股权转让予张某某、同意郑某某将其持有的 B 公司 24.75% 股权转让予张某某，同意赵某某将其持有的 B 公司 24.75% 股权转让予 A 公司、同意郑某某将其持有的 B 公司 20.25% 股权转让予 A 公司等内容。

● 2016 年 1 月 19 日，B 公司工商登记中的股东名录由赵某某、郑某某变更为张某某、A 公司，其中张某某持股比例为 55%、A 公司持股比例为 45%。

● 2017 年 9 月 19 日，安徽省滁州市南谯区人民法院裁定 B 公司破产清算。

【双方争议】

双方争议焦点为 A 公司、张某某与赵某某、郑某某签订的股权转让协议的法律关系性质是股权转让还是股权让与担保，A 公司、张某某是否应当对赵某某、郑某某出资未到位的部分承担连带责任。

B 公司主张，A 公司所陈述的以担保形式办理股权变更，为上述债权提供担保，完全可以以股权形式进行担保，并非必须办理股权变更。工商部门登记信息对外具有公信力，对第三人和社会具有极大的信赖利益。现登记股东 A 公司、张某某应当对赵某某、郑某某出资未到位的部分承担连带责任。

张某某、A 公司主张，其仅是挂名股东，涉案股权转让实为股权的让与担保，其均不应当对出资款承担连带付款义务。

【判决结果及理由】

法院认为，股权转让协议是当事人以转让股权为目的而达成的关于出让方交付股权并收取价金，受让人支付价金获得股权的意思表示。股权转让是一种物权变动行为，股权转让后，受让人成为公司股东，取得股东权利，即依法享有资产收益、参与重大决策和选择管理者等权利。而股权让与担保是指债务人或者第三人与债权人订立合同，约定将股权形式上转让至债权人名下，债务人到期清偿债务，债权人将该股权返还给债务人或第三人，债务人到期没有清偿债务，债权人可以对股权进行拍卖、变卖、折价偿还债权的一种非典型担保。

根据《民法总则》第一百四十六条第二款[①]规定："以虚假的意思表示隐藏的民事法律行为的效力，依照有关法律规定处理。"股权让与担保尽管外观上的股权过户登记与设定担保的真实意思表示不一致，但股权变更登记只是债权人保全自己权利的手段，就当事人之间的内部关系而言，应根据真实意思表示认定股权让与担保中的权利人享有的是有担保的债权，而非股权。本案中，赵某某、郑某某对中盛小贷公司、A 公司负有债务，赵某某、郑某某与中盛小贷公司、张某某签订《内部股权转让协议》《股权转让协议》，约定将其持有的 B 公司的股权转让给中盛小贷公司、张某某。从《内部股权转让协议》约定看，股权受让人不用支付股权转让金，不参与公司收益分配，不承担任何风险，且承诺在赵某某、郑某某还清借款本息后，把所持有的 55% 股权无偿转给赵某某、郑某某。中盛小贷公司指派张某某为 55% 股权持有人。赵某某、郑某某与 A 公司于 2014 年 12 月 17 日签订的《股权转让协议》也明确约定，A 公司承诺在赵某某、郑某某还清欠款及为赵某某、郑某某担保的贷款本息后将股权全部归还给赵某某、郑某某。从上述约定看，股权转让是双方当事人虚假的意思表示，而真实的意思表示则是以股权转让的方式为其之间的债权债务提供担保，即股权让与担保。该股权让与担保合同不存在违反法律、行政法规强制性规定的情形，合法有效，因此，应当以当事人的真实意思表示确定双方之间实际的权利义务关系。本案张某某、A 公司虽登记为 B 公司股东，但实质上并不享有股东权利，不参与经营管理，也不参与利润分配，仅处于担保权人的地位。因此，本案的两份《股权转让协议》，名为股权转让，实为股权让与担保。

因张某某、中盛小贷公司、A 公司的真实意思并不是受让赵某某、郑某某的股权，双方签订的《股权转让协议》名为股权转让，实为股权让与担保；张某某、A 公司只是名义股东，不是真正意义上的股权受让人，不享有股东权利，故其不应承担股东责任。法院最终判决赵某某向 B 公司补缴出资 1650 万元，郑某某向 B 公司补缴出资 1350 万元；赵某某、郑某某对上述 3000 万元出资款互负连带责任。

---

① 对应《民法典》第一百四十六条第二款，以虚假的意思表示隐藏的民事法律行为的效力，依照有关法律规定处理。

◆管理人履职提示

随着社会和经济的发展，市场对资金融通的需求急剧增长，在法定的融资渠道和担保方式无法满足融资需求的情况下，市场主体为建立信用以取得发展所需资金，在逐步探索更多样的融资方式和担保方式，股权让与担保便是其中的一种。在存在股权让与担保的情况下，如管理人发现股东未足额缴纳出资，补足出资的责任人即管理人追缴出资的对象应为转让方还是受让方?

随着近年来股权让与担保纠纷的增多，司法实践中逐渐形成了主流观点，即以当事人的真实意思表示来判断双方的法律关系为股权转让还是股权让与担保。这一观点在“（2018）最高法民终119号A公司、B公司合同纠纷二审案”中论述得较为详细。2019年7月，最高人民法院审判委员会专职委员在全国法院民商事审判工作会议上的讲话也确认了司法实践中的主流观点，同时确认了受让方不是股东不承担责任的观点：“受让人究竟是债权人还是股东。明确受让人地位的意义在于，如果认为其是股东，则不仅有权请求分红，而且还可以参加公司的经营管理，享有投票权；在转让人未履行或未全面履行出资义务的情况下，还要与转让人一起承担连带责任。我们认为，在股权让与担保中，尽管外观上的股权过户登记与设定担保的真实意思表示不一致，但就当事人之间的内部关系而言，还是要根据真实意思来认定，即认定股权让与担保中的权利人享有的是有担保的债权，而非股权。”

管理人在对破产企业股东出资情况进行调查时，如发现可能存在股权让与担保行为，建议首先根据已有资料判断股权转让的意思表示是真实的还是虚假的，以此确定未缴出资的追收对象。如果已有资料充分，管理人经调查确认股权转让的意思表示是虚假的，而让与担保的意思表示是真实的，在此基础上，管理人追究未实缴出资的对象应为股权转让方。

但因管理人介入程序的滞后性，很多情况下资料的获取、证据的核查存在一定的难度。如果管理人经调查，无法准确判断转让方和受让方的真实意思表示的，建议将股权转让方、受让方均列为追收未缴出资的被告，在案件审理过程中请受理法院一并审查并作出判决。如在“（2019）湘民申2110号追收未缴出资纠纷、股东出资纠纷再审案”中，股权受让人李某某主张其真实意思表示是股权让与担保而非受让960万元（其中800万元未实缴）的股权，但法院结合其债务人为破产企业而非转让方股东个人、已经向管理人申报约110万元债权并签署管理人送达的《债权人资格及债权数额确认通知书》，且受让股权价值远高于债权金额等事实，判定其真实意思表示为股权转让而非股权让与担保，从而进一步判决李某某对股权转让方的出资义务承担连带责任。

本章小结

根据《企业破产法》第三十五条的规定：“人民法院受理破产申请后，债务人的出资人尚未完全履行出资义务的，管理人应当要求该出资人缴纳所认缴的出资，而不受出资期限的限制。”管理人在接管破产企业后，需对破产企业的股东出资情况进行全面核查。

在调查方式及所需资料方面，建议管理人首先关注企业工商资料中历次股权变更的股东会决议、验资报告及破产企业留存的股东投资款的财务凭证等。但需注意的是，即使已有验资报告，可能也不足以作为认定股东已出资到位的证据，如在“（2015）青民二终字第60号追收未缴出资纠纷二审案”中，出具的（2000）宁会所验字008号《验资报告》载明“实际到位资本19485万元”的内容与法院所查明的未将实物出资进行变更登记、未实际出资的事实不符，未能反映真实出资情况，法院未将其作为已实际履行出资义务的证据予以采信。

据此，在根据基础资料对破产企业的历史沿革进行梳理、厘清历次股权变更的同时，建议管理人聘请专业的审计机构对股东出资情况进行专项审计，请审计机构从财务专业角度为管理人提供证据支撑，确认破产企业是否已实际收到股东出资。

除了实体问题的判断，管理人在追收未缴出资时还需同步考虑追收难度和追收成本。因未实缴出资的追收直接关系到可供全体债权人分配的财产，亦系管理人应履行的职责，从履职及充分维护债权人利益角度出发，如认为存在股东未实缴或未全部实缴出资的情形，管理人应积极通过发函、诉讼等方式追缴。

对于股东出资追收的具体方式，也可参考第三章对外债权的追收方式（详见第三章小结）。但如管理人经综合判断，认为出资人未缴出资难以追收或者追收成本过高的，可以参照《上海法院企业破产案件管理人工作职责指引》《深圳市中级人民法院关于执行移送破产案件管理人工作指引（试行）》的规定，与破产受理法院进行充分沟通后，提请债权人会议或者债权人委员会决定是否予以追收。

第五章
追收抽逃出资纠纷

根据《最高人民法院关于适用〈中华人民共和国企业破产法〉若干问题的规定（二）》第二十条的规定，股东抽逃出资的，管理人有权向该股东追收抽逃的出资，而不论章程规定的缴纳期限是否届至或者违反出资义务的行为是否超过诉讼时效。股东抽逃出资的行为将严重损害债权人的权益，管理人一旦发现股东未经法定程序抽回出资的，应当予以追回。但是实务中存在一些较为复杂的情形，如第三人代垫资金协助发起人设立公司的，发起人在公司设立后又抽回出资以偿还第三人借款的，第三人是否应当承担相应的责任？再如股东抽逃出资后，又将股权转让给第三人的，该第三人是否需要承担责任？现行司法解释仅规定了股东未履行或者未全面履行出资义务情况下转让股权，受让人需承担的责任问题，对于股东抽逃出资的情形未明确列明，在实务中存在争议。本章将对以上问题进行重点讨论。

一、代垫出资的第三人是否应承担责任

◆争议焦点

2011 年《最高人民法院关于适用〈中华人民共和国公司法〉若干问题的规定（三）》（法释〔2011〕3 号）第十五条规定：“第三人代垫资金协助发起人设立公司，双方明确约定在公司验资后或者在公司成立后将该发起人的出资抽回以偿还该第三人，发起人依照前述约定抽回出资偿还第三人后又不能补足出资，相关权利人请求第三人连带承担发起人因抽回出资而产生的相应责任的，人民法院应予支持。”但 2013 年修改的《公司法》将公司注册资本由实缴制改

为认缴制，“验资”不再作为成立公司的必要条件，上述条文内容在2014年修改的《最高人民法院关于适用〈中华人民共和国公司法〉若干问题的规定（三）》中被删除。

上述条文内容被删除后，实践中对于第三人代垫出资是否应承担责任以及应如何承担责任存在分歧，各个法院的判决也有所不同。

◆实务裁判观点

有法院认为该条文已被删除，要求代垫出资的第三人承担责任缺乏法律依据，遂判决该代垫出资的第三人不承担责任。如在“（2014）启商初字第1003号追收抽逃出资纠纷、股东出资纠纷一审案”中，对于第三人A公司是否承担连带责任问题，法院认为，《最高人民法院关于适用〈中华人民共和国公司法〉若干问题的规定（三）》于2014年2月修改，原第十五条已删除，即第三人代垫资金协助发起人设立公司、验资后抽回出资偿还第三人，相关权利人请求第三人连带承担发起人因抽回出资而产生的相应责任，人民法院应予支持的规定。故B公司要求A公司对王某某、崔某某抽逃出资承担连带责任，缺乏事实和法律依据。

但也有法院不以该条文作为判案的依据，而是参照《侵权责任法》第八条[①]的规定，认为该代垫出资第三人的行为在一定程度上是在协助股东侵害公司财产权，从而判决该代垫出资的第三人承担责任。如果第三人与股东事先存在意思联络，约定由第三人代垫出资骗取验资通过，再由股东抽逃出资以偿还借款的，其代垫出资的行为与因股东抽逃出资给公司和债权人造成的损害结果之间存在因果关系，构成共同侵权行为，应当对损害结果承担侵权责任。如在“（2018）湘3101民初729号追收抽逃出资纠纷、股东出资纠纷一审案”[②]中，

---

① 对应《民法典》第一千一百六十八条，二人以上共同实施侵权行为，造成他人损害的，应当承担连带责任。

② 二审案件详见（2019）湘31民终403号。二审法院认为上诉人与B公司签订《大型土、石方工程施工合作协议》，约定以代垫资金的形式为邓某完成增资，邓某承诺在四个月内退还2000万元至上诉人指定账户，我国现行法律允许垫付出资，上诉人垫付出资行为与邓某抽逃出资行为没有法律上的因果关系，B公司仅凭《大型土、石方工程施工合作协议》中约定的垫资行为认定上诉人协助邓某抽逃出资证据不足，本院不予支持。

对于第三人A公司是否应当承担连带责任问题，法院认为，A公司出资时间为2013年7月11日，出资前A公司与B公司签订《大型土、石方工程施工合作协议》，约定以代垫资金的形式为邓某完成增资，邓某承诺在四个月内退还2000万元至A公司指定账户，A公司代垫资金的行为，应当认为是协助邓某抽逃出资2000万元的行为。A公司辩称该协议无法达到证明协助的目的，且签订协议时A公司不是股东。A公司签订协议时间为2013年6月26日，虽其不是B公司股东，但其以协议约定代垫、提供资金，并在验资后就抽回出资的行为在一定程度上就是协助股东侵害公司财产权，应承担相应的民事责任。

某省2017年发布的某法院公司审判十大案例之一——A公司与B公司等追偿权纠纷案的裁判要旨明确，股东抽回出资属于侵犯公司财产权的行为，第三人与股东事先约定代垫出资并协助股东完成上述行为的，构成共同侵权，依据《侵权责任法》第八条[①]规定应当承担连带责任。原《最高人民法院关于适用〈中华人民共和国公司法〉若干问题的规定（三）》第十五条的删除不影响第三人的上述民事责任。

◆典型案例

A公司、B公司与公司有关的纠纷再审案

（2017）最高法民申4642号

【案情简介】

● 2001年4月16日，B公司与C公司、D公司、E公司签订股东协议书，一致同意在某市共同投资设立F公司。F公司成立时B公司、E公司与A公司存在关联关系。

● 2001年7月19日，A公司向E公司出资账户转入2500万元。2001年7月23日，G会计师事务所出具验资报告，报告显示经该事务所向某行询证，该行回复称，截至2001年7月20日F公司在该行存款余额为10000万元。其中B

① 对应《民法典》第一千一百六十八条。

公司认缴出资 4000 万元，C 公司认缴出资 3500 万元，E 公司认缴出资 1000 万元，D 公司认缴出资 1500 万元。

● 2001 年 8 月 8 日，F 公司验资账户向该公司在 H 行的账户转入 10000 万元。同日，F 公司验资账户销户，销户通知书中销户原因载明“验资成功销户”。2001 年 8 月 8 日，F 公司开出支票从结算账户向 A 公司原某行账户转入 4500 万元。2001 年 8 月 13 日，F 公司开出支票从结算账户向 A 公司原某行账户转入 5160 万元。

【双方争议】

双方的争议焦点为 A 公司的行为是否属于协助抽逃出资？如果属于，应当承担何种法律责任？

债权人要求 A 公司在 2500 万元验资帮助资金范围内，对 F 公司在 7985 号判决中不能清偿的债务及逾期给付利息承担连带责任。

A 公司主张在 2014 年《最高人民法院关于修改关于适用〈中华人民共和国公司法〉若干问题的规定的决定》已废除了代垫出资承担连带责任的法律规定的情况下，不应当判决 A 公司承担责任。关于补充赔偿责任的规定为《最高人民法院关于适用〈中华人民共和国公司法〉若干问题的规定（三）》第十二条和第十四条，而该规定是用于规范公司股东和公司内部董事、高管及实际控制人在出资环节的行为。A 公司根本不是 F 公司的股东，不适用该规定。本案的基本事实属于股东发起人出资纠纷，应按照《公司法》及相关司法解释进行审理，没有适用《侵权责任法》① 的事实基础。

【判决结果及理由】

法院认为 A 公司应在代垫资金 2500 万元本息范围内，对于 F 公司在 7985 号判决中对 I 公司的债务经强制执行不能清偿的部分承担补充赔偿责任。

首先，《公司法》第三十五条规定：“公司成立后，股东不得抽逃出资。”本案中，股东将其资金作为出资投入 F 公司后，该资金即为 F 公司的资产，股东不得随意取回，股东抽回出资的行为侵犯了 F 公司的财产权，损害了公司债

---

① 《侵权责任法》已失效，现行有效的法律规定为《民法典》侵权责任编。

权人的利益，应承担相应民事责任。原《最高人民法院关于适用〈中华人民共和国公司法〉若干问题的规定（三）》第十五条虽被删除，但并不意味着代垫资金、协助抽逃出资的第三人无须承担民事责任。第三人代垫资金、协助股东抽逃出资，依照《侵权责任法》第八条①规定构成共同侵权的，该第三人仍应承担相应连带责任。因此，原审判决适用法律并无不当。

其次，E公司在F公司设立过程中，在其出资账户中，除本案查明的其他资金来源外，其自有资金仅为100万元左右。而从本案查明的E公司出资账户资金流转情况看，2001年7月19日，A公司向E公司出资账户转入2500万元，另外2001年7月6日、19日还有3000万元、4500万元款项从其他账户转入E公司出资账户。2001年7月19日，E公司出资账户将上述资金分别向B公司、D公司、C公司的出资账户转入其各自拟出资的金额。同日，F公司四名设立股东E公司、B公司、D公司、C公司各自完成向F公司验资账户注资。之后，2001年8月8日、13日，F公司即将验资款中的9660万元分两笔转入A公司账户，A公司随即将上述款项全部转出至E公司出资账户、D公司其他账户。而A公司并无证据证明相关款项的转入、转出系基于出资之外的其他法律关系，据此，A公司先前转入E公司的2500万元实际已通过上述方式被抽回。结合原审查明本案各公司及管理人员之间存在关联关系的事实，可以认定A公司对于相关款项系用于验资且最终被抽回的事实是明知的。因此，原审判决认定A公司应在代垫资金本息范围内，对于F公司在7985号判决中对I公司的债务经强制执行不能清偿的部分承担补充赔偿责任并不缺乏证据证明。

◆管理人履职提示

在追收抽逃出资纠纷案件中，对于代垫出资的第三人是否需要承担责任的问题，从现有案例来看，法院多认为代垫出资的第三人与抽回出资的股东共同侵犯了公司的财产权，从而判定代垫出资的第三人承担法律责任。将代垫出资的第三人列为共同被告要求其与股东承担连带责任，尤其是在抽逃出资的股东

---

① 对应《民法典》第一千一百六十八条。

本身财务状况不佳的情况下，对于实现债权人的债权具有实际意义。

管理人在追究代垫出资的第三人的连带责任时，可从侵权行为的构成要件出发，审查第三人的行为是否构成共同侵权行为，是否应当对债权人的损害结果承担连带责任。

首先，需审查第三人是否存在代垫出资的行为。管理人可通过查阅财务凭证的方式进行调查，如果时间久远，管理人自行查阅存在障碍或债务人财务资料丢失的，可以与审计机构沟通，请审计机构协助通过向银行开展询证等方式进行查询。仍无法查明事实的，可以申请破产受理法院进行调查。

其次，第三人承担连带责任需要具备主观的过错要件，即第三人与发起人之间在出资前达成由第三人代垫出资以骗取验资通过，再由发起人抽逃出资以偿还借款的合意，构成了主观上的共同过错。如果第三人能够提供证据证明在借款时并不知悉借款的用途，或者虽然知悉借款用于代垫出资，但并不知晓发起人向其返还的出资属于抽逃的资金的，法院可能认定该第三人不承担连带责任。

最后，第三人代垫出资的行为引起了损害后果，并与损害后果之间存在因果关系，即发起人将抽逃的出资返还给第三人，且发起人后续未能补足出资。发起人若后续补足出资，则第三人代垫出资的行为并未给债权人造成损害后果；若发起人虽抽逃出资，但并未将抽逃的资金偿还给第三人，则第三人的行为与因抽逃出资给债权人造成的损害后果之间没有因果关系。此时法院可能认定第三人无须承担连带责任。①

管理人通过调查破产企业代垫出资及抽逃出资的情况，确认相关事实并认定代垫出资的第三人需要承担责任后，应及时就抽逃出资股东及代垫第三人损害破产企业财产权利的行为提起诉讼，充分保障全体债权人公平受偿的权利。

① 参见王欣：《论抽逃出资的认定与民事责任》，吉林大学法学院2014年硕士学位论文，第19页。

二、受让抽逃出资的股东股权的第三人是否应承担责任

◆争议焦点

股东抽逃出资并将股权转让后，公司或公司债权人是否有权请求受让人承担责任的问题一直颇有争议，主要原因在于目前《公司法》及相关法律对其无明确的规定。

在实务操作中，法院主要依据《最高人民法院关于适用〈中华人民共和国公司法〉若干问题的规定（三）》第十八条规定判定，即受让人对此知道或者应当知道，受让人对此承担连带责任。但是该条仅规定了股东未履行或者未全面履行出资义务情况下转让股权，受让人需承担的责任问题，对于股东抽逃出资的情形并未明确列明。法院在审判案件过程中对第十八条应扩大解释还是严格遵循文意存在不同认识，即对于抽逃出资是否属于未履行或未全面履行出资义务的范畴存在不同认识，直接影响了对受让人是否应承担责任这一问题的判定。

◆实务裁判观点

1. 受让抽逃出资的股东股权的第三人应根据《最高人民法院关于适用〈中华人民共和国公司法〉若干问题的规定（三）》第十八条规定承担连带责任。

在实务操作中，部分法院认为在《公司法》上，虽然抽逃出资与未履行出资和未全面履行出资在字面含义上有所不同，但其行为后果并无差异，即均侵害了公司的财产权和其他股东的合法权益，也损害了公司债权人利益，应依据《最高人民法院关于适用〈中华人民共和国公司法〉若干问题的规定（三）》第十八条的规定，追究受让人的责任。

在"（2019）京民终1464号执行异议之诉二审案"中，法院认为出资是股东最基本、最重要的法定义务，虽然抽逃出资与未履行出资和未全面履行出资在字面含义上有所不同，但其行为后果并无差异，即均侵害了公司的财产权和其他股东合法权益，也损害了公司债权人利益。一般而言，股东瑕疵出资行为即股东违反出资义务，包括未履行出资和未完全履行出资两种，未履行出资是

指股东根本没有履行出资行为，即实际出资金额为零，包括履行不能、拒绝履行、虚假出资和抽逃出资等形式。故抽逃出资后的股权转让行为属于未履行出资即转让股权，其所涉的法律责任应适用《最高人民法院关于适用〈中华人民共和国公司法〉若干问题的规定（三）》第十八条的规定。本案中，黄某、A公司在抽逃出资后转让股权，即属于上述行为。

在“（2018）沪02民终6905号股东损害公司债权人利益责任纠纷二审案”中，法院认为，股东抽逃出资、虚假出资、拒绝出资、迟延出资、出资不实等，均属股东违反出资义务的范畴。《最高人民法院关于适用〈中华人民共和国公司法〉若干问题的规定（三）》的条文中，抽逃出资与未履行或未全面履行出资义务存在并列描述的情形，而该司法解释第十八条规制的瑕疵股权转让行为是股东未履行或未全面履行出资义务即转让股权，未明确将抽逃出资的行为列入其内。但抽逃出资显然属于违反出资义务的表现形态之一，违反出资义务的实质是违反公司资本维持原则，股东滥用有限责任，危害性在于削弱了公司的偿债能力，误导公司的交易相对方，造成资本充实的假象，严重危及公司的债权人利益和公司利益。抽逃出资的实质和违法性，与未履行或未全面履行出资义务的行为并无本质区别，甚至更为严重。因此，以《最高人民法院关于适用〈中华人民共和国公司法〉若干问题的规定（三）》第十八条的原则和标准规制抽逃出资情形的股权转让行为，不违反该司法解释的规范意旨和规范目的，即在股东存在抽逃出资情形而转让股权，受让人对此知道或应当知道的，受让人应对抽逃出资股东的出资义务承担连带责任，并可在承担责任后向抽逃出资的转让股东追偿。再者，从瑕疵股权转让行为的角度分析，受让人明知或应知转让股东违反出资义务仍受让瑕疵股权的，股权转让合同仍然有效，应推定受让人自愿承担持有瑕疵股权的法律后果，对转让股东的出资义务承担连带责任。受让人在受让股权时应当在条件允许和能力所及的范围内查证该股权所对应的出资义务是否已经履行，尽到善意相对方的谨慎注意义务。

此外，在“（2017）浙民申2820号股东损害公司债权人利益责任纠纷再审案”“（2019）苏13民终288号股东出资纠纷二审案”“（2016）苏0612民初614号追收抽逃出资纠纷、股东出资纠纷一审案”等案中，法院亦持此种观点。

◆典型案例

1. 唐某某、B公司追偿权纠纷再审案

(2018) 最高法民申2986号

【案情简介】

● 2009年3月31日，C公司成立，发起股东为尹某（认缴额7.5万元，占股15%）、杨某某（认缴额42.5万元，占股85%）。2010年5月14日，C公司增加注册资本至100万元，出资股东为杨某某41.5万元，尹某13.5万元，洪某甲15万元，江某某10万元，汤某10万元。

● 2012年4月23日，C公司将公司注册资本增资至1000万元，其中，杨某某增资450万元，尹某增资135万元，洪某甲增资135万元，江某某增资90万元，汤某增资90万元。杨某某、尹某、洪某甲、江某某、汤某将900万元款项由中介机构转入验资账户，待办理验资手续之后，900万元增资款即于2012年4月24日全部转回中介机构，上述5股东一直未补足认缴增资。此后，5人股份发生调整和转让，尹某、汤某转让全部股份，杨某某将其股权中的5%转让给唐某某，洪某乙、唐某某进入股东名册。

● 2012年5月16日，C公司向银行借款，B公司提供担保。因C公司借款后没有如期偿还借款，B公司履行担保义务。截至2015年5月5日，C公司欠B公司担保款项17674919.39元。

【双方争议】

本案的争议焦点在于受让股东是否应当对C公司的欠款承担连带清偿责任。

唐某某认为，抽逃出资的行为不构成“未履行或未全面履行出资义务”。《最高人民法院关于适用〈中华人民共和国公司法〉若干问题的规定（三）》第十八条适用于股东未履行出资义务或未全面履行出资义务时受让人承担责任的情形，而不适用于本案抽逃出资的情形。

B公司认为唐某某作为受让人，应对C公司不能清偿债务承担连带责任。

【判决结果及理由】

法院认为，《最高人民法院关于适用〈中华人民共和国公司法〉若干问题的规定（三）》第十三条第二款规定："公司债权人请求未履行或者未全面履行出资义务的股东在未出资本息范围内对公司债务不能清偿的部分承担补充赔偿责任的，人民法院应予支持……"第十八条规定："有限责任公司的股东未履行或者未全面履行出资义务即转让股权，受让人对此知道或者应当知道，公司请求该股东履行出资义务、受让人对此承担连带责任的，人民法院应予支持；公司债权人依照本规定第十三条第二款向该股东提起诉讼，同时请求前述受让人对此承担连带责任的，人民法院应予支持。受让人根据前款规定承担责任后，向该未履行或者未全面履行出资义务的股东追偿的，人民法院应予支持。但是，当事人另有约定的除外。"在公司法理论上，股东未履行或未全面履行出资义务可进一步细化为股东出资不实、虚假出资、抽逃出资三种情形。

本案中，C公司通过中介机构虚假增资900万元，待办理完验资手续后，该900万元增资款随即转回中介机构，C公司的时任股东并未履行补足该部分增资款的缴纳义务。原审判决据此认定C公司的时任股东杨某某等构成抽逃出资，杨某某的抽逃出资额为450万元，符合《最高人民法院关于适用〈中华人民共和国公司法〉若干问题的规定（三）》第十二条的规定。C公司在增资后，杨某某持有50%的股权，认缴的出资额为500万元，其中450万元股权未履行出资义务。杨某某将其股权中的5%转让给唐某某，却并未对转让价格作出约定，原审判决据此认定受让人唐某某知道或者应当知道出让人杨某某未履行或者未全面履行出资义务即转让股权的情形，并判令其在该5%股权对应的抽逃出资额45万元的范围内与杨某某共同向债权人B公司承担连带责任，不仅符合本案的实际情况，也符合前述司法解释的规定。

2. 受让抽逃出资的股东股权的第三人不应根据《最高人民法院关于适用〈中华人民共和国公司法〉若干问题的规定（三）》第十八条承担连带责任。

部分法院认为抽逃出资与未履行或未全面履行出资属于不同的法律概念，《最高人民法院关于适用〈中华人民共和国公司法〉若干问题的规定（三）》第十二条列举了抽逃出资的数种表现形式，第十三条规定了股东未履行或者未全面履行出资义务的法律责任，明确将抽逃出资与未履行或未全面履行出资区别对待，二者并没有相互包含的关系，严格按照文义理解更符合《最高人民法院关于适用〈中华人民共和国公司法〉若干问题的规定（三）》第十八条规定的精神。

在“（2017）苏民申2947号民间借贷纠纷再审案”中，法院认为《最高人民法院关于适用〈中华人民共和国公司法〉若干问题的规定（三）》第十八条对有限责任公司的股东未履行或者未完全履行出资义务即转让股权的情况下受让股东的责任作出了规定，对有限责任公司的股东抽逃出资的情况下受让股东应否对转让股东抽逃出资的行为承担连带责任没有明确规定。本案中，公司已完成验资，新股东受让公司股权时无须履行出资义务，二审认定基于股东抽逃出资行为主张新股东承担本案责任无法律依据，并判决驳回诉讼请求，并无不当。

在“（2016）鲁民终1392号股东损害公司债权人利益责任纠纷二审案”中，法院认为《最高人民法院关于适用〈中华人民共和国公司法〉若干问题的规定（三）》第十八条第一款规定，有限责任公司的股东未履行或者未全面履行出资义务即转让股权，受让人对此知道或者应当知道，公司请求该股东履行出资义务、受让人对此承担连带责任的，人民法院应予支持；公司债权人依照本规定第十三条第二款向该股东提起诉讼，同时请求前述受让人对此承担连带责任的，人民法院应予支持。该款是关于股东未履行或者未全面履行出资义务而非抽逃出资情况下，受让人是否应当承担相应责任的规定。本案中，公司的股东，抽逃出资以后将所持股权分别予以转让，公司要求新受让股东为涉案债务承担责任的主张，缺乏法律依据，法院不予支持。

在“（2017）湘01民终645号民间借贷纠纷二审案”中，法院认为根据《最高人民法院关于适用〈中华人民共和国公司法〉若干问题的规定（三）》第十七条“股东未履行或者未全面履行出资义务或者抽逃出资……”及第十八条“有限责任公司的股东未履行出资义务或者抽逃全部出资……”的规定可知，“抽逃出资”不属于“未履行或未全面履行出资义务”的概念范畴。本案中，股东已经履行了出资义务，只是在完成法定验资手续后，未经法定程序将其出资抽回，属于抽逃出资的行为。《最高人民法院关于适用〈中华人民共和国公司法〉若干问题的规定（三)》第十八条规定，有限责任公司的股东未履行或者未全面履行出资义务即转让股权，受让人对此知道或者应当知道，公司请求该股东履行出资义务、受让人对此承担连带责任的，人民法院应予支持；公司债权人依照本规定第十三条第二款向该股东提起诉讼，同时请求前述受让人对此承担连带责任的，人民法院应予支持。受让人根据前款规定承担责任后，向该未履行或者未全面履行出资义务的股东追偿的，人民法院应予支持。但是，当事人另有约定的除外。一审法院依据该规定判令受让人责任系混淆了“未履行或者未全面履行出资义务”与“抽逃出资”的概念，适用法律错误。

此外，在“（2018）津02民初84号买卖合同纠纷一审案”“（2018）苏1311民初2895号股东出资纠纷一审案”等案中，法院亦持此种观点。

2. 再审申请人A公司与被申请人B公司股东出资纠纷申请再审案

（2013）民申字第1795号

【案情简介】

● 2007年2月12日，C公司取得注册资本3000万元，实收资本1000万元的企业法人营业执照，以D集团的名义存入666.7万元，以马某的名义存入333.3万元。2007年2月15日，马某让雷某某安排郝某某将实收资本1000万元汇给E公司等公司。

● 2007年3月7日，张某某电汇1990万元到王某某的账户上，后王某某直接提取2000万元存入C公司的基本账户，以D集团的名义存入1333.4万元，以马某的名义存入666.6万元。

● 2007年3月9日，C公司取得了注册资本3000万元，实收资本3000万元的企业法人营业执照。2007年3月9日和3月12日，马某让雷某某安排郝某某分两次将新增2000万元汇给E公司等公司。

● 2009年12月8日，B公司受让C公司100%的股权，成为C公司唯一的股东。

【双方争议】

双方的争议焦点是B公司是否应当按照《最高人民法院关于适用〈中华人民共和国公司法〉若干问题的规定（三）》第十八条的规定，对其前任股东的抽逃出资行为向A公司承担连带责任。

A公司认为B公司作为受让人应当对前任股东抽逃出资行为承担连带责任。

B公司认为其不应当对前任股东抽逃出资行为承担连带责任。

【判决结果及理由】

法院认为，字面意思只规定了原股东虚假出资转让股权后，受让股东明知或应知的，对公司承担连带责任。对于原股东抽逃的责任是否也由受让股东承担没有明确。从《最高人民法院关于适用〈中华人民共和国公司法〉若干问题的规定（三）》的前后体例看，涉及虚假出资和抽逃出资的相关规定，并未全部作为同一条文规定，也没有基于互相包含的关系而只列举一种情形规定，因此，严格按照文义理解更符合该规定的精神。抽逃出资和虚假出资从后果看，都是导致公司不拥有该部分注册资本，但从内涵上讲是有区别的。虚假出资是公司成立之前的股东单方行为，因公司尚未成立，故公司不能表达否定意志，责任在于股东，新股东受让后原则上要对公司承担原股东的义务，此时可谓公司没有过错。抽逃出资行为是发生在公司设立之后，任何股东抽逃出资都必须经公司履行相关手续，从形式上看公司作出的是“同意”的意思表示，此时推定公司具有过错，股权转让后，公司不能在同意原股东抽逃行为的前提下，又向新股东主张责任，否则有悖于诚实信用原则。因此，二审法院对《最高人民法院关于适用〈中华人民共和国公司法〉若干问题的规定（三）》第十八条的解释不包括股东抽逃出资的情形，B公司不应承担连带责任的结论正确。

◆管理人履职提示

实践中，破产企业经历多次股东变更的情况较为普遍。若管理人经调查发现破产企业的股东涉嫌抽逃出资，且该股东后续将股权进行了转让，在此情况下，管理人是否可依据《最高人民法院关于适用〈中华人民共和国公司法〉若干问题的规定（三）》第十八条向股权受让方主张连带责任？首先，抽逃出资的股东转让股权并不能免除其责任。其次，对于明知转让股权的股东存在抽逃出资情形仍受让股权的受让人一方而言，在法院实务判决中，受让方的责任承担存在争议，部分法院认为瑕疵出资分为未履行出资义务、未全面履行出资义务和公司成立后股东抽逃出资三种情形，《最高人民法院关于适用〈中华人民共和国公司法〉若干问题的规定（三）》第十八条仅规定了未履行或未全面履行出资义务的情形下受让方的责任，而未将抽逃出资纳入其规制范围，故受让抽逃出资的股东股权的第三人不应根据《最高人民法院关于适用〈中华人民共和国公司法〉若干问题的规定（三）》第十八条承担连带责任。也存在部分法院认为虽然三者在字面含义上有所不同，但其后果并无差异，应依据《最高人民法院关于适用〈中华人民共和国公司法〉若干问题的规定（三）》第十八条的规定，追究受让人的责任。就企业破产管理人而言，本着债务人财产价值最大化的原则，从管理人勤勉履职的角度，建议也通过发函、诉讼等方式向受让方主张连带责任。

本章小结

抽逃出资是指在公司成立后，股东非经法定程序从公司抽回出资，同时继续持有公司股份和原有出资数额。准确地说，抽逃出资是一种变相违反出资义务的行为，抽逃出资的股东原本已经履行了出资义务，为了回避投资风险，又违法取回原来的出资。

抽逃出资是严重侵蚀公司资本的行为，禁止股东抽逃出资并追究其法律责任的法律依据主要是公司法人人格独立制度和权利义务相一致的原则。股东抽逃出资的认定很难通过列举方式予以穷尽，《最高人民法院关于适用〈中华人民共和国公司法〉若干问题的规定（三）》第十二条采取列举与界定相结合的方式，尽可能全面涵盖各式抽逃出资的行为。在司法实践中，对于抽逃出资的认定标准更倾向于侵害公司财产权益的实质标准。最高人民法院在（2015）民申字第 1467 号再审民事裁定书中认为，股东是否构成抽逃出资，系以股东是否损害了公司的财产权益为认定标准，而与其他股东对抽逃出资行为是否知晓无关。最高人民法院在（2007）民二终字第 215 号民事判决书中认为，出资人从公司收回资金，在其没有证据证明除注册资金外，另有其他形式资金投入公司的情况下，应当认定出资人收回的资金系公司资产的组成部分，出资人的行为属于抽逃公司资产，对于公司对外所负债务，公司首先应以其自有财产清偿，如果公司的财产不足以清偿债务，出资人应当承担相应的赔偿责任。

缴付出资请求权是基于股东的法定出资义务而由公司享有的法定债权请求权，在破产程序中，债务人的出资人抽逃出资的，由管理人代表债务人提起诉讼，请求出资人依法缴付或者返还出资本息。对于债权人而言，在破产程序中，应依法向管理人申报债权，依照法律规定的程序行使权利，而不能在破产程序中请求抽逃出资的出资人为其债权承担补充赔偿责任。

管理人在调查破产企业历史沿革的过程中，发现股东完成出资或增资后又减少出资但未履行减资等法定程序的，需判断是否属于抽逃出资。如果股东主张该笔资金转出后用于真实业务，需调查该笔业务的相关合同、发票等证据；如股东举证其已经补足转出的资金的，应负举证责任，在转账双方资金往来较为频繁的情况下，股东应证明其主张的某一转款的性质属于出资款。在股东无法证明其已经补足转出的资金的情况下，管理人应依法主张其承担抽逃出资的法律责任。

第六章
追收非正常收入纠纷

《企业破产法》第三十六条规定："债务人的董事、监事和高级管理人员利用职权从企业获取的非正常收入和侵占的企业财产，管理人应当追回。"在企业出现破产情形后，董监高侵占企业财产的非正当性不言而喻。董监高从企业获取非正常收入行为的非正当性在于董监高利用职权恶意减损了债务人财产，以及在职工利益普遍难以得到保护的情形下，董监高仍能获得非正常收入显失公平。针对董监高的获取非正常收入问题，实务中主要存在的争议是管理人应当追回的非正常收入和侵占的企业财产的范围问题，即董监高的何种行为属于侵占企业财产的行为？董监高获取的何种收入属于非正常收入？本章将对上述问题进行详细讨论。

◆争议焦点

《企业破产法》第三十六条规定："债务人的董事、监事和高级管理人员利用职权从企业获取的非正常收入和侵占的企业财产，管理人应当追回。"实务中，关于管理人应当追回的非正常收入和侵占的企业财产的范围存在争议。

◆实务裁判观点

《最高人民法院关于适用〈中华人民共和国企业破产法〉若干问题的规定(二)》第二十四条第一款规定："债务人有企业破产法第二条第一款规定的情形时，债务人的董事、监事和高级管理人员利用职权获取的以下收入，人民法院应当认定为企业破产法第三十六条规定的非正常收入：（一）绩效奖金；

（二）普遍拖欠职工工资情况下获取的工资性收入；（三）其他非正常收入。”实务中，非正常收入和侵占的企业财产存在以下具体表现形式。

（1）董监高支取公司款项且不能证明用于公司经营

在“（2013）浙湖商初字第7号追收非正常收入纠纷一审案”中，法院认为，破产申请受理时属于债务人的全部财产为债务人财产，债务人财产应用于向债权人公平清偿，债务人的法定代表人等相关人员不得随意支取和侵占。若公司法定代表人擅自从公司支取款项，但不能举证证明所支取款项用于与公司有关的事项，更不能提出该款项支取合法的事实和法律依据的，该法定代表人应依法向公司返还所侵占的款项。

在“（2019）湘07民初159号追收非正常收入纠纷一审案”中，法院认为，被告的现金收支与公司的资金收支没有分开，被告应当承担相应的举证责任，被告于2018年三次收取A公司租赁户的租金合计258300元，未作为公司的收入入账，且未举证证明已用于公司的开支，管理人有权追回。

在“（2015）台玉商初字第4151号追收非正常收入纠纷一审案”中，法院认为，被告通过个人账户私存公司款项（并随意消费）、从公司随意借款、用公司款项偿还个人抵押贷款，同时也有个人房屋抵押借款后用于公司等个人财产与公司财产混同的情形，经结算后，尚欠的款项应视为被告作为公司执行董事即法定代表人侵占了公司财产，在公司破产清算时应予以返还。

此外，在“（2019）川1111民初841号追收非正常收入纠纷一审案”“（2018）苏0582民初13397号追收非正常收入纠纷一审案”“（2018）京0113民初8982号追收非正常收入纠纷一审案”“（2018）苏0585民初4518号追收非正常收入纠纷一审案”“（2018）浙0921民初475号追收非正常收入纠纷一审案”“（2018）湘07民初35号追收非正常收入纠纷一审案”“（2017）黔03民初466号追收非正常收入纠纷一审案”“（2017）苏05民终2068号追收非正常收入纠纷二审案”“（2016）鄂09民初118号追收非正常收入纠纷一审案”“（2014）邮商初字第0101号追收非正常收入纠纷一审案”等案中，法院均认为破产企业的董监高支取公司的款项，又不能举证证明该款项用于公司开支的，管理人有权追回。

（2）未经董事会决议，以公司账户支付给高级管理人员的“个人奖励”，属于非正常收入

在“（2017）浙0503民初3445号追收非正常收入纠纷二审案”中，法院认为，公司的高级管理人员向公司原法定代表人提出奖励的要求，该法定代表人未经董事会决议转出大额资金，不符合公司法及章程的规定，故该笔非正常范围内的奖励在公司破产清算时应作为非正常收入予以返还。

（3）破产程序中补发职工工资时，公司的董监高获得超过平均工资比例以上的部分，属于非正常收入

“（2017）辽0681民初1616号追收非正常收入纠纷一审案”，法院认为，被告原系A公司书记，为职工补发工资，补发比例为70%，而被告的补发工资比例为100%，现并无证据证明被告补发工资比例应高于一般职工，故超过部分应该返还。

在“（2018）川民终827号职工破产债权确认纠纷二审案”中，法院认为，在A公司已进入破产程序、普遍拖欠职工工资的情况下，A公司欠付马某某的超过企业平均公司比例以上的其余劳动报酬389875元，虽经劳动仲裁确认为合法的劳动报酬，但应当属于因非正常收入形成的债权，不能认定为职工债权并获得第一顺位的清偿，其可以作为普通破产债权获得清偿。

（4）无劳动关系和劳务关系的前提下，股东及监事从公司领取工资

在“（2019）青01民初16号追收非正常收入纠纷一审案”中，法院认为，被告毕某某作为A公司的股东及监事，在与A公司不存在劳动关系和劳务关系的前提下，违背《公司法》第一百六十六条的规定，从公司领取工资的行为，是对A公司财产的侵犯，同时损害公司债权人的利益，因此其从公司领取的工资属非正常收入，应当予以追回。

（5）违规发放奖励金

在“（2017）浙0503民初3445号追收非正常收入纠纷一审案”中，法院认为，被告周某某为公司的高级管理人员，在得知公司现金回笼可观的情况下，向原法定代表人许某某提出奖励的要求，许某某未经董事会决议而转出大额资金，不符合《公司法》及公司章程的规定，故该笔300万元在公司破产清算时

应予以返还。

（6）滥用股东权利，变相分配公司财产

在“（2017）鲁0305民初4174号追收非正常收入纠纷一审案”中，法院认为，被告作为原告的股东之一以股东会决议方式将公司出资购买的机动车帕萨特车归其所有，系被告滥用股东权利损害公司利益和公司债权人的利益，应当向原告交付财产。

◆**典型案例**

1. 周某某与A公司管理人劳动争议二审案

（2018）苏10民终3130号

【案情简介】

● 2017年4月13日，裁定受理B公司、C公司与A公司的破产清算申请。A公司管理人对职工债权进行了公示，其中显示周某某（原告）的职务为副总经理，每月基本工资为2567元，经济补偿金额为55191元，欠付工资总额为20433元，合计78191元。周某某对公示提出异议，2017年10月30日A公司管理人（被告）向周某某答复：“经核查，A公司破产时，您作为该公司的副总经理，依法应认定为该公司的高级管理人，管理人对您高级管理人的职位认定不予更正。您所述的干部津贴等不属于欠付工资，依法不予更正。”

● 2017年11月7日，周某某将A公司诉至某区劳动人事争议仲裁委员会。当日该委出具扬广劳人仲不字（2017）第53号不予受理通知书，以A公司已进入破产清算程序，不属于仲裁受案范围为由，决定不予受理。周某某对决定不服，诉至某区法院，请求判令A公司管理人将周某某2015年第四季度至2016年欠付的工作津贴共计3.8万元、2016年管理层年薪补差6万元，作为劳动债权列入破产债权，按照破产清偿第一顺序进行清偿。

● A公司2015年第四季度至2016年干部津贴发放表（注明含加班费）显示周某某干部津贴为3.8万元。该发放表由A公司财务负责人武某某制作，并由董事吴某批准。A公司2016年度管理层年薪补差表显示周某某年薪补差为6万元。该补差表由A公司财务负责人武某某制作，并由董事长朱某某批准。干部津贴发放表和管理层年薪补差表中亦包含了A公司董事长朱某某、董事吴某、财务负责人武某某等人的津贴，但未经过A公司股东会或董事会决议程序。

● 根据A公司提交的2015年10月至2016年12月的资产负债表，2015年10月至2016年12月，A公司每月流动负债总计均大于资产总计，且两者差额每月递增。因A公司在2014年至2015年拖欠扬州D换热器有限公司货款，D公司于2016年1月11日将A公司诉至某区法院。某区法院于2016年1月21日作出（2016）苏1002民初261号民事调解书，确认截至2015年年底，A公司累计欠D公司货款553万元，D公司已足额向A公司开具了正式税务发票。2015年第四季度至2016年全年，A公司具备破产原因。

【双方争议】

双方争议焦点为周某某主张工作津贴和董事会津贴98000元作为劳动债权列入破产债权，按照破产清偿第一顺序进行清偿的诉讼请求是否具有事实和法律依据。

周某某主张工作津贴和董事会津贴98000元作为劳动债权列入破产债权。

A公司主张工作津贴和董事会津贴98000元是非正常收入，按照普通债权清偿。

【判决结果及理由】

法院认为，周某某主张的绩效奖金合计98000元应认定为《企业破产法》第三十六条规定的非正常收入。

首先，周某某并未提供初步证据证明在2015年至2016年存在加班事实，结合周某某二审陈述，其本人在A公司担任副总经理，每月领取3000余元基本生活费，此外的干部津贴属于绩效奖，普通工人没有，故周某某所主张的2015年第四季度至2016年的工作津贴38000元、2016年董事会津贴60000元并不包含加班费，应当认定为绩效奖金。

其次，依据《最高人民法院关于适用〈中华人民共和国企业破产法〉若干问题的规定（二）》第二十四条第一款规定："债务人有企业破产法第二条第一款规定的情形时，债务人的董事、监事和高级管理人员利用职权获取的以下收入，人民法院应当认定为企业破产法第三十六条规定的非正常收入：（一）绩效奖金；（二）普遍拖欠职工工资情况下获取的工资性收入；（三）其他非正常收入。”本案中，在A公司已出现了《企业破产法》第二条第一款规定的情形下，A公司董事长朱某某及董事吴某仍然利用职权发放绩效奖金，对2016年度管理层年薪补差表及2015年至2016年干部津贴发放表予以批准，故对于干部津贴、管理层年薪补差应当认定为《企业破产法》第三十六条规定的非正常收入。对于周某某主张其本人并非股东，作为普通劳动者无权查阅A公司财务报表，对A公司在何时资不抵债并不知情的上诉理由，本院认为，周某某作为A公司副总经理，属于A公司高级管理人员，对企业高级管理人员而言，其绩效奖金是与企业当年的整体经营利润相挂钩的。在企业法人不能清偿到期债务，且资产不足以清偿全部债务或者明显缺乏清偿能力的情形下，企业高级管理人员在客观上已经丧失了获取绩效奖金的基础，故对于董事、监事和高级管理人员利用职权从企业获取的非正常收入的认定，并不以其对企业资不抵债具有主观认识为前提。对于周某某的该项上诉理由，本院不予采纳。

最后，依据《最高人民法院关于适用〈中华人民共和国企业破产法〉若干问题的规定（二）》第二十四条第三款规定：“债务人的董事、监事和高级管理人员因返还第一款第（一）项、第（三）项非正常收入形成的债权，可以作为普通破产债权清偿……”周某某主张的绩效奖金合计98000元应认定为《企业破产法》第三十六条规定的非正常收入。

2. A公司与B公司追收非正常收入纠纷二审案

（2016）浙03民终173号

【案情简介】

● 2012年3月，A公司因出现财务危机停产，B集团及案外人C公司、D公司等企业，以自然人名义出资成立E公司，先对A公司予以委托经营并签订协议，约定相关权利义务，后对A公司的股权进行重组，以零资产受让全部股权。

● 2012年4月10日，A公司时任全体股东与F公司（筹）签订委托生产经营协议，该协议第六条明确约定“委托生产经营期间A公司所产生的利润或亏损由F公司（筹）负责，其间所发生的与生产经营有关的费用，包括人员工资、税收、水费、电费、相关规费以及银行利息（包括新增贷款和原有贷款）等，概由F公司（筹）负担”。

● 2012年8月15日，A公司时任全体股东与E公司签订股权转让协议书，将其对A公司的股权全部转让给E公司，并于同年9月初办理工商变更登记。

● 根据账册反映A公司在2012年5月至8月未产生利润。

● 2013年2月1日，A公司的实际董事长方某某签字确认2012年股东分红明细，并通过其出纳郑某某名下的账户两次转入B集团出纳陈某某账户合计600万元，作为支付2012年B集团的股东分红。

【双方争议】

双方就分红款是否应当返还公司存在争议。

B集团认为，根据2012年4月签订的委托生产经营协议的约定，委托生产经营期间的利润或亏损均由受托方享有和承担，各股东不应对重组前原A公司的亏损进行弥补后才能分红。

A公司认为，B集团在2013年收取A公司股东分红款，违反法律规定，应予以返还。

【判决结果及理由】

法院认为，企业亏损状态下的分红应当予以返还。

一审法院认为，《公司法》第一百六十六条规定，公司分配当年税后利润时，应当提取利润的百分之十列入公司法定公积金。公司的法定公积金不足以弥补以前年度亏损的，在依照前款规定提取法定公积金之前，应当先用当年利润弥补亏损。股东会、股东大会或者董事会违反前款规定，在公司弥补亏损和提取法定公积金之前向股东分配利润的，股东必须将违反规定分配的利润退还公司。《企业破产法》第三十六条规定，债务人的董事、监事和高级管理人员利用职权从企业获取的非正常收入和侵占的企业财产，管理人应当追回。综上，B集团作为A公司的实际股东，违反法律规定收取股东分红，依法应予以返还。

二审法院认为，本案E公司于2012年8月15日受让A公司的股权并进行股权变更后，相关行为应受《公司法》调整。《公司法》第一百六十六条规定，公司分配当年税后利润时，应当提取利润的百分之十列入公司法定公积金。公司的法定公积金不足以弥补以前年度亏损的，在依照前款规定提取法定公积金之前，应当先用当年利润弥补亏损。可见，在公司弥补亏损和提取法定公积金之前，公司不能向股东分配利润。因此，上诉人主张E公司受让股权后仍无须对重组前亏损进行弥补后才能分红的上诉理由缺乏法律依据，本院不予支持。现上诉人以涉案委托生产经营协议约定委托生产经营期间A公司所产生的利润或亏损由E公司负责等内容为由主张本案无须对A公司的亏损进行弥补即可向股东分配利润。委托生产经营协议于2012年4月10日签订后，E公司又于2012年8月15日受让股权成为A公司的股东，可见2012年4月10日至8月15日，上诉人的相关行为应受委托生产经营协议约束。虽然涉案委托生产经营协议对前述内容进行了约定，但根据账册反映A公司在2012年5月至8月并未产生利润，因此不符合分红的条件。

◆管理人履职提示

当债务人进入破产程序后，管理人将对债务人的董事、监事、高级管理人员的非正常收入和侵占的公司财产行使追回权。在履职过程中，建议关注以下问题：

第一，对于高级管理人员的界定。获取非正常收入的主体为债务人的董事、监事和高级管理人员。其中根据《公司法》及有关法律规定，高级管理人员，就是指公司管理层中担任重要职务、负责公司经营管理、掌握公司重要信息的人员，主要包括经理、副经理、财务负责人、上市公司董事会秘书和公司章程规定的其他人员。这里的经理、副经理，是指《公司法》第五十条和第一百一十四条规定的经理、副经理，在实践中即公司总经理、副总经理。经理由董事会决定聘任或者解聘，对董事会负责；副经理由经理提请董事会决定聘任或者解聘。这里的财务负责人是指由经理提请董事会决定聘任或者解聘的财务负责人员。这里的上市公司董事会秘书是《公司法》第一百二十四条规定的上市公司必设的机构，负责上市公司股东大会和董事会会议的筹备、文件保管以及公司股东资料的管理，办理信息披露等事务。关于“公司章程规定的其他人员”

的规定是为了赋予公司自治的权利，允许公司自己选择管理方式，聘任高级管理人员，但是，这些人员的职位必须在公司章程中明文加以规定。

第二，关于如何行使追回权，首先，调查董事、监事、高级管理人员的“非正常收入”。管理人接管债务人企业后，即应开始着手调查债务人的资产负债表，确定债务人出现破产原因的时间。核实在此期间涉及债务人董事、监事、高级管理人员收入的财务账册、工资发放表等所有财务凭证及文件，核实债务人所有职工工资发放情况，也可通过与留守职工沟通获取相关信息，以此为线索进行调查。在发现确有此类情形后，向董事、监事、高级管理人员发送书面通知，要求其在规定的时间内向管理人返还相应财产。如在规定的时间内不予答复或者拒绝向管理人返还相应财产，管理人有权以代表债务人的身份向受理破产申请的人民法院提起诉讼，请求董事、监事、高级管理人员返还相应财产。

本章小结

依据《企业破产法》第三十六条，企业董监高的非正常收入和侵占的企业财产，管理人应当追回。需要注意的是，获取非正常收入的前提为债务人出现破产原因，当债务人出现《企业破产法》第二条第一款规定的破产原因时，债务人的董事、监事、高级管理人员获取的非正常收入，管理人有权予以追回，而侵占公司财产则无明确的时间要求。

实践中，董监高的行为是否属于获取非正常收入和侵占的企业财产是认定的难点，本书列举了实践中常见的表现形式。关于判断是否属于非正常收入的标准总结起来在于两点：第一，危机期间行为的正当性。在破产法理论上，危机期间任何欺诈行为、偏袒性行为均不具有正当性。对于债务人的董事、监事和高级管理人员而言，基于管理和控制债务人财产的职权，存在恶意处分债务人财产的可能性。因此，危机期间行为的正当性是第一标准。第二，危机期间行为的公平性。债务人处于危机期间的情况下，债权人特别是劳动债权人的利益应当优先获得保护，债务人的有关人员有义务妥善保管债务人财产免受不法侵占。债务人的董事、监事和高级管理人员如果利用职务便利获取不正当利益，将导致债务人财产减少或者灭失，严重损害债权人的利益。因此，追回非正常收入符合破产法的公平受偿原则。[①] 关于侵占企业财产的行为，在实践中常常表现在企业董监高私自支取公司款项、从公司随意借款、用公司款项偿还个人抵押贷款等个人财产与公司财产混同的情形，经结算后，尚欠公司的款项在公司破产清算时应作为非正常收入予以返还。

---

① 最高人民法院民事审判第二庭编著：《最高人民法院关于企业破产法司法解释理解与适用——破产法解释（一）、破产法解释（二）》，人民法院出版社 2017 年版，第 292 页。

第七章
普通破产债权确认纠纷

破产债权的确认是管理人工作的一项重点也是难点，债权确认也是债权获得公平清偿的前提条件。《企业破产法》及其他相关法律法规中，存在大量与债权确认相关的规定。然而，破产管理人在债权确认的实务操作中仍会面临各种各样的问题及争议，如破产受理日当天是否应计算利息、关联企业在合并重整后应当如何计算利息、管理人解除合同后的赔偿范围、迟延履行加倍利息的具体计算、经营性合同没有约定违约金时应当如何计算确认债权、民间借贷类债权的认定，抑或面临与债权有关的诉讼中诉讼程序相关的问题。处理这些常见问题时，往往由于法律规定较为模糊而存在较大争议。本章从债权金额及性质的实体确认以及与债权确认相关的诉讼程序两方面总结了实践操作中与债权申报及审查相关的较为常见的问题，对重点问题从不同观点加以分析，并结合实务操作中的常见做法给出参考建议。

一、破产受理日当天的计息问题

◆争议焦点

《企业破产法》第四十六条第二款规定，附利息的债权自破产申请受理时起停止计息，对于“破产申请受理日”当天是否计息的问题存在争议。

◆实务裁判观点

对于“破产申请受理日”当天是否计息的问题，司法实践中存在不同做法。部分法院认为利息计算至“破产申请受理日”当天，部分法院认为利息计算至“破产申请受理日”前一天。

在司法实践中，部分案例认为利息应当计算至“破产申请受理日”当天。在“(2017）苏01民终11144号买卖合同纠纷上诉案[①]”中，法院认为，鉴于某区法院于2017年10月10日受理了A公司对B公司的破产清算申请，根据《企业破产法》第四十六条第二款规定，附利息的债权自破产申请受理时起停止计算，案涉款项的相应利息应计算至破产申请受理时止。最终判定，C公司应支付D公司价款884671.25元及利息（自2015年5月11日起，以303467元为基数计算至2016年9月30日止，此后的利息以403467元为基数计算至2017年10月10日止)。

在“（2017）豫04民终3885号买卖合同纠纷案”中，法院认为，某市人民法院已于2016年11月17日宣告受理债务人A公司的破产重整申请，并于同日决定由B律师事务所担任管理人。在本案债权范围的界定上，依据《企业破产法》第四十六条第二款规定，附利息的债权自破产申请受理时起停止计息。最终判定，C公司享有A公司的债权2712484.10元及资金占用费（资金占用费从2013年9月25日按中国人民银行同期同类贷款利率计算至2016年11月17日止)。

在“（2018）甘02民初5号普通破产债权确认纠纷案”中，法院认为，根据《企业破产法》第四十六条第二款的规定，附利息的债权自破产申请受理时起停止计息。法院于2017年2月28日裁定A公司破产申请，故对王某1、王某2主张的利息应自2014年11月1日起计算至2017年2月28日止。

在“（2017）苏民终1860号民间借贷纠纷上诉案”中，法院认为一审法院判决A公司就主债务人金某应支付给韩某的本金、利息及律师代理费承担连带清偿责任符合双方合同的约定，但鉴于2014年2月26日人民法院已裁定受理A公司的破产重整案，《企业破产法》第四十六条第二款规定，附利息的债权自

---

① 再审案件详见（2018）苏民申3231号。再审法院认为，该采购合同的签订虽经过了招投标程序，但不能仅凭招投标程序的存在即推定该采购合同必然系建设工程施工合同，亦不能根据设备安装调试完毕后的验收、审价方式来直接认定建设工程施工合同关系的存在。且讼争各方的法律关系应由人民法院根据合同性质及审理查明事实作出认定，不属于当事人自行处置的范围。因此，一、二审法院认定本案当事人之间符合买卖合同的法律特征，本案系买卖合同纠纷，并据此作出判决，并无不当，裁定驳回再审申请。

破产申请受理时起停止计息。因此，A 公司对案涉主债务利息的保证范围应计算至 2014 年 2 月 26 日止。

在“（2017）豫 96 民再 18 号民间借贷纠纷再审案”中，法院认为，根据《企业破产法》第四十六条第二款规定，附利息的债权自破产申请受理时起停止计息，王某某出借给 A 公司借款的利息应当从 2014 年 7 月 16 日起计算至 2016 年 3 月 9 日，即 A 公司申请破产受理时。

此外，最高人民法院在“（2016）最高法民终 286 号融资租赁合同纠纷上诉案”“（2004）民二终字第 248－1 号股权转让合同纠纷案”“（2016）最高法民终 233 号营业信托纠纷上诉案”及“（2014）皖民二初字第 00017 号民间借贷纠纷案[①]”中均判定利息计算至“破产申请受理日”当天。

但是，也有部分案例认为利息应当计算至“破产申请受理日”前一天。在“（2018）甘 02 民初 16 号普通破产债权确认纠纷案”中，法院查明，2017 年 2 月 21 日，本院依法受理 A 公司破产清算案，高某向 A 公司管理人申报了债权，2017 年 12 月 21 日管理人经审查对高某的债权不予确认。2018 年 1 月 5 日向本院提起诉讼。法院认为，依据《企业破产法》第四十六条第二款以及《最高人民法院关于审理民间借贷案件适用法律若干问题的规定》[②] 第二十九条规定，高某主张的逾期利息也应按年利率 24% 计算，应计算至受理破产申请的前一日。最终判定，高某主张第一笔 100 万元借款利息从 2014 年 3 月 22 日起至 2017 年 2 月 20 日止，按年利率 24% 计算共计 699333 元。主张第二笔借款利息从 2014 年 5 月 22 日起按年利率 24% 计算至 2017 年 2 月 20 日止，共计 1318667 元。

在“（2017）粤 01 民终 18601 号借款合同纠纷上诉案”中，法院查明其于

---

① 二审案件详见（2015）民一终字第 107 号。二审法院认为，在抵押登记制度不健全，抵押登记部门不准予将土地使用权抵押登记在自然人名下的情形下，A 公司和王某同意由 B 公司与 A 公司签订《土地抵押合同》，以 B 公司名义办理抵押登记，为 A 公司与王某之间的《借款合同》提供抵押担保，实质是 A 公司与王某为了履行双方之间的《借款合同》而作的一种交易安排。这样的交易安排体现了 A 公司与王某以案涉土地使用权为双方之间的借款提供抵押担保的真实意思表示，且不违反法律、行政法规的强制性规定。在没有信赖登记的善意第三人主张权利的情形下，应依据当事人约定来确定权利归属。一审判决认定本案抵押权与债权分离，王某对案涉土地使用权不享有优先权，属适用法律错误。因此撤销一审判决第四项，依法改判。

② 该司法解释于 2020 年已被修改。

2016年4月28日分别出具（2015）穗中法民破字第12号之一及（2015）穗中法民破字第14号之一《民事裁定书》，裁定受理A银行某支行对B公司及C公司的破产清算申请。关于案涉债务的利息是否应计至清偿之日止的问题，因《企业破产法》第四十六条第二款明确规定“附利息的债权自破产申请受理时起停止计息”，故案涉债务应自B公司的破产申请被受理之日起不再计算利息。因此该中院判定，一审法院判令B公司向D银行某分行支付截至2016年4月27日的利息，并无不当，二审予以维持。

在“（2018）甘02民初13号普通破产债权确认纠纷案”中，法院查明其于2017年2月21日受理A公司破产申请。法院认为，根据《企业破产法》第四十六条第二款的规定，附利息的债权自破产申请受理时起停止计息，对谭某主张的利息应自2016年8月16日起计算至2017年2月20日止（受理破产申请的前一日）共计5529元的利息债权予以确认，其余部分不予支持。

在“钱某、A公司、B公司建设工程施工合同纠纷案”中，法院审理认为，根据《企业破产法》第四十六条第二款的规定，附利息的债权自破产申请受理时起停止计息，本案建设工程未交付，工程价款也未结算，利息可按照中国人民银行公布的同期同类贷款利息标准从原告起诉之日2017年10月10日起算至2018年6月4日（本院受理破产申请的前一日）止，共计298585.92元。

此外，在“（2018）甘02民初14号普通破产债权确认纠纷案”中，法院认为，案涉货款的逾期付款损失根据中国人民银行同类贷款利率计算，自2013年10月24日起计算至2017年2月20日止（受理破产申请的前一日）。在“肖某诉A公司普通破产债权确认纠纷案”中，法院认为利息的起止时间应为从借款之日起至受理破产清算申请前一日止，即自2016年6月4日至2017年2月20日。

◆典型案例

1. A公司与B公司欠款、担保合同纠纷案

（2010）民二终字第104号

【案情简介】

● 某中级人民法院于2010年3月20日作出了（2010）深中法民七清算字

第3号民事裁定，裁定立案受理申请人C公司申请被申请人A公司破产清算一案，并指定A公司清算组为A公司管理人。

● 2009年3月16日，B公司以A公司未偿付《还款协议书》所确认的尚欠投资款和赔偿款，严重侵害其合法权益为由，向某市高级人民法院提起诉讼，请求判决：1. A公司立即清偿所欠其增资投资款1.6亿元和赔偿款1.4亿元，共计3亿元；2. A公司自2009年1月1日起对前述款项按每日千分之一的标准向B公司支付违约金，直至前述款项全部清偿之日止（违约金暂计至2009年3月3日为1860万元）。

【判决结果及理由】

最高人民法院判定，对于双方约定的违约金，原审法院在B公司未举证证明其因A公司违约行为所遭受实际损失和可得利益损失数额的情况下，按银行同期同类贷款利率4倍标准计算资金占用损失数额，明显过高，对此，本院调整为按照同期同类银行贷款利率标准计算。同时，因2010年3月20日某市中级人民法院（2010）深中法民七清算字第3号《民事裁定书》已裁定受理A公司破产清算一案，根据《企业破产法》的相关规定，除法律特别规定的外，破产申请受理后新发生的债权不属于破产债权，因此，对于按日计付的违约金应参照《企业破产法》第四十六条第二款的规定，自破产申请受理时停止计算，即A公司向B公司支付的违约金按照同期同类银行贷款利息计算，期限为自2009年1月1日起至2010年3月20日止。

2. A律师事务所等诉B公司等保证合同纠纷案

（2017）浙01民初904号

【案情简介】

● 某区法院于2016年11月1日受理债务人C公司破产申请，于2017年10月26日受理保证人B公司的破产申请。

● 本案原告D银行某支行应C公司的申请，开具了票面金额为人民币10530000元的电子银行承兑汇票。汇票到期后，C公司未按时足额支付票款导致D银行某支行垫付了票款。对垫付票款，双方约定从汇票到期日起转作逾期贷款，并按日万分之五计收逾期利息，逾期支付利息的按前述标准计收复利。被告B公司、徐某1、徐某2自愿为C公司在特定期间内向D银行某支行所负的债务提供最高额连带责任保证。

● 原告D银行某支行诉讼请求：一、判令B公司、徐某1、徐某2在各自约定的最高连带清偿责任债权余额22000000元范围内立即代偿C公司项下银行承兑汇票垫款人民币本金9988864.74元及利息1345445.12元。同时，鉴于被告B公司已经进入破产清算程序，D银行某支行变更对B公司的相应诉讼请求为：B公司在担保范围内且在破产清算的范围内承担担保责任，对B公司确认债权计算至破产受理之日止。

【判决结果及理由】

法院认为，鉴于D银行某支行未起诉主债务人C公司而起诉三位保证人，且作为保证人之一的B公司的破产申请于2017年10月26日被裁定受理，依据《企业破产法》第四十六条第二款“附利息的债权自破产申请受理时起停止计息”之规定，B公司支付的利息、复利应计算至2017年10月25日。据此，本院确认D银行某支行对B公司享有的担保债权为垫款本金人民币9988864.74元、利息人民币1588229.47元、复利人民币114589.75元，合计人民币11691683.96元。

◆管理人履职提示

破产债权的停息日确认，对债权人利益有直接影响。综上所述，司法实践中对于“附利息的债权自破产申请受理时起停止计息”的裁判结果不尽相同。“破产申请受理日”当天是否计息这一争议焦点可参考我国《民法典》第二百零一条第一款规定：“按照年、月、日计算期间的，开始的当日不计入，自下一日开始计算。”法院作出受理破产申请裁定一般以天为单位，《企业破产法》第四十六条第二款规定“自受理日起停止计息”可理解为从受理日次日停止计息，反向解释则为受理日当天应计算在计算利息的截止时间之内。[①]

从文义解释的角度以及考虑实践中的司法判例，本书倾向于认为破产受理

① 冯坚：《破产程序中利息债权审查问题研究》，法律出版社2019年版，第26页。

日当天计息、次日停息这一做法更为适宜。在实务操作中，就债权审查的具体问题，管理人可制定整体的债权审查标准，与审理法院进行充分沟通与交流后确认，作为债权审查工作的依据，以便管理人成员在审查中可以保持审查结果的一致性，充分维护债权人利益，做好管理人工作。

二、关联企业合并破产的停止计息日

◆争议焦点

在合并破产程序的附利息债权审查中，先后进入破产程序的关联企业应当如何确定停止计息时间点？

◆实务裁判观点

《全国法院破产审判工作会议纪要》认为："重整制度集中体现了破产法的拯救功能，代表了现代破产法的发展趋势，全国各级法院要高度重视重整工作，妥善审理企业重整案件，通过市场化、法治化途径挽救困境企业，不断完善社会主义市场主体救治机制。"且支持若法院认定"关联企业成员之间存在法人人格高度混同、区分各关联企业成员财产的成本过高、严重损害债权人公平清偿利益时"，则可例外适用关联企业实质合并破产方式进行合并重整的审理。

根据《企业破产法》第四十六条第二款规定："附利息的债权自破产申请受理时起停止计息。"且《全国法院破产审判工作会议纪要》第三十六条进一步指出："实质合并审理的法律后果。人民法院裁定采用实质合并方式审理破产案件的，各关联企业成员之间的债权债务归于消灭，各成员的财产作为合并后统一的破产财产，由各成员的债权人在同一程序中按照法定顺序公平受偿。采用实质合并方式进行重整的，重整计划草案中应当制定统一的债权分类、债权调整和债权受偿方案。"

然而，由于关联企业成员于不同时间点进入破产程序进行止息，后进入破产程序的关联企业成员势必在利息计算时长上优于先进入破产程序的关联企业，故关于附利息债权止息时点的确定在实践中产生了异议。

观点一：应当以最先进入破产程序的关联企业成员破产受理裁定作出之日作为申报债权止息时点。

此种观点持有者认为，破产程序的实质合并是将破产之多数关联企业视为一个企业，对各企业的资产和债务合并计算，并且消除各企业之间的债权债务和保证担保关系，将合并后的财产分配给集团整体上的债权人。《全国法院破产审判工作会议纪要》第三十二条规定，企业的合并破产需达到法人人格高度混同、区分各关联企业成员财产的成本过高。且《全国法院民商事审判工作会议纪要》第十条明确了，人格混同最根本的判断标准为是否具有独立意思和独立财产。即认为关联企业间关联关系足够密切、人格高度混同，可视为同一企业，若采取不同的止息时点，实则无法切实保障债权人的公平清偿。《企业破产法》中规定的受理日停息，本意在于对债务人进入破产程序时债权规模进行固定，管理人据此进行分配清偿。如果将停息日分别或者按照之后的合并裁定日计算，将使得债权规模始终处于不确定的状态，已完成的债权审查和确认工作将受到颠覆性影响。

不单因为采用了同一标准审核申报债权，能够公平清偿不同关联企业成员的债权人，后续其他时点更能够及时止息。关联企业在法院裁定其合并破产后，一般产生关联企业之间债权债务关系消灭、全部资产合并、全部债权统一清偿等效果，其本源为关联企业之间的混同等原因。虽然合并破产裁定在后作出，但关联企业整体资不抵债的实质判断可追溯至“最早裁定日”（能否基于合并裁定倒推关联企业在最早裁定日就已经资不抵债，笔者承认有讨论的空间），破产效果自应由此发生效力并及于后期合并的其他关联企业债权。

同时，统一债权利息计算方式可以有效避免关联企业债务规模扩大，提高债权人清偿率。关联企业合并破产中，全部资产统一用于清偿全体债权人，与此对应的债权在计算方式上不应有区别。如果按照各个企业裁定受理的时间分别确定停息日，受理在后的企业债权人一方面利息计算时间更长，且此部分更长时间的利息实质上将就受理在先的企业的资产受偿，此种结果对于后者的债权人有失公允。如果对同一笔债权关联企业之间有互保关系，则债权人将更倾向于向裁定时间更晚的企业主张债权。统一停息日可以鼓励关联企业加入破产程序，有利于破产保护功能的发挥。①

在司法实践中，也有部分人民法院采用本观点。在“（2018）川03民初72号普通破产债权确认纠纷一审案”中，人民法院最终认定原告A银行某支行对被告B公司享有的债权的停止计息日为第一家关联企业成员进入破产程序之时。

在“A公司等三家公司合并破产案件”中，破产管理人采取了相同的观点。2019年9月12日，某中院受理了债权人对A公司的破产清算申请。2020年2月17日，某区人民法院分别裁定受理了对B公司、C公司进行破产清算的申请。鉴于B公司、C公司为A公司的关联企业，2020年5月9日，某市中级人民法院在（2019）浙01破12号民事裁定书中裁定上述三家企业合并破产。其管理人在第一次债权人会议公告中声明，债权人在申报债权时，如申报的债权为附利息的债权，则应自A公司破产申请受理时停止计息。

最高人民法院在“（2019）最高法民申265号普通破产债权确认纠纷再审审查与审判监督民事案”中确认了此观点，认定再审申请人对被申请人A公司的利息债权以及所有与其合并破产的七家公司债权人利息均应计算至此合并破产案中第一家关联企业B公司破产受理的时间2015年9月15日，而非A公司的破产受理时间2016年11月21日。最高人民法院在裁定书中认为，A公司等七家关联公司资金使用和收益难以按各个企业进行区分，人财物高度混同，无法准确界定各企业资产、债权债务的对应性，构成法人人格高度混同，符合关联企业实质合并的要件。七家企业均不能清偿到期债务，本案进行合并破产清算，统一各个合并破产企业的普通债权清偿率，有利于保障债权人等各方当事人之间的实质公平，也有利于厘清各公司债权债务，提高破产清算效率。

在“（2019）鲁01民终5596号金融借款合同纠纷二审民事案”中，某市中院认为，债权的利息应计算至第一家关联企业A公司的破产重整申请裁定之日2018年9月14日，而非上诉人三家公司的破产重整裁定受理之日2018年11月9日，亦非裁定包括上诉人与A公司在内的18家企业合并重整裁定之日2018年12月6日。此外某区人民法院在“（2014）杭上商初字第1112号破产

① 王静、蒋伟：《实质合并破产制度适用实证研究》，载《法律适用·司法案例》2019年第12期。

债权确认纠纷案”中也持同样的观点。

通过案例分析发现，以第一家进入破产程序的关联企业裁定之日作为止息时点的破产案例中，最先进入破产程序的企业较多为所有关联企业中的核心企业。由于核心企业的资不抵债，牵连与其关联密切的关联公司进入破产程序。此观点虽较为容易实现，但仍有管理人在实务操作中存在异议的问题。例如，关于合并裁定前关联企业已在各自破产程序中作出债权确认的裁定，或在关联成员尚未进入破产程序的情况下，若其此时对外发生了普通债务，债权性质及效力的认定方面可能存在逻辑上的冲突等问题仍尚待解决。学界对于此也有较多争议，认为若硬性适用债权止息规则会导致利益失衡，如债权人面临债权受偿缩水等多种情况的出现。①

观点二：应以关联企业各自实际进入破产程序的受理裁定之日作为各自的止息时点。

有学者认为合并破产程序不应必然遵循《企业破产法》统一止息的相关规定。《企业破产法》引入了合并破产制度，然而关于破产债权的理论发展并未回应这一重大理念变革。我国《企业破产法》中破产程序开始后债权停止计息的规则，在实践合并破产的程序中规定得较为模糊，会引发实务层面的问题。对于此种争议的产生，有观点将其归因于“把实质合并破产的各关联企业视为一个组织合并后的统一企业，所以还衍生出诸如统一各实质合并破产企业的案件受理时间、统一债权停止计息时间、统一破产撤销权行使期间的计算起始日期等一系列伪命题，还出现不同观点的争议”，并给出相应的学界观点：“其实这些所谓的问题都是根本不存在的，由于实质合并破产不是企业的组织合并，所以只需按照关联企业各自实际进入破产程序的时间确定就可以了。”②

此部分观点持有人认为，实质合并并不代表否定关联企业自身的主体资格。③此方法按照法院对不同企业各自受理时间分别计算债权停息日有利于企业破产

---

① 项赟：《警惕关联企业实质合并破产的法律风险》，载《中国农村金融》2019 年第 2 期，第 58－59 页。

② 王欣新：《〈全国法院破产审判工作会议纪要〉要点解读》，载《法治研究》2019 年第 5 期。

③ 张莉鑫：《关于在实质合并案件中确定处理各关联企业事务起止日的法律分析》，载《法制与社会》2020 年第 10 期。

重整后主体资格的保留。

四川省高院持有此观点，其在印发的《关于审理破产案件若干问题的解答》第五条认为，在处理债权审查时的止息日时，应当按照债务人与关联企业各自进入破产程序的时间分别确定，并在债权人会议中予以释明。

在“A 公司等四公司合并重整案”中，某中院以各个关联企业破产申请受理时点的 2015 年 12 月 4 日作为止息时点，而非合并重整裁定作出之日的 2017 年 2 月 17 日。在“（2019）豫 0204 民初 734 号租赁合同纠纷一审民事案”中，某区人民法院认定，债权人的债权应截至被告被裁定受理破产清算申请之日，即 2017 年 4 月 12 日。

观点三：以作出合并破产裁定之日作为止息时点。

此方法将法院裁定合并破产之日作为多家企业进入破产的“真正时间”，并且和合并后统一清产核资、统一审查认定债权、统一分配的效果相协调。此种观点的持有者认为实质合并破产的案件，是将在先受理的破产案件予以吸收，并非重新启动另一件独立的破产案件。从实质合并破产后，法律程序中有且仅有一个破产案件。基于同一顺位的全部债权人公平受偿的原则，从实质合并破产受理裁定作出之日起停止计息更为合理。[①] 其背后原理为合并破产由于存在对被合并关联企业的主体资格的否定，需要将上述关联企业的资产、债权、债务统一计算和清偿，这必然会涉及被合并关联企业中中小股东的利益问题，特别是被合并的关联企业从个体上并没有存在破产原因，其股东还存在一定利益，其势必会对由于控股股东原因导致被合并破产提出强烈的抗议和反对。从目前的法律制度和法律价值均衡上看，中小股东和债权人都是民商法律制度中的弱势群体，同样需要更多的关注和保护。[②] 在“（2018）鲁 0305 民初 3614 号破产

① 徐凯、卢逸：《MHP 君悦评论 | 债券类债权破产申报中的计算》，载微信公众号“君悦律师事务所”，https：//mp. weixin. qq. com/s？ src = 11&timestamp = 1599910377&ver = 2580&signature = V2dxKcElUwe5Xztfh8MJN8aUUfp7vqWObYObnOl35YmbfLsPdgEdZrVHD - FvfLcrFrHNZ4f6sFNSH7CAcHzMxxEt tikdyTssuQ88Wag108VBJPBDjyN07ydIAV7UaU - v&new = 1，2020 年 9 月 12 日最后访问。

② 徐伟民：《关联企业合并破产相关法律问题初探》，载微信公众号“法中律国”，https：//mp. weixin. qq. com/s？ src = 3&timestamp = 1599910499&ver = 1&signature = vTm5PyEJ * AYbnJPdqRktyj106nwTbHVSToOTX * Yvmo90HmkYJJgJ1lwASPYeBtGitcJ - hCD9Hv6B8shI7X4k9Rtuz34OSK0qeWZkzKUDd6tOu16gfSjGU2aCXZCdn0HfU3 - NEwAMjXmguLFcT6ZcOw = =，2020 年 9 月 12 日最后访问。

债权确认纠纷一审民事案[①]”中，某区人民法院认为债权的利息应计算至2017年6月30日，即A公司等24家企业合并重整裁定作出之日。

观点四：应当以最后进入破产程序的关联企业成员破产受理裁定作出之日作为申报债权止息时点。

在笔者进行法律检索过程中，发现有极少数观点认为合并破产案中的止息日应当以最后进入破产程序的关联企业破产裁定作出之日作为债权止息时点。在“（2018）浙01民初4553号民间借贷纠纷一审民事案[②]”中，被告A公司管理人根据最有利于债权人原则，将停止计息的时间截至最后一家关联企业“B公司”的重整受理日，即2018年4月12日，且某市中级人民法院在本案判决对于此止息时点予以认可。

由此可知，目前学界关于重整程序中确定停止计息日的观点尚未统一，现行法律的相关规定也较为模糊。笔者认为应当给予合并破产重整的关联企业及其管理人较大的自由空间，结合企业的实际情况，较为灵活地运用合并破产的程序，从而达到最大限度维护债权人利益、拯救企业、保障职工民生问题等各方利益共赢的目的。

◆典型案例

1. A银行某支行与B公司、C公司普通破产债权确认纠纷一审案

（2018）川03民初72号

【案情简介】

● 2015年4月29日，B公司与原告签订一份《人民币流动资金贷款合同》，B公司向原告借款人民币1500万元。

● 2017年6月21日，某市中级人民法院裁定受理了C公司的破产重整

---

① 二审案件详见（2020）鲁03民终99号。二审法院认为，一审确认的上诉人上诉提出异议的“事实”，与其在一审提交的“某自治区国土资源厅采矿权抵押备案通知书、土地他项权证、动产抵押登记书”所载内容一致，故其对一审关于事实确认的异议，本院不予支持。故驳回上诉，维持原判。

② 二审案件详见（2020）浙民终145号。二审法院认为，上诉人A公司提出被上诉人B公司提供担保有过错的上诉理由，依法成立。原判认定事实清楚，但实体处理部分不当，因此部分改判。

申请。

● 2017 年 11 月 15 日，某区人民法院作出（2017）川 0191 民初 6065 号《民事判决书》，判决 B 公司于判决生效之日起十日内偿还 A 银行某支行借款本金及利息。

● 2018 年 1 月 25 日，某市中级人民法院裁定受理 B 公司、D 公司等公司破产重整申请，且并入 E 集团破产程序，一并进行破产重整。

● 2018 年 3 月 15 日，原告按照《企业破产法》第四十六条第二款之规定，以 2018 年 1 月 25 日为停止计息日向管理人申报了债权。

● 2018 年 3 月 30 日，原告按照管理人的通知，管理人暂未确认原告债权，并明确告知原告无论债务人是先裁定破产的 E 集团还是之后裁定破产的 B 公司、D 公司等子公司，停止计息日均为 E 集团被裁定受理破产之日。

● 2018 年 4 月 3 日，原告向管理人提交了《关于 E 集团及子公司破产重整中对我行债权确认的异议》，要求管理人以 2018 年 1 月 25 日作为停止计息日对原告债权进行确认。

● 2018 年 4 月 10 日，管理人针对原告前述的异议向原告发送了一份《通知》，告知原告：管理人对原告债权利息计算的截止日期应按某市中级人民法院裁定 C 公司破产重整的日期 2017 年 6 月 21 日。

● 原告起诉至人民法院。

【双方争议】

原告认为，按照《企业破产法》第四十六条第二款“附利息的债权自破产申请受理时起停止计息”之规定，虽然 B 公司、D 公司系 E 集团全资子公司，但从公司法角度讲，三个公司是相互独立的法人主体，其所涉债务利息应当按照前述法律规定，分别计算至法院裁定受理破产申请之日止，即 E 集团债权停止计息日应为 2017 年 6 月 21 日，B 公司、D 公司债权停止计息日应为 2018 年 1 月 25 日。另外，合并破产重整仅是在程序上一并处理 E 集团及其子公司的破产重整事宜，但其各自债权的确认应当依法单独进行。管理人基于三个公司间的投资、控制关系及合并重整的原因，即将 B 公司、D 公司债务利息计算截止日提前至 E 集团破产受理之日，违反法律规定。

【判决结果及理由】

某市中级人民法院认为，本案的争议焦点为原告A银行某支行对被告B公司享有的债权的停止计息日为2017年6月21日还是2018年1月25日。B公司是C公司的子公司，具有独立法人资格。然而某中院于2018年1月25日作出(2017)川03破字第3-1号民事裁定，受理其申请破产重整申请，并裁定申请人B公司、D公司等纳入C公司合并重整，认定由于C公司以其为母公司的生产经营模式，使B公司等关联企业丧失了法人财产独立性与法人意志独立性，不具备公司独立法人人格。

原告A银行某支行认为虽然B公司、D公司系C公司全资子公司，但从公司法角度讲，三个公司是相互独立的法人主体，其所涉债务利息应当按照《企业破产法》第四十六条第二款“附利息的债权自破产申请受理时起停止计息”之规定，分别计算至法院裁定受理破产申请之日止，即C公司债权停止计息日应为2017年6月21日，B公司、D公司债权停止计息日应为2018年1月25日。原告的理由已失去本案的具体事实依据。

因此某中院认为原告A银行某支行对被告B公司享有的债权的停止计息日为C公司的破产重整申请之日，即最先进入破产程序的关联企业成员破产申请受理之时。

2. A公司等四公司合并重整案

【案情简介】

● A公司、B公司、C公司及D公司四家公司（以下合称四公司）系关联公司，均系某市本地从事房地产开发、公共场所经营、物业管理等业务的老牌企业。

● 受到市场经济波动和自身发展瓶颈的影响，四公司逐步陷入了债务困境，四公司开发的以某别墅项目为代表的一批住宅房产、商业地产、写字楼、酒店、旧城改造等重点项目陆续因资金链断裂而陷入停滞。

● 2015年12月4日，该市中院依法分别裁定受理A公司、B公司、C公司和D公司的破产重整申请，并通过公开竞争聘任的方式，指定E清算事务所担任四家公司重整案件的管理人。

【案件难点】

● 截至2015年年底，四公司累计账面负债规模已超过100亿元，账面资产不足28亿元且绝大部分设置了担保物权，全部工程基本陷入停工状态。

● 四公司债权人人数达到近500人，涉及购房户近100户，涉及员工超过100人。

● 四公司进入重整程序时已经处于严重资不抵债状态，寻求重组方的难度较大。并且四公司债权人会议各表决组均未通过分别制订的重整计划草案。

【判决结果及理由】

2017年2月17日，该市中院根据债务人股东的申请，以四公司已严重丧失独立公司应有的财产独立性和意志独立性，为人格高度混同的关联公司为由，裁定四公司合并重整。管理人根据重组F公司提交的方案制订了四公司重整计划草案提交债权人会议表决，该草案创新性地针对不同利益需求的债权人提供了延期清偿、打折清偿等不同的方案供其选择，最大限度地保障了债权人利益满足和公平对待。其后，四公司召开债权人会议及出资人会议对重整计划草案进行表决。各表决组均表决通过重整计划。目前，该市中院已裁定批准重整计划。

本案以各个关联企业破产申请受理时点，分别确定各案债权停止计息的时间点。这样既与企业破产法的规定相一致，也使得各债权人因破产程序启动所受到的影响趋同，相对合理且公平。但对于管理人撤销个别清偿以及对无效行为的判断，应以最先受理的关联企业破产申请时点作为起算的时点，以最大限度保证债务人财产安全、确保债权人公平受偿的权利，最大限度地维护和实现全体债权人的合法权益。①

---

① 陈向科：《【以案说法】关联公司合并重整的几点探索与思考——以创成等四公司合并重整案为例》，载微信公众号“某市中级人民法院”，https：//mp. weixin. qq. com/s？src = 11&timestamp = 1599910571&ver = 2580&signature = 58gtlvvq8 - QGEiGW9LD9q4utZh8Bhaq8kY - MdAUdGS2nam * Men27ebssy29 * yu-JnJgSVkxpH4zvCU1DufwlZiYEc - 4ICdwTPMDDNTeSQS * AeR5idZQLg - zwqNxHwn0xy&new = 1，2020年9月12日最后访问。

◆管理人履职提示

我国现行的《企业破产法》实则并未对合并破产程序的停止计息日作出明确的相关规定。由于破产重整程序不同于《企业破产法》传统意义上的破产程序，其拥有通过多个关联企业的实质合并可以提高重整的司法效率，使分开的营业资源有效整合，给企业整体重整或营业整体出售带来价值提升与操作便利，实现破产的经济效率，也可以更有力地保障企业挽救成功的目的与需求。①

因此对于管理人而言，应当结合企业实际，灵活地运用合并破产的程序。若最先进入的关联企业为核心企业，管理人可选择以第一家企业进入破产程序的裁定之日作为止息时点。若整个合并破产程序中，各方认为当下的合并破产程序倾向于对关联企业人格的否定，可选择以合并裁定作出之日作为止息时点。若认为合并破产程序中各关联企业人格虽有混同但仍应保留各自人格存在，则管理人以各关联企业各自进入破产程序的时点作为各自的止息时点，各自计算利息。同时如实践中存在将裁定最后一家关联企业进入破产之日作为止息时点的情况，管理人可根据企业实际情况，以尽力盘活企业为目的，预估不同计算方法下债务人的财产安全及债权人的受偿情况，权衡选择兼顾盘活企业的同时最大限度地维护各方合法权益的止息时点。

三、合同解除后损害赔偿请求的范围

◆争议焦点

《企业破产法》第五十三条规定，管理人或者债务人依照本法规定解除合同的，对方当事人以因合同解除所产生的损害赔偿请求权申报债权。但是《企业破产法》并没有对损害赔偿请求的范围进行规定，实践中易产生争议。

---

① 王欣新：《〈全国法院破产审判工作会议纪要〉要点解读》，载《法治研究》2019 年第 5 期。

◆实务裁判观点

因管理人选择解除合同，合同相对人可将损害赔偿作为债权申报。依据《企业破产法》第五十三条的规定，若管理人解除合同给相对方造成损失，相对方可以将损失作为债权申报。《最高人民法院关于审理企业破产案件若干问题的规定》第五十五条[①]规定纳入破产债权的损失以实际损失为计算原则，违约金不作为破产债权，定金不再适用定金罚则。但是由于其颁布于《企业破产法》实施前，司法实践中对期待利益、违约金、双倍定金是否属于损害赔偿的范围持不同观点。

（1）关于损害赔偿范围是否包括期待利益

一种观点认为，作为债权申报的损害赔偿范围仅限于实际损失，不包括期待利益。[②]《企业破产法》赋予管理人特殊的解除权，目的在于减轻债务人的负担，如果允许合同相对人主张包括合同利益损失在内的所有损害，则解除合同与履行合同没有实质区别，这将会违背立法初衷。《最高人民法院关于审理企业破产案件若干问题的规定》已指出损害赔偿请求权以实际损失为计算原则。此外，破产程序侧重于维护破产财产最大化，如《企业破产法》第四十六条第二款规定："附利息的债权自破产申请受理时起停止计息。"债权的利息是订立合同时可以预见的最有可能发生的因违反合同而产生的损失，按照"举重以明轻"的法理，则损害赔偿债务应以实际损失为限，不包含预期利益损失。

实践中也有部分法院支持此种观点。在"（2018）京 01 民终 3933 号 A 公司与 B 公司普通破产债权确认纠纷二审案"中，法院认为对于原告所主张的可得利益损失，因被告已进入破产清算程序，依据《企业破产法》相关规定对该部分损失不予赔偿，可以作为债权申报的损失应以实际发生的损失为准。在"（2017）川民终 834 号 A 公司、B 公司破产债权确认纠纷二审案"中，法院认

---

① 《最高人民法院关于审理企业破产案件若干问题的规定》第五十五条规定："下列债权属于破产债权：……（五）清算组解除合同，对方当事人依法或者依照合同约定产生的对债务人可以用货币计算的债权……以上第（五）项债权以实际损失为计算原则。违约金不作为破产债权，定金不再适用定金罚则。"

② 《中华人民共和国企业破产法》起草组：《〈中华人民共和国企业破产法〉释义》，人民出版社 2006 年版，第 186 页。

为因管理人或债务人依照《企业破产法》的规定解除合同而产生的损害赔偿责任，应以弥补对方当事人的直接、实际损失为限，一般不应包含对方的可得利益损失。

在“（2019）苏1282民初568号A公司与B公司破产债权确认纠纷一审案”中，法院认为，破产法律规定管理人或者债务人依照《企业破产法》规定解除合同的，对方当事人可以因合同解除所产生的损害赔偿请求权申报债权。破产法律特别规定管理人或债务人有解除破产企业未履行的合同之权利，目的就是要减轻破产企业的负担。因此，因合同解除受到的损害，应为因合同解除实际发生的损害，且损失额不超过违反合同一方订立合同时预见到或者应当预见到的因违反合同可能造成的损失。原告主张合同违约金、预期可得利益等损失，未提供充分证据证明，且不属于订立合同时应当预见到的实际损失，因此不予支持。

类似案例还有“（2017）浙0421民初2909号A公司与B公司普通破产债权确认纠纷一审案”“（2018）最高法民申4639号A公司、B公司机动车交通事故责任纠纷再审案”“（2015）祥民初字第1104号马某某、王某与A公司破产管理人破产债权确认纠纷一审案”“（2019）浙04民终2178号韩某、A公司普通破产债权确认纠纷二审案①”。

另一种观点认为，在确定损害赔偿的范围时可以考虑将期待利益纳入其中。《合同法》第九十七条②规定，合同解除后，当事人有权要求赔偿损失。《合同法》第一百一十三条第一款③规定，当事人一方不履行合同义务或者履行合同义务不符合约定，给对方造成损失的，损失赔偿额应当相当于因违约所造成的

---

① 再审案件详见（2020）浙民申839号。再审法院认为，原审生效判决适用法律正确，审理程序并无不当，再审申请人提出的再审申请事由不能成立，裁定驳回再审申请。

② 对应《民法典》第五百六十六条，合同解除后，尚未履行的，终止履行；已经履行的，根据履行情况和合同性质，当事人可以请求恢复原状或者采取其他补救措施，并有权请求赔偿损失。合同因违约解除的，解除权人可以请求违约方承担违约责任，但是当事人另有约定的除外。主合同解除后，担保人对债务人应当承担的民事责任仍应当承担担保责任，但是担保合同另有约定的除外。

③ 对应《民法典》第五百八十四条，当事人一方不履行合同义务或者履行合同义务不符合约定，造成对方损失的，损失赔偿额应当相当于因违约所造成的损失，包括合同履行后可以获得的利益；但是，不得超过违约一方订立合同时预见到或者应当预见到的因违约可能造成的损失。

损失，包括合同履行后可以获得的利益，但不得超过违反合同一方订立合同时预见到或者应当预见到的因违反合同可能造成的损失。在企业破产的情形下，管理人选择解除合同也属于不履行合同义务或履行合同义务不符合约定的情形，如果合同履行后可以获得的利益不能作为破产债权，对无过错的合同相对人是极其不公平的。有学者认为，即使允许合同相对人主张包括履行利益在内的损害，由于合同相对人的损害赔偿请求权作为普通破产债权，而管理人决定继续履行合同时合同相对人的权利为共益债权，因而不会出现解除合同与履行合同没有实质区别的结果，也不会妨碍管理人行使解除权。①

在“（2014）鄂鹤峰民初字第00775号A公司、中国人民武装警察部队水电B总队与C公司破产债权确认纠纷一审案”中，法院认为，依照《合同法》第一百一十三条②规定，原告对三大主标合同未履行部分存在预期利润的损失，应当作为债权予以申报。在“（2017）沪0115民初2075号A公司与B公司破产债权确认纠纷一审案”中，法院认为，根据《企业破产法》的相关规定，管理人或者债务人解除合同的，对方当事人以因合同解除所产生的损害赔偿请求权申报债权。该债权应以实际损失为计算原则。关于原告的实际损失问题，原告主张被告赔偿38万元的损失金额实际就是合同约定的对价金额，在其中扣除尚未实际发生的运费8500元和原告应纳税金（6.46万元）后，就是系争标的物的造价成本和原告可以取得的相应利润。因为标的物已经实际完成并符合交付条件，所以原告的主张中包含了相应的利润，亦未超过上述法律规定。在“（2016）苏1182民初3678号A公司与B公司破产债权确认纠纷一审案”中，法院认为，原告与被告签订购销合同，向被告出售钢丝绳，期待从中获取合同利益，但因管理人解除合同而无法实现。虽现将合同剩余钢丝绳出售给第三方，但其仅得价款138630元，与原合同金额630943元比较，尚有损失492313元。原告诉讼要求对该损失予以确认，法院最终支持该项诉讼请求。

在“（2015）辽民三终字第00250号A律师事务所与B公司破产债权确认

---

① 刘颖：《反思〈破产法〉对合同的处理》，载《现代法学》2016年第3期，第60页。

② 对应《民法典》第五百八十四条，当事人一方不履行合同义务或者履行合同义务不符合约定，造成对方损失的，损失赔偿额应当相当于因违约所造成的损失，包括合同履行后可以获得的利益；但是，不得超过违约一方订立合同时预见到或者应当预见到的因违约可能造成的损失。

纠纷二审案”中，法院认为可以根据《企业破产法》第五十三条及《合同法》第一百一十三条[①]就预期利润损失申报债权。但是原告A所称该项诉讼请求的标的是指如果另案诉讼请求全部得到支持并全部得到执行后，根据风险代理约定的比例收取的代理费用。预期利益又称可得利益，具有未来性、期待性、一定的现实性。它是当事人订立合同时能够合理预见到的利益，只要合同如期履行，可得利益就会被当事人所得到。因此该代理费既不是实际损失也不是预期利益损失，不能确认为破产债权。类似案例还有“（2012）嘉平商初字第512号飞潮（××）××技术有限公司与浙江××硅业××司破产债权确认纠纷一审案”。

通过上述分析可以发现，实践中并未全部遵循《最高人民法院关于审理企业破产案件若干问题的规定》第五十五条的规定，仅将实际损失纳入损失赔偿范围，而是存在不同做法。

（2）关于损害赔偿范围是否包括违约金

一种观点认为违约金可以作为债权申报。管理人解除合同实质上属于未完全履行合同义务的违约行为，应按照双方的约定承担相应的违约责任，违约金属于违约责任的一种方式，合同相对人有权主张。从立法的发展来看，2002年《最高人民法院关于审理企业破产案件若干问题的规定》将违约金债权排除在破产债权范围之外，但2007年新修订的《企业破产法》却并未将该司法解释规定上升为法律规定。因此，违约金可以作为债权申报。

在司法实践中，有的案例将违约金纳入损害赔偿的范围并作为债权申报，没有将损害赔偿范围严格限制为实际损失。在“（2019）浙0110民初12755号A公司、B公司破产债权确认纠纷一审案”中，法院认为，根据双方当事人签订的合同第六条第（三）项的约定，被告B公司给原告造成损失的，须向原告支付1万元违约金，实际损失超过违约金部分的，应当据实赔偿。被告未及时恢复原状，导致房屋占用，应赔偿超过违约金的损失。另外，根据合同约定，

① 对应《民法典》第五百六十六条，合同解除后，尚未履行的，终止履行；已经履行的，根据履行情况和合同性质，当事人可以请求恢复原状或者采取其他补救措施，并有权请求赔偿损失。合同因违约解除的，解除权人可以请求违约方承担违约责任，但是当事人另有约定的除外。主合同解除后，担保人对债务人应当承担的民事责任仍应当承担担保责任，但是担保合同另有约定的除外。

任何一方提前解除本合同的，需向另一方支付违约金人民币 200 万元。现案涉合同因被告 B 公司破产而提前解除，被告 B 公司应承担相应的违约责任。结合双方约定的委托经营期限、回报利益金额、合同的履行情况、被告的过错程度及案涉店铺实际损失等，破产企业也应当支付合同提前解除的违约金。

也有案例根据实际情况将违约金作适当调整。在“（2009）绍商初字第 1155 号张某某与 A 公司破产债权确认纠纷一审案”中，原告认为租赁合同约定租赁期间如因对方原因造成协议不能履行，应向守约方支付违约金 500000 元。破产企业认为违约金因超过原告因租赁合同解除造成的损失，故要求法院予以调整。法院认为，根据合同的履行情况、当事人的过错程度以及预期利益等综合因素，确定破产企业应支付的违约金为 375000 元。“（2016）津 0114 民初 11040 号崔某某与 A 公司、B 公司普通破产债权确认纠纷一审案”中，法院认为，租赁合同中虽约定了如超期未交付房屋双倍返还租金，但该条款实际为违约条款，原告对于其损失未有证据提交，被告 B 公司亦提出违约金约定过高，结合被告 B 公司的破产情况，故对于原告的该部分诉讼请求，法院酌情支持以交款时间及金额为基础，按年利率 24% 计算至本院受理 B 公司破产清算一案之日止。

有的案例区分惩罚性与补偿性违约金，将补偿性违约金纳入赔偿范围，实质上仍以实际损失为原则计算损害赔偿的范围。在“（2017）皖 1502 民初 6443 号刘某某与 A 公司破产债权确认纠纷一审案”中，B 仲裁委员在裁决书中裁决被告应支付给原告违约金，被告认为依据《最高人民法院关于审理企业破产案件若干问题的规定》应认定违约金不作为破产债权。法院认为“以实际损失为计算原则，违约金不作为破产债权，定金不再适用定金罚则”，其中不作为破产债权的违约金应指惩罚性违约金和未发生实际损失的违约金，如果是补偿性违约金而且相对人有实际损失的，该违约金可以作为损失计算方法而成为破产债权的组成部分。仲裁裁决的违约金符合当时的法律规定，属于被告违约后逾期偿还原告借款后应继续承担的利息损失，故其不具有惩罚性，而是对原告实际损失的补偿。此外，本案中的违约金系原告申请仲裁且已经生效仲裁裁决所确认，而非因清算组解除合同违约而产生的赔偿。因此法院最终认定该笔违约金可以作为破产债权。

另一种观点认为，纳入破产债权的损失以实际损失为计算原则，不包括违约金。① 设置违约金条款的目的是督促责任人履行合同义务。但是在破产程序中，为保障破产企业财产的最大化，赋予管理人对待履行合同的解除选择权。此种情形下，管理人解除合同不同于《民法典》合同编中所规定的单方解除。因此，不能凭合同约定的违约金条款获得超过实际损失的利益，违约金不得作为破产债权申报。

其中，有的案例明确将违约金排除在损害赔偿的范围外，以实际损失为原则确认损害赔偿范围。在“（2017）川民终834号A公司、B公司破产债权确认纠纷二审案”中，法院认为因管理人或债务人依照《企业破产法》的规定解除合同而产生的损害赔偿责任，应以弥补对方当事人的直接、实际损失为限，一般不应包含对方的可得利益损失。应将原告主张的损失数额扣除其中不合理的部分，如无具体指向的“其他费用150万元”，无实际发生依据的“已签合同违约金99.5万元”。在“（2017）苏1282民初1240号A公司与B公司普通破产债权确认纠纷一审案”中，法院认为清算组解除合同，对方当事人依法或者依照合同约定产生的对债务人可以用货币计算的债权为破产债权，以实际损失为计算原则。违约金不作为破产债权。在“（2018）鄂2802民初2521号吕某某与A公司破产债权确认纠纷一审案②”中，双方约定，如解除合同，违约金按解除合同时市场房价上涨幅度计算并返还已付房款和相对应的（4倍银行同期商业贷款利率）损失。法院认为，进入破产清算程序后管理人依法解除了涉案合同，原告主张按房价涨幅0.9倍计算损失不予支持，被告只需支付原告资金占用损失。类似案例还有“（2018）赣0421民初1483号A公司与B公司普

---

① 李永军：《论破产管理人合同解除权的限制》，载《中国政法大学学报》2012年第6期。

② 二审法院作出（2018）鄂28民终2561号民事裁定书，裁定撤销原判，发回重审。发回重审后，一审法院作出（2019）鄂2802民初1451号民事判决书，吕某某仍不服该判决，向二审法院提起上诉。二审案件详见（2019）鄂28民终2250号。一审法院认为，管理人以合同约定日万分之九的违约金过高为由，直接以同期银行贷款基准利率，从原告支付第一期房款的2014年1月21日开始计算，两份合同的违约金共计12.430833万元。因《商品房买卖合同》第九条约定的违约金为日万分之九，超过法律规定的最高利率标准，管理人按照同期银行的贷款基准利率计算其违约损失并无不当，本院依法对管理人的债权登记表的利息计算方式予以确认。二审法院认同此观点，驳回上诉，维持原判。

通破产债权确认纠纷一审案”。

对于确认补偿性违约金与损害赔偿范围仅包括实际损失而不包括违约金的观点，从其本质来说差异不大，即无论是否支持违约金的申报，均不对超过实际损失的违约金进行确认。一般情况下，违约金与实际损失不应当同时主张。如对同一违约事实同时适用约定违约金和损失赔偿，则违约金的赔偿将超过造成损害的数额，违约责任则具有惩罚性，不符合“补偿性为主，惩罚性为辅”原则。《全国法院破产审判工作会议纪要》中对于“补偿性为主，惩罚性为辅”原则也更为明晰，认为破产财产依照《企业破产法》第一百一十三条①规定的顺序清偿后仍有剩余的，可依次用于清偿破产受理前产生的民事惩罚性赔偿金、行政罚款、刑事罚金等惩罚性债权。将惩罚性的赔偿金作为劣后债权。

仅确认补偿性违约金而非惩罚性违约金的原因还在于：第一，惩罚性违约金是对当事人不履行约定的制裁，与损失无必然关系。第二，破产程序中，破产财产属于全体债权人，若将惩罚性赔偿金纳入，其惩罚的对象已不再是违约方破产企业，而是全体债权人。第三，补偿性违约金可以纳入债权申报范围。因为其主要功能之一在于弥补守约方因违约方违约所遭受的损失，实质上与实际损失密切相连。②

因此，综合司法解释、地方规定以及实践中的司法裁判观点，在合同中约定了违约金的情况下，债务人破产导致合同解除，债权人就此违约金向管理人进行申报的，管理人也应仅认定违约金中不超过实际损失的部分，即补偿性违约金，且违约金与实际损失不应当重复确认。

（3）关于定金是否按照定金罚则确认债权

有的案例认为在破产程序中，定金不再适用定金罚则。在“（2019）湘06

① 对应《民法典》第五百六十六条，合同解除后，尚未履行的，终止履行；已经履行的，根据履行情况和合同性质，当事人可以请求恢复原状或者采取其他补救措施，并有权请求赔偿损失。合同因违约解除的，解除权人可以请求违约方承担违约责任，但是当事人另有约定的除外。主合同解除后，担保人对债务人应当承担的民事责任仍应当承担担保责任，但是担保合同另有约定的除外。

② 最高人民法院民事审判第二庭：《企业改制、破产与重整案件审判指导》，法律出版社2015年版，第224页。

民终2137号A公司、钟某某商品房预售合同纠纷二审案”中，法院认为，本案所涉商品房预约合同系双方未履行完毕的合同，管理人自破产申请受理之日起两个月内未通知钟某某继续履行合同，该合同应视为解除。依照《最高人民法院关于审理企业破产案件若干问题的规定》第五十五条规定：“下列债权属于破产债权：……（五）清算组解除合同，对方当事人依法或者依照合同约定产生的对债务人可以用货币计算的债权……以上第（五）项债权以实际损失为计算原则。违约金不作为破产债权，定金不再适用定金罚则。”因此，本案中某公司返还钟某某购房定金应为10万元而不是20万元。

在“（2019）鲁10民终2961号王某某、A公司破产债权确认纠纷二审案”中，法院根据《最高人民法院关于审理企业破产案件若干问题的规定》第五十五条第二款规定，违约金不作为破产债权，定金不再适用定金罚则。法院认为该规定的意图在于保护其他债权人的利益，破产时申报的债权应以实际发生的损失申报，违约金及罚息属于未产生实际损失的部分。确认王某某对A公司享有定金20000元及该定金自交纳之日起至自A公司破产申请受理时的期间按中国人民银行同期贷款利率计算利息的债权。

在“（2019）湘1230民初423号陆某某与A公司普通破产债权确认纠纷一审案”中，法院认为，被告A公司已于2018年5月28日进入了破产重整程序，破产管理人已宣布解除定购合同，案涉债权应以实际损失为计算原则，定金不再适用定金罚则。

也有的案例在当事人双方有关于定金罚则约定的情况下，支持了双倍返还定金的主张。在“（2020）鲁01民终665号A公司与B公司等普通破产债权确认纠纷二审案”中，因合同有对双倍返还定金的明确约定，法院支持了合同相对方关于双倍返还定金的主张，关于A述称的除向A承担双倍返还定金责任外，B还应承担逾期交房的违约责任及利息的意见，因《置换协议书》中仅将B应返还的款项限定为已付购房款及双倍定金返还责任两部分，并未约定B还应承担其他违约责任或利息损失，双方既已选择适用定金罚则，A再行要求B承担赔偿其他违约损失不应支持。

对于定金在破产债权确认中是否适用定金罚则，司法实践中存在一定争议。

笔者认为，应当首先根据破产受理法院所在地的相关规定判断。如根据深圳的规定，定金不再适用定金罚则，以实际损失计算；而根据北京的规定则可就双倍定金进行申报。如无地方具体规定，从“补偿性为主，惩罚性为辅”原则的角度，加倍的定金应当属于惩罚性赔偿，破产债权的认定不适用定金罚则。2002 年《最高人民法院关于审理企业破产案件若干问题的规定》的规定也与之相符。

（4）关于实际损失的举证

对于损失数额的认定，应依照“谁主张、谁举证”的证明原则，管理人解除合同给相对人造成的损失，由主张赔偿损失的相对人负责举证。如果相对人无法提供证据证明损失的发生，则不应得到支持。“（2018）鲁 16 民终 1728 号 A 公司、B 公司破产债权确认纠纷二审案”中，原告向管理人申报债权，主张债权的依据是合同解除后还应承担资金占用利息损失和产品拆解损失。法院认为，上诉人主张的资金占用费是以全部合同价款减去定金为基数计算而来的，其中包含合同利润，而该利润系合同完全履行的预期收益，而非被上诉人实际占有其资金。因上诉人未能举证证明利润的数额或比例，故对其主张的资金占用费不予支持。关于产品拆解损失，系上诉人自己核算的数额，且在一审法院限定的期间内未申请对此进行司法鉴定，故对该项损失不予确认。在“（2019）沪 0117 民初 12748 号 A 公司与 B 公司普通破产债权确认纠纷一审案”中，法院认为，关于损失的金额问题，虽然原告提供了相应的合同、收据、付款记录及其明细清单等，但清单中关于房顶彩钢板项目、道闸项目、监控项目、变压器改造项目、电力设备调试项目，原告并未提供相应的付款凭证或收据等，该部分装饰装修款 356500 元，本院难以认定。

事实需要证据证明，对于证明事实的证据需要满足合法性、客观真实性、关联性的条件。证据的合法性，指证据的形式以及证据的来源符合法律的规定。证据的真实性，指一份证据的形成过程客观真实，不是出具证据的一方有意伪造的。证据的关联性，指证据事实应当与待证事实存在联系。关于合法性，实践中少有争议。原、被告双方及法院重点关注证据的真实性与关联性。

为了保证证据的真实性，避免一方伪造，有的案例中依据第三方机构的评估报告确定损失大小。在“（2016）桂04民初32号A公司与B公司破产债权确认纠纷一审案”中，依据资产评估公司对损失项目的评估报告，法院认为被告解除合同造成的损失应为年产30万吨再生铜冶炼工程配套制氧站项目的投资总额减去气站现有残值，并扣减原告正常使用期间产生的折旧即该站于2012年8月1日至2015年1月的折旧，加上制氧站拆除及搬迁气站费用的结果，数额为46722600元。在“（2018）鲁1626民初1137号A公司与B公司破产债权确认纠纷一审案”中，法院根据原、被告均无异议的A公司出具的鲁华盛鉴字（2018）51号财产价值司法鉴定意见书，最终认定原告在履行涉案合同过程中的损失数额。在“（2016）云民终716号刘某某与A公司破产债权确认纠纷二审案”中，原告认为被告应赔偿其装饰装修及设施、设备、经营用品经济损失，应以评估价值计算，但被告主张损失应为装修改造、设施设备的变价损失。法院认为，承包人投入的装修改造、设施设备等，不属于债务人的破产财产。管理人出于变现破产财产需要，对承包人投入的装修改造、设施设备进行了评估，评估结果客观体现了该部分投入的实际价值，且管理人和承包人都认可，刘某某对该损失的发生无过错，拍卖过程中发生升值、贬值的后果应由债务人承担，均与刘某某无关，因此损失金额应当确认为23839040元。拍卖结果事实上产生了贬值，贬值部分如果让原告承包人承受，则加重了守约方责任，有失公允，也没有事实及法律依据。类似案例还有“（2018）鲁1626民初783号A公司与B公司破产债权确认纠纷一审案”“（2013）衡中法民二初字第6号A市房产管理局与B公司破产债权确认纠纷一审案”。

相对人提供的证据应当与证明损失发生的事实存在联系，若证据缺乏关联性，则无法证明损失大小。在“（2019）鲁0104民初3202号A公司与B公司破产债权确认纠纷一审案”中，A公司可就因合同解除所产生的损害赔偿请求权申报债权，但B公司认为其所提供的证据与待证事实缺乏关联性。法院认为，A公司在管理经营B中央花园项目期间，必然产生日常费用支出，对沙盘维修、厨房改造亦属于经营管理期间产生的合理费用，且A公司提交证据证实了上述费用已实际支付，因B公司未提交相反证据证明上述费用存在不合理支出，故对A公司主张的日常费用、沙盘维修费、厨房改造费，予以支持。在“（2017）

苏0282民初9752号A公司与B公司普通破产债权确认纠纷一审案”中，法院认为，B公司的逾期供货行为实际上给A公司造成了一定损失，但A公司关于工程工期延误、工人窝工、机械停滞等损失的证据均系其单方证据，且A公司未能举证证明上述工期延误等损失与B公司逾期供货违约行为之间的关联性，故对A公司主张的损失不予支持。

◆**典型案例**

1. C公司、B公司机动车交通事故责任纠纷再审案

（2018）最高法民申4639号

【案情简介】

● 1999年，A汽运司与B公司签订了《联合迁建合同》，后B公司组织施工进场做场坪和挡土墙工程。

● 2001年2月，A汽运司职工大会通过了企业“关闭销号”的改制方案，经批准于2001年5月8日成立了A汽运司清算组。

● 2002年1月23日，A汽运司清算组给B公司送达《关于解除〈联合迁建合同〉的函》，称B公司除完成挡土墙工程外，工地已停产数月，仍未进入实质性房建施工，从即日起解除《联合迁建合同》，由清算组全面接管工地等。

【双方争议】

双方争议焦点之一为如何确定赔偿损失的范围。

B公司主张其损失范围为应获项目开发利润、占用资金利息、国家补偿款及工地财产等。

A汽运司主张赔偿范围以实际损失为准。

【判决结果及理由】

依照当时的《企业破产法》第二十六条之规定，对破产企业未履行的合同，清算组可以决定解除或者继续履行。清算组决定解除合同，另一方当事人因合同解除受到损害的，其损害赔偿额作为破产债权。故B公司对2002年1月24日A汽运司清算组发函解除合同虽不同意，但清算组织有法定的合同解除权。根据《合同法》第九十七条①之规定："合同解除后，尚未履行的，终止履行；已经履行的，根据履行情况和合同性质，当事人可以要求恢复原状、采取其他补救措施，并有权要求赔偿损失。"B公司因合同解除而受到的损害应以此前已经履行完毕的场坪和挡土墙工程为实际损失，后续上升工程尚未动工，应终止履行，故只能认为B公司对完全履行合同有一定的期待利益，不能将尚未动工的全部房地产项目均认定为B公司的合法财产。

2. A公司、B公司破产债权确认纠纷二审案

（2017）川民终834号

【案情简介】

● 2013年9月25日，A公司与B公司签订了《A750热轧带钢卷生产线设备供货合同》。

● 2013年12月23日，A公司致函B公司要求合同暂停实施。B公司于2013年12月24日回函，表示B公司已经全部停止为A公司生产750热轧机的工作；并载明停止生产前，B公司已经做的工作。吴某某作为A公司委派人员的身份及其与B公司人员共同签字确认的案涉项目现场清对情况。此后，B公司没有将约定货物交给A公司，A公司因企业破产也未支付货款。

● 2014年1月2日，B公司制作《B关于A750mm热连轧机项目产生费用》。

● 2014年7月25日，C县人民法院受理A公司破产清算一案，并于同日指定D律师事务所为管理人。2014年9月3日，A公司根据《企业破产法》的规定，向B公司发函称："要求解除与B公司之间的《供货合同》，并要求B返还A公司预付款580万元。"

● 双方对债权确认存在争议，遂诉至法院。一审法院认为A公司在未与B公司协商一致，且不具备法定解除条件的情况下，单方行使合同解除权，其行为违反了双方合同约定，对由此给B公司造成的损失应当予以赔偿。根据B公司2014年相关费用计算表确认B公司的损失。

---

① 对应《民法典》第五百六十六条第一款，合同解除后，尚未履行的，终止履行；已经履行的，根据履行情况和合同性质，当事人可以请求恢复原状或者采取其他补救措施，并有权请求赔偿损失。

【双方争议】

双方的争议之一为 B 公司的损失金额如何确定。

A 公司主张一审判决仅以 B 公司的相关费用计算表为依据，判令 A 公司赔偿损失 9705470 元，认定事实明显不当。

B 公司主张其对损失情况提交了证据，并进行了说明，A 公司如持有异议，应提交证据予以反驳，而该公司并未举证。

【判决结果及理由】

首先，二审法院认定本案合同是管理人行使合同解除权而予以解除的。2013 年 12 月 23 日，A 公司即致函 B 公司，要求合同暂停实施；B 公司于同月 24 日回函 A 公司，称其已全部停止生产，并要求对方确认已完成的工作量。从该往来函件的内容可以看出，A 公司当时只是提出合同暂停履行，而并无解除合同的明确意思表示。

其次，二审法院认为依法成立的合同受法律保护，一方因可归责于自己的原因解除合同，致使另一方受到损害的，应当赔偿另一方的损失。本案审理中，双方当事人对因 A 公司自身的原因单方解除合同，给 B 公司造成了一定损失，A 公司应予以适当赔偿的基本事实不持异议。

最后，二审法院针对损失金额的确定问题，其中包括已完工作量的确定及其费用的计算依据问题进行分析。

法院认为 B 公司主张其已完工作量的主要证据，是其于 2013 年 12 月 24 日发给 A 公司的回函和经由吴某某签字确认的项目现场清对情况。对于后者，A 公司因不认可吴某某的身份而不予确认。对此，本院认为吴某某系 A 公司委派人员的身份能够确定。第一，根据双方往来函件，在 A 公司提出合同暂停履行，B 公司回函要求 A 公司派员核对确认其已完工作量，并表明如不派员核对或答复，将视同同意其提出的工作量的情形下，A 公司派员进行核对确认，符合情理和交易常态，在时间节点上也是吻合的。此后，双方未再就此有信函往来或其他协商确认行为，也可在一定程度上反映双方已对此形成一致。第二，前述 A 县人民法院和 B 市中级人民法作出的相关判决书中，已认定了 A 公司吴某某与 B 公司王某某对合同履行情况进行了现场清对的事实。依照《最高人民法院关于适用〈中华人民共和国民事诉讼法〉的解释》第九十三条[①]的规定，已为人民法院发生法律效力的裁判所确认的事实，除非当事人有相反证据足以推翻的以外，应当予以认定。而本案中，A公司并未提交任何相反证据证明其主张。据此，吴某某作为A公司委派人员的身份及其与B公司人员共同签字确认的案涉项目现场清对情况的真实性应予以认定，其足以证明B公司已完工作的基本事实成立，并应以此作为确定B公司损失大小的依据。

在核对确认B公司已完工作量后，双方当事人未就其费用等问题再进行协商并达成一致，其原因应在于A公司。B公司在本案中提出的损害赔偿债权数额的计算依据，为其单方制作的费用计算表。一审法院直接以其作为裁判依据，确属不当，但另外，在因可归责于A公司自身的原因解除合同，B公司为履行合同已完成部分工作且工作量已得到确认，其因对方解除合同已遭受损失，而A公司进入破产程序后，双方已难以协商确定损失数额且管理人已明确表示不予确认的情况下，如果仅以其主张的损失数额依据不足为由驳回该公司的全部诉请，将导致其合法权益不能依法及时获得救济，既与案件事实不符，也明显于法不合并有失公允。

因管理人或债务人依照破产法的规定解除合同而产生的损害赔偿责任，应以弥补对方当事人的直接、实际损失为限，一般不应包含对方的可得利益损失。本案B公司单方制作的项目产生费用表虽不能直接作为确定损失数额的依据，但其分列的费用细目能够与经双方当事人核对确认的现场清对情况载明的具体已完工项目大体对应，其计算费用涉及的项目是客观存在的，只是缺乏明确的计费标准，可以在综合考虑相关因素的基础上，扣除其中不合理的部分，如无具体指向的“其他费用150万元”，无实际发生依据的“已签合同违约金99.5万元”。一方面，形成本案纠纷的原因清楚明确，A公司理应赔偿因其解除合同

① 《最高人民法院关于适用〈中华人民共和国民事诉讼法〉的解释》第九十三条，下列事实，当事人无须举证证明：（一）自然规律以及定理、定律；（二）众所周知的事实；（三）根据法律规定推定的事实；（四）根据已知的事实和日常生活经验法则推定出的另一事实；（五）已为人民法院发生法律效力的裁判所确认的事实；（六）已为仲裁机构生效裁决所确认的事实；（七）已为有效公证文书所证明的事实。前款第二项至第四项规定的事实，当事人有相反证据足以反驳的除外；第五项至第七项规定的事实，当事人有相反证据足以推翻的除外。

给B公司造成的实际损失，且在本案诉讼中，A公司虽否认B公司的权利主张，但并未就此举证。另一方面，B公司在本案中的举证也不充分，由此增大了对相关问题判断确认的难度，应根据其举证情况适当体现其责任。基于此，本院酌定B公司的债权为600万元。

◆**管理人履职提示**

因管理人解除双方均未履行完毕的合同致使合同相对方受到损失的，合同相对方向管理人申报债权主张损害赔偿，关于损害赔偿的认定范围，主要包括期待利益、违约金、定金的认定，实践中做法不一。

（1）对于期待利益是否可以纳入损害赔偿的范围，无论是理论界还是实务界均存在争议。较多案例支持按照实际损失计算，期待利益不纳入损失范围。（2）对于违约金是否纳入赔偿范围也存在争议，综合司法解释、地方规定以及实践中的司法裁判观点，在合同中约定了违约金的情况下，因管理人解除合同，债权人就此违约金向管理人申报债权的，管理人也应仅认定违约金中不超过实际损失的部分，即补偿性违约金，且违约金与实际损失不应当重复确认。（3）对于定金罚则是否继续适用，司法实践中存在一定争议，地方规定也不尽相同，应当首先根据破产受理法院所在地的相关规定判断。如根据深圳的规定，定金不再适用定金罚则，以实际损失计算；而根据北京的规定则可就双倍定金进行申报。如无地方具体规定，从“补偿性为主，惩罚性为辅”原则的角度，加倍的定金应当属于惩罚性赔偿，破产债权的认定不适用定金罚则。2002年《最高人民法院关于审理企业破产案件若干问题的规定》的规定也与之相符。

综上，无论是期待利益、违约金还是定金的认定，其核心问题是是否仅将实际损失纳入损害赔偿范围。从立法目的来看，《企业破产法》赋予管理人特殊的解除权，目的在于减轻债务人的负担，如果允许合同相对人主张包括合同利益损失在内的所有损害，则解除合同与履行合同没有实质区别，将会违背立法初衷。对于惩罚性违约金和双倍定金，是对当事人不履行约定的制裁，与损失无必然关系，如果确认该部分，则不符合“补偿性为主，惩罚性为辅”的原则。实践中的普遍做法是以实际损失为原则确定损害赔偿范围。

管理人在处理损害赔偿的认定时，建议首先依照当地法院的规定或与法官沟通，确定损害赔偿的范围。部分地方出台了关于债权审查以及破产案件审理的相关规范，如《北京市高级人民法院企业破产案件审理规程》规定，损害赔偿额的计算以实际损失为原则，不能以合同约定的违约金申报债权。《深圳市中级人民法院关于印发〈破产案件债权审核认定指引〉的通知》规定，债权数额按照解除合同产生的实际损失认定。《深圳市律师协会律师担任破产案件管理人债权申报及审查业务指导标准》[①] 规定，申报的债权包含违约金、定金的，以实际损失为限。

另外，管理人应当严格审核证明实际损失发生的证据，要求债权人提供充分证据证明损失实际的发生，从证据是否合法、真实，是否与待证事实有关联性，是否能形成完整的证据链等方面进行严格核查。对于无法证明实际发生的损失，管理人可以不予确认。当双方对损失数额认定不同且无法协商一致时，可考虑聘请第三方独立机构对实际损失情况进行认定。

四、迟延履行的加倍利息是否属于破产债权

◆争议焦点

破产案件受理前债务人因未履行生效法律文书而产生的迟延履行的加倍利息是否属于破产债权？认定为何种性质？

◆实务裁判观点

根据《民事诉讼法》第二百五十三条规定：“被执行人未按判决、裁定和其他法律文书指定的期间履行给付金钱义务的，应当加倍支付迟延履行期间的债务利息。被执行人未按判决、裁定和其他法律文书指定的期间履行其他义务的，应当支付迟延履行金。”迟延履行加倍利息部分在破产程序中的性质认定上，实务中尚存在争议，我国现行法律并未予以明确界定。

《最高人民法院关于审理企业破产案件若干问题的规定》第六十一条第一

① 见 http://www.cslawyer.cn/article/article_8121.htm。

款规定："下列债权不属于破产债权：……（二）人民法院受理破产案件后债务人未支付应付款项的滞纳金，包括债务人未执行生效法律文书应当加倍支付的迟延利息和劳动保险金的滞纳金……"由此，最高人民法院明确了在人民法院受理破产案件后产生的滞纳金不属于破产债权。

《最高人民法院关于适用〈中华人民共和国企业破产法〉若干问题的规定（三）》第三条明确规定："破产申请受理后，债务人欠缴款项产生的滞纳金，包括债务人未履行生效法律文书应当加倍支付的迟延利息和劳动保险金的滞纳金，债权人作为破产债权申报的，人民法院不予确认。"

在《深圳市律师协会律师担任破产案件管理人债权申报及审查业务指导标准》第十三条中也明确了，不属于破产债权的有：人民法院受理破产案件后债务人未支付应付款项的滞纳金，包括债务人未执行生效法律文书应当加倍支付的迟延利息和劳动保险金的滞纳金。①

然而，现行有效法律文件并未对在受理破产案件前因债务人迟延履行产生的加倍利息是否属于破产债权明确予以认定。在司法实践中，破产债权纠纷类案件在审判中存在"同案不同判"的情况。

第一种观点认为在受理破产案件前产生的加倍利息不属于破产债权。《民事诉讼法》第二百五十三条所规定的"应当加倍支付迟延履行期间的债务利息"体现出立法机关为了维护生效判决约束力，而对债务人未尽履行责任的惩罚性措施。《企业破产法》的立法宗旨是在债务人不能全额清偿所有债务时，通过立法的手段进入集体清偿程序，从而达到保护债权人公平受偿的目的。企业进入破产程序时，财产客观上不具有全部清偿的能力，因此若将惩罚性的加倍利息认定为破产债务，实则最终的承受者是全体债权人，因此与破产法的立法宗旨相悖。②

在 2019 年《最高人民法院关于适用〈中华人民共和国企业破产法〉若干问题的规定（三）》颁布之前，审判实践中很多以《最高人民法院关于审理企业破产案件若干问题的规定》第六十一条为依据，认定破产前的加倍利息不属于破产债权。深圳中院、江苏高院等地方法院还颁布了关于破产案件审理中债

① 来源自 http://www.cslawyer.cn/article/article_8121.htm，2021 年 6 月 9 日最后访问。
② （2016）粤 03 民初 2446 号民事判决书。

权的认定规程，以统一该地区在司法实践中对破产债权的认定标准。

深圳市中级人民法院于2017年发布的《破产案件债权审核认定指引》第五十四条明确规定，债权人申报的下列债权不予认定：（二）债务人未履行生效法律文书应当加倍支付的迟延利息和劳动保险金的滞纳金。同时第五十六条规定：管理人应当按照生效法律文书确定的方法计算迟延履行期间的利息，但债务人未履行生效法律文书应当加倍支付的迟延利息除外。生效法律文书未确定给付迟延履行期间利息的，迟延履行期间不计算利息。

同年，江苏省高级人民法院民事审判第二庭发布的《破产案件审理指南（修订版）》中关于上述争议焦点的规定与深圳市中级人民法院持有相同的观点。江苏省高级人民法院在指南第七部分破产债权及清偿顺序第一条中声明债务人未执行生效法律文书应当加倍支付的迟延利息和劳动保险金的滞纳金不属于破产债权。

在"（2018）粤民终1777号破产债权确认纠纷二审案[①]"中，一审法院认为迟延履行的加倍利息不应认定为破产债权。破产程序是债务人不能全额清偿债务引发的集体清偿程序，目的在于保护破产债权人公平受偿的权利。对于加倍延迟利息是否保护，应从破产分配的公平受偿角度加以考量。因此，若将惩罚性债权列为破产债权，则该惩罚实际上转嫁给全体债权人。且若持有生效法律文书的债权人可以获得加倍延迟利息，对未持有生效法律文书的债权人显失公平，违反了民法公平原则。同时，《最高人民法院关于审理企业破产案件若干问题的规定》第六十一条第一款第（二）项中规定的滞纳金带有惩罚性质，因此应解读为带有惩罚性质的债权应排除于破产程序之外，不作为破产债权受偿。

在《最高人民法院关于适用〈中华人民共和国企业破产法〉若干问题的规定（三）》实施后，实践中仍存在大量对破产申请受理前产生的加倍利息性质认定的分歧。在上述曹某与A公司的破产债权确认纠纷中，一审判决书中关于破产债权的确认部分援引《最高人民法院关于审理企业破产案件若干问题的规

---

① 再审案件详见（2019）最高法民申4786号。再审法院认为，在破产案件中，债务人欠付的滞纳金不属于破产债权范围，包括破产申请受理前，债务人因未履行生效法律文书而应加倍支付的迟延利息，亦不属于破产债权范围。因此，曹某关于未履行生效法律文书应当加倍支付的迟延利息属于破产债权的主张，于法无据，本院不予支持，驳回再审申请。

定》第六十一条第一款第（二）项。《最高人民法院关于适用〈中华人民共和国企业破产法〉若干问题的规定（三）》于2019年3月28日施行后，某省高级人民法院于2019年7月20日作出“驳回上诉，维持原判”的判决，并在判决书中援引了《最高人民法院关于适用〈中华人民共和国企业破产法〉若干问题的规定（三）》。即“（2008）粤民终1777号破产债权确认纠纷二审案”判决书中，二审法院认同一审法院的观点，且表明《最高人民法院关于适用〈中华人民共和国企业破产法〉若干问题的规定（三）》第三条中“破产申请受理后，债务人欠缴款项产生的滞纳金，包括债务人未履行生效法律文书应当加倍支付的迟延利息和劳动保险金的滞纳金，债权人作为破产债权申报的，人民法院不予确认”并不能反推出“破产申请受理前产生的该条所述的滞纳金、加倍支付的迟延利息可确认为破产债权”的结论。终审判决驳回上诉，维持原判。

在“（2019）辽0212民初3607号破产债权确认纠纷一审案”中，某区人民法院同样支持破产申请受理之前已经产生的迟延履行加倍利息不属于破产债权，且驳回了原告关于确认迟延履行期间加倍债务利息的请求。某区人民法院的观点则结合了《企业破产法》第四十六条与《最高人民法院关于审理企业破产案件若干问题的规定》第六十一条第一款第（二）项，认为在《企业破产法》已规定破产申请受理后不会产生迟延履行加倍利息情形下，该条司法解释（《最高人民法院关于审理企业破产案件若干问题的规定》第六十一条）中“债务人未执行生效法律文书应当加倍支付的迟延利息”即应指破产申请受理之前已经产生的迟延履行加倍利息，依据该条解释规定原告主张的迟延履行加倍利息不属于破产债权。

第二种观点认为应将受理破产案件前产生的加倍利息认定为普通破产债权。在司法实践中，广东高院也曾就受理破产案件前债务人未付应付款项的滞纳金是否应当确认为破产债权请示过最高人民法院，最高人民法院的答复肯定了破产前发生的加倍债权利息属于破产债权。

同时，一部分观点认为，对于破产申请受理前加倍支付的迟延利息，虽然具有惩罚性质，但由于符合破产债权的成立条件，故应按照破产债权申报。[①]

① 王欣新：《论破产程序中劣后债权的清偿》，载《人民法院报》2018年第7期。

在“（2018）最高法民再25号破产债权确认纠纷再审案”中，最高法在判决书中明确指出申请人A公司关于未履行债务部分，根据《民事诉讼法》第二百五十三条，自债务履行期限届满之日至进入破产重整程序的加倍债务利息应予确认为普通债权。

在“（2018）浙07民终4084号破产债权确认纠纷二审案”中，某市根据《最高人民法院关于审理企业破产案件若干问题的规定》第六十一条第一款第（二）项认为人民法院受理破产案件后债务人未支付应付款项的滞纳金，包括债务人未执行生效法律文书应当加倍支付的迟延利息和劳动保险金的滞纳金，不属于破产债权。故人民法院受理破产案件之前，已经产生的债务人未履行生效法律文书应当加倍支付的迟延利息，属于破产债权的范围，最终将此部分确认为普通破产债权。

在“（2019）苏0585民初5341号破产债权确认纠纷一审案”中，某市人民法院根据《最高人民法院关于适用〈中华人民共和国企业破产法〉若干问题的规定（三）》第三条认为破产申请受理以前债务人应当加倍支付迟延履行期间的债务利息并无相关规定，因此反推出属于破产债权的结论：该司法解释（《最高人民法院关于适用〈中华人民共和国企业破产法〉若干问题的规定（三）》第三条）规定了法院破产申请受理以后债务人未履行生效法律文书应当加倍支付的迟延利息不作为破产债权，而对法院破产申请受理以前债务人应当加倍支付迟延履行期间的债务利息是否属于破产债权并未作出相应的规定。据《企业破产法》第四十六条第二款规定，附利息的债权自破产申请受理时停止计算。因此，从调解书确定的履行期限起至破产申请受理之日止的加倍支付迟延履行期间的债务利息计42266.25元属于破产债权。

同样，一部分法院在司法实践中将最高人民法院给广东省高级人民法院的《关于人民法院受理破产案件前债务人未付应付款项的滞纳金是否应当确认为破产债权请示的答复》中的“破产债权”理解为普通破产债权处理。在“（2019）鲁16民终1938号破产债权确认纠纷二审案”“（2019）皖11民终2561号破产债权确认纠纷二审案”“（2019）皖1622民初4404号破产债权确认纠纷一审案”“（2019）闽0628民初1979号破产债权确认纠纷一审案”等案件皆在判决中援引了最高人民法院给广东省高级人民法院的《关于人民法院受理破产案件前债务人未付应付款项的滞纳金是否应当确认为破产债权请示的答复》，认定受理破产案件前债务人未履行生效法律文书应当加倍支付的迟延利息属于普通破产债权。

第三种观点认为应将受理破产案件前产生的加倍利息认定为劣后债权。中国人民大学法学院破产法研究中心主任王欣新教授对直接将加倍利息认定成普通债权提出了假设："在某些特殊情况下，也可能因市场变化导致其财产大幅增值，从而在清偿全部债务后仍有剩余财产，如房地产企业的土地、房屋价值暴涨，企业所持股票价值大幅上涨等。实践中已出现极少数此类案例。此时如将剩余财产分配给对违法行为可能负有责任的股东，而不交纳罚款等惩罚性债权，显然会放纵违法行为，是不公正的。"①

虽有司法实践的案例，但是直接将此部分加倍利息认定为普通破产债权也有其明显弊端。正如前文第一种观点的持有者深圳中院等所言，若直接将受理破产案件前产生的加倍利息与普通破产债权列为同一顺位进行清偿，不但有悖于《企业破产法》的立法宗旨，且违反了民法的公平原则。因此，用"一刀切"的方式将此部分加倍利息直接认定为不属于破产债权或直接认定为普通债权，在理论与司法实践上皆存在较大弊端。随着最高人民法院 2018 年印发了《全国法院破产审判工作会议纪要》，我国劣后债权制度初现雏形。

当今两大法系破产法中，破产分配顺位一般为优先债权、普通债权和劣后债权三个层次。劣后债权是指根据当事人约定或法律规定，在分配顺位上居于优先债权和普通债权之后，只有在破产财产清偿优先债权和普通债权后仍有剩余时，才能获得清偿的债权。这在英美法系中被称为"次级债权"，而在大陆法系中多被称为"劣后债权"。

"次级债权"，又称"深石原则"（Deep – Rock Doctrine）。源自美国判例法的泰勒诉标准煤气电力公司案②。在该案中，美国法官依据"公平"原则，突破了公司独立和股东有限责任的界限，对传统的债权平等观念进行了修正，在

---

① 王欣新：《论破产程序中劣后债权的清偿》，载《人民法院报》2018 年第 7 期。

② Taylor v. Standard Gas&Electric Co. 306 U. S. 307 (1939).

特定情况下将控制企业的债权劣后其他债权。[①]“衡平居次原则”既体现了此债权平级于次级债权的地位，也体现了普通债权优于次级债权受偿的原则。

劣后债权制度同样存在于德国、日本等破产相关法律较为健全的大陆法系国家。《德国支付不能法》规定劣后债权包括“罚金、罚款、秩序罚和执行罚以及使行为人负有金钱支付义务的犯罪行为或违反秩序行为而引起的此类从属效果”。[②]《日本破产法》第九十七条第六款将罚金、罚款、刑事诉讼费用、追征金和行政罚款的请求权列为劣后债权。[③]

最高人民法院的《全国法院破产审判工作会议纪要》，对全国各级法院在从事破产法相关的司法实践中起到了指导作用。《全国法院破产审判工作会议纪要》第二十八条规定：“……对于法律没有明确规定清偿顺序的债权，人民法院可以按照人身损害赔偿债权优先于财产性债权、私法债权优先于公法债权、补偿性债权优先于惩罚性债权的原则合理确定清偿顺序。因债务人侵权行为造成的人身损害赔偿，可以参照企业破产法第一百一十三条第一款第一项规定的顺序清偿，但其中涉及的惩罚性赔偿除外。破产财产依照企业破产法第一百一十三条规定的顺序清偿后仍有剩余的，可依次用于清偿破产受理前产生的民事惩罚性赔偿金、行政罚款、刑事罚金等惩罚性债权。”

有学者认为《全国法院破产审判工作会议纪要》第二十八条初步建立了劣后债权制度。且在《全国法院破产审判工作会议纪要》的这一规定中，虽然没有使用劣后债权的概念，也没有对劣后债权制度作出全面的构建，一些在法律性质上应属劣后的债权也未全部提及，但其提出的惩罚性债权劣后于普通债权受偿的清偿顺序，为解决司法实践中的诸多难题确立了基本原则。[④]

劣后债权本意是指虽属破产债权范围，但劣后于普通债权受偿的债权。[⑤]如德国学者所指出的那样，劣后债权被纳入破产程序进行处理的原因并不是这

---

① 孙向齐：《我国破产法引入衡平居次原则的思考》，载《政治与法律》2008 年第 9 期。

② 见杜景林、卢谌：《德国支付不能法》，法律出版社 2002 年版，第 24 页。

③ 参考《日本破产法》原文。

④ 王欣新：《〈全国法院破产审判工作会议纪要〉要点解读》，载《法制研究》2019 年第 5 期。

⑤ 邹海林：《破产法——程序理念与制度结构解析》，中国社会科学出版社 2016 年版，第 7、201、211、365 页。

部分债权人有望获得份额——实际情况往往是普通债权都得不到完全受偿，原因是为了让这些债权人也来遵守适用于全体破产债权人的规定，特别是关于破产程序排除个别执行程序的规定等。[①] 可见，其是最后参与破产财产分配的一类债权。通常情况下，劣后债权一般得不到受偿，这是由破产财产的有限性和劣后债权的最后受偿地位决定的。之所以规定劣后债权，是因为这部分破产债权如果优先受偿，或者与普通破产债权一同受偿，会损害实质公平。实质公平与形式公平在破产债权受偿顺序设计上有不同的表现。后者单纯地按照债的平等属性将全体债权在同一顺序按比例受偿。[②] 然而由于《全国法院破产审判工作会议纪要》仅为指导作用，并无约束力，因此体现实质公平要求的劣后债权制度的缺失是明显的立法缺陷。[③] 且由于我国破产法目前并未对该问题作出相关的规定，此观点中对“劣后债权”仅为对加倍利息在破产程序中清偿顺序的确定，而非准确地定义债权性质。

在“（2019）浙05民终1748号普通破产债权确认纠纷二审案”中，二审法院虽维持了一审法院的判决，但是在二审判决书中法官明确指出：“在破产受理之日前因未履行生效判决而产生的加倍支付的迟延利息，其性质为民事惩罚性赔偿金，属于公法性债权，不能认定为优先债权或者普通债权，其应当劣后于普通债权清偿。”并指出：“一审将破产受理前产生的迟延利息未认定为破产债权确有欠妥当，一审法院应指导管理人将该部分迟延利息作为劣后性债权予以确认。”

前文中曹某与A公司关于破产债权的纠纷中，2019年，曹某作为再审申请人（一审原告、二审上诉人）向最高人民法院申请启动再审。最高人民法院在（2019）最高法民申4786号民事裁定书中虽驳回了曹某的再审申请且不予支持曹某关于认定未履行生效法律文书应当加倍支付的迟延利息属于破产债权的主张，但在裁定书中直接援引了《全国法院破产审判工作会议纪要》第二十八条，确认了惩罚性债权应劣后于普通债权受偿的清偿顺序。

---

① ［德］莱因哈德·波克：《德国破产法导论》，王艳柯译，北京大学出版社2014年版，第34页。

② ［日］畑宏树：《享有劣后的破产债权的债权人之间的实质平等》，上智法学1998年版，第302－303页。

③ 郭丁铭：《我国破产债权受偿顺序之完善》，载《昆明理工大学学报》（社会科学版）2013年第2期，第48－57页。

在“（2019）浙05民终269号普通破产债权确认纠纷二审案”中，A支行在一审中要求法院确认B公司迟延履行利息为破产普通债权，一审法院认为B公司未履行上述生效判决加倍支付的迟延履行利息属于民事惩罚性赔偿金，应劣后于普通债权进行清偿。故对A支行要求确认该部分为普通债权的诉讼请求不予支持。随后二审法院维持了原审法院的判决。

在“（2019）浙06民终2823号破产债权确认纠纷二审案”中，某市中院认为争议的焦点为迟延履行期间的加倍部分债务利息在破产程序中是否应当确认为优先债权。在判决书中，合议庭认为案涉加倍部分债务利息属于民事惩罚性债权。加倍部分债务利息是对迟延履行行为和妨碍民事诉讼行为的制裁和惩罚，敦促被执行人自觉履行判决、裁定等法律文书所确定的义务，并警戒其他人不再发生类似的违法行为，其债权性质属于民事惩罚性债权。且重申了《企业破产法》的核心应为保护全体债权人的公平，因此若视加倍部分债务利息为优先债权或普通债权予以偿付不仅致债权人之间利益明显失衡，且有将债务人所受之惩罚转嫁全体债权人之嫌，明显违反了破产分配公平清偿的原则，因此应当劣后清偿。合议庭进一步解读了《全国法院破产审判工作会议纪要》第二十八条，认为该条款主要包含三层内容：一是法律没有明确规定清偿顺序的债权的清偿顺序，二是因债务人侵权行为造成人身损害形成的债权的清偿顺位，三是关于破产受理前产生的惩罚性债权清偿顺位的特别规定。因此，案涉迟延履行期间的加倍债务利息系破产债权，但应当劣后于普通破产债权清偿。

在“（2017）京01民初237号破产债权确认纠纷一审案”中，某市第一中级人民法院在判决书中指出迟延履行的加倍利息并非用于弥补债权人的损失，而是通过增加债务人负担从而督促债务人及时履行义务，避免债务人因此而获得不当得利。并认为该利息系以惩戒和遏制为主，在性质上属于对迟延履行行为所采取的制裁行为，并警戒他人不再发生类似行为。并在随后从权力基础、诉讼程序、执行程序等不同角度讨论了对于迟延加倍利息的定义：从权利基础来看，迟延加倍利息具有法定性，其产生的基础是债务人不履行生效法律文书确定的金钱给付义务，而不是各种优先受偿的权利。在诉讼程序中，迟延加倍利息是法院在法律文书中依职权添加的，并非基于当事人的约定或请求而产生。

在执行程序中，依职权计算迟延加倍利息亦是法院主动实施的执行措施，而不论申请执行人是否主张。最后，表达了对于赋予惩罚性债权与普通债权同样清偿顺序将降低处于同一清偿顺序的其他普通债权的清偿率，导致将对债务人的惩罚转嫁给其他普通债权人，使其他普通债权人对该惩罚性债权承担责任，从而违反了《企业破产法》规定的公平受偿原则，也超出了破产程序弥补债权人实际损失的目的。

在“（2018）苏0623民初4843号破产债权确认纠纷一审案”中，某县人民法院虽然在判决书争议焦点二的部分提出：“在企业破产案件中，若将此迟延履行利息作为破产债权执行，则无异于是将对破产企业的处罚转嫁由破产企业的债权人承担，不利于公正合理地保护破产企业相关利害关系人的利益以及促使破产企业稳妥退出市场。”然而在争议焦点一中，法院明确表示将迟延履行期间的债务利息列为劣后债权，应当在普通债权之后受偿。由此可知，在争议焦点二中法院实意为不应将迟延履行利息作为普通破产债权执行，而非否认其作为劣后债权的地位。

同样，在“浙04民终762号普通破产债权确认纠纷二审案”等破产债权确认案中，司法实践均遵循了视迟延履行期间的加倍债务利息为劣后债权，应当在普通债权后受偿的观点。

◆典型案例

1. 曹某、A公司破产债权确认纠纷二审案

（2018）粤民终1777号①

【案情简介】

● 2006年3月，B公司与C公司签订了一份《建设工程施工合同》约定，B公司将其厂区一期工程生产厂区的土建、安装工程发包给C公司承建，开工

① 再审案件详见（2019）最高法民申4786号。再审法院认为，在破产案件中，债务人欠付的滞纳金不属于破产债权范围，包括破产申请受理前，债务人因未履行生效法律文书而应加倍支付的迟延利息，亦不属于破产债权范围。因此，曹某关于未履行生效法律文书应当加倍支付的迟延利息属于破产债权的主张，于法无据，本院不予支持，驳回再审申请。

日期暂定2006年4月28日（以实际开工报告为准），竣工日期为2007年3月1日，合同工期总日历天数300天，合同价款暂定800万元（以实际结算为准）。开工前预付总价款10%作为预付款，每月付当月完成工程量的85%，审计结束后付已审计总价的95%，5%余款在保修期结束后一个月内付清。发包方不按合同约定支付工程款，双方未达成延期付款协议，承包人可停止施工，由发包人承担违约责任。

● 2006年3月22日，双方又签订一份《合同补充协议》，对支付工程款作出新的约定，并约定厂区工期为113天，生活区工期为266天。2006年5月23日，监理公司下达开工令，C公司遂组织施工。

● 原告曹某与A公司合作合同纠纷一案，某区人民法院作出的（2012）深宝法民二初字第3690号民事判决书已于2014年8月25日发生法律效力。

● 判决内容为A公司返还原告曹某押金5000元并支付相应利息（自2011年11月1日起至判决指定的付款日止），案件受理费25元、公告费520元由A公司承担。判决A公司应自该判决生效之日起十日内返还曹某押金5000元并支付相应利息。

● 原告于2015年9月28日向某市中级人民法院申请破产清算，某市中院于2016年6月6日依法裁定受理申请并指定了破产管理人。

● 2016年11月24日，某市中院作出（2016）粤03民破121号之二民事裁定书，裁定宣告A公司破产。因A公司下落不明，未向管理人移交财务账册、重要文件等材料，导致无法对其进行审计和全面清算，且无财产可供分配，A公司管理人提请某市中院终结破产程序。

● 2016年6月23日，一审法院裁定受理曹某申请被告破产清算一案。2016年7月28日，原告向被告管理人申报债权，申报金额为7572.56元，包括本金5000元、利息2027.56元（含迟延期间前债务利息896.26元、迟延期间一般债务利息492.79元、加倍部分债务利息638.51元）和诉讼费用545元。

● 被告管理人经审核，于2016年8月15日确认了曹某的债权金额合计6934.05元，其中本金5000元、利息1389.05元、诉讼费545元。被告管理人并未确认原告申报的迟延履行期间的加倍债务利息638.51元为破产债权。

● 原告对被告管理人所作审核结果提出书面异议，认为其申报的迟延履行期间的债务利息638.51元应为破产债权。被告管理人针对异议作出《债权申报复核结论通知书》，坚持原审核意见。

● 原告不服，遂向一审法院提起本案诉讼，请求确认被告管理人未确认的迟延履行期间的加倍债务利息638.51元为破产债权。

【双方争议】

曹某请求法院确认生效判决书所确定的加倍债务利息人民币638.51元应属于破产债权。

法院认为关于本案争议焦点为债务人未履行生效法律文书而应当加倍支付的迟延利息是否属于破产债权。

【判决结果及理由】

一审法院认为，破产程序是债务人不能全额清偿全部债务引发的集体清偿程序，目的在于保护破产债权人公平受偿的权利。在破产清算阶段，债权人的加倍延迟利息是否被保护，应从破产分配的公平受偿角度加以考量。一、破产程序中，在债务人财产不足以支付全部债务的前提下，债务人的所有资产实质上应用于清偿，债权人获得的清偿具有补偿性质。如将惩罚性债权列为破产债权，则该惩罚实际上转嫁给全体债权人；二、《企业破产法》的立法宗旨是保护全体债权人公平受偿的权利，如持有生效法律文书的债权人可以获得加倍延迟利息，而未持有生效法律文书的债权人不能获得加倍延迟利息，对后者显失公平，违反了民法公平原则；三、《最高人民法院关于审理企业破产案件若干问题的规定》第六十一条第一款第（二）项规定，人民法院受理破产案件后债务人未支付应付款项的滞纳金，包括债务人未执行生效法律文书应当加倍支付的迟延利息和劳动保险金的滞纳金，即带有惩罚性质的债权应排除于破产程序之外，不作为破产债权受偿。而原告所称的税款滞纳金可作为普通债权，故其主张的加倍利息亦可作为普通债权的问题，因最高人民法院的有关规定系针对税款滞纳金所作，并不能适用于其他类型的债权，故原告所提的诉讼请求，缺乏法律依据，依法不予支持。综上，一审法院作出（2016）粤03民初2446号民事判决，驳回原告曹某的全部诉讼请求。案件受理费50

元，由原告曹某负担。

二审法院认为，同意一审法院关于本案为破产债权确认纠纷的案由确定及本案的焦点在于债务人未履行生效法律文书而应当加倍支付的迟延利息是否属于破产债权的争议焦点归纳。《最高人民法院关于适用〈中华人民共和国企业破产法〉若干问题的规定（二）》第三条规定“破产申请受理后，债务人欠缴款项产生的滞纳金，包括债务人未履行生效法律文书应当加倍支付的迟延利息和劳动保险金的滞纳金，债权人作为破产债权申报的，人民法院不予确认”，但并不能反推破产申请受理前产生的该条所述的滞纳金、加倍支付的迟延利息可确认为破产债权。债务人未履行生效法律文书确定的债务而加倍支付的迟延期间的债务利息为法定的、带有惩罚性的、为促使债务人履行生效裁判的制裁措施，具有特定的实施对象，若确定为破产债权，实际上受惩罚的是全体债权人，有违该措施的本意和破产法公平保护全体债权人的精神。《最高人民法院关于审理企业破产案件若干问题的规定》第六十一条第一款第（二）项亦规定“人民法院受理破产案件后债务人未支付应付款项的滞纳金，包括债务人未执行生效法律文书应当加倍支付的迟延利息和劳动保险金的滞纳金”，该规定与上述《最高人民法院关于适用〈中华人民共和国企业破产法〉若干问题的规定（三）》第三条的规定精神是一致的。虽然《最高人民法院关于审理企业破产案件若干问题的规定》是对《企业破产法（试行）》所作的司法解释，而《企业破产法（试行）》，被新修订的《企业破产法》取代而失效，但《最高人民法院关于审理企业破产案件若干问题的规定》仍未废止，即其规定与后修订的法律、司法解释没有冲突的仍为有效。综上，上诉人的上诉理由未能成立，二审法院不予采纳。本案中某省高院所持观点与大多数观点一持有人的观点及逻辑相同，认定债务人未履行生效法律文书而应当加倍支付的迟延利息不属于破产债权，且认定此利息应被排除于破产程序之外。

然而原审法院认为“原告所称的税款滞纳金可作为普通债权，故其主张的加倍利息亦可作为普通债权的问题，缺乏法律依据，依法不予支持”，二审法院仅对于“加倍利息不属于普通债权”作出肯定，认定其不属于破产债权的范围，并未对其性质进行进一步定义及解读。曹某而后向最高法院提出启动再审程序的申请，最高人民法院于关于其再审的民事裁定书中，对加倍利息的性质进行了进一步分析，详情见下文。

2. 曹某、A 公司破产债权确认纠纷再审审查与审判监督程序[①]

（2019）最高法民申 4786 号

【案情简介】

● 具体案情同上。

● 再审申请人曹某因与被申请人 A 公司破产债权确认纠纷一案，不服某省高级人民法院（2018）粤民终 1777 号民事判决，向最高人民法院申请再审。

【双方争议】

争议焦点仍为债务人未履行生效法律文书应当加倍支付的迟延利息是否属于破产债权的问题。

【判决结果及理由】

《企业破产法》及相关司法解释中明确规定了破产债权的范围。其中，《最高人民法院关于审理企业破产案件若干问题的规定》第六十一条第一款第（二）项规定，人民法院受理破产案件后债务人未支付应付款项的滞纳金，包括债务人未执行生效法律文书应当加倍支付的迟延利息和劳动保险金的滞纳金不属于破产债权。而《最高人民法院关于适用〈中华人民共和国企业破产法〉若干问题的规定（三）》第三条规定："破产申请受理后，债务人欠缴款项产生的滞纳金，包括债务人未履行生效法律文书应当加倍支付的迟延利息和劳动保险金的滞纳金，债权人作为破产债权申报的，人民法院不予确认。"因此，破产案件中，债务人欠付的滞纳金不属于破产债权范围，包括破产申请受理前，债务人因未履行生效法律文书而应加倍支付的迟延利息，亦不属于破产债权范围。首先，破产程序旨在保护全体债权人公平受偿；原则上，同一性质债权应平等受偿。债务人未履行生效法律文书应当加倍支付的迟延利息具有一定的惩罚性，

---

① 最高人民法院：（2019）最高法民申 4786 号破产债权确认纠纷再审审查与审判监督民事裁定书。

目的在于敦促债务人及时履行生效法律文书确定的金钱给付义务。如将该部分利息作为破产债权予以确认，实际上将导致惩罚措施转嫁于其他债权人，有违破产程序公平受偿原则。其次，直接承袭前述司法解释文意，无法得出“应加倍支付的迟延利息”仅指受理破产申请后产生的利息。最后，《全国法院破产审判工作会议纪要》指出，破产财产依照《企业破产法》第一百一十三条规定的顺序清偿后仍有剩余的，可依次用于清偿破产受理前产生的民事惩罚性赔偿金、行政罚款、刑事罚金等惩罚性债权。显然，民事惩罚性赔偿金并非破产债权范围，而属劣后于普通破产债权进行清偿的其他债权。因此，曹某关于未履行生效法律文书应当加倍支付的迟延利息属破产债权的主张，于法无据，法院不予支持。

最高人民法院认为曹某的再审申请不符合《民事诉讼法》第二百条第（六）项规定的情形，裁定驳回曹某主张认定迟延利息为破产债权的再审申请。然而，由最后一条可知，最高人民法院认同了某省高院关于迟延利息不属于破产债权的观点。但是，最高人民法院同时承认了《全国法院破产审判工作会议纪要》第二十八条赋予了迟延利息可在清偿后有剩余的情况下，依次用于破产受理前的惩罚性债权。最高人民法院此做法相当于认同了迟延利息在破产程序中应视为劣后于普通破产债权进行清偿的劣后债权的性质。

◆管理人履职提示

在迟延履行的加倍利息是否属于破产债权的判断上，学术界主流观点认为，对破产程序中滞纳金性质应认定为劣后债权。同时，目前各级法院在司法实践中大多支持惩罚性债权在清偿顺序上应当劣后于普通债权受偿的观点。在债权申报环节，管理人应当在完成形式审查后进行登记。对于破产申请受理后债务产生的滞纳金，债权人作为破产债权申报的，管理人应当进行登记。[①] 管理人应当注意在对迟延履行而产生的加倍利息进行登记时，应当就其产生的细节信息加以详细记录。由于劣后债权与普通债权不属于同一组别，应当单独列表。

---

① 刘贵祥、林学文、郁林：《〈关于适用〈中华人民共和国企业破产法〉若干问题的规定（三）〉的理解与适用》，载《人民司法（应用）》2019 年第 31 期。

同时，劣后债权是否享有表决权，王欣新教授在其《论破产程序中劣后债权的清偿》一文中认为，在劣后债权不能获得清偿的破产案件中，劣后债权人在债权人会议上无表决权，仅在其有可能获得清偿时，因债权人会议的表决可能影响其权益，方可享有表决权。在劣后债权不能获得清偿的重整案件中，重整计划草案表决时不设劣后债权人组。在劣后债权可能获得清偿的重整案件中，劣后债权人单独设一组别，不能混入普通债权人组，因两者的清偿顺位是不同的。[①]

关于迟延履行部分的加倍利息具体计算标准问题，最高人民法院于2014年8月1日发布了《关于执行程序中计算迟延履行期间的债务利息适用法律若干问题的解释》（以下简称《迟延利息解释》）。迟延履行利息兼具补偿性与惩罚性，其目的是督促被执行人及时履行生效法律文书确定的义务，因此计算方法法定，具有强制性。此解释实施后，对于迟延履行利息部分的计算方式等有了更明确的规定。主要体现在：

计算迟延利息的方法发生了变化。在《民事诉讼法》第二百五十三条的规定中，“迟延履行期间的债务利息”包括：迟延履行期间的一般债务利息和加倍部分债务利息两部分。最高人民法院进一步在《迟延利息解释》第一条规定：“根据民事诉讼法第二百五十三条规定加倍计算之后的迟延履行期间的债务利息，包括迟延履行期间的一般债务利息和加倍部分债务利息。迟延履行期间的一般债务利息，根据生效法律文书确定的方法计算；生效法律文书未确定给付该利息的，不予计算。加倍部分债务利息的计算方法为：加倍部分债务利息＝债务人尚未清偿的生效法律文书确定的除一般债务利息之外的金钱债务×日万分之一点七五×迟延履行期间。”《迟延利息解释》中采用了并行计算的方法，即同时计算一般债务利息与计算迟延履行利息。两种利息并不冲突，不存在重复计算的问题。一般债务利息按照判决确定的方式计算，加倍部分的迟延履行利息的利率标准统一确定为日万分之一点七五。然而，部分裁判文书中并未确定一般债务的计算方式。对此情况下的迟延履行利息，最高院认为使用二

① 王欣新：《论破产程序中劣后债权的清偿》，载《人民法院报》2018年7月4日（总第7400期）。

倍的相关利率标准计算，数额较高，以一倍的相关利率标准计算较为缓和，因此迟延履行利息部分采用一倍相关利率的计算标准。①

迟延履行期间加倍部分债务利息计算的截止时间计算标准发生了变化。根据《迟延利息解释》第三条规定，被执行人主动履行债务的，若被执行人一次性全部履行，计算至被执行人履行完毕之日；若被执行人分次履行的，相应部分的加倍部分债务利息计算至每次履行完毕之日。法院强制执行的，若被执行财产是存款、收入、股息、红利等财产，相应部分的加倍债务利息计算至划拨、提取之日；若被执行财产需要拍卖、变卖或者以物抵债的，计算至成交裁定或者抵债裁定生效之日；若被执行财产需要通过其他方式变价的，计算至财产变价完成之日。同时存在不计算迟延履行利息的，非因被执行人的申请，对生效法律文书审查而中止或者暂缓执行的期间及再审中止执行的期间，不计算加倍部分债务利息。

《迟延利息解释》明确了加倍部分债务利息起算时间为生效法律文书确定的履行期间届满之日，截止时间应当计至被执行人履行完毕之日。同时，管理人亦应注意我国民法中关于具体日期计算的相关规定。在《民法总则》第二百零一条②中规定："按照年、月、日计算期间的，开始的当日不计入，自下一日开始计算。按照小时计算期间的，自法律规定或者当事人约定的时间开始计算。"

五、经营性合同没有约定违约金情况下的债权确认

◆争议焦点

管理人在对经营性债权进行审查时，如果合同中没有约定违约金或该违约金的计算方法，而债权人主张债务人就逾期付款承担违约责任、支付违约金，则对于该种情形下违约金的计算方法，存在争议。

---

① 刘贵祥、王宝道：《〈关于执行程序中计算迟延履行期间的债务利息适用法律若干问题的解释〉的理解与适用》，载《人民司法·应用》2014 年第 17 期，第 29 – 33 页。

② 对应《民法典》第二百零一条，按照年、月、日计算期间的，开始的当日不计入，自下一日开始计算。按照小时计算期间的，自法律规定或者当事人约定的时间开始计算。

◆实务裁判观点

在经营性合同没有约定违约金或违约金的计算方法时，关于违约金的计算标准，实务中存在不同做法。实践中部分案例在尊重债权人诉求的逾期付款违约金计算方式的基础上，根据2012年《最高人民法院关于审理买卖合同纠纷案件适用法律问题的解释》（以下简称《买卖合同纠纷解释》）第二十四条[①]第四款的规定，若债权人主张未超出该条规定的上限，倾向于支持债权人的主张，即以债权人诉求的逾期付款违约金计算方式为标准。例如：

在“（2019）冀1102民初1865号马某与A公司普通破产债权确认纠纷一审案”中，原告主张应按人民银行计收逾期还款利息的标准计算逾期付款违约金，法院认为，《买卖合同纠纷解释》第二十四条规定，买卖合同没有约定逾期付款违约金或者该违约金的计算方法，出卖人以买受人违约为由主张赔偿逾期付款损失的，人民法院可以中国人民银行同期同类人民币贷款基准利率为基础，参照逾期罚息利率标准计算。本案原、被告之间没有明确约定付款时间，故原告主张的逾期付款利息损失可自被告在收到最后一批货物2012年11月25

---

① 2012年《买卖合同纠纷解释》第二十四条规定：“买卖合同对付款期限作出的变更，不影响当事人关于逾期付款违约金的约定，但该违约金的起算点应当随之变更。买卖合同约定逾期付款违约金，买受人以出卖人接受价款时未主张逾期付款违约金为由拒绝支付该违约金的，人民法院不予支持。买卖合同约定逾期付款违约金，但对账单、还款协议等未涉及逾期付款责任，出卖人根据对账单、还款协议等主张欠款时请求买受人依约支付逾期付款违约金的，人民法院应予支持，但对账单、还款协议等明确载有本金及逾期付款利息数额或者已经变更买卖合同中关于本金、利息等约定内容的除外。买卖合同没有约定逾期付款违约金或者该违约金的计算方法，出卖人以买受人违约为由主张赔偿逾期付款损失的，人民法院可以中国人民银行同期同类人民币贷款基准利率为基础，参照逾期罚息利率标准计算。”2020年该司法解释被修正，修正后该条调整为第十八条，修改为：“买卖合同对付款期限作出的变更，不影响当事人关于逾期付款违约金的约定，但该违约金的起算点应当随之变更。买卖合同约定逾期付款违约金，买受人以出卖人接受价款时未主张逾期付款违约金为由拒绝支付该违约金的，人民法院不予支持。买卖合同约定逾期付款违约金，但对账单、还款协议等未涉及逾期付款责任，出卖人根据对账单、还款协议等主张欠款时请求买受人依约支付逾期付款违约金的，人民法院应予支持，但对账单、还款协议等明确载有本金及逾期付款利息数额或者已经变更买卖合同中关于本金、利息等约定内容的除外。买卖合同没有约定逾期付款违约金或者该违约金的计算方法，出卖人以买受人违约为由主张赔偿逾期付款损失，违约行为发生在2019年8月19日之前的，人民法院可以中国人民银行同期同类人民币贷款基准利率为基础，参照逾期罚息利率标准计算；违约行为发生在2019年8月20日之后的，人民法院可以违约行为发生时中国人民银行授权全国银行间同业拆借中心公布的一年期贷款市场报价利率（LPR）标准为基础，加计30—50%计算逾期付款损失。”

日次日起，按中国人民银行同期同类贷款逾期罚息利率给付至2017年3月31日。

在“（2017）辽0191民初1660号A公司与B公司、C公司普通破产债权确认纠纷一审案”中，原告主张二被告给付其货款100万元及利息（自2014年11月8日起至2018年6月22日止，按中国人民银行同期贷款利率计算）。法院认为，关于原告主张的利息诉讼请求，原、被告双方未就逾期付款约定违约金计算标准，依据《买卖合同纠纷解释》第二十四条第四款之规定，原告主张依据中国人民银行同期贷款利率标准计算于法有据，该院予以支持。

在“（2016）黔06民初104号A商行与B公司普通破产债权确认纠纷一审案”中，原告主张《销售合同》的逾期付款违约金按每年合同总额的6%支付，《订货合同》按银行同期整存整取年利率5%计算。法院认为，关于原告主张的逾期付款违约金及利息的问题，双方签订的《购销合同》约定，逾期付款，按每日合同总额的6%支付违约金。原告现主张按每年合同总额的6%计算违约金，放弃合同约定的违约金计算方法，系其对自己权利的处分，没有违反法律规定及损害被告利益，予以支持。本案双方签订的《订货合同》未约定逾期付款违约金，原告主张按年利率5%计算，符合《买卖合同纠纷解释》第二十四条第四款的规定，应予支持。

值得注意的是，也有法院以2015年《最高人民法院关于审理民间借贷案件适用法律若干问题的规定》（以下简称《民间借贷规定》）第二十九条[①]第二款第（一）项规定的年利率6%作为逾期付款违约金计算方法。如在“（2018）甘02民初1号刘某某与A公司普通破产债权确认纠纷一审案”中，原告主张被告

① 2015年《民间借贷规定》第二十九条规定：“借贷双方对逾期利率有约定的，从其约定，但以不超过年利率24%为限。未约定逾期利率或者约定不明的，人民法院可以区分不同情况处理：（一）既未约定借期内的利率，也未约定逾期利率，出借人主张借款人自逾期还款之日起按照年利率6%支付资金占用期间利息的，人民法院应予支持；（二）约定了借期内的利率但未约定逾期利率，出借人主张借款人自逾期还款之日起按照借期内的利率支付资金占用期间利息的，人民法院应予支持。”2020年该司法解释经两次修正后，该条被调整为第二十八条：“借贷双方对逾期利率有约定的，从其约定，但是以不超过合同成立时一年期贷款市场报价利率四倍为限。未约定逾期利率或者约定不明的，人民法院可以区分不同情况处理：（一）既未约定借期内利率，也未约定逾期利率，出借人主张借款人自逾期还款之日起参照当时一年期贷款市场报价利率标准计算的利息承担逾期还款违约责任的，人民法院应予支持；（二）约定了借期内利率但是未约定逾期利率，出借人主张借款人自逾期还款之日起按照借期内利率支付资金占用期间利息的，人民法院应予支持。”该条目前已经被修改，但是考虑到收集的案例仍引用该条进行判决说理，故本部分保留此条表述。

支付其按农商银行利率标准计算的欠款利息。法院认为，利率的计算，根据《买卖合同纠纷解释》的规定，买卖合同没有约定逾期付款违约金或者该违约金的计算方法，出卖人以买受人违约为由主张赔偿逾期付款损失的，人民法院可以中国人民银行同期同类人民币贷款基准利率为基础，参照逾期罚息利率标准计算。即以年利率6%认定欠款利息。

但对于上述以《民间借贷规定》第二十九条第二款第（一）项规定的年利率6%作为逾期付款违约金计算标准的做法，有的法院明确指出适用有误。如在“（2019）桂04民终532号A公司、B公司普通破产债权确认纠纷二审案”中，被上诉人（一审原告）在一审期间主张确认其对被告享有逾期付款利息债权为11485845.13元。一审法院认为，根据《民间借贷规定》第二十九条第二款第（一）项的规定，原告主张被告占用资金期间的利息合理，即按年利率6%计算。二审法院认为，根据《买卖合同纠纷解释》第二十四条第四款之规定，应视为双方在2013年4月12日结算之后上诉人属于逾期支付货款，因此B公司请求支付利息于法有据，应予以支持。一审法院适用《民间借贷规定》第二十九条第二款第（一）项之规定有误，应予以纠正，但一审判决利息从2013年4月13日起至2017年11月9日止按照年利率6%计算并无不妥，符合《买卖合同纠纷解释》第二十四条第四款之规定，该院予以认可。

参考非破产程序中的买卖合同纠纷，对于经营性合同没有约定逾期付款违约金或该违约金的计算方法时，关于违约金的计算标准，法院亦在多个债权人主张未超出该条规定之上限的案例中，根据《买卖合同纠纷解释》第二十四条第四款的规定，倾向于支持债权人的主张。如在“（2018）最高法民申88号A公司、B公司买卖合同纠纷再审审查与审判监督案”中，再审申请人（一审原告）向一审法院主张判令两被告及第三人按中国人民银行同期同类贷款利息支付原告从2013年6月3日至本案生效判决得以实际执行之日的利息损失为2715432.8元。最高人民法院认为，二审判决根据《买卖合同纠纷解释》第二十四条第四款之规定判令A公司自本案一审受理之日起，按同期银行贷款基准利率的标准向B公司支付利息是正确的。因此，A公司的该项申请理由不能成立，该院不予支持。

在“（2016）最高法民终577号A公司、韵某某买卖合同纠纷二审案”中，被上诉人（一审原告）主张按照银行同期同类贷款利率上浮50%支付相应利息。最高人民法院认为，《买卖合同纠纷解释》第二十四条第四款规定，买卖合同没有约定逾期付款违约金或者该违约金的计算方法，出卖人以买受人违约为由主张赔偿逾期付款损失的，人民法院可以中国人民银行同期同类人民币贷款基准利率为基础，参照逾期罚息利率标准计算。本案中，虽然双方在《煤炭买卖合同》中并未对违约金作出约定。但合同约定款到发煤，至今A尚欠货款，已经构成违约，原审法院判令A以欠付货款为基数按中国人民银行同期同类人民币贷款基准利率上浮50%计付利息并无不当。

但若债权人的主张超出《买卖合同纠纷解释》第二十四条第四款规定的上限，法院倾向于对超出上限部分予以驳回，并在该条规定范围内确定逾期付款违约金计算标准。如在“（2017）最高法民申3816号A公司、B公司买卖合同纠纷再审审查与审判监督案”中，被申请人（一审原告）向一审法院起诉请求被告承担自2015年1月22日起至全部货款实际付清之日止的后续逾期付款损失（按中国人民银行同期贷款利率的四倍计算）。原审法院认为，根据《买卖合同纠纷解释》第二十四条第四款的规定，虽然双方在合同中并未约定违约金条款，但对于请求支付逾期付款损失的主张，于法有据，依法予以支持。关于计算标准问题，根据《中国人民银行关于人民币贷款利率有关问题的通知》规定，“关于罚息利率问题。逾期贷款（借款人未按合同约定日期还款的借款）罚息利率由现行按日万分之二点一计收利息，改为在借款合同载明的贷款利率水平上加收30%～50%”，超额部分依法驳回，故按人民银行同期同类贷款基准利率上浮50%计算逾期付款损失。最高人民法院对此认为，原判决依照《买卖合同纠纷解释》第二十四条第四款及《中国人民银行关于人民币贷款利率有关问题的通知》第三条的规定，判决按照人民银行同期同类贷款基准利率上浮50%计算逾期付款损失并无不当。

需注意的是，法院在确定逾期付款违约金的计算标准时，往往需要结合债务人逾期付款的事实、债权人对于合同义务的履行、债权人受损失情况以及债务人的违约原因等，从而选择采用适当的违约金计算标准以平衡债权人与债务人的双方利益。如在“最高人民法院（2014）民申字第1592号A公司与B公司买卖合同纠纷申请再审民事裁定案”中，再审申请人（一审原告）B公司主张一审判决支持逾期付款利息按基准利率上浮40%符合《买卖合同纠纷解释》第二十四条第四款的规定。二审判决认定本案中B公司并未请求A公司支付贷款基准利率上浮40%的利息，已经超出B公司的一审诉讼请求没有事实根据。最高人民法院认为，由于《塔筒买卖合同》当中没有确定A公司逾期付款的违约金数额或计算方法。对于逾期付款损失的范围，二审判决认定B公司并未请求A公司支付贷款基准利率上浮40%的利息，判决给付上浮40%的利息超出B公司的诉讼请求的表述虽有不当，但人民法院在确定逾期付款损失的范围时，是以同期同类中国人民银行贷款基准利息为基础，参照逾期罚息利率标准来计算，而不是必须参照逾期罚息利率标准。并且二审判决在综合考虑A公司存在逾期付款的事实，而B公司交付的产品亦有瑕疵的情况下，确定逾期付款损失的范围时未采用逾期罚息利率标准，免除了B公司已付货款延期支付的损失和剩余9套塔筒货款余款延期支付的损失，是平衡合同双方当事人利益的结果。类似案例如“（2017）最高法民终332号A银行（中国）有限公司武汉分行、B公司债权转让合同纠纷二审案”等。

◆典型案例

A公司与B公司普通破产债权确认纠纷一审案

（2018）甘02民初14号

【案情简介】

● 2009年开始，A公司陆续向B公司供应苗木，并负责栽植。

● 2013年7月8日A公司向被告B公司递交一份历年绿化决算书，确认历年被告所欠原告货款共计275879元。

● 2013年10月6日A公司与B公司签订《树苗供应合同》，合同约定了供应6万株50厘米高的油松苗，每株单价为6.5元，栽植劳务费1元。发货前B公司要求加大供应苗木规格，并与原告商定所供应苗木规格以80厘米起步，每棵苗木加价1.5元，每株苗木单价以8元计算。B公司向A公司支付上述两笔货款共计427000元。

● 2017 年 2 月 21 日，法院依法受理 B 公司破产清算案，A 公司向 B 公司管理人申报了债权。管理人经审查对 A 公司的债权不予确认。

【双方争议】

本案争议焦点在于 A 公司与 B 公司间的货款金额以及逾期付款利息的确认。

A 公司认为，原告给被告 B 公司的前庭院、后庭院厂区进行绿化施工及苗木供应，施工款与苗木款共计 816054.2 元，B 公司向原告支付 427000 元后，其余部分一直拖延不付。故请求法院判令原告对被告享有债权本金 446214.2 元，利息自 2009 年 12 月 1 日起按同期银行贷款利率计算至 2017 年 2 月 20 日止。

【判决结果及理由】

关于原、被告第一笔债务逾期付款利息的确认。2013 年 7 月 8 日之前被告 B 公司尚欠原告 A 公司货款本金 248879 元，双方并未约定违约金，依法律规定，出卖人以买受人违约为由，主张赔偿逾期付款损失的，人民法院可以中国人民银行同期同类人民币贷款基准利率为基础，参照逾期罚息利率标准计算。本案中，原告并未提交证据证明在履行所欠第一笔货款的相关合同中原、被告双方的具体付款时间，只有签字为 2013 年 7 月 8 日的历年绿化决算书明确被告所欠货款的具体金额，因此原告主张的逾期付款损失应当从 2013 年 7 月 8 日起算，逾期罚息利率标准为在借款合同载明的贷款利率水平上加收 30% －50%。但原告主张对被告享有自 2009 年 12 月 1 日起按同期银行贷款利率计算至 2017 年 2 月 20 日止的本金利息，实际是主张逾期付款损失，本院予以支持。同时当事人有权处分自己的权利，故第一笔货款逾期付款利息根据中国人民银行规定的同期同类贷款基准利率计算，自 2013 年 7 月 8 日起计算至 2017 年 2 月 20 日止（受理破产申请的前一日）。

关于原、被告第二笔债务逾期付款利息的确认。被告 B 公司尚欠原告 A 公司货款本金 45320 元。虽双方在合同中约定违约金“赔偿标准为本合同签订总金额的 200%”，但原告主张对被告享有自 2009 年 12 月 1 日起按同期银行贷款利率计算至 2017 年 2 月 20 日止的本金利息，实际是主张逾期付款损失，法院予以支持。同时，当事人有权处分自己的权利，故第二笔货款逾期付款利息根据中国人民银行规定的同期同类贷款基准利率计算。

◆管理人履职提示

2020年修正后的《买卖合同纠纷解释》第十八条第四款规定，买卖合同没有约定逾期付款违约金或者该违约金的计算方法，出卖人以买受人违约为由主张赔偿逾期付款损失，违约行为发生在2019年8月19日之前的，人民法院可以中国人民银行同期同类人民币贷款基准利率为基础，参照逾期罚息利率标准计算；违约行为发生在2019年8月20日之后的，人民法院可以违约行为发生时中国人民银行授权全国银行间同业拆借中心公布的一年期贷款市场报价利率（LPR）标准为基础，加计30%－50%计算逾期付款损失。根据上述规定，在对经营性债权进行审查的过程中，如债权人主张债务人就逾期付款支付违约金、合同中没有约定逾期付款违约金或该违约金的计算方法，那么管理人可以中国人民银行同期同类人民币贷款基准利率为基础，参照逾期罚息利率标准计算。但结合逾期罚息利率标准，该条规定的适用存在一定的空间，实务中亦有不同的做法。

部分案例中法院以债权人诉求的逾期付款违约金计算方式为依据，若债权人主张的违约金计算方式未超出《买卖合同纠纷解释》第十八条第四款规定的上限，倾向于支持债权人的主张。而对于债权人超出《买卖合同纠纷解释》第十八条第四款规定上限的主张，法院倾向于对超出上限部分予以驳回，并在该条规定范围内确定逾期付款违约金的计算标准。但关于逾期付款违约金计算标准不可一概而论，需要综合考虑各方面的事实情况，包括债务人逾期付款的事实、债权人对于合同义务的履行、债务人的违约原因等，从而最终确定债务人所负担的逾期付款违约金计算标准及数额，如“（2017）最高法民终332号A银行（中国）有限公司武汉分行、B公司债权转让合同纠纷二审案”等。

综上，管理人在对合同中未约定违约金或违约金计算方法的经营性债权进行审查时，对于债权人提出的支付违约金的主张，应综合考虑，结合债务人逾期付款的事实、债权人对于合同义务的履行情况等，在《买卖合同纠纷解释》第十八条第四款规定的上限范围内确定违约金数额。同时，需注意的是，根据《最高人民法院关于审理企业破产案件若干问题的规定》第五十五条“下列债权属于破产债权：……（五）清算组解除合同，对方当事人依法或者依照合同约定产生的对债务人可以用货币计算的债权……以上第（五）项债权以实际损失为计算原则。违约金不作为破产债权，定金不再适用定金罚则”及《广东省律师协会破产案件债权审查业务操作指引》《北京市高级人民法院企业破产案件审理规程》的相关规定，因企业进入破产程序而解除合同的，向合同相对方支付的损害赔偿应以实际损失为计算原则，不适用上述关于违约金的计算标准。

六、民间借贷类债权纠纷

最高人民法院于2020年8月20日第一次修正的《民间借贷规定》，对民间借贷相关内容进行了进一步明确，其第一条第一款规定：“本规定所称的民间借贷，是指自然人、法人和非法人组织之间进行资金融通的行为。”伴随着企业破产，大量民间借贷债权人随之出现，民间借贷是管理人破产债权审查的常见类型。

（一）借贷双方就借期内利息及逾期利息未作约定或约定不明

◆争议焦点

对于民间借贷的借期内利息及逾期利息未作约定或约定不明时，如何确定债权数额？

◆实务裁判观点

在管理人对于确认民间借贷类债权时，最容易发生矛盾的是利息的确定。关于民间借贷的借期内利息及逾期利息未作约定或约定不明时，债权数额的确定问题，2015年《民间借贷规定》第二十五条①规定：“借贷双方没有约定利

① 《民间借贷规定（2020年第二次修正）》将该条调整为第二十四条，条文修改为：“借贷双方没有约定利息，出借人主张支付利息的，人民法院不予支持。自然人之间借贷对利息约定不明，出借人主张支付利息的，人民法院不予支持。除自然人之间借贷的外，借贷双方对借贷利息约定不明，出借人主张利息的，人民法院应当结合民间借贷合同的内容，并根据当地或者当事人的交易方式、交易习惯、市场报价利率等因素确定利息。”

息，出借人主张支付借期内利息的，人民法院不予支持……除自然人之间借贷的外，借贷双方对借贷利息约定不明，出借人主张利息的，人民法院应当结合民间借贷合同的内容，并根据当地或者当事人的交易方式、交易习惯、市场利率等因素确定利息。”同时，第二十六条[①]规定：“借贷双方约定的利率未超过年利率24%，出借人请求借款人按照约定的利率支付利息的，人民法院应予支持。借贷双方约定的利率超过年利率36%，超过部分的利息约定无效。借款人请求出借人返还已支付的超过年利率36%部分的利息的，人民法院应予支持。”超出法律规定的限度的，超出部分的利息不受保护。

（1）关于借期内利率的计算问题

有观点认为，对于非金融机构法人、其他组织之间的民间借贷，即使没有约定利息，也不应该一概否定利息请求。其理由为：一是《合同法》第二百一十一条[②]仅规定了自然人之间的借款合同对支付利息没有约定或约定不明的，视为不支付利息，并未涵盖非金融机构法人和其他组织，不应对此作出广义解释；二是认定非金融机构法人或其他组织没有约定利息的就不支付利息，对出借方并不公平，既不符合等价有偿的民法基本原则，也纵容了逃废债务的不良社会风气；三是利息为占用一方资金而向对方支付的对价，同样存在市场价格，非金融机构法人与其他组织，带有商事主体性质，从价值追求及审判理念亦应区别于自然人之间的民事主体，可以参照同期人民银行贷款基准利率确定。

2015年《民间借贷规定》第二十五条第一款中明确规定，借贷双方没有约定利息，出借人主张支付借期内利息的，人民法院不予支持。最高人民法院法官李琦对此问题给予了详细解释：首先，就本解释的制定原则而言，有条件地承认企业之间拆借资金的效力，即仅限于生产经营的需要，本条解释沿袭这一思路。其次，尽管非金融机构法人、其他组织进行资金融通多为获取利益而存

---

① 《民间借贷规定（2020年第二次修正）》将该条调整为第二十五条，条文修改为：“出借人请求借款人按照合同约定利率支付利息的，人民法院应予支持，但是双方约定的利率超过合同成立时一年期贷款市场报价利率四倍的除外。前款所称‘一年期贷款市场报价利率’，是指中国人民银行授权全国银行间同业拆借中心自2019年8月20日起每月发布的一年期贷款市场报价利率。”

② 对应《民法典》第六百八十条，借款合同对支付利息没有约定的，视为没有利息。借款合同对支付利息约定不明确，当事人不能达成补充协议的，按照当地或者当事人的交易方式、交易习惯、市场利率等因素确定利息；自然人之间借款的，视为没有利息。

在，但并不能排除一些企业之间为图谋发展而互通有无、互相扶携、互利共赢的目的。最后，非金融机构法人、其他组织从事民商事行为能力、风险防范能力和对于市场预期判断能力普遍较高，企业是自身利益的最佳判定者，如果为了取得利息，应在借贷合同明确约定，如果没有约定利息的，视为出借人没有追求利息的本意或者借贷双方没有达成支付利息的合意，参照合同法有关自然人之间不约定利息视为不支付利息的规定，视为允许对方不支付利息，对于出借人要求支付借期内利息的主张不予支持。

对于利息约定不明的，根据2015年《民间借贷规定》第二十五条得知，借贷双方中只要至少有一方是企业，“没有约定利息”和“利息约定不明”之别，决定了借期内利息诉请会不会获得法院支持。然而对于二者的区别，在司法实践上产生了不同的认定标准。在《最高人民法院民间借贷司法解释理解与适用》一书中，最高人民法院认为，利息有无约定、明确与否，都是事实认定问题，要看双方举证：如果对于利息是否有约定难以形成优势证据，其实质仍是一种无利息约定的状态。换言之，如果经举证，事实仍真伪不明，则按“无利息约定”判定。鉴于主张利息的往往是原告，按谁主张谁举证原则，“双方有利息约定”的举证责任应由原告承担，并且显然，若按“无利息约定”来认定，对原告不利。关于“原告举证程度”部分，书中提到，没有明确书面约定，就要“按照高度盖然性原则对利息约定事实进行查明”，即“非常有可能”。[①] 学界有观点将“高度盖然性”归为以下几点：

①双方在之前的交易中有计息习惯：“（2017）晋民终289号民间借贷纠纷二审民事案”判决书中，某省高院认为，双方在该案之前的交易中有“约定不低于2%月息的利率的交易习惯”，不收利息反而通常专门注明，据此最终认定双方在该案所涉交易中也约定有利息。“（2017）京03民终12667号民间借贷纠纷二审民事案”判决书中，某市三中院也参照在先交易而认定了利息。

②音频、视频证据显示双方口头约定过利息：“（2018）京03民终2212号民间借贷纠纷二审民事案”判决书中，某市三中院结合双方谈话录音等情形，

---

① 最高人民法院民事审判第一庭：《最高人民法院民间借贷司法解释理解与适用》，人民法院出版社2019年版。

认定双方确有利息约定。“（2017）吉民申3355号不当得利纠纷再审审查民事案”裁定亦提及一份视频证据，该证据是某省高院结合其他情况共同认定双方有利息约定的依据之一。

③从往来账金额来看，收到借款额有预扣利息，或收到还款额有多出的利息：“（2018）甘民终851号民间借贷纠纷二审民事案”判决载明，当事人A公司收到386万元款项，仍按400万元打借条给出借方，某省高院认为应“视为明知借款存在利息的事实”。“（2018）京03民终2212号民间借贷纠纷二审民事案”中，某市三中院认定双方间有利息约定的依据之一也是“舒某某的还款数额和时间符合朱某某主张的舒某某按照月息2%标准按月支付利息的规律”。“（2016）湘民终47号民间借贷纠纷二审民事案”判决中，法院因当事人能很好地用利息来解释往来账的数字而认可双方间确有利息约定。

④在法庭陈述中承认有利息：“（2018）闽民申2376号民间借贷纠纷再审审查与审判监督民事案”裁定载明，当事人一审时说过“当时约定借款利息按月息5%计算，月初支付利息”，某省高院据此认为当事人已自认有利息约定。“（2017）吉民申3355号不当得利纠纷再审审查民事案”裁定载明，当事人A公司在庭上提到“经过庭审调查，本案的利息是不明确的”，被认为是对双方约定了利息的承认。“（2018）最高法民申1392号民间借贷纠纷再审审查与审判监督民事案”裁定中，最高人民法院认为“王某某自认3310万元的欠据中1681.32万元为利息。故本案属于利息约定不明，而非没有约定利息”。

⑤自己交作证据的记账凭证中显示有利息：“（2018）甘民终851号民间借贷纠纷二审民事案”判决载明，当事人A公司自己交的《记账凭证》上载明“邸某某现金支付利息146660元”，这被作为认定双方有利息约定的依据之一。[①]

若借贷双方已约定应当支付利息及逾期利息，而仅就具体计算标准未作约定，则就借款利息，大多数法院选择根据2015年《民间借贷规定》第二十五条

---

① 张弘昊：《如何判断民间借贷是“没有利息约定”还是“利息约定不明”?》，载“北大法律信息网”公众号，http://www.yidianzixun.com/article/0Mwug7fv?appid=s3rd_mochuang&s=mochuang，2020年5月5日最后访问。

第二款中的规定，认定其为“约定不明”。企业在破产时，若借贷双方仅未约定具体租期内利率，企业作为非自然人不应认定为无利息。而是应当按照合同的具体内容、结合交易方式、交易习惯、市场利率等多方因素对利息加以计算。

因此，在后续的司法实践中，对于借贷双方未约定利息或者约定不明的情形，建议按照《民间借贷规定（2020年第二次修正）》第二十四条“借贷双方没有约定利息，出借人主张支付利息的，人民法院不予支持……除自然人之间借贷的外，借贷双方对借贷利息约定不明，出借人主张利息的，人民法院应当结合民间借贷合同的内容，并根据当地或者当事人的交易方式、交易习惯、市场报价利率等因素确定利息”的法律规定处理。对于借款合同明确约定借款利率的，建议根据《民间借贷规定（2020年第二次修正）》第二十五条的规定处理：“出借人请求借款人按照合同约定利率支付利息的，人民法院应予支持，但是双方约定的利率超过合同成立时一年期贷款市场报价利率四倍的除外。前款所称‘一年期贷款市场报价利率’，是指中国人民银行授权全国银行间同业拆借中心自2019年8月20日起每月发布的一年期贷款市场报价利率。”

根据《民间借贷规定（2020年第二次修正）》第三十一条可知，最高人民法院对此新修改《民间借贷规定》的生效起算点作了明确的规定。然而由于破产案件的特殊性，对于在破产案件项下的“受理”时点，当前有诸多理解，如有观点认为“受理”应为法院受理破产案件的时点，或此“受理”仅为就债权中利息部分有异议提起确认之诉时才应加以考虑；还有观点认为此时点应为债权人申报的时点等。

（2）关于逾期利率的计算问题

对于逾期利率部分的约定，根据《民间借贷规定（2020年第二次修正）》第二十八条第一款规定，若双方有约定应当从其约定，但是以不超过合同成立时一年期贷款市场报价利率四倍为限。

在未约定借期内利率也未约定逾期利率，或约定了借期内利率但未约定逾期利率的前提下，关于逾期利率部分的计算，《民间借贷规定（2020年第二次修正）》第二十八条第二款对原规定进行了调整，分别规定了未约定逾期利率或者约定不明时，人民法院关于具体利率问题的处理：（一）既未约定借期内利率，也未约定逾期利率，出借人主张借款人自逾期还款之日起承担逾期还款违约责任的，人民法院应予支持；（二）约定了借期内利率但是未约定逾期利率，出借人主张借款人自逾期还款之日起按照借期内利率支付资金占用期间利息的，人民法院应予支持。《民间借贷规定》对于逾期利率不再局限于6%的硬性规定。

《民间借贷规定》修改前，大多数法院遵照逾期利率按照6%支付资金占用期间利息的规定对案件进行审理。在“（2019）苏0104民初1298号民间借贷纠纷一审民事案[①]”中，借贷双方未约定具体借期内利率且未约定逾期利率。原告张某对一审法院提出了归还本金及按年利率6%计算逾期利息的诉讼请求。由于张某、胡某某在借款之初未以书面方式约定借期内的利率，也未约定逾期利率，胡某某应按《民间借贷规定》第二十九条第二款的约定，自2011年3月27日起按照年利率6%支付资金占用期间的利息。被告因不服一审法院支持了原告关于支付本金及按年利率6%计算逾期利息的诉讼请求的判决，上诉至南京市中级人民法院。随后二审法院对于一审法院判决予以支持，并驳回了上诉人的上诉，维持原判。此观点在“（2020）京02民终6078号民间借贷纠纷二审案”等诸多关于逾期利息的案件中，被大多数法院支持。而随着《民间借贷规定》的修改，就逾期利息部分将赋予法官更大的自由裁量权进行案件审理。

◆典型案例

1. A公司与徐某某、B公司保证合同纠纷案[②]

（2015）川民终字第896号

【案情简介】

● 2012年7月17日，A公司、B公司、徐某某签订《预付款买卖合同》，

---

① 二审案件详见（2019）苏01民终5099号。

② 再审案件详见（2016）最高法民申1634号。再审法院认为，本案中，徐某某作为完全民事行为能力人、B公司的股东，应当知晓提供股权出质和成为保证人的区别。因此，原审判决关于“徐某某既为本案借款提供股权质押，又作为保证人提供保证”的事实认定，并无不当。徐某某应按连带责任保证承担保证责任。最高人民法院因此裁定驳回再审申请。

就A公司与B公司开展卫生纸等纸产品贸易合作事宜达成协议。

● 由A公司向B公司支付1000万元作为预付货款，若双方未达成长期合作，则B公司在合同签订之日起一年后五个工作日内退还。

● 若双方达成长期合作意向，该1000万元预付款转为合作款，A公司与B公司另行协商并签订合同。若B公司违反合同的约定，B公司应向A公司每日支付相当于应付款千分之三的违约金，直至B公司付清款项，但每月违约金不超过30万元。

● A公司于2012年7月25日通过转账的方式将1000万元转至B公司账上。A公司向B公司分别出具4份合作利润款收据，金额共计129万余元。

● B公司向某县法院申请破产清算，该院于2013年10月16日裁定受理，并于2013年12月25日裁定宣告B公司破产。

【双方争议】

各方对该129万余元款项的性质陈述不一，A公司认为系根据《预付款买卖合同》第三条所获得合作贸易利润款，B公司认为双方之间并未发生真实的纸产品交易业务，此款系偿还1000万元预付款的部分款项。对此，由于《预付款买卖合同》第一条明确约定了每次采购货物均需单独签订《购销合同》，且合同格式以A公司版本为准，故原审法院要求A公司就其与B公司之间发生纸产品交易，并产生利润的相关事实进行举证，但A公司在原审法院指定的举证期限内未能提交任何证据。

【判决结果及理由】

原审法院审理后认为，本案《预付款买卖合同》的主要条款涉及采购纸产品以及单次交易的价款、结算和支付方式，表面上所呈现的是买卖法律关系。由于B公司认为其并未与A公司发生真实的纸产品交易，却向A公司分四次支付了所谓的“合作利润款”129万余元，该129万余元应当是向A公司分期偿还的部分本金，并提交了相关证据。基于《预付款买卖合同》第一条之约定“每次采购以双方实际签订的《购销合同》为准，该合同采用A公司标准版本”以及A公司的买受人身份，A公司应提交其收取129万余元原因的基础证据，即A公司与B公司之间单次交易的相关合同及每月利润结算等资料，但A公司在举证期内未能提供任何证据。A公司与B公司之间并未按照合同约定发生真实的纸产品交易，双方之间实质上形成了“名为买卖，实为借贷”的法律关系。因此判决徐某某在判决生效之日起15日内向A公司归还借款本金8709578.16元及违约金，违约金以8709578.16元为基数，以中国人民银行一年期贷款利率的1.3倍为标准进行计算。若未按判决确定的给付之日给付本金，上述违约金计算至本金付清之日止。

宣判后，A公司和徐某某均不服，向本院提起上诉。A公司方的主要上诉理由中认为实为借贷关系错误。且双方当事人在合同中对违约金的计算标准和期限都有明确约定，原审法院确定的违约金标准和期限既不符合法律规定，也没有充分考虑债权人的实际损失情况，有失公允。徐某某针对A公司的上诉作出如下答辩：原判认定A公司与B公司之间的关系是明为买卖，实为借贷关系正确。本案借款为无息贷款，原审法院关于本案违约金的计算标准和期限均是正确的，A公司的上诉理由不能成立。

终审法院认为，虽双方对相关款项未约定借款利息，但在双方签订的本案《预付款买卖合同》中明确约定，A公司将资金提供给B公司使用，B公司承诺定期向A公司支付利润差价款，最低每月必须支付30万元，该事实表明B公司使用A公司的资金，需向对方支付资金占用费即利息，双方约定以浮动的方式计付资金利息，且有保底条款。另从双方当事人实际履行的情况来看，B公司已向A公司支付部分利润差价款，该款项性质应是B公司按合同约定向对方支付的资金占用费。现B公司称该款是偿还对方借款本金，既与合同约定的内容不符，也与A公司向其出具的收据中载明的款项性质不符，故其辩称理由缺乏事实根据，不应得到支持。因此，终审法院根据《民间借贷规定》（2015年）第二十五条第二款关于“除自然人之间借贷的外，借贷双方对利息约定不明，出借人主张利息的，人民法院应当结合民间借贷合同的内容，并根据当地或者当事人的交易方式、交易习惯、市场利率等因素确定利息”的规定，将B公司向A公司支付的129万余元认定为资金占用利息。

2. 孙某与赵某1等民间借贷纠纷一审民事案[①]

（2020）京0115民初2439号

【案情简介】

● 2014年1月，赵某2因需资金，经人介绍找到孙某要求借款，经双方商议后，赵某2决定以合作建房的名义向孙某借款。

● 赵某3作为甲方，孙某作为乙方（出资方），签订一份《合作建房协议书》，约定：甲方负责提供房基地和此房的建设工作，乙方负责建房所有资金，资金金额为100万元。自协议签订之日起3天内，乙方将建房资金交付甲方。如建成后遇到国家征占地或旧村改造，得到所有补偿总款的70%归甲方所有，总款的30%归乙方所有。

● 赵某3及赵某2、李某某均在该协议甲方处签字按手印。孙某通过银行转账方式向赵某2支付46万元。而后，赵某2与孙某签订一份《协议书》，赵某2将出资建房成本46万元还给孙某，再付给孙某14万元作为补偿，赵某2在得到拆迁补偿后立刻将60万元付给孙某。在此过程中，被告并未建房。

● 现被告早已得到拆迁补偿，孙某也多次催促被告还款，但均遭拒绝。孙某提出诉讼请求，请求人民法院支持原告的诉讼请求。

【双方争议】

孙某提起诉讼请求依法判令三被告偿还原告借款46万元、利息补偿14万元及资金占用利息（按照年利率6%计算）。赵某2、李某某、赵某1辩称，不同意原告的诉讼请求，赵某2并没有借钱。

【判决结果及理由】

关于孙某诉称的借款本金部分，庭审中，双方均确认《合作建房协议书》签订的真实性，双方亦确认客观上并不存在合作建造房屋的事实，故《合作建房协议书》上所载明的法律关系为虚假关系。就该协议书所隐藏的真实法律关

---

① 二审案件详见（2020）京02民终6078号。二审法院认为，赵某1作为赵某3的继承人应在继承遗产的范围内负担被继承人的债务，故一审法院判决赵某2、李某某、赵某1偿还孙某46万元及合理利息，亦无不当，判决驳回上诉，维持原判。

系，法院认定该款项所涉实质法律关系应为借款关系，该隐藏的民间借贷法律关系并不违反法律、行政法规的强制性规定，应为有效。作为共同借款人的赵某3、李某某、赵某2负有连带偿还上述债务的义务。

关于孙某诉称的自起诉之日起的资金占用利息，根据《民间借贷规定》（2015年）第二十九条规定，借贷双方既未约定借期内的利率，也未约定逾期利率，出借人主张借款人自逾期还款之日起按照年利率6%支付资金占用期间利息的，人民法院应予支持。孙某的该部分请求，具有事实与法律根据，人民法院依法予以支持。据此，某区人民法院判决赵某2、李某某于本判决生效之日起十日内连带偿还孙某借款本金460000元及逾期支付利息（按照年利率6%）。

◆管理人履职提示

2020年8月《民间借贷规定》第一次修改，即对民间借贷利率司法保护上限进行了修改，对于此次修改，最高人民法院审判委员会副部级专职委员贺小荣的解释是：随着我国金融利率市场化改革的推进，中国人民银行逐步放开了金融机构的利率决策权，已取消公布基准利率，并于2019年8月17日发布公告决定改革完善贷款市场报价利率（LPR）形成机制。2015年《民间借贷规定》中确定的24%的利率即按照当时基准利率6%左右的4倍计算而出。现基准利率不复存在，故有必要根据我国货币政策调控机制的改变对司法解释进行相应的修改。

关于借期内利息部分的认定，若借贷双方均为自然人，借款未约定利息或利息不明，应视为不支付利息。然而在企业破产案件中，在管理人确认债权时，若借贷双方未约定利息，债权人主张利息时，管理人不应确认利息部分债权；对于利息约定不明情形下债权人主张利息的，管理人可适当参照人民法院做法，结合民间借贷合同的内容，并根据当地或者当事人的交易方式、交易习惯、市场报价利率等因素酌情确定利息。

关于逾期利率部分的认定，借贷双方对逾期利率有约定的，从其约定，但是以不超过合同成立时一年期贷款市场报价利率的四倍为限。未约定逾期利率或者约定不明的，如既未约定借期内利率，也未约定逾期利率，出借人可主张自逾期还款之日起承担逾期还款违约责任；如约定了借期内利率但是未约定逾期利率，出借人可主张借款人自逾期还款之日起按照借期内利率支付资金占用期间利息。

关于修改后的《民间借贷规定》对破产管理人债权审查的影响：2020 年 8 月 20 日之后受理的破产案件，管理人对民间借贷利息债权的审查，严格适用修改后的《民间借贷规定》，按照利率不超过四倍 LPR 的规定计算。对于此前已经受理的破产案件，实践中做法不一。有观点认为：如果债权已经经过生效法律文书确认，建议不再对裁判结果进行调整。对于尚未审结或者未经诉讼的债权，此次对《民间借贷规定》的修改虽对民间借贷利率保护上限进行了调整，但最高人民法院似乎并未将破产债权申报情形纳入规制。而对于破产债权审查中民间借贷利率保护的上限有争议时，应由法院进行解释，管理人无权主动创设规则。为审慎起见，管理人可先按原 24% 标准确定利息，并将审查结果交债权人会议核查，若债权人、债务人对债权审查结果有异议，其可提起债权确认诉讼，待判决确认了利息保护标准后，管理人再将同类债权的利息进行核减。因管理人此前认定了超限利息，故后期的利息核减，不会对相关债权人产生实质性影响。[①] 还有观点认为：法院已裁定确认债权不再重新审查，管理人已提交债权人会议核查债权不再重新审查，对于管理人未提交债权人会议核查的债权，即便管理人已将债权审查意见书面通知债权人，依据民间借贷利息债权不得超过四倍 LPR 的新规定，对所有民间借贷债权利息重新审查。[②] 本书倾向于认为破产受理日在 2020 年 8 月 20 日之前的按照原 24% 标准计算利息；2020 年 8 月 20 日之后受理的破产案件，严格适用修改后的《民间借贷规定》，按照利率不超过四倍 LPR 的规定计算。理由主要如下：修改后的《民间借贷规定》规定，本规定施行后，人民法院新受理的一审民间借贷纠纷案件，适用本规定。破产程序作为具有法律约束力的司法程序应当类比于诉讼案件，即新受理的一审民间借贷纠纷案件的时间节点，在破产案件中应为法院受理破产申请的时间。

---

① 王治超、刘浩：《新民间借贷司法解释第 32 条对破产债权认定的影响》，载“破产法实务”公众号，https：//mp. weixin. qq. com/s/YGxOGBs8MvcP9KfgvL1fEw，2020 年 9 月 10 日最后访问。

② 韩传华：《不超过四倍 LPR 新规定在债权审查中如何适用》，载“破产法快讯”公众号，https：//mp. weixin. qq. com/s/1HeIN5wKP8ZasBNA204EZw，2020 年 9 月 9 日最后访问。

另外，对于同一案件应当对所有债权人保持债权审查标准的一致性，以法院裁定时间、债权人会议审查时间、债权申报时间都不适宜作为客观合理的标准，并且可能因管理人审查速度等主观原因导致适用规定的不同，容易引发矛盾。而受理破产申请这一时间节点能最大限度地保证同一破产案件审查标准的一致性，更符合公平原则。

（二）民间借贷合同中既约定了逾期利息，又约定了违约金

◆争议焦点

民间借贷的合同中既约定了逾期利息，又约定了违约金，应如何确定债权数额？

◆实务裁判观点

关于利率部分，当债权人主张逾期利息时，可能涉及民间借贷合同条款中违约金的部分。《民间借贷规定（2020 年修正）》第三十条[①]规定："出借人与借款人既约定了逾期利率，又约定了违约金或者其他费用，出借人可以选择主张逾期利息、违约金或者其他费用，也可以一并主张，但是总计超过合同成立时一年期贷款市场报价利率四倍的部分，人民法院不予支持。"由此可见，就逾期利息而言，债权人可以选择一并主张逾期利息、违约金或其他费用，但总计应不超过一年期贷款市场报价利率四倍的法定计息标准。此前，就《民间借贷规定》修改前，关于不应超过 24% 的部分，各地法院在司法实践中做法相对统一，并无太大争议。但管理人应注意年利率的具体计算方法并非按实际天数计算，而是根据公式折算：年利率 = 月利率 ×12；月利率 = 日利率 ×30；因此年利率 = 日利率 ×360，以计算至破产申请受理之日。

在"（2020）浙 0726 民初 848 号信用卡纠纷一审民事案"中，原告 A 银行提出了诉讼请求，请求依法判令被告归还信用卡透支本金、利息及违约金，并主张之后的利息、违约金按牡丹信用卡章程、《牡丹信用卡领用合约》约定计

① 《民间借贷规定（2020 年第二次修正）》将该条调整为第二十九条。

算。根据牡丹信用卡章程及《牡丹信用卡领用合约》第三条第三款的约定，逾期应按每日万分之五从记账日起支付所用款项的透支利息，并支付违约金，违约金是按未还款部分乘以10%为最低还款额，再乘以5%计算，但每月不超过500元。在法院的裁判文书中称，根据计算，违约金及透支利息之和并未超过最高人民法院在《民间借贷规定》中不得超过年利率24%的相关规定，因此法院认可了原告的诉讼请求，限被告十日内归还原告主张的透支款、利息及违约金，并认定之后的逾期利息和违约金部分继续按照《牡丹信用卡领用合约》及申请表的约定继续计算至实际清偿之日，同时强调了，逾期利息、违约两项合集不得超过年利率24%的上限。

“（2020）浙0681民初5888号民间借贷纠纷一审民事案”“（2020）鲁0921民初302号民间借贷纠纷一审民事案”等案件的判决也采用相同的标准。

因此，在破产程序中，若民间借贷出借人与破产企业既约定了逾期利率，又约定了违约金或者其他费用，且出借人一并主张确认债权的，管理人应对截止破产申请受理日之日的逾期利率及违约金予以确认，但总计不得超过一年期贷款市场报价利率的四倍。

根据《民间借贷规定》衍生出另一个争议焦点，即若债权人根据法院已生效的判决申报债权，因诉讼而产生的律师费是否属于2015年《民间借贷规定》第三十条①规定的“其他费用”，是否受到法定最高额的限制。就此观点深圳中院在其印发的《深圳市中级人民法院民间借贷纠纷案件审理要点和裁判标准》中表示：“诉讼产生的律师费、财产保全担保费以及诉讼费等因债务人未及时清偿债务而导致债权人为实现债权所产生的合理费用，双方在借款合同中明确约定由借款人负担的，出借人可依据合同约定请求借款人支付相应的合理费用，不受总额不超过年利率24%的限制。”在《民间借贷解释》修改后，此观点应为此部分费用不受总额不得超过一年期贷款市场报价利率四倍的限制。

某市中院认为并不包括诉讼中财产保全责任险保险费及律师费的部分，并在其发布的《2018年民间借贷纠纷十大典型案例》中予以阐述，在当事人作出

① 对应《民间借贷规定（2020年第二次修正）》第二十九条。

相关约定的情况下，民间借贷案件的债务人应当承担债权人支出的诉讼财产保全责任险保险费及律师费；律师费不属于《民间借贷规定》第三十条所称的“其他费用”，不计入年利率24%的范围。

在青岛中院《2018年民间借贷纠纷十大典型案例》第9个案例中张某、徐某向某典当公司借款，约定逾期利率为日利率万分之六点五，并约定与合同有关的费用，如评估费、公证费、保险费、律师费、登记费等由债务人承担。如因债务人违约导致债权人或其代理人因催收本合同项下的借款本息及有关费用或以任何合法方式处分借款而发生的任何费用均由债务人承担。后典当公司将其债权转让给王某。因张某、徐某未依约还款，王某诉至法院并申请财产保全，由保险公司为财产保全提供担保，王某为此而支出保险费1250元，另支付律师费20100元。王某除要求张某、徐某还款付息外，还要求二人承担保全担保保险费及律师费。

法院经审理认为，本案的争议焦点之一为律师费是否属于《民间借贷规定》第三十条所称的“其他费用”，而受年利率24%的限制。某市中院认定律师费不属于第三十条中所称的“其他费用”因此不计入年利率24%的范围。其后，某市中院在《2018年民间借贷纠纷十大典型案例》点评称：首先，债务人承担律师费的前提是合同中有明确的相关约定。其次，《民间借贷规定》第三十条所称的“其他费用”主要指出借人和借款人在合同中约定的服务费、咨询费、管理费等，这类费用的特征是借款人已经或者依合同必然要支付的费用，通常是出借人变相收取利息，本质上属于借款人获取借款的成本。而律师费与上述费用性质不同，律师费在借款发生之时处于或然状态，在借款人违约之后才产生，不属于借款人获取借款的成本，而属于借款人违约所应承担的成本。并且这部分费用是借款人违约导致出借人支出的实际损失，不属于出借人的获利。因此，律师费不属于《民间借贷规定》第三十条所称的“其他费用”。①

最高人民法院于“（2018）最高法民申4939号民间借贷纠纷再审审查与审判监督民事案”“（2019）最高法民申1085号民间借贷纠纷再审审查与审判监

---

① 某市中院：《2018年民间借贷纠纷十大典型案例》，载“某市新闻网”，http：//www.qingdaonews.com/content/2019－01/10/content_20272049.htm，2020年5月5日最后访问。

督案”等案中确认了此观点，认为律师费不应认定为《民间借贷规定》第三十条所称的“其他费用”。

然而，最高人民法院于“（2019）最高法民申1938号借款合同纠纷再审审查与审判监督案”中反驳了此前观点。本案中，A公司违约致使贷款人采取诉讼或仲裁方式实现债权的，A公司承担B公司为此支付的诉讼费、律师费、鉴定费等一切实现债权的费用。本案二审法院根据前述《民间借贷规定》第三十条和合同约定，对B公司有关诉讼请求按照法律规定的上限年利率24%予以了支持，对B公司超过年利率24%的有关违约金、律师费用等主张未予支持。最高人民法院于再审中认定二审法院做法并无不当，对二审判决予以维持。

◆典型案例

陈某1与陈某2民间借贷纠纷一审民事案

（2019）粤0309民初5476号

【案情简介】

● 原、被告原为同事关系，被告向原告借款用于资金周转，双方共签订四份《借款合同》，本金共2500000元，借期内利息分别为每月4.8%、5%、3.2%、3.2%，未约定还款期限和逾期利息。

● 2018年3月19日，双方签订《还款协议》，确认上述借款本金为250万元，均已转账或现金支付。因上述借款均约定为带息借款，被告已无力支付利息，且欠付本金未还，故双方同意自签订协议之日起被告按照借款本金250万元，以每年7.2%的利率支付利息，即利息每年18万元，五年内清偿完毕全部本息。

● 第一年与第二年先偿还当年利息，每一季度支付一次利息，当年应付利息在当年12月31日前支付完毕，第三年起本息一并偿还，即每年偿还本息70万元，每一季度偿还本息17.5万元。被告未按期足额支付超过一个月的，原告有权要求被告立即清偿全部尚欠的借款本金和利息，且被告应按每日万分之五承担违约责任。原告向被告追讨借款产生的相关费用包括诉讼费、律师费、担保费、公告费等由被告承担。

● 被告于2017年10月12日分四笔共计向原告转账120000元，原告主张该款项系被告支付本案借款2500000元的利息。

【双方争议】

原告在主张被告偿还借款本金的同时，主张了年利率为7.2%的逾期利息及每日万分之五的违约金直至借款还清之日。

【判决结果及理由】

首先法院认定了原告与被告之间存在民间借贷关系，应受法律保护。根据原告提交的借款合同、收据、银行明细、还款协议，原告实际向被告支付借款本金为2465600元，本院予以确认。被告未按期偿还借款本息，已构成违约，应承担偿还欠款本金及相应的违约责任。

然而在原告主张的违约金部分，每日万分之五的年化利率约为18%。逾期利息与违约金的利率部分共计25.2%，超过了《民间借贷规定》中最高不得超过24%的相关限制。双方既约定了逾期利率，又约定了违约金，原告一并主张，但法院在年利率24%的范围内予以支持。

◆管理人履职提示

若民间借贷出借人与破产企业既约定了逾期利率，又约定了违约金或者其他费用，且出借人一并主张确认债权的，管理人应对截止破产申请受理之日的逾期利率及违约金予以确认，但总计不得超过一年期贷款市场报价利率的四倍。管理人应注意年利率的具体计算方法并非按实际天数计算，而是根据中国人民银行发布的《中国人民银行关于人民币存贷款计结息问题的通知》中的公式折算。年利率＝月利率×12；月利率＝日利率×30；因此，年利率＝日利率×360。

管理人同时应当注意，债权人根据法院已生效的判决申报债权时，对于最高限额的计算中是否包括诉讼中财产保全责任险保险费及律师费的部分当前仍存在较大的争议。同是最高人民法院的再审案件，仅隔三个月便出现了两种截然不同的观点。（2019）最高法民申1085号的裁判日期为2019年2月27日，最高人民法院于本案中认为“其他费用”应当是关于民间借贷中借用资金成本的相关费用，只有与资金成本紧密相关的相关费用才属于上述规定的范围。律师费系出借方为实现其债权而实际支出的成本，不属于借款资金费用。而上述裁判文书作出的三个月后，最高人民法院于（2019）最高法民申1938号中作出了相反判决。该裁判文书的裁判日期为2019年5月30日，最高人民法院于此案中认为律师费应属于《民间借贷规定》第三十条中的“其他费用”，不得超出法定最高额的限制。根据笔者进行的相关案例检索，实践中多数判决认定律师费并不属于“其他费用”的部分，因此管理人在履职时应当注意根据已生效判决申报的债权中财产保全责任险保险费及律师费等部分另行计算。

（三）企业法定代表人以个人名义对外借款的债权审核问题

◆争议焦点

企业法定代表人以个人名义对外借款，是否属于破产企业的债务？

◆实务裁判观点

在实践中，由于企业内部管理混乱等原因，直接以企业法定代表人个人名义对外借款的情形屡见不鲜。伴随着企业进入破产程序，管理人即面临“法定代表人以个人名义对外借款是否属于破产企业债务”的问题。

首先，法定代表人以个人名义对外借款存在“是否属于自然人间借贷”的问题。《合同法》第一百九十七条①规定：“借款合同采用书面形式，但自然人之间借款另有约定的除外。借款合同的内容包括借款种类、币种、用途、数额、利率、期限和还款方式等条款。”若企业法定代表人与自然人出借人借款时，未采取书面形式，根据《民法典》规定此借款合同依旧成立。若一律确认债权，则管理人恐面临大量空口无凭的债权确认申报。据此，《民间借贷规定（2020年第二次修正）》第十五条及第十六条规定，主张借贷关系成立的原告应就借

---

① 对应《民法典》第六百六十八条，借款合同应当采用书面形式，但是自然人之间借款另有约定的除外。借款合同的内容一般包括借款种类、币种、用途、数额、利率、期限和还款方式等条款。

贷关系的成立承担举证证明责任，避免了实务中部分债权确定困难的问题。然而管理人在对于个人名义对外借款部分的债权确认依旧存在重重困难。

其次，法定代表人以个人名义对外借款“是否属于自然人间借贷”的问题同时影响了债权人可被确认的债权范围。根据《民间借贷规定（2020 年第二次修正）》第二十四条，自然人之间借贷对利息约定不明，出借人主张支付利息的，人民法院不予支持。除自然人之间借贷的外，借贷双方对借贷利息约定不明，出借人主张利息的，人民法院应当结合民间借贷合同的内容，并根据当地或者当事人的交易方式、交易习惯、市场报价利率等因素确定利息。

再次，关于法定代表人借款是否由企业承担还款义务问题，根据《民间借贷规定（2020 年第二次修正）》第二十二条“法人的法定代表人或者非法人组织的负责人以单位名义与出借人签订民间借贷合同，有证据证明所借款项系法定代表人或者负责人个人使用，出借人请求将法定代表人或者负责人列为共同被告或者第三人的，人民法院应予准许。法人的法定代表人或者非法人组织的负责人以个人名义与出借人订立民间借贷合同，所借款项用于单位生产经营，出借人请求单位与个人共同承担责任的，人民法院应予支持”的规定，若企业法定代表人以个人名义对外签订借款合同的，且所借款项用于企业生产经营的，则企业与个人共同承担偿还责任；若所借款项未用于企业生产经营的，则只能由企业法定代表人承担还款责任。即根据现行法律规定，若管理人欲将企业法定代表人以个人名义对外签订的借款认定为破产债权，必须有确切证据证明此部分款项被用于企业的生产经营。若不能证明此部分款项用于企业的生产经营，则由企业法定代表人个人承担相应的还款责任。在“（2020）湘 1128 民初 310 号民间借贷纠纷一案民事案”中，虽被告以个人名义向原告出具欠条，但由于写明该款项用途为“用于公司生产”，因此法院判定企业与法定代表人共同承担该笔款项的偿还责任。

虽然《民间借贷规定（2020 年第二次修正）》第二十二条中明确规定了对于企业法定代表人以个人名义对外签订借款在破产程序中的认定标准应为“所借款项用于单位生产经营”，但在我国现行法律法规中并未规定具体民间借贷中企业法定代表人以个人名义对外借款的款项具体用途部分举证责任的归属。若根据民法中“谁主张，谁举证”的原则，则证明此部分款项是否用于企业生产经营的责任应由主张债权的债权人证明。然而，民间借贷中企业的债权人通常为企业内部人员之外的自然人或法人，基于对企业法定代表人的信任而提供借款，并未参与企业内部的管理经营活动。若将证明款项用于企业生产经营的责任归于外部债权人，则对民间借贷中的债权人有失公允，无法达到《企业破产法》“公平清偿债权人”的立法目的。在“（2020）苏04民终740号民间借贷纠纷二审民事案”中，原告认为被告借款目的为被告A公司经营，被告则认为其开设有A公司、B公司、C公司、D超市等多家企业，案涉借款与E公司业务无关，借款亦未用于A公司经营，而是用于归还他人借款及超市等生意上的资金周转。为证明上述陈述，被告提交了其F银行卡交易明细清单。对于该清单，原告认为被告收到原告借款后，原告对于款项流转已无法控制，作为被告A公司法定代表人的盛某有权合理安排A公司应支付的款项。二审法院最终认定原告仅基于被告系A公司法定代表人的身份，而未能提供其他充分证据证明案涉借款确系用于被告A公司生产经营，故其要求被告A公司承担相应还款责任的诉讼请求，无充分的事实和法律依据，依法不予支持。

同时，在司法实践中，法院通常根据企业的流水、财务账簿、证人证言、企业自认等方法确定款项的具体用途。正如前文所述，部分进入破产程序的企业存在管理混乱等情况，其中包括了对于财务部分的管理混乱。此时，企业进入破产程序前内部管理已经出现了严重的问题，难以自保的企业不乏相关账簿保存不当、毁损、灭失等情况。即使是企业内部也无法提供关于款项具体用途的相关证据，导致大量民间借贷所涉款项无法查明用途、债权无法确定等问题。若一味考虑保护债权人利益对此部分民间借贷予以确认，恐涉及其他企业法定代表人的债权人对非用于企业生产经营的款项进行虚假申报等问题，无法保护其他债权人权益。

最后，对于管理较为混乱的公司不但存在账务不清的问题，还可能出现企业股东或负责人将个人账户与公司账户混同，甚至出现经营者、股东利用关联公司或者对公司的控制权，损害公司、债权人利益的情况。对于实践中出现的关于滥用法人独立人格从而对债权人造成利益损害的行为，应参考公司法中

“法人人格否认”制度。根据《公司法》第二十条第二款、第三款的规定：“公司股东滥用股东权利给公司或者其他股东造成损失的，应当依法承担赔偿责任。公司股东滥用公司法人独立地位和股东有限责任，逃避债务，严重损害公司债权人利益的，应当对公司债务承担连带责任。”①

◆典型案例

罗某某与 A 中学、王某普通破产债权确认纠纷一审民事案

(2019) 苏 0981 民初 5530 号

【案情简介】

● 2012 年 11 月 18 日，A 中学的法定代表人王某向罗某某出具借条一份，载明“借条 借到罗某某人民币壹拾贰万陆仟元整（￥126000 元整）。借款人：王某 2012 年 11 月 18 日”。

● 2019 年 8 月 12 日，王某以 A 中学的名义向罗某某出具《还款承诺函》，载明“还款承诺函 罗某某 关于王某向你借款壹拾贰万陆仟元整，此款全部款项用于学校办学期间的正常经营费用，由于政策有变，致使学校不能正常招生，造成王某至今没有偿还你的所有借款。A 中学，现决定承担王某向你所借全部款项的偿还责任”。该承诺函落款处加盖了 A 中学印章。

● 罗某某向 A 中学破产管理人申报债权，A 中学破产管理人向罗某某出具《A 中学管理人债权审核通知书》，以证据不足为由，对罗某某所申报的债权不予确认。

● 罗某某遂向人民法院提起债权确认之诉。

【双方争议】

罗某某提出诉讼请求，确认罗某某对 A 中学享有 126000 元的债权。A 中学辩称案涉借条仅有王某签字，未加盖 A 中学印章，无法证明系 A 中学借款，银行卡取款业务回单，仅能证明罗某某取款 95000 元，不能证明罗某某向 A 中学支付了该笔款项，且取款数额与罗某某主张的金额不符，罗某某与 A 中学之间

① 和军建：《一人公司法人人格否认制度研究》，北京交通大学 2011 年硕士学位论文。

不存在民间借贷关系。罗某某自认向王某交付借款本金100000元，而非借条所载的126000元，说明该借条比较随意。同时罗某某主张借款用于A中学，破产管理人无法核实不予认可，罗某某需对此举证证明。王某辩称，该债权是真实的，全部用于A中学，因为当时A中学名气不好，无法进行借款，故均以王某个人名义借款用于A中学。

【判决结果及理由】

法院认为，合法的民间借贷关系受法律保护。企业法定代表人或负责人以个人名义与出借人签订民间借贷合同，出借人请求企业与个人共同承担责任的，需举证证明所借款项用于公司生产经营。本案中，罗某某未能举证证明案涉款项用于A中学运营，且《借条》仅有王某签名，并未加盖A中学印章。罗某某提交的《还款承诺函》系A中学破产申请被裁定受理并指定破产管理人后，王某以A中学名义所出具，本院依法不予认定。因此，法院对罗某某要求确认其对A中学享有126000元债权的诉讼请求，依法不予支持。

◆管理人履职提示

首先需要明确，公司的法定代表人具有双重身份，既可以代表公司从事职务行为，也可以作为自然人从事个人行为。如果是法定代表人以公司名义订立借款合同，则应结合款项的实际用途来认定债务清偿主体。若所借款项用于法定代表人个人使用，则债权人可请求将法定代表人与公司作为共同被告。如果是法定代表人以个人名义订立借款合同，亦应结合款项的实际用途来认定债务清偿主体。若所借款项用于公司生产经营，则债权人可请求将公司作为共同被告，要求实际使用款项的公司与签订合同的法定代表人共同承担清偿责任。如果是法定代表人以个人名义订立借款合同，无公司盖章，且款项未用于公司经营，则应认定此时法定代表人的行为并非职务行为，而是其个人行为，应由法定代表人自行承担清偿责任。①

---

① 李慧：《借条上的“资金监管人”是否需对债务承担连带清偿责任?》，载https：//www.sohu.com/a/274653162_100229492，2020年5月5日最后访问。

同时管理人应注意《民间借贷规定》中关于民间借贷合同无效的情形。允许企业之间融资，绝非意味着可以对企业之间的借贷完全放任自流。《民间借贷规定（2020 年第二次修正）》第十三条对于民间借贷合同应当认定无效的情形作出了具体规定，包括：（1）套取金融机构贷款转贷的；（2）以向其他营利法人借贷、向本单位职工集资，或者以向公众非法吸收存款等方式取得的资金转贷的；（3）未依法取得放贷资格的出借人，以营利为目的向社会不特定对象提供借款的；（4）出借人事先知道或者应当知道借款人借款用于违法犯罪活动仍然提供借款的；（5）违反法律、行政法规强制性规定的；（6）违背公序良俗的。破产企业若未提供充分证据证明相关民间借贷行为存在法律关于合同无效规定的情形，则民间借贷合同有效，管理人应当依照合同约定认定债权人的债权部分。

我国现行法律对法定代表人名义借款的问题并未作出具体的操作程序以及相关规定，因此企业的管理人在实务操作过程中对于此部分债权的认定上仍面临着较大困扰。因此，管理人更应注意在确认企业法定代表人以个人名义借款的债权认定时应详细梳理个人账户与公司账户的资金往来，严格对企业进行审计，把握借款用途，并谨慎对此部分债权进行认定。

（四）仅依据转账凭证主张借贷的举证责任

◆争议焦点

当债权人仅依据转账凭证主张借贷关系时，管理人应如何确定债权？

◆实务裁判观点

在民间借贷相关案件中，原告仅凭金融机构转账凭证提起民间借贷的诉讼常有发生。在破产程序中，破产企业作为从事经营的法人主体，常有基于多种法律关系与事实引起的资金转账等行为发生。除了借贷还可能是买卖、租赁、加工承揽、习惯性交易等。借款人与出借人的身份关系亦多种多样，比较常见的是企业负责人的亲戚朋友等熟人关系。随着支付手段的便利化，借贷形式往往比较随意，很多情况下只是将钱转到对方账户，而未签订借款合同或借据，[①]实则为法官或破产企业管理人认定破产债权增加了难度。在《民间借贷规定（2020年修正）》第十七条[②]中规定："原告仅依据金融机构的转账凭证提起民间借贷诉讼，被告抗辩转账系偿还双方之前借款或者其他债务的，被告应当对其主张提供证据证明。被告提供相应证据证明其主张后，原告仍应就借贷关系的成立承担举证责任。"关于此项，实务界对于其适用仍存在争议。例如，原告仅凭金融机构的汇款凭证提起民间借贷诉讼，法院可否根据此项规定直接推定借贷关系成立；被告对自己的抗辩究竟应该承担何种证明责任；被告的举证应该达到何种证明程度。

关于第十七条，一种观点认为，这里的"举证责任"属于举证责任转移，应指行为意义上的举证责任。[③] 另一种观点认为，《民间借贷规定（2020年修正）》第十七条赋予被告的举证责任并不直接意味着举证责任倒置。原告仍负有举证证明借贷合意的责任，证明主体为原告。[④]

根据案件检索可见，在审判实践中，多数法院认为根据《民间借贷规定（2020年修正）》第十七条规定，若原告仅凭汇款凭证起诉，而被告未提出该笔款项已经偿还，或该笔款项实则基于其他法律关系，抑或被告虽提出抗辩但不能提供相应的证据，则可以推定借贷事实的成立。在"（2020）苏01民终1016号民间借贷纠纷二审民事案""（2020）辽02民终1804号追偿权纠纷二审民事案""（2020）辽02民终1690号民间借贷纠纷二审民事案""（2020）辽02民终2001号民间借贷纠纷二审民事案""（2020）鄂13民终74号民间借贷纠纷二审民事案""（2020）皖03民终864号民间借贷纠纷二审民事案"等一系列民间借贷纠纷类案件中，人民法院仅凭借原告出示了汇款凭证而被告未能提供相应的证据，而推定了借贷事实的成立。

---

① 杨泽宇、林世开：《仅有转账凭证情形下民间借贷案件的裁判思路》，载《民事审判》2018年第838期。

② 《民间借贷规定（2020年第二次修正）》将该条调整为第十六条。

③ 参见杨立新主编：《〈最高人民法院关于审理民间借贷案件适用法律若干问题的规定〉理解与运用》，中国法制出版社2015年版，第107页。

④ 杨泽宇、林世开：《仅有转账凭证情形下民间借贷案件的裁判思路》，载《民事审判》2018年第838期。

有少数法院综合交易习惯、双方经济往来等各项因素考虑借贷关系是否成立。在“王某与吕某、赵某被继承人债务清偿纠纷一审民事案”中，原告就对被告父亲的转账凭证起诉被告吕某及其赵某，被告则辩称此笔转账可能系原告归还其父亲借款。某县法院认为虽有第十七条相关规定，但还应当考虑庭审陈述及对原、被告偿还能力、借款习惯等因素综合判断借贷事实是否发生。仅凭借第十七条规定推断借贷关系成立则过于笼统。

目前学界大多数观点认为此种情况下应当严格审查出借人自身的经济状况，出借人与借款人之间的关系，交易习惯及相关证人证言等综合判断当事人的主张能否成立。[①] 对于证明程度的认定，我国学者们普遍认同在民事诉讼领域，民间借贷案件审理应达至高度盖然性的证明标准。高度盖然性的证明标准需要法官对真相的形成达到全面的内心确信。[②] 有学者对此项作出了相关的修正建议，认为首先应当明确法律要件实施的证据提供，包括是否有双方合意此款项为借贷的证明、是否有款项交付的证明及不存在借贷关系或存在其他关系的证明。其次，应该统一证明责任的分配与证明的认定标准。[③]

当被告主张欠款的给付是基于其他法律关系时，若法院认为被告的否认具有可信性，则由原告继续承担证明责任。最高人民法院于“（2018）最高法民申 2285 号民间借贷纠纷案”中认为，被告东方铝业在原审中提交了相应的证明、交易明细及相关证人，结合一审法院向 A 农村合作银行调取的相关凭证，足以证明其主张。此时原告若仍主张双方为民间借贷关系，应进一步提交证据证明，原审法院根据被告所提供证明认定双方并不存在民间借贷法律关系证据充分，亦不存在法律适用错误的问题。同样，在“（2018）苏民申 5953 号民间借贷纠纷案”中，某省高院结合被告所提供的证据及陈述认定被告的抗辩具备可信性，并表示在此情况下，原告应就借贷关系成立进一步承担举证责任。

---

① 蔡晓明：《民间借贷纠纷案件处理的思路新探》，载《法律适用》2014 年第 6 期。

② 吴旭莉：《民间借贷案件证明过程之分析》，载《现代法学》2014 年第 3 期，第 143 页。

③ 王琪：《〈民间借贷规定〉第 17 条之反思与修正》，载《司法改革评论》，2017 年第 23 辑，第 113 页。

◆典型案例

王某与吕某、赵某被继承人债务清偿纠纷一审民事案①

(2016) 浙0624民初11号

【案情简介】

● 被告二人系继母子关系，吕某生父吕某某原妻死后与赵某再婚。后吕某某以吕某结婚缺少资金为由向原告借款50000元人民币，原告通过A银行转账借款50000元。

● 吕某某而后病逝，欠款一直未归还。

● 吕某某死后，其财产、建筑承包项目皆由其儿子吕某继承，原告向吕某催讨，吕某却以要赵某签字为由不予偿还。

● 原告就对此笔借款，向某县法院提起诉讼。

【双方争议】

原告依据A银行的转账凭证起诉，请求判令两被告偿还吕某某生前借款。原告提供银行转账凭证一份，转账凭证的真实性没有异议。

被告辩称，不能证明此笔转账是向原告借款，也有可能是原告归还其父亲借款。借款发生至吕某某去世有两年半的时间跨度，原告完全有充足的时间向吕某某催讨，为何要在吕某某去世这么长时间后向其儿子催讨。同时认为，吕某某已过世，无法到庭查明事实，且生前并未向答辩人交代过有向原告借款。本案所涉款项的性质、利率、期限、地点、用途等具体事项和经过，均未得到查明。因此原告的证据不足以证明原告与吕某某之间达成任何借贷的合意并构成借贷关系。两被告未提交证据。

【判决结果及理由】

某县法院认定了王某于2007年向吕某某转款50000元，吕某系吕某某的儿

---

① 二审案件详见(2016)浙06民终1393号。法院认为，在本案中，两上诉人（原审被告）并非直接收款人，其无义务也无能力对该笔转账的原因进行举证，在这种情况下，举证责任不应转嫁给两上诉人，应由被上诉人（原审原告）承担举证不能的后果。故被上诉人仅依据一份转账凭证尚不足以证明与吕某某存在借贷关系，被上诉人要求两上诉人偿还该笔转账依据不足，本院不予支持。原审法院适用法律不当，以致实体判决错误，本院予以纠正，依法撤销原审判决，驳回被上诉人的诉讼请求。

子，赵某系吕某某的妻子，2010 年吕某某死亡的事实。并认为，依照《民间借贷规定（2020 年修正）》第十七条规定：“原告仅依据金融机构的转账凭证提起民间借贷诉讼，被告抗辩转账系偿还双方之前借款或其他债务，被告应当对其主张提供证据证明。被告提供相应证据证明其主张后，原告仍应就借贷关系的成立承担举证证明责任。”被告方负有举证证明转账系偿还双方之前借款或其他债务的义务，否则应当认定双方存在借贷关系。但由于吕某某因突发疾病过世，其继承人举证的难度毋庸置疑，亦并非免除被告方承担举证责任的理由。被告辩称案涉转账可能系原告归还其父亲借款，缺乏证据证实，难以认定。因此，法院结合庭审中陈述及对原、被告的借款能力、借款习惯等因素的考量，认定王某出借给吕某某 50000 元的事实。该借款未约定借款期限，作为出借人的原告可随时向吕某某催讨借款。现吕某某因故死亡，两被告作为吕某某遗产的法定继承人，应依法在其继承遗产的实际价值范围内负责清偿吕某某生前所负债务。作为法定继承人的两被告均未明确表示放弃继承，对原告要求两被告在遗产继承范围内清偿债务的诉讼请求，人民法院应予支持。

因此，某县法院最终作出了被告吕某、赵某应在吕某某遗产范围内，向原告王某返还借款人民币 50000 元的判决。

◆管理人履职提示

《民间借贷规定（2020 年第二次修正）》明确规定，出借人向人民法院起诉时，应当根据凭证以及其他能够证明借贷法律关系存在的证据主张债权。之所以凭证如此重要，是因为在日常生活中民事主体之间会发生形形色色的资金往来。如果欠缺借贷的债权凭证，则双方资金往来的性质就难以确定，借款人往往抗辩往来款项为货款、定金、合伙、入股等。[①] 然而由于习惯性交易等多重

---

① 蒋鸿铭：《法官说法：民间借贷的“3 大纪律 8 项注意”》，载“法客帝国”微信公众号，https：//law. wkinfo. com. cn/professional - articles/detail/NjAwMDAwMTcyNDk%3D? searchId = b2e2ae1670294a42b6dcedd0ee8f1edc&index = 1&q = %E6%B3%95%E5%AE%98%E8%AF%B4%E6%B3%95 ;%E6%B0%91%E9%97%B4%E5%80%9F%E8%B4%B7%E7%9A%84%E2%80%983%E5%A4%A7%E7%BA%AA%E5%BE%8B8%E9%A1%B9%E6%B3%A8%E6%84%8F%E2%80%99&module = ，2021 年 6 月 10 日最后访问。

原因，原告仅依据金融机构转账凭证提起民间借贷诉讼时，可认定原告已完成其初步举证责任，多数将被法院推定为借贷关系已经成立。

因此在关于仅凭金融机构转账凭证主张的债权认定，管理人必须做到审慎核查，需确认是否此笔转账实为偿还之前的借款或有其他法律关系的存在，并要求债权人提供相关证据证明。管理人应当严格审查债权人自身的经济状况、债权人与债务人之间的关系、交易习惯及相关证人证言，并综合判断当事人的主张能否成立。实务操作中常见观点为，债权人所提出的相关证据证明力度应达到高度盖然性的证明标准，即需要形成全面的内心确信。管理人对此应当充分了解该支付凭证所涉事项发生的具体背景，一方面要求债权人提供尽可能具体的债权发生事由情况，另一方面与企业人员核实具体细节和情况，企业若主张转账双方并非为民间借款关系，管理人应当向企业释明就其不存在民间借贷法律关系需承担进一步的举证证明责任，并可指导企业提供相应证据。如无法证明，债权人提起诉讼，企业将可能承担败诉的风险，建议管理人在企业不能提供并非借贷关系的证据的情况下，可考虑依据转账凭证以及通过从债权人和破产企业了解的情况，进行债权确认。

七、债权诉讼程序的相关问题

（一）债权人在债务人破产申请后提起的诉讼

◆争议焦点

当债权人的债权无法得到实现时，债权人往往采取诉讼方式主张其债权。如果企业破产前债权人已提起诉讼，破产受理后，该诉讼应当如何进行？在企业破产受理后，债权人又应当如何对破产企业提起债权相关诉讼？

◆实务裁判观点

破产受理后，对于债权人提出的要求债务人履行债务清偿义务的给付之诉，在法律规定上比较明确。《企业破产法》第十六条规定：“人民法院受理破产申请后，债务人对个别债权人的债务清偿无效。”同时在第五十八条第三款中明确了“债务人、债权人对债权表记载的债权有异议的，可以向受理破产申请的人民法院提起诉讼”。《最高人民法院关于适用〈中华人民共和国企业破产法〉若干问题的规定（二)》第二十一条第一款、第二十三条第一款中明确规定了，破产申请受理后，债权人就债务人财产向人民法院提起个别清偿诉讼的，人民法院不予受理。在《最高人民法院关于〈中华人民共和国企业破产法〉施行时尚未审结的企业破产案件适用法律若干问题的规定》第九条第二款中也明确了："债权人就争议债权起诉债务人，要求其承担偿还责任的，人民法院应当告知该债权人变更其诉讼请求为确认债权。”最高人民法院2019年《全国法院民商事审判工作会议纪要》第一百一十条第三款重申了上述观点："人民法院受理破产申请后，债权人新提起的要求债务人清偿的民事诉讼，人民法院不予受理，同时告知债权人应当向管理人申报债权。债权人申报债权后，对管理人编制的债权表记载有异议的，可以根据《企业破产法》第58条的规定提起债权确认之诉。”由此可见，对于破产申请受理后债权人提起给付之诉的情况，规定得较为统一，即法院对于提起于破产申请受理后的给付之诉不予受理，并告知债权人应当先向管理人申报债权。

从法理上说，破产程序本身就是债权实现程序，即给付债务的程序。因此在破产程序中对债权人整体清偿的给付程序启动后，债权的个别清偿给付程序必须中止，否则会出现两个法律程序的冲突。[①] 所有债权人的个别给付诉讼请求，依法被破产集体清偿给付程序所吸收合并。此时债权人应当先行向管理人申报债权，若对管理人编制的债权表有异议，可向人民法院提出债权确认之诉，而非给付之诉。

在“（2019）云03民初201号刘某某与A公司、B公司普通破产债权确认纠纷一审案”中，被告进入破产清算程序后，原告向破产受理法院提起诉讼，请求由被告清偿工程价款、给付逾期付款等损失。C市中院认为在破产清算案件受理后，债权人就破产债权对债务人提起诉讼实为就破产的债务人提起个别

---

① 王欣新：《破产债权争议诉讼的性质与收费标准》，载《人民法院报》2014年第7版。

清偿诉讼，不符合起诉条件，因此驳回了原告的起诉。

在“（2020）湘01民初265号A公司与B公司建设工程监理合同纠纷一审案”中，原告向法院提出依法判令被告支付工程费的诉讼请求。一审法院在审查后发现，被告已于半年前由人民法院裁定进入破产程序，因此参照《全国法院民商事审判工作会议纪要》第一百一十条第三款的相关规定，法院认为原告应就其向被告公司提出的上述请求向被告的管理人申报债权，而非直接向人民法院提起给付之诉，法院因而驳回了原告的起诉。

在“（2019）皖01民初1830号A公司与张某某、B公司民间借贷纠纷一审案”中，原告由于被告拖欠借款起诉至人民法院。法院在审判中查明，被告已进入破产清算程序，然而原告并未向被告的管理人申报债权。根据《全国法院民商事审判工作会议纪要》第一百一十条，由于本案中原告在被告的破产清算申请已被受理后，未向管理人申报债权而直接提起诉讼，人民法院作出了驳回原告起诉的裁定，同时告知原告可向管理人申报债权。

前述判断同样适用于债权人的部分未申报债权。在“（2019）粤13民初213号冯某某与A公司、B公司普通破产债权确认纠纷一审案”中，原告向被告管理人申报了部分债权，而后诉至人民法院提起关于未申报部分债权的给付之诉。法院在裁判文书中表示，根据《企业破产法》第五十八条第三款，原告应当在债权申报期限内向被告管理人申报此部分债权，对管理人编制的债权表有异议的，才可以提起债权确认之诉。在原告未向管理人申报债权前，不能直接向被告提起债权确认之诉或提起给付之诉。

此种观点在众多破产债权确认纠纷中，如“（2020）湘01民初263号A工程勘察院与B公司建设工程施工合同纠纷一审案”“（2018）渝04民初443号韩某某与A公司建设工程施工合同纠纷一审案”等案件中被法院予以采纳。

由此可见，人民法院就受理破产申请后提起的给付之诉，观点较为明确，即不予受理同时告知债权人应向管理人申报债权，若债权人申报债权后对管理人编制的债权表有异议，可向人民法院提起债权确认之诉。但在破产类案件中，争议较大的问题在于在破产申请时就已经开始而尚未终结的给付之诉人民法院应如何处理。

《企业破产法》第二十条规定："人民法院受理破产申请后，已经开始而尚未终结的有关债务人的民事诉讼或者仲裁应当中止；在管理人接管债务人的财产后，该诉讼或者仲裁继续进行。"对于人民法院受理破产申请时就已经开始而尚未终结的给付之诉是否应变更为确认之诉，理论和实务界主要存在三种观点。

第一种观点认为，法院应当将破产事实告知当事人，并依职权直接作出破产确认判决。如《北京市高级人民法院企业破产案件审理规程》第五十八条明确指出："人民法院受理破产申请后，已经开始而尚未终结的请求债务人为给付的民事诉讼或者仲裁，受理法院或者仲裁庭应当将债务人已进入破产程序的事实告知该案的债权人，并直接作出是否确认当事人之间债权债务的裁判，而不应作出以给付为内容的裁判。"

第二种观点认为，法院应当向当事人予以释明，当事人若不变更诉讼请求，便依法驳回其起诉或不支持其诉请。持有此种观点的学者认为，破产程序启动后，破产企业有限的财产便已成为全体债权人共享的"公共池塘"。若债权人以个别求偿为目的的给付之诉不变更为确认之诉，生效的给付判决将面临是否具有（单独的）强制执行力及是否需要申报债权的困惑。遂为避免给付判决的执行力与破产程序概括清偿的价值冲突，债权人应当将要求破产债务人支付金钱或财务的诉讼请求，变更为确认债权的诉讼请求。[①]

部分地方法院在指导性文件中明确了此种观点，如《上海市高级人民法院破产审判工作规范指引（试行）》第四十八条规定："根据《企业破产法》第十六条规定，人民法院受理破产申请后，债务人对个别债权人的债务清偿无效。据此，人民法院受理破产申请后，债权人针对债务人提出的给付之诉，不予支持。根据不同情况，分别处理：……（2）其他针对债务人的给付之诉，人民法院应当向债权人释明，由债权人将其给付请求变更为债权确认请求，并告知债权人可通过申报债权的方式参与破产程序，实现其实体权利。"

《云南省高级人民法院破产案件审判指引（试行）》第一百六十一条中也明

① 汪雨：《企业破产时，债权人已提起的给付之诉可不变更为确认之诉》，载"立方律师事务所"微信公众号，http：//www. lifanglaw. com/plus/view. php? aid =1864，2020 年 5 月 4 日最后访问。

确了："人民法院受理破产申请后，尚未审结的以债务人为被告所提起的给付之诉案件，人民法院应就《企业破产法》十六条规定向原告释明，将诉讼请求变更为债权确认之诉。当事人拒绝变更的，依法驳回起诉。"

从各级法院所作出的裁判可见，有部分法院持有此种观点。

在"（2016）鲁1003民初679号宋某某与A公司房屋买卖合同纠纷一审案"中，B区法院在其裁定书中认为，人民法院受理破产申请后，债权人就存在争议的债权起诉债务人要求其承担清偿责任已事实上不可能，只能就确定的债权参与破产财产分配或重整、和解程序，故这种诉讼不属于给付之诉，同时，这种诉讼目的并非在于消灭异议的效果，而在于确认债权，直接确定其能否参加分配受偿，故非形成之诉，实为典型的确认之诉。故在破产程序启动前，债权人就债务人财产提起但尚未审结的诉讼应随之变更诉讼请求为确认之诉。在本案中法院向原告释明其应变更诉讼请求为确认享有购房消费者优先受偿权，但其主张被告的破产重整即将终结，涉案房屋仍有实际履行的可能性，拒不变更诉讼请求。最终法院作出驳回原告诉讼请求的裁定。

"（2017）黔06民初67号A公司与B公司、C公司普通破产债权确认纠纷一审案"中，原告起初要求被告给付工程欠款。在审理过程中，法院作出了受理被告破产清算的裁定，本案中止审理。后由被告管理人申请恢复审理，原告撤回关于工程欠款的给付之诉且将诉讼请求变更为确认之诉，法院随后对变更请求予以确认。同样，在"（2017）沪民初23号A投资管理合伙企业与B公司、C公司等借款合同纠纷一审案"等案件审理过程中，法院皆对于原告因被告方进入破产程序而将给付之诉变更为确认之诉予以批准。

第三种观点认为，法院可以继续审理给付之诉，但其债权只能在破产程序中申报。此种观点持有者认为给付之诉与债务人进入破产环节并不发生冲突，此时的给付之诉仅是从诉讼角度对债权的承认，并不否认债权人仍需依据生效的给付判决向管理人申报债权的事实。特别是在破产程序被依法终止的情况下，债权人的个别执行程序仍将恢复，若生效判决仅有确认判项，执行法院将面临如何执行债权的问题。当破产程序因一定的原因终止后，执行法院恢复执行确认判决也会违反传统民事诉讼法学理论，因此从诉讼法与破产法，特殊法与一般法理论统一的角度，也不应强制要求债权人将给付请求变更为确认请求。[①]

《企业破产法》第二十条仅规定了“人民法院受理破产申请后，已经开始而尚未终结的有关债务人的民事诉讼或者仲裁应当中止；在管理人接管债务人的财产后，该诉讼或者仲裁继续进行”，并未指出确有必要将给付之诉变更为确认之诉方使得诉讼或仲裁继续进行。

最高人民法院《全国法院民商事审判工作会议纪要》第一百一十条第一款规定：“人民法院受理破产申请后，已经开始而尚未终结的有关债务人的民事诉讼，在管理人接管债务人财产和诉讼事务后继续进行。债权人已经对债务人提起的给付之诉，破产申请受理后，人民法院应当继续审理，但是在判定相关当事人实体权利义务时，应当注意与企业破产法及其司法解释的规定相协调。”最高人民法院民二庭在其《〈全国法院民商事审判工作会议纪要〉理解与适用》中进一步称：“法院可以继续审理并作出支持给付请求的裁决，但权利人只能在破产程序中申报债权，除非法院裁定驳回破产申请或者终结破产程序。”[②] 据此，在债务人进入破产程序后，原有且尚未终结的给付之诉不一定需要变更诉讼请求。

在“（2019）最高法民终519号A公司、B公司建设工程施工合同纠纷二审案”中，上诉人请求二审法院对原审判决金钱给付的判项改为确认被上诉人或第三人的债权。最高人民法院在二审判决文书中称，我国法律并未规定，债务人被宣告破产后，债权人必须将对债务人提起的给付之诉变更为确认之诉。人民法院就债权人提起的给付之诉作出生效判决后，由于债务人被宣告破产，债权人不能就生效判决所确认的债权获得个别清偿，但有权以生效判决为依据，依照《企业破产法》的规定向债务人的破产管理人申报债权。

最高人民法院民事审判第二庭在《〈全国法院民商事审判工作会议纪要〉理解与适用》中表示：“对原告的给付之诉，人民法院没有必要向当事人释明让其改为确认之诉，一是因为根据给付之诉判决，管理人也能够确认债权额，

---

① 汪雨：《企业破产时，债权人已提起的给付之诉可不变更为确认之诉》，载“立方律师事务所”微信公众号，http://www.lifanglaw.com/plus/view.php?aid=1864，2020年5月4日最后访问。

② 《〈全国法院民商事审判工作会议纪要〉理解与适用》，人民法院出版社2019年版。

不是非根据确认之诉判决才能确认；二是因为如果必须改为确认之诉，那么之前已经生效的给付之诉判决，管理人怎么能够据此确认债权数额?”①

在《全国法院民商事审判工作会议纪要》及《〈全国法院民商事审判工作会议纪要〉理解与适用》发布后，部分法院在审判实务中也遵循了此做法。在“（2019）湘1129民初978号原告A公司与被告B公司、C公司、徐某某金融借款合同纠纷一案”中，原、被告间关于债务人的民事诉讼案已进入诉讼环节且尚未终结，随后法院裁定受理被告的重整申请，被告进入破产程序。法院在恢复审判程序后作出了被告负有支付原告所欠本金及利息的判决。

据此，在《全国法院民商事审判工作会议纪要》及《〈全国法院民商事审判工作会议纪要〉理解与适用》发布前，各地法院在处理已经开始而尚未终结的有关债务人的民事诉讼上的做法并未统一。法律的含混不清及司法实践的不一致导致了“同案不同判”的情况常有发生。《全国法院民商事审判工作会议纪要》及《〈全国法院民商事审判工作会议纪要〉理解与适用》发布后，实践中有越来越多的判例并未要求将给付之诉变更为确认之诉，而是继续审理给付之诉。管理人依照判决结果进行债权确认，并在破产程序中整体清偿。

◆典型案例

1. A公司与B公司、C公司承揽合同纠纷二审案

（2020）青民终48号

【案情简介】

● A公司与B公司签订合同后，A公司根据合同约定向B公司交付了设备，而B公司剩余192000元价款未付。

● 而后A公司、B公司与C公司签订了三方协议，约定B公司将剩余应支付给A公司的合同价款支付给C公司。约定在C公司收到款项后按通知的金额

---

① 最高人民法院民事审判第二庭：《〈全国法院民商事审判工作会议纪要〉理解与适用》，人民法院出版社2019年版，第559页。

及支付时间给A公司，A公司向C公司开具增值税发票。

● 2018年7月3日，在A公司向C公司开具发票后，A公司起诉请求判令B公司给付货款192000元及迟延付款的利息。

● 2018年9月5日，人民法院裁定受理了C公司的破产申请。

● 在A公司提起的一审诉讼中，一审法院根据《最高人民法院关于适用〈中华人民共和国企业破产法〉若干问题的规定（二）》第二十一条第一款第（四）项、第二十三条第一款的规定，破产申请受理后，债权人就债务人财产向人民法院提起的个别清偿诉讼，人民法院不予受理。本案中，A公司是在D中级人民法院受理C公司破产申请后提起本案诉讼。依据上述规定，本案不应予以受理，已经受理的，应驳回起诉。A公司可依法向C公司破产管理人申报债权。因此驳回A公司的起诉。

【双方争议】

A公司因与B公司、C公司承揽合同纠纷一案，不服D中级人民法院（2019）青28民初65号民事裁定，向二审法院提起上诉。

【判决结果及理由】

二审法院认定一审法院适用法律错误，其中关于《最高人民法院关于适用〈中华人民共和国破产法〉若干问题的规定（二）》第二十三条的适用问题提出如下理由：

"《最高人民法院关于适用〈中华人民共和国破产法〉若干问题的规定（二）》第二十三条旨在对破产申请受理后就债务人财产所提诉讼的受理问题作出规定。在本案中，A公司的起诉系C公司破产申请受理前提出，故不符合该条规定。"综上，针对A公司提起的诉讼应审查是否成立并作出相应判决。二审法院认定一审法院根据上述规定作出驳回起诉的裁定属于适用法律错误，应予以纠正，因此二审法院对A公司上诉理由予以支持。最终，二审法院裁定撤销一审民事裁定，并发回重审。

2. 冯某某与A公司、B公司普通破产债权确认纠纷一审案

（2019）粤13民初213号

【案情简介】

● 原告与被告一、被告二抵押借款合同争议仲裁一案，C仲裁委员会（2014）惠仲案字第90号裁决书已发生法律效力，该裁决确定：（一）被告一、被告二向原告偿还借款本金及利息；（二）原告在本案债权总金额范围内，对被告一提供的抵押物拍卖、变卖或折价所得价款享有优先受偿权。

● 2017年7月31日，买受人通过淘宝网司法拍卖平台竞得上述房地产，并全额支付了拍卖款项。拍卖款中部分已支付给原告，余下部分留存在执行款专用户，扣除执行费83035元后，剩余282.93万元。

● 2017年12月11日，C中院作出（2017）粤13破申18号《民事裁定书》，裁定受理被告一的重整申请。

● 2018年4月4日，原告曾向管理人申报了债权。

● 2018年4月18日，C中院作出（2014）惠中法执恢字第490-1号之五裁定书，裁定终结（2014）惠中法执恢字第490-1号案的执行，并决定不支付上述剩余282.93万元款项予原告。

【双方争议】

原告认为根据《最高人民法院关于如何理解〈最高人民法院关于破产法司法解释〉第六十八条的请示的答复》①，买受人全额支付了拍卖款项，该拍卖款项已脱离债务人实际控制，视为已向原告交付，该执行已完毕，上述款项不应列入破产财产范畴，其所有权应归属于原告。因此，惠中法执恢字第490-1号剩余的282.93万元执行款项应属原告所有，两被告及被告一的破产管理人应配合将暂存执行法院执行款专用户的剩余拍卖款项282.93万元支付给原告。

被告一管理人回复，原告于2018年4月4日向管理人申报的债权与本案主张的债权不是同一笔债权，原告本案主张的债权并未向管理人申报。

---

① 该文件于2017年12月被废止。

【判决结果及理由】

法院称根据《企业破产法》第四十四条“人民法院受理破产申请时对债务人享有债权的债权人，依照本法规定的程序行使权利”、第四十八条第一款“债权人应当在人民法院确定的债权申报期限内向管理人申报债权”、第五十八条第三款“债务人、债权人对债权表记载的债权有异议的，可以向受理破产申请的人民法院提起诉讼”的规定，被告一破产受理后，原告应当在债权申报期限内向被告一管理人申报债权，对管理人编制的债权表有异议的，才可以提起债权确认之诉。在原告未向管理人申报债权前，不能直接向被告提起债权确认之诉或提起给付之诉。因此法院作出驳回原告起诉的决定。

3. A 公司、B 公司建设工程施工合同纠纷二审案

（2019）最高法民终 519 号

【案情简介】①

● 双方自 2012 年签订了建设施工合同，后因工程款支付及索赔问题，B 集团于 2017 年 3 月以工程价款给付等请求诉至一审法院。

● 在一审过程中，A 公司于 2017 年 5 月 12 日宣告破产。

● 一审法院判定：A 公司应于该判决生效之日起 15 日内支付 B 集团工程款；A 公司应于该判决生效之日起 15 日内支付 B 集团违约金；A 公司应于该判决生效之日起 15 日内赔偿 B 集团损失。

● A 公司不服一审法院判决，向最高人民法院提起上诉。

【双方争议】

A 公司上诉认为依据《企业破产法》法律规定及立法精神，对 B 集团、C 公司诉请的金钱给付义务，人民法院在判决时，只能确认双方的欠债数额，而不应直接判决 A 公司承担给付义务。对判决确认的债权金额，B 集团、C 公司可以依据该份判决书向 A 公司破产管理人申报债权，通过 A 公司的债权人会议

① 由于此裁判文书逾三万字，多为关于建筑工程施工合同具体价款数额的认定。故此处仅讨论关于给付之诉的诉讼请求，略过具体建筑工程施工合同部分。

参与分配并得到清偿。

而B集团辩称一审法院认定事实和适用法律正确。关于一审判决金钱给付的判项是否应改判为“确认A公司欠付B集团和C公司具体金额”的问题，《企业破产法》并未明确规定在人民法院受理破产申请后，对之前提起的尚未审结的给付之诉应当变更为确认之诉。而且在一审庭审中，A公司破产管理人的诉讼代理人也从未向一审法院提出过变更诉讼请求。事实上债权确认是管理人的职责，管理人根据一审判决的结果来确认债权金额与一审判决并不冲突，一审判决结果并无不妥。

【判决结果及理由】

关于给付之诉部分，二审法院认定的争议焦点为在A公司被宣告破产的情况下，一审法院判决A公司给付工程款、违约金、赔偿损失是否违反法律规定。

二审法院称：“我国法律并未规定，债务人被宣告破产后，债权人必须将对债务人提起的给付之诉变更为确认之诉。人民法院就债权人提起的给付之诉作出生效判决后，由于债务人被宣告破产，债权人不能就生效判决所确认的债权获得个别清偿，但有权以生效判决为依据，依照《企业破产法》的规定向债务人的破产管理人申报债权。”《企业破产法》第二十条规定：“人民法院受理破产申请后，已经开始而尚未终结的有关债务人的民事诉讼或者仲裁应当中止；在管理人接管债务人的财产后，该诉讼或者仲裁继续进行。”因此，二审法院认为一审判决针对B集团的诉讼请求作出判决，并无不当。故A公司此项上诉请求不能成立，二审法院不予支持。

综上，关于给付之诉部分，由于具体计算部分存在差异，最高人民法院仅变更了给付数额，并未认同A公司关于“只能确认双方的欠债数额，而不应直接判决A公司承担给付义务”的诉讼请求。

4. 原告A公司与被告B公司、C公司、徐某某金融借款合同纠纷一审案

（2019）湘1129民初978号

【案情简介】

● 2017年1月13日，被告B公司以业务需要增加流动资金为由向原告申

请贷款2000万元，被告C公司向原告出具担保函，同意为被告B公司提供保证担保。

● 2018年1月2日，被告B公司以货款未能及时收回为由，向原告申请贷款2000万元展期一年，被告C公司同意为贷款展期继续提供保证担保。

● 贷款展期到期后，原告于2019年2月28日向被告B公司、C公司发出逾期贷款催收通知书，由被告徐某某签收。被告徐某某为被告C公司的实际控制人。原告向借款人、保证人催收未果，遂诉至人民法院。

● 2019年5月28日，保证人被告C公司返还了原告借款本金250万元，尚欠借款本金1750万元及利息。

● 2019年11月25日，B公司向法院申请进行重整，同日，法院裁定受理B公司的重整申请并指定D律师事务所担任B公司管理人。

【双方争议】

原告向法院提出诉讼请求：判决被告共同归还所欠贷款本金2000万元及利息。

被告B公司辩称，对原告的起诉事实无异议。但根据《全国法院民商事审判工作会议纪要》第一百一十条规定，已进入破产程序的案件，给付之诉应注意与破产法律的衔接，不应再判决给付之诉，应明确在破产程序中清偿。

【判决结果及理由】

法院认为现借款已逾期，但借款人和保证人均未按约定履行还款义务，构成违约，应承担相应的违约责任，除应向原告偿还案涉借款本金外，还应支付逾期罚息，原告要求被告B公司返还贷款本金及利息并由保证人被告C公司承担连带返还责任的诉讼请求，证据充分，理由正当，法院予以支持。但法院已裁定受理被告B公司的重整申请，进入破产程序，给付之诉应与破产法相适应、协调。因此，被告B公司提出按正常利息6%计算，只能计算到2019年9月25日，正常利息与罚息要分开计算的意见理由正当，应予支持，借款逾期利息应计算到2019年9月25日止。保证人承担保证责任后，有权依法向借款人追偿。法院判定被告B公司于判决生效之日起十日内返还原告借款本金并支付利息。

◆管理人履职提示

《全国法院民商事审判工作会议纪要》为解决破产实践中长期存在的困扰性问题统一了方向，并传递了如下观点："债权人已经对债务人提起的给付之诉，破产申请受理后，人民法院应当继续审理，但是在判定相关当事人实体权利义务时，应当注意与企业破产法及其司法解释的规定相协调。"债权人根据法院给付之诉的判决向管理人要求清偿的，管理人应当将其视为债权申报并予以确认，而非直接进行清偿。

管理人在进行债权审查时，若相应债权涉及进行中的诉讼，可以暂时将该笔债权列为待确认状态，在法院判决后按照生效判决进行确认。同时，管理人可就已经开始的给付之诉与债权人沟通撤诉等相关事宜，债权人可先行向管理人申报债权，若对认定的债权有异议时再向法院提起债权确认之诉。其目的是为债权人尽可能减少不必要的开销，由于现阶段对于名为"给付之诉"实为"确认之诉"的诉讼请求定性尚未统一，各法院诉讼费收取的标准并不统一。若按照给付之诉收取诉讼费用恐造成债权人最终既得不到给付之诉的足额清偿，又付出了高额的诉讼费用，甚至可能有给付之诉的诉讼费高于实际在破产程序中得到清偿的情况出现，为债权人增加不必要的负担。故对于正在进行中的给付之诉，管理人可向债权人告知当前的法律规定，与债权人探讨、沟通是否撤诉等相关事宜。若债权人不同意撤诉或现阶段无法撤诉，管理人应做好应诉的相关准备工作。

此外，管理人应注意在实践操作中可能遇到管辖权异议的问题。根据《企业破产法》第二十一条规定，人民法院受理破产申请后，有关债务人的民事诉讼，只能向受理破产申请的人民法院提起。在"（2019）鲁民终 286 号 A 公司［EASTSUNRISE］、B 公司留置权纠纷二审案"中，被告在答辩期间提出了管辖权异议，认为本案应当移送至 C 市中级人民法院管辖，理由是该院已经受理被告破产清算案件。依据《企业破产法》第二十一条的规定，人民法院受理破产申请后，有关债务人的民事诉讼，只能由受理破产申请的人民法院审理。而后 D 海事法院作出民事裁定书，裁定将案件移送某市中级人民法院审理。在

“（2016）黔民终731号A公司成都分公司、B公司买卖合同纠纷二审案”等案件中，法院皆认同了被告提出的管辖权异议问题。

《全国法院民商事审判工作会议纪要》第一百一十条并未明确规定已经开始而尚未终结的有关债务人的民事诉讼案件的管辖权。根据过去的司法实践，各地法院默认在已经开始而尚未终结的民事案件中，因破产而中止的案件应当由原审法院继续审理的做法。其目的主要是节省各方不必要的时间及精力投入。将中止的诉讼中案件继续由原法院审理能更有效地提高审判效率及节约司法资源。

同时，关于涉及仲裁案件的管辖问题，根据《最高人民法院关于适用〈中华人民共和国企业破产法〉若干问题的规定（三）》第八条，若对于债权表所记载的债权有异议且当事人之间在破产申请受理前订立有仲裁条款或仲裁协议的，应当向选定的仲裁机构申请确认债权债务关系。

（二）债权人向主债务人申报债权后又起诉保证人案件的处理路径

◆争议焦点

司法实践中，对于主债务人被人民法院裁定进入破产程序，债权人申报债权后又起诉保证人承担保证责任的案件，各地法院存在不同的处理方式。对此类案件，《全国法院破产审判工作会议纪要》第三十一条规定了保证人的清偿责任和求偿权的限制：“……破产程序终结前，已向债权人承担了保证责任的保证人，可以要求债务人向其转付已申报债权的债权人在破产程序中应得清偿部分。破产程序终结后，债权人就破产程序中未受清偿部分要求保证人承担保证责任的，应在破产程序终结后六个月内提出。保证人承担保证责任后，不得再向和解或重整后的债务人行使求偿权。”但该条并未明确提出债权人在破产程序中起诉保证人这一情形的处理路径，在实务操作中主要存在以下三种做法。

◆实务裁判观点

（1）部分法院认为债权人在申报债权后又起诉保证人的，法院应当在受理案件后裁定中止审理，待破产案件终结后再恢复审理。

在“A公司与B公司郑州办事处保证合同纠纷上诉案”中，最高人民法院认为，债权人B郑州办事处在申报了债权、参加了破产程序的同时，又向某省高级人民法院提起诉讼，请求担保人A公司承担担保责任并无不当。但因债务人D建筑陶瓷厂破产案件尚未终结，债权人在破产程序中能否受偿，以及受偿的数额还无法确定；担保人A公司应当承担担保责任的范围也不能确定。因此，本案应当中止审理，待破产案件终结后再进行处理。

在“（2011）粤高法民二初字第2号A公司诉B公司保证合同纠纷案[①]”中，C省高级人民法院认为，由于债权人A公司已向D公司管理人申报债权并为E市中级人民法院确认，而D公司破产案件尚未终结，不能确定A公司在破产程序中受偿的具体数额，也无法确定B公司应当承担责任范围。法院最终裁定该案应待破产案件终结后再继续审理。

此外，《江苏省高级人民法院关于当前商事审判若干问题的解答（二）》（2014年）第十三条规定：债权人既申报债权，又向连带保证人主张权利的，在破产程序尚未终结时，连带保证人履行了保证义务，破产程序终结后，债权人在破产程序中又获得部分清偿，将产生“双重受偿”的问题。为此，我们认为，债权人的起诉应当受理，但为避免债权人“双重受偿”，应当中止审理，待债务人破产程序终结、债权人受偿金额确定后，恢复审理。债权人也可以选择不申报债权而直接向连带保证人主张权利，后者有权申报债权。

（2）部分法院认为，债权人在申报债权后又起诉保证人的，法院受理案件后无须中止审理，但债权人向保证人主张的权利应当以破产程序中未受清偿的部分为限，且判决保证人在债务人破产程序终结后再履行清偿义务。

在“（2010）沪高民二（商）终字第60号A公司诉B公司保证合同纠纷案”中，C市高级人民法院认为，保证人在破产程序尚未终结前可暂时停止向债权人清偿，待破产程序终结后再根据破产受偿情况，向债权人作出相应的清偿，债权人向保证人主张的权利应当以破产程序中未受清偿的部分为限。法院最终判定，保证人对主债务人的全部债务承担连带保证责任，在主债务人破产

---

① 二审案件详见（2019）最高法民终267号。二审法院认为，一审判决认定事实有误，适用法律不当，但结果正确，判决驳回上诉，维持原判。

程序终结后再履行清偿义务。

在“（2015）淄商初字第99号A银行股份有限公司淄博张店支行等诉B公司等金融借款合同纠纷案”中，C市中级人民法院认为，被告D公司作为保证人，应当依照保证合同的约定对上述债务承担连带清偿责任，原告A银行股份有限公司淄博张店支行要求保证人承担保证责任的诉讼请求，合法有据，本院亦予支持。但因被告B公司已经本院裁定进入破产清算程序，根据《最高人民法院关于适用〈中华人民共和国担保法〉若干问题的解释》[①] 关于“债权人申报债权后在破产程序中未受清偿的部分，保证人仍应当承担保证责任。债权人要求保证人承担保证责任的，应当在破产程序终结后六个月内提出”的规定，原告A银行股份有限公司淄博张店支行要求被告D公司承担担保责任，应就其在被告B公司破产清算程序中未受清偿的部分，在破产清算程序终结后行使。

在“（2016）浙02民初532号A银行股份有限公司宁波分行诉B公司等保证合同纠纷案”中，C市中级人民法院判定，被告B公司、D公司应以最高额660000000元为限，于E公司破产程序终结后十日内偿付原告A银行股份有限公司宁波分行在E公司破产程序中未受清偿的债权。

此外，在“（2015）浙绍商初字第68号A银行股份有限公司杭州武林支行诉B公司等保证合同纠纷案”中，C市中级人民法院最终判定保证人对主债务人的债务承担连带清偿责任，扣除原告在D公司破产程序中受偿的部分，款于主债务人破产程序终结后30日内付清。在“（2016）浙03民终4397号A公司诉B公司等保证合同纠纷案”中，C市中级人民法院判定保证人在主债务人破产清算程序终结后一个月内，对主债务人D公司所欠B公司的1035026.66元债务未受清偿部分继续承担清偿责任。A市中级人民法院在“（2015）宁商终字第1513号上诉人B公司与被上诉人C公司保证合同纠纷一案”中亦持同样观点。

（3）另有部分法院认为，债权人在申报债权后又起诉保证人的，法院受理案件后无须中止审理，可径行判决保证人承担偿还责任，并在判决中明确保证

---

① 《最高人民法院关于适用〈中华人民共和国担保法〉若干问题的解释》已失效，现行有效的法律规定为《最高人民法院关于适用〈中华人民共和国民法典〉有关担保制度的解释》第二十三条第二款："债权人在债务人破产程序中未获全部清偿，请求担保人继续承担担保责任的，人民法院应予支持……"

人履行清偿义务后，可以依法在清偿范围内申报债权。

在“（2015）苏民终字第00639号陈某某等与王某某民间借贷纠纷上诉案”中，A省高级人民法院认为，一审法院在判决保证人承担保证责任的同时，已明确告知“鉴于王某某作为B公司的债权人已经向清算小组申报债权，由此得到的清偿款对应本案起诉部分应当在本判决确定保证人承担责任的范围内扣减”。因此，如果破产程序终结前，保证人履行保证责任，使王某某的债权得到部分或全部清偿，则保证人按照其清偿部分的数额，取代王某某的地位，可参与破产分配。如果在保证人履行保证责任之前，王某某已通过破产分配程序实现了部分债权，则该实现的债权，应从本判决确定的保证人应承担的债务总额中扣减。

在“（2015）鲁商终字第105号A公司与B公司借款合同纠纷上诉案[①]”中，一审法院认为B公司已申报债权，管理人不再接受保证人的申请。因此，如果破产程序终结之前，保证人履行保证责任，使B公司的债权得到部分或全部清偿，则保证人按照其清偿的部分或全部债务的数额，取代B公司的地位，参与破产分配。如果在保证人履行保证责任之前，B公司已经通过破产分配程序实现了部分债权，则该实现的债权额，应从本判决所确定的保证人应承担的债务总额中扣减。二审中，C省高级人民法院认为，《最高人民法院对〈关于担保期间债权人向保证人主张权利的方式及程序问题的请示〉的答复》规定，对于债权人申报了债权，同时又起诉保证人的保证纠纷案件，人民法院应当受理；人民法院如径行判决保证人承担保证责任，应当在判决中明确应扣除债权人在债务人破产程序中可以分得的部分。原审判决对此已予以明确，判定驳回上诉，维持原判。

在“（2015）川民终字第896号A公司与徐某某、B公司保证合同纠纷案[②]”中，C省高级人民法院认为，《最高人民法院关于适用〈中华人民共和国

① 再审案件详见（2016）最高法民申3号。再审法院认为，原审认定本案应为信托贷款合同关系正确。A公司、A临沂分公司主张本案应系委托贷款关系并无事实依据，裁定驳回再审申请。

② 再审案件详见（2016）最高法民申1634号。再审法院认为，徐某某作为完全民事行为能力人、B公司的股东，应当知晓提供股权出质和成为保证人的区别。因此，原审判决关于“徐某某既为本案借款提供股权质押，又作为保证人提供保证”的事实认定，并无不当。徐某某关于其“在‘保证人’处签字的行为系笔误或混同理解”“不具有法律专业知识，分不清保证人和担保人的区别和联系”的再审申请理由，没有事实和法律依据，不能成立，裁定驳回再审申请。

担保法〉若干问题的解释》第二十条第一款[①]明确规定，连带保证的债务人未履行债务的，债权人可以要求债务人履行债务，也可以要求保证人承担保证责任。以上规定均明确在债务实现问题上，债权人既可向债务人主张权利，也可向保证人要求承担保证责任。在B公司申请破产后，A公司一方面向受理B公司破产案件的人民法院申报债权，另一方面向提供连带保证的保证人主张权利符合我国相关法律的规定。法院最终判定，若徐某某承担保证责任先行对本案债务作出清偿，则A公司已从徐某某处受偿部分的申报债权应转由徐某某行使，徐某某有权在其已承担保证责任的范围内依法向B公司进行追偿。

此外，在“（2015）赣民二初字第40号A银行股份有限公司分宜支行与B公司、张某金融借款合同纠纷案[②]”“（2015）沪一中民六（商）终字第104号A公司诉B银行股份有限公司上海分行等票据追索权纠纷案”“（2015）沪一中民六（商）终字第104号A公司诉B银行股份有限公司上海分行等金融借款合同纠纷二审案”等案件中，法院亦持此种观点。

◆典型案例

1. A银行绍兴市分行与B公司等保证合同纠纷上诉案

（2011）浙商终字第2号

【案情简介】

● C公司为本案主债务人，与A银行绍兴市分行于2008年签订流动资金借款合同，B公司提供连带责任保证。

● 2010年6月1日，主债务人因出现严重亏损、资不抵债，向D县人民法

---

① 对应《民法典》第六百八十八条第二款：连带责任保证的债务人不履行到期债务或者发生当事人约定的情形时，债权人可以请求债务人履行债务，也可以请求保证人在其保证范围内承担保证责任。

② 二审案件详见（2017）最高法民终40号。二审法院认为本案中，《最高额抵押合同》系双方当事人真实意思表示，其中约定的抵押物明确包括案涉土地使用权在内，双方当事人对该土地使用权作为抵押财产均有明确预期。即使案涉土地使用权未办理抵押登记，根据《物权法》第一百八十二条的规定，A银行股份有限公司分宜支行对案涉土地使用权亦享有抵押权。一审判决以未办理抵押登记为由，判令A银行股份有限公司分宜支行对案涉土地使用权不享有优先受偿权，认定事实和适用法律均有不当，因此判决撤销一审判决第二项，予以纠正。

院提出破产申请，该院已经受理。A 银行绍兴市分行已向管理人申报债权。2010 年 4 月 28 日债权人 A 银行绍兴市分行向法院提起诉讼，要求保证人承担保证责任。

【双方争议】

本案争议焦点之一在于一审判决“B 公司对 A 银行在 E 公司破产清算程序确认的 54632688.47 元债权中未能受偿的部分承担连带清偿责任，由 B 公司在该破产程序终结后一个月内付清”是否错误。

【判决结果及理由】

F 省高级人民法院认为，本案 E 公司的破产案件已经由 D 县人民法院受理，A 银行向法院申报了债权，且目前破产清算程序已经完成分配，A 银行获得了比例为 0.18% 的清偿，因此应先扣除该已受偿部分，再要求保证人 B 公司承担保证责任。同时，原审法院判决 B 公司在该破产程序终结后一个月内付清，是考虑到需待 E 公司破产终结，A 银行就债权部分清偿完毕，给予 B 公司一个月的合理期限筹集款项，履行担保责任。该判决是原审法院基于实际情况行使自由裁量权的结果，不违反我国《担保法》① 的相关规定。

2. A 公司与 B 公司宁夏回族自治区分公司保证合同纠纷上诉案

(2013) 民二终字第 117 号

【案情简介】

● 1995 年 9 月 13 日，C 建筑机械厂与 D 银行银川市分行新市区办事处（以下简称 D 行新市区支行）签订借款合同，E 公司提供连带责任保证。

● 1999 年 12 月 29 日，D 行新市区支行与 B 公司银川业务部签订《债权转让协议》，将其对 C 建筑机械厂共计六笔债权转让给 B 公司银川业务部。

---

① 对应《民法典》第三百九十二条，被担保的债权既有物的担保又有人的担保的，债务人不履行到期债务或者发生当事人约定的实现担保物权的情形，债权人应当按照约定实现债权；没有约定或者约定不明确，债务人自己提供物的担保的，债权人应当先就该物的担保实现债权；第三人提供物的担保的，债权人可以就物的担保实现债权，也可以请求保证人承担保证责任。提供担保的第三人承担担保责任后，有权向债务人追偿。

● 2000年9月26日，B公司银川业务部整体改制并更名为F公司。2011年12月14日，F公司宁夏回族自治区分公司（以下简称F宁夏公司）正式成立，该公司承继B公司西安办事处银川资产管理部的全部业务及相应权利义务。原E公司改制为G公司，2002年6月19日名称变更为H公司。

● C建筑机械厂于2008年12月17日被I市中级人民法院以（2009）银民破字第4-1号民事裁定受理破产，并指定了管理人，F宁夏公司在C建筑机械厂的破产程序中申报了债权，该破产程序尚未终结。

● F宁夏公司于2012年9月19日向J自治区高级人民法院提起诉讼，请求H公司偿还310万元为C建筑机械厂提供连带担保的借款本金及其利息9534211.54元（截至破产申请受理日2008年12月17日），两项合计12634211.54元，利息主张至实际清偿之日。

【判决结果及理由】

最高人民法院认为，根据《企业破产法》第一百二十四条规定："破产人的保证人和其他连带债务人，在破产程序终结后，对债权人依照破产清算程序未受清偿的债权，依法继续承担清偿责任。"上述司法解释及法律规定的目的是防止债权人获得双重清偿。本案一审根据债权人承诺若获担保人清偿，则将破产债权的受偿权转让给担保人，进而判决H公司在履行清偿义务后取得债权人在破产案件中的受偿权。该表述虽然欠当，但根据《企业破产法》第五十一条规定的"债务人的保证人或者其他连带债务人已经代替债务人清偿债务的，以其对债务人的求偿权申报债权"之法理，在平等保护破产债权人及担保人的合法权利上，体现了立法目的的一致性。故在本案中，担保人通过承担担保责任后，在承担责任范围内，依法向审理破产案件的法院及破产管理人申报债权，从而获得权利救济。不失为各方当事人摆脱诉累，尽快实现有关权利，减少不当损失的最佳途径。

◆管理人履职提示

当债权人向作为主债务人的破产企业申报债权后又起诉保证人时，上文中法院的前两种做法对管理人审查确认债权金额及后续清偿影响不大。但对于法院可能采取的第三种做法，管理人需关注债权人可能获得“双重清偿”的问题。

若保证人在破产企业的破产程序中已经承担部分或全部保证责任，依据《全国法院破产审判工作会议纪要》第三十一条：“保证人的清偿责任和求偿权的限制。破产程序终结前，已向债权人承担了保证责任的保证人，可以要求债务人向其转付已申报债权的债权人在破产程序中应得清偿部分。破产程序终结后，债权人就破产程序中未受清偿部分要求保证人承担保证责任的，应在破产程序终结后六个月内提出。保证人承担保证责任后，不得再向和解或重整后的债务人行使求偿权。”保证人在破产企业的破产程序中履行部分或全部保证责任后，管理人应及时关注并调整债权人的债权金额，避免债权人在保证人和主债务人处获得双重清偿。

由于实务操作中法院对“债权人向主债务人申报债权后又起诉保证人”案件的处理方法不一，管理人在对该类债权进行审查时，需结合当地的特殊规定及法院的惯常操作方法，根据法院最终的判决结果及保证人的承担保证责任的情况，妥善处理好“债权人向主债务人申报债权后又起诉保证人”类案件中债权审查及清偿的问题。

本章小结

根据《企业破产法》第五十七条规定：“管理人收到债权申报材料后，应当登记造册，对申报的债权进行审查，并编制债权表。债权表和债权申报材料由管理人保存，供利害关系人查阅。”在债权确认程序中，管理人的职责主要在于接收债权申报、进行债权审查并编制债权表等，法院的职权在于对管理人提交的债权表进行审查并裁定确认。法院裁定确认债权的主要作用除确认债权金额外，还在于确认当事人对破产程序的参与权和表决权，减少不必要的诉讼。在这一过程中，管理人开展债权审查工作尤为重要，是债权人会议核查债权、人民法院裁定确认债权的前提和基础，直接关系到债权人能否顺利参与破产程序并行使表决权、分配权等权利。

管理人在开展债权审查工作前，需提前制定债权审查原则，并统一适用于具体的债权审查工作中，确保在同一破产案件中对同等情况的债权采取同等的审查标准，保障全体债权人公平受偿。一般情况下，破产债权主要包括职工债权、社保债权、税款债权、有特定财产担保债权、建设工程优先受偿款债权、普通债权及劣后债权，管理人在开展债权审查工作前，秉持“同等债权同等对待”这一原则，可分类制定债权审查原则。同时，管理人需要对申报的债权进行形式及实质审查。形式审查侧重于债权申报资料本身的真实性及是否符合法律规定，包括债权人的身份证明文件、申报债权的种类和性质、证据材料是否齐全等。实质审查侧重于债权申报材料的真实性、合法性及证明力，包括证据材料的证明力、证据链条完整性、诉讼时效等。

债权审查工作结束后，管理人需根据《企业破产法》第五十八条第一款的规定，编制债权表并提交债权人会议核查，债权人有权就管理人审查确认的结果提出异议，并要求管理人进行复核与纠正或向受理破产申请的人民法院提起诉讼。

实务操作中，管理人面对的破产债权情况复杂，问题多样。管理人在审查过程中，应坚持形式审查和实质审查相结合，审查债权的真实性、合法性、准确性。在面对存在特殊、复杂情况的债权时，应积极通过检索相关规定、案例研究确定债权审查原则，并及时与破产申请受理法院沟通，确定债权审查原则后予以应用、统一标准，有序开展债权审查工作，为后续破产程序的推进奠定基础，以实现《企业破产法》公平清偿债权，保护债权人和债务人的合法权益，维护社会主义市场经济秩序的立法宗旨。

第八章 取回权纠纷

《企业破产法》第三十八条规定，人民法院受理破产申请后，债务人占有的不属于债务人的财产，该财产的权利人可以通过管理人取回。在破产程序中，管理人作为破产企业财产的接管者，会接收企业占有的一切财产，其中往往包括基于仓储、保管、加工承揽、委托交易、代销、借用、寄存、租赁等法律关系占有、使用的他人财产，此时权利人可通过管理人取回财物。本章选取了司法实践中几种特殊类型且争议较大的取回权纠纷问题，包括房地产企业破产中的取回权纠纷、特定化货币的取回权纠纷以及融资租赁中的取回权纠纷，对实务操作中的不同观点进行探究。

一、房地产企业破产程序中的取回权纠纷

（一）关于商品房预售合同登记备案/预告登记是否可引起物权变动，购房人是否可据此要求取回案涉房产

◆争议焦点

在房地产企业破产的情况下，如案涉房屋已办理商品房预售合同登记备案/预告登记，购房人是否可据此要求取回。

◆实务裁判观点

关于购房人是否可依据已办理商品房预售合同登记备案，要求行使取回权，法院倾向于认为预售合同登记备案手续系行政管理制度，不能产生物权变动的

效果，出卖人仍是所有权人，购房人不能据此要求行使取回权。

如在“（2019）豫10民终1101号A公司、B公司取回权纠纷二审案”中，关于A公司是否享有取回权的问题。法院认为，即使涉案合同真实有效，且A公司已履行完毕约定的付款义务，仍不能享有取回权。其中针对备案登记能否引起物权变动，法院认为备案登记制度是一种行政管理制度，经过备案登记的商品房预售合同仅表明该买卖行为已纳入行政监管，在没有其他法定事由的情况下，该合同的效力优先于出卖人一房多卖时时间顺序在后的同一标的物预售合同，在产权过户登记前商品房预售合同仍然没有物权效力，没有物权效力就意味着无论合同履行状况如何，出卖人仍然是标的物法律意义上的产权人，故A公司主张合同已备案而应享有房屋所有权的主张不能成立。

在“（2018）鲁08民终2482号靳某某、A公司取回权纠纷二审案[①]”中，一审法院认为网签仅具有对抗一房多卖的效力，不具有准物权效力，不能认定靳某某据此享有涉案房屋的物权。二审法院认为靳某某与A公司对商品房买卖合同的备案不能视为其实际取得了案涉房产的所有权或者占有权，商品房买卖合同备案只是对合同权利即债权的备案和确认，目的在于加强对商品房买卖合同的监督与管理，防止房地产开发企业就同一套商品房签订多份买卖合同。法院最终以在A公司进入破产重整程序之前，靳某某没有取得案涉房产的产权，其提交的证据也不足以证明A公司进入破产程序前已经将案涉房产向其完成了交付，未支持原告要求行使取回权的诉求。

同样，在“（2017）苏0412民初2115号王某某与A公司取回权纠纷一审案”中，案涉17份商品房买卖合同均办理了网签备案，但原告所购买的商品房至宣告破产时尚未办理竣工验收手续，不具备交付条件，因此原告与被告并未就该17套房屋办理交付手续，原告也未取得该17套房屋的不动产权证。本案双方的争议焦点在于原告所购买的17套房屋是属于被告的破产财产，还是属于原告的财产。法院认为原告与被告虽签订了17份《商品房买卖合同》并支付了

---

① 再审案件详见（2019）鲁民申5804号。再审法院认为，对于靳某某是否享有涉案房产取回权的问题，本案双方均无争议的事实是，涉案房产尚未办理产权证或者产权过户手续，并没有登记至靳某某名下，靳某某虽然已经支付购房款，但并没有合法占有涉案房产，不能认定为涉案房产的权利人，靳某某关于确认涉案房产归其所有并取回的主张不能成立，裁定驳回再审申请。

价款，但17套房屋在未完工状态下由被告占有，双方未办理交付手续，也未办理物权变动的登记手续，原告不享有案涉17套房屋的所有权。案涉17套房屋并不属于原告的财产，而应当属于被告的破产财产。

关于购房人是否可依据已办理预告登记，要求行使取回权，法院倾向于认为预告登记系保障购房人将来实现物权的权利，不同于物权的直接确认，购房人不能以已办理预告登记为由主张取回。

在“（2017）湘09民终35号蒋某某与A公司、B公司一般取回权纠纷二审案[①]”中，蒋某某与A公司依照规定程序在C市房地产管理局完成了备案登记手续和预售合同预告登记手续，每套房屋登记的权利人均为蒋某某。2011年10月18日，C市某公证处以（2011）益证字第2412号《公证书》对蒋某某所购商品房并办理预告登记的事实进行了公证。上诉人蒋某某主张，其与A公司完成了诉争房屋的网上签约和预告登记，标注权利人为蒋某某，并就蒋某某购房事实进行了公证，房屋为蒋某某所有。A公司和B公司辩称A公司没有向蒋某某交付诉争房屋。虽诉争房屋在有关部门备案并进行预告登记，但并不能产生物权效力，所有权仍归A公司，故诉争房屋应作为A公司的破产财产。法院认为，《企业破产法》第三十八条规定：“人民法院受理破产申请后，债务人占有的不属于债务人的财产，该财产的权利人可以通过管理人取回。但是，本法另有规定的除外。”根据上述法律规定，结合诉争房屋的现有财产属性状态，考量一般取回权应从蒋某某是否属于诉争房屋的“权利人”处落脚。一般取回权对诉争财产的主张人要求为“权利人”，该基础性权利除所有权外，还包括用益物权、占有权等他物权。本案蒋某某通过买卖合同对诉争房屋进行了预告登记，对诉争房屋享有的仅为保障将来实现物权的权利，并非物权的直接确认，

① 再审案件详见（2018）湘民再401号。再审法院认为，申请人蒋某某2010年7月16日即与A公司签订了《商品房预（销）售合同》，全额支付了购房款，并依照规定程序在C市房地产管理局完成了备案登记和预售合同预告登记手续。一审法院2012年10月16日裁定A公司进入破产还债程序至2013年2月28日召开第一次债权人会议时，《企业破产法》和2002年9月1日起施行的《最高人民法院关于审理企业破产案件若干问题的规定》（以下简称《若干规定》）是认定债务人A公司破产财产的法律依据。根据《若干规定》第七十一条第（五）项的规定，特定物买卖中，尚未转移占有但相对人已经完全支付对价的特定物，不属于破产财产。因此判决撤销二审判决，A公司将涉案房交付给蒋某某并协助其办理房屋所有权变更登记手续。

异于直接确认物权的本登记，故蒋某某对涉案房屋现享有的为债权，蒋某某据此向A公司行使一般取回权，要求取回诉争房屋的上诉请求，于法无据，该院不予支持。

同样，在“（2019）湘民终785号曾某某、A公司取回权纠纷二审案”中，法院认为曾某某主张案涉房屋系其所有没有法律和事实依据。我国现行法律关于不动产物权变动模式采用公示（登记）要件主义为原则和以法律例外规定为补充的效力模式。曾某某与A公司所签订的商品房买卖合同系合同当事人的真实意思表示，内容不违反法律禁止性规定，合同合法有效，曾某某依合同履行了支付购房款的义务，应获得案涉房屋所有权的期待权。但案涉房屋的产权没有变更登记，仍然登记在A公司名下。故曾某某未取得案涉房屋的所有权。针对曾某某主张其对案涉房屋办理了预告登记故享有物权，法院认为，案涉房屋虽办理了预告登记，但曾某某并不享有物权。我国《物权法》第二十条[①]规定的不动产物权预告登记制度，是为了避免“一物数卖”等违法现象，旨在保障债权人将来实现物权。曾某某对案涉房屋享有的仅是完成登记的请求权而非物权。诉争房屋应属于A公司的破产财产。取回权的前提条件之一就是行为人对物享有所有权。因曾某某未取得案涉房屋的所有权，故对该房屋不享有取回权。

◆管理人履职提示

房地产企业在取得商品房预售许可证后，可与购房人签订商品房买卖合同，将正在建设中的期房预先出售给购房人，由购房人支付房款或定金。此种商品房买卖合同较之一般的买卖合同，特殊的地方在于，合同的标的物并非可以即时交付的现房，而是达到法律规定条件的“期房”。房地产企业根据合同的约定，在确定的履行期间向购房人交付房屋并办理产权登记。如房地产企业后续正常经营，可依约向购房人交付房产，商品房买卖合同得以正常履行。但如房地产企业出现资金链断裂等问题时，可能导致在建房屋无法续建，房屋无法满

---

① 对应《民法典》第二百二十一条，当事人签订买卖房屋的协议或者签订其他不动产物权的协议，为保障将来实现物权，按照约定可以向登记机构申请预告登记。预告登记后，未经权利人同意，处分该不动产，不发生物权效力。预告登记后，债权消灭或者自能够进行不动产登记之日起九十日内未申请登记的，预告登记失效。

足竣工验收的条件，进而无法向购房人实际交付。在房地产企业因此进入破产程序后，购房人往往会向管理人主张就所购房屋行使取回权。如果购房人已经为案涉房屋的不动产登记的所有权人，仅该房屋为破产企业所占有的情况下，其依法有权向管理人要求行使取回权。但在购房人为非登记的所有权人，仅就案涉房屋办理了商品房预售合同登记备案或预告登记的情况下，是否有权据此要求行使取回权？

对于商品房预售合同登记备案，理论上倾向于认为属于行政管理范畴，非物权意义上的登记，不具有物权公示的效力，其价值在于保障商品房买卖合同目的的实现，对于取回权的认定不应产生影响。实务中法院判决也多持相同观点，认为商品房预售合同登记备案手续系行政管理制度，不能产生物权变动的效果，因此房地产企业仍是所有权人，购房人不能据此向管理人主张要求行使取回权。

关于预告登记的效力，理论上存在不同的观点。部分学者认为，预告登记使合同项下的债权具有了物权的性质，一经预告登记，购房人的请求权便取得了对抗第三人的效力，是债权物权化的具体表现[①]。也有学者认为，预告登记的权利属于准物权，即具有物权性质的债权。同时，也有学者认为预告登记兼具债权与物权的性质，介于二者之间。当房地产企业破产时，如房屋尚未建成或已建成但不符合交付条件，从登记权属来看，该房屋仍属于破产企业的财产。但如案涉房屋已办理预告登记，根据《民法典》第二百二十一条“当事人签订买卖房屋的协议或者签订其他不动产物权的协议，为保障将来实现物权，按照约定可以向登记机构申请预告登记。预告登记后，未经预告登记的权利人同意，处分该不动产的，不发生物权效力。预告登记后，债权消灭或者自能够进行不动产登记之日起九十日内未申请登记的，预告登记失效”[②] 的规定，当事人签订买卖房屋或者其他不动产物权的协议，为保障将来实现物权，按照约定可以向登记机构申请预告登记。预告登记后，未经预告登记的权利人同意，处分该

---

① 张艳：《预告登记的物权效力》，载《西南政法大学学报》2007 年第 6 期。

② 对应《民法典》第二百二十一条，当事人签订买卖房屋的协议或者签订其他不动产物权的协议，为保障将来实现物权，按照约定可以向登记机构申请预告登记。预告登记后，未经权利人同意，处分该不动产，不发生物权效力。预告登记后，债权消灭或者自能够进行不动产登记之日起九十日内未申请登记的，预告登记失效。

不动产的，不发生物权效力。预告登记赋予购房人对抗第三人的效力，理论上也有观点支持预告登记具备物权属性，对于已办理预告登记的房屋，当购房人以已办理预告登记为由主张行使取回权时，管理人应如何处理？

我国现行法律关于不动产物权变动模式采用公示（登记）要件主义，在案涉房屋已办理预告登记，但未办理本登记的情况下，房屋权属仍归于房地产企业。参考实务中法院的做法，如在“（2017）湘09民终35号蒋某某与A公司、B公司一般取回权纠纷二审案”中，法院认为购房人通过买卖合同对诉争房屋进行了预告登记，对诉争房屋享有的仅为保障将来实现物权的权利，并非物权的直接确认，异于直接确认物权的本登记，故购房人对涉案房屋现享有的为债权。

综上，涉房地产企业破产案件中，在面对购房人的取回申请时，管理人应审慎判断，对情况进行详细梳理。对于仅就案涉房屋办理了商品房预售合同登记备案或预告登记而要求行使取回权的，如经判断，在不存在其他可能导致案涉房屋权属存在争议的情况下，建议不予同意购房人的取回申请。但因房地产企业破产案件往往较为复杂，管理人需充分考虑破产企业实际情况及未来发展的可能，合理、合法地作出判断。

（二）关于是否可适用《最高人民法院关于审理企业破产案件若干问题的规定》第七十一条第（五）项及第（六）项判断案涉房屋是否属于破产财产

◆争议焦点①

自2002年9月1日起施行的《破产规定》第七十一条列举了九种不属于破产财产的财产类型，其中第（五）项“特定物买卖中，尚未转移占有但相对人已完全支付对价的特定物”及第（六）项“尚未办理产权证或者产权过户手续但已向买方交付的财产”在房地产企业破产案件中经常被购房人援引，用以主张对案涉房屋的取回权。2013年9月16日生效的《破产法司法解释二》第二条同样对不属于债务人财产的财产作了列举性规定，但该条仅规定了四种情形，

① 为便于论述，本部分中的《最高人民法院关于审理企业破产案件若干问题的规定》简称为《破产规定》，《最高人民法院关于适用〈中华人民共和国企业破产法〉若干问题的规定（二）》简称为《破产法司法解释二》。

其中不包括“特定物买卖中，尚未转移占有但相对人已完全支付对价的特定物”及“尚未办理产权证或者产权过户手续但已向买方交付的财产”两种情形。实务中，对于《破产法司法解释二》生效后，《破产规定》第七十一条是否仍有效，存在不同的观点。

◆**实务裁判观点**

通过对房地产企业破产中涉取回权纠纷的案例检索，法院对于《破产法司法解释二》生效后，《破产规定》第七十一条是否仍有效，其中第（五）项及第（六）项的规定是否可用来作为判断案涉房屋是否为破产财产的依据，存在不同的观点。

部分法院明确提出《破产法司法解释二》第二条及《破产规定》第七十一条均是对不属于破产财产的规定，两者不相矛盾且均为现行有效的司法解释，应当作为判决的依据。如在“（2018）鲁0811民初6626号张某某与A公司取回权纠纷一审案”中，原告依据《破产规定》第七十一条第（五）项的规定，请求法院判决案涉房产不属于破产财产并判令被告协助原告取回案涉房屋。法院认为，原告以借款债权抵付购房款，应视为原告作为涉案房屋的买受人已支付全部对价。本案中，双方签订的214套房屋《商品房买卖合同》对楼层、房号、面积等均作了明确约定，与其他房屋相区别，属法律意义上的特定物。因涉案房产尚不具备交付条件，未向原告交付，本案不符合《破产规定》第七十一条第（六）项规定的情形，应适用第（五）项的规定，故涉案房产不属于破产财产。该院认为，原告主张涉案房产不属于被告的破产财产并行使取回权，符合法律规定。

在“（2017）最高法民申1429号A公司、沃某某第三人撤销之诉再审案”中，双方争议焦点之一为原判决是否存在适用法律错误的问题。A公司主张因《企业破产法（试行)》已被新的《企业破产法》取代，以《企业破产法（试行)》为制定依据的《破产规定》失去了适用前提和基础，且对比《破产法司法解释二》的相关内容，《破产规定》第七十一条第（五）项、第（六）项已被删除，原审适用法律错误。对此，最高人民法院明确提出，《企业破产法》实施后，《破产规定》未被最高人民法院废止，且《破产法司法解释二》第二条规定的情形并未否定《破产规定》第七十一条第（五）项、第（六）项的适用，原审判决适用《破产规定》第七十一条第（五）项的规定并无不当。

部分法院虽未在判决中明确提出《破产规定》第七十一条在《破产法司法解释二》颁布后依然有效，但在判决中直接援引《破产规定》第七十一条第（五）项及/或第（六）项作为裁判依据。如在“（2014）沧民终字第305号A公司破产管理人与张某某取回权纠纷二审案”中，法院认为，《破产规定》第七十一条第（六）项规定，尚未办理产权证或者产权过户手续但已向买方交付的财产不属于破产财产。依照该规定，该诉争房产不属于破产财产。该房产交付张某某后，张某某对房产进行了装修，后将该房产租给A公司使用。现张某某请求返还并协助办理产权变更手续，符合《企业破产法》第三十八条的相关规定，应予支持。同样，在“（2019）京02民终9947号A公司与王某某一般取回权纠纷二审案”中，一审法院认为，《破产规定》第七十一条第（六）项规定，尚未办理产权证或者产权过户手续但已向买方交付的财产不属于破产财产。根据王某某向一审法院提交的已生效民事判决书中认定的事实，王某某已经向A公司支付了诉争房屋的全部购房款，A公司亦将诉争房屋交付王某某占有、使用。故根据上述法律规定，诉争房屋不属于A公司的破产财产，王某某作为诉争房屋的权利人有权行使取回权。二审法院认为一审判决认定事实清楚，适用法律正确，应予维持。在“（2019）津01民终2510号A公司、王某某取回权纠纷二审案”“（2016）京01民初239号温某与A公司取回权纠纷一审案”“（2018）鲁08民终4016号A公司、孔某一般取回权纠纷二审案”等案件中也存在类似情形。

需注意的是，在法院认可《破产规定》第七十一条依然有效、可在作为裁判依据的前提下，对于第（六）项“尚未办理产权证或者产权过户手续但已向买方交付的财产”中“交付”的认定标准存在一定的差异。部分法院认为满足第（六）项规定的前提为房屋已具备交付的条件。如在“（2018）鲁08民终2482号案靳某某、A公司取回权纠纷二审”中，一审中双方的争议焦点为涉案两套房产的性质及权属，其中包含涉案两套房产能否成为交付的标的物。对此，一审法院认为，案涉房产属于在建工程，尚未竣工验收，属于法律禁止交付的标的物。同时，案涉房产自2015年11月23日至今均在该院司法查封状态，即普通债权查封和破产程序查封嵌套连续，没有空档，客观上无法交付。对此，6633号判决亦已认定，房产被法院查封，不具备交付条件。故案涉房产无论从法律的强制性规定，还是实践当中的状态而言，均不属于可以交付的物。对于涉案两套房产的权属，该院认为案涉房产为不动产，不动产物权转移应以产权登记为准，案涉房产并未办理相应的产权转移登记手续。《破产规定》第七十一条第（六）项规定，尚未办理产权证或者产权过户手续但已向买方交付的财产不属于破产财产。本案中，涉案房屋既未办理产权登记或过户手续，亦未交付，不能认定产权已经转移。本案中，A公司占有的案涉房产产权并未转移，标的物亦未交付，且案涉房产为综合办公楼，属于在建工程，不属于靳某某的财产。故靳某某关于要求确认案涉房产归其所有并取回的主张，其提供的证据不足以证实，该院依法不予支持。二审法院判决驳回靳某某上诉，维持原判。而在“（2019）鲁0811民初3621号林某某与A公司一般取回权纠纷一审案”中，法院认为，《破产规定》第七十一条第（五）项规定，特定物买卖中，尚未转移占有但相对人已完全支付对价的特定物，不属于破产财产。第（六）项规定，尚未办理产权证或者产权证过户手续但已向买方交付的财产，不属于破产财产。本案中，原告林某某与被告A公司签订了《A广场认购协议》，认购A广场商务综合楼1单元15层1507号房屋一套，面积为48.81平方米，2015年10月10日双方签订《某市商品房买卖合同》，对原告林某某所购房屋的楼层、房号、面积均有具体明确，与其他房屋相区别，系特定物无异。原告于2015年1月6日、2015年1月12日分两次付清全部房款200000元，履行了《某市商品房买卖合同》中支付房款的全部义务。2015年9月7日被告将房屋钥匙交付原告，并签订《房屋交接单》，履行了涉案房产交接手续，应视为涉案房产已经交付，符合上述第（六）项“尚未办理产权证或者产权证过户手续但已向买方交付的财产”不属于破产财产的规定。即使如被告所述，涉案房产尚未交付，《破产规定》第七十一条第（五）项规定的“尚未转移占有”，不仅包括可以转移占有但尚未转移的情形，也应包括客观上不符合交付条件，尚无法转移占有的情形。综上，本案中，涉案商品房虽未办理房屋产权证书，但双方网签备案了“房屋买卖合同”，原告林某某已经向被告A房产公司交付了全部合同价款，并且在被告进入破产重整前进行了交付，因此该涉案房屋不属于破产财产，原告林某某依法对该房产享有取回权。至于涉案房产是否验收、是否符合交付条件、原告是否在被告进入破产重整时申报过债权，并不影响涉案房产是否属于破产财产的认定。在该案中，法院未将房屋已验收、具备交付的条件作为认定涉案房产已交付的前提。

虽有法院认可《破产规定》第七十一条在《破产法司法解释二》颁布后依然有效，也有很多法院提出《破产法司法解释二》第二条仅列举了四种情形，删除了《破产规定》第七十一条中“特定物买卖中，尚未转移占有但相对人已完全支付对价的特定物”“尚未办理产权证或者产权过户手续但已向买方交付的财产”等几种类型。根据新法优于旧法的法律适用原则，《破产规定》第七十一条第（五）项及第（六）项不应再适用于案涉房产是否属于破产财产的认定。

在“（2019）豫10民终1101号A公司、B公司取回权纠纷二审案”中，法院认为《破产法司法解释二》第二条规定：“下列财产不应认定为债务人财产：（一）债务人基于仓储、保管、承揽、代销、借用、寄存、租赁等合同或者其他法律关系占有、使用的他人财产；（二）债务人在所有权保留买卖中尚未取得所有权的财产；（三）所有权专属于国家且不得转让的财产；（四）其他依照法律、行政法规不属于债务人的财产。”该司法解释已将自2002年9月1日起施行的《破产规定》第七十一条列举的九种不属于破产财产的五种情形予以删除，仅保留上述四种。

同样，在“（2017）京民终22号徐某某与A公司一般取回权纠纷二审案[①]”

---

① 再审案件详见（2019）最高法民申4052号。再审法院认为，破产取回权是物的返还请求权在破产法上的适用，其权利基础主要是所有权以及其他权利。故本案徐某某是否有权取回案涉房屋，关键在于其是否对标的物享有所有权或其他权利。然而涉案房屋仍不具备办理产权过户登记的条件，徐某某迄今为止未能就案涉房屋办理房屋所有权转移登记并取得房屋所有权证，也没有生效法律文书导致案涉房屋的所有权从泰丰公司转移至徐某某名下，故徐某某行使取回权的条件尚不具备，因此裁定驳回再审申请。

中，一审法院认为，《破产规定》与《企业破产法》及其司法解释不相抵触的部分，可以继续适用，而相抵触的部分，不应再继续适用。《破产规定》第七十一条规定："下列财产不属于破产财产：……（五）特定物买卖中，尚未转移占有但相对人已完全支付对价的特定物；（六）尚未办理产权证或者产权过户手续但已向买方交付的财产……"《破产规定》第七十一条第（五）项、第（六）项之规定与《破产法司法解释二》第二条存在明显相抵触的情形，亦不符合《物权法》的相关规定，故本案应当适用《企业破产法》《物权法》和《破产法司法解释二》的相关规定认定案涉房屋是否属于A公司的财产，进而判定徐某某能否就案涉房屋行使取回权。在"（2017）湘09民终35号蒋某某与A公司、B公司一般取回权纠纷二审案""（2019）粤13民初63号戴某某与A公司一般取回权纠纷一审案""（2019）湘民终785号曾某某、A公司取回权纠纷二审案"等案件中也存在类似情形。

最高人民法院在"（2017）最高法民申3088号A公司、B公司商品房预售合同纠纷再审案"中亦明确提出，《破产规定》系为正确适用《企业破产法（试行）》所制定的司法解释，而随着2007年6月1日《企业破产法》的施行，《企业破产法（试行）》已经废止，针对该部法律所制定的司法解释原则上应不再适用。尤其是《企业破产法》施行后发布的《破产法司法解释二》第二条对不应认定为破产财产的情形，作出了不同于《破产规定》第七十一条的规定。即使在《破产规定》尚未明确废止的情况下，根据"新法优于旧法"的法律适用规则，本案亦应适用《破产法司法解释二》认定案涉房产是否属于破产财产。

◆管理人履职提示

在房地产企业破产的情况下，管理人往往面临大量购房人要求就所购买的房屋行使取回权的申请，其中《破产规定》第七十一条所规定的第（五）项及第（六）项常被购房人援引用以支持其主张。但在理论和实务中，关于《破产规定》第七十一条在《破产法司法解释二》生效后是否仍然有效可适用的问题存在争议。部分学者认为，《破产规定》第七十一条的内容与《破产法司法解释二》并不冲突，可以继续适用，即购房人可以依据《破产规定》第七十一条的规定，向管理人行使取回权，管理人应当履行其交付商品房的义务，并办理过户手续[①]。但也有观点认为，应适用《破产法司法解释二》第二条的规定来判断债务人财产的范围，因《企业破产法（试行）》的废止，针对该部法律所制定的司法解释原则上应不再适用。实务中，对于《破产规定》第七十一条所规定的第（五）项及第（六）项是否仍可适用，同样存在争议。

部分法院明确提出《破产法司法解释二》第二条及《破产规定》第七十一条不相矛盾且均为现行有效的司法解释，应当作为判决的依据，部分法院虽未明确肯定《破产规定》第七十一条的效力，但在判决中直接援引作为裁判依据。然而管理人仍需注意，实务中也有大量判例体现法院认为根据新法优于旧法的法律适用原则的情形，《破产规定》第七十一条第（五）项及第（六）项不应再被适用来认定案涉房产是否属于破产财产。最高人民法院在不同的裁判文书中亦呈现了两种相反观点，如在“（2017）最高法民申 1429 号 A 公司、沃某某第三人撤销之诉再审案”中，最高人民法院明确提出，《破产法司法解释二》第二条规定的情形并未否定《破产规定》第七十一条第（五）项、第（六）项的适用，原审判决适用《破产规定》第七十一条第（五）项的规定并无不当，肯定了《破产规定》第七十一条的有效性。但在“（2017）最高法民申 3088 号 A 公司、B 公司商品房预售合同纠纷再审案”中，最高人民法院提出《企业破产法（试行）》已经废止，针对该部法律所制定的司法解释原则上应不再适用，否定了《破产规定》第七十一条的有效性。故可以看出，实务中对于《破产规定》第七十一条的可适用性存在较大的争议。据此，管理人在面对《破产规定》第七十一条第（五）项及第（六）项规定的情形时，建议从项目整体安排及破产企业未来发展角度出发，考虑对于案涉房产权属的判断。

---

① 池伟宏：《房地产企业破产重整中的权利顺位再思考》，载《法律适用》2016 年第 3 期。

二、特定化货币取回权纠纷

（一）保证金本身是否具有特定化属性

◆争议焦点

货币作为一种特殊的种类物，在我国民法理论与实践上适用“占有即所有”原则，将货币的所有权与占有状态相统一。然而，在某些情形下，货币能够被特定化，在一定程度上获得特定物的属性，进而否认占有人对该货币享有所有权，使实际所有权人对该货币获得返还原物请求权或取回权。如《最高人民法院关于适用〈中华人民共和国担保法〉若干问题的解释》第八十五条[①]规定：“债务人或者第三人将其金钱以特户、封金、保证金等形式特定化后，移交债权人占有作为债权的担保，债务人不履行债务时，债权人可以以该金钱优先受偿。”债权人占有上述设定担保的金钱，并不能直接取得其所有权，也不得动用，而只能在债务人不履行债务时就该金钱优先受偿。对于该解释中的“保证金”如何理解，由于法律对特定化并无明确的判断标准及操作要求，实践中确存在不同观点。

◆实务裁判观点

实务裁判中，部分法院否认保证金本身的特定化属性，认为保证金同普通货币无实质区别，非特定物，要求当事人从事实上采取相应具体措施对保证金的所有权归属进行划分，常见形式如设立专门账户存放保证金，确保保证金事实上未与其他款项混同等。

如在“（2018）津01民终6271号肖某、A公司取回权纠纷二审案”中，一审中争议焦点为原告认为基于租赁合同形成的保证金不属于破产财产范围，也

---

① 《最高人民法院关于适用〈中华人民共和国担保法〉若干问题的解释》第八十五条已失效，现行有效的法律规定为《最高人民法院关于适用〈中华人民共和国民法典〉有关担保制度的解释》第七十条第一款，债务人或者第三人为担保债务的履行，设立专门的保证金账户并由债权人实际控制，或者将其资金存入债权人设立的保证金账户，债权人主张就账户内的款项优先受偿的，人民法院应予支持。当事人以保证金账户内的款项浮动为由，主张实际控制该账户的债权人对账户内的款项不享有优先受偿权的，人民法院不予支持。

就是原告主张对其所谓的保证金 3500000 元行使取回权是否成立。对此，一审法院认为，无论是被告还是 B 公司对收取的保证金均未开立专门账户加以管理，即保证金未被特定化。由于货币作为动产的特殊属性，对没有特定化的保证金，转移的不仅是保管权，其所有权也发生了转移，原告不能就已经转移占有的货币主张所有权，在企业破产清算程序中不能行使取回权，其可以普通债权人的身份参与破产财产的分配。二审法院对该保证金未被特定化的情况予以认定，判决驳回上诉，维持原判。

在“（2019）浙 01 民终 8936 号 A 公司、B 公司取回权纠纷二审案”中，本案的争议焦点为原告对诉争的 200 万元履约保证金能否行使取回权，法院认为，破产取回权是指财产的权利人可以不依照破产程序，从由管理人占有、管理的债务人财产中，取回原本不属于债务人财产之财产的权利。取回权是破产法上的一项特殊权利。它的法理基础是民法上的物的返还请求权，即权利人基于其所有或者占有物的事实以及法律上的原因，请求无权占有人返还该物，以恢复权利人所有或者占有状态的权利。货币资金是一种特殊性的动产，而取回权的基础则是物的返还请求权，故研议取回权能否成立之前，应当先行考量该笔款项能否固定，从而与被告的其他款项进行正确分离，以保证被告的其他债权人的合法权利不受侵犯；但从查明的事实来看，案涉款项并未固定并特定化，故无法否定货币“占有即所有”的一般常理。故原告主张取回权缺乏事实和法律依据，该院不予支持。

在“（2019）桂 14 民初 31 号农某某与 A 公司一般取回权纠纷一审案”中，对于农某某是否对案涉合同履约金享有取回权的问题。法院认为，首先，农某某将 200000 元工程质保金交纳给 A 公司，在双方之间的合同没有实际履行后，A 公司对农某某负有返还义务，但是 A 公司一直没有予以返还，双方之间形成了债权债务关系，事实清楚，农某某对 A 公司享有的是债权请求权，其可以以债权人的身份参与 A 公司的破产财产分配；其次，取回权是物的返还请求权在破产程序中的一种表现形式，其针对的是特定的财产，行使取回权的前提是权利人对特定物享有合法的物权；最后，农某某交纳给 A 公司的是货币，根据货币的流通属性，货币并非特定物，而是物的价值体现，是种类物。法院未支持农某某对于涉案款项的取回权。

在实践中也有法院认为保证金本身即具有特定化属性，若双方当事人对保证金加以约定，根据实际操作习惯，将具体款项明确标注为“保证金”并汇入约定的指定账户，该款项即被赋予了保证金的特定性，收款方仅对保证金成立占有，并未取得所有权，进而支持原汇款方对于保证金的取回权。

如在“（2019）黔04民初68号A公司与B公司、C公司一般取回权纠纷一审案”中，原告起诉请求法院判决确认原告有从二被告处取回履约保证金之取回权，被告B公司辩称：本案争议的标的物是金钱，于2017年打入公司账户，并未专门存放，已混入其他资金并经使用无法区分。金钱是种类物，占有即所有，原告对标的物已不具备所有权。该50万元已经作为普通债权予以确认。对此，法院认为，案涉《煤矿原煤运输协议》系当事人真实意思表示，不违反法律、行政法规的强制性规定，不违反公序良俗，应属有效。现该协议已终止履行并依法解除，且原告A公司并无违约责任，其交纳的履约保证金应予退还。对于二被告提出的抗辩理由，根据《最高人民法院关于适用〈中华人民共和国担保法〉若干问题的解释》第八十五条①规定，B公司仅在A公司被考核处罚、未履约造成损失、提前终止协议且未通知等情况下可以扣减履约保证金，故该履约保证金虽转入B公司账户，B公司仅对保证金成立占有，并未取得所有权。法院认定，履约保证金性质不同于普通债权，A公司可以行使取回权。

在“（2019）浙03民终3054号A公司、B公司一般取回权纠纷二审案②”

① 《最高人民法院关于适用〈中华人民共和国担保法〉若干问题的解释》第八十五条已失效，现行有效的法律规定为《最高人民法院关于适用〈中华人民共和国民法典〉有关担保制度的解释》第七十条第一款，债务人或者第三人为担保债务的履行，设立专门的保证金账户并由债权人实际控制，或者将其资金存入债权人设立的保证金账户，债权人主张就账户内的款项优先受偿的，人民法院应予支持。当事人以保证金账户内的款项浮动为由，主张实际控制该账户的债权人对账户内的款项不享有优先受偿权的，人民法院不予支持。

② 再审案件详见（2019）浙民申3807号。再审法院认为，B公司在缴纳该笔款项时明确注明为“保证金”，A公司收取该款项时亦已明知该款项的性质，A公司对其仅享有占有权，并未取得其所有权。据此，二审判决认定案涉履约保证金以保证金的方式已经将货币特定化，有相应依据。原审判决支持B公司要求A公司优先偿还与涉案履约保证金等量价值的货币，这并不属于行使自由裁量权显著不当，也不属于认定事实和适用法律错误的情形。因此裁定驳回再审申请。

中，一审中原告起诉请求法院判决原告在被告的破产财产中先行取回履约保证金2000万元，被告A公司辩称：1. 只有债务人占有了不属于债务人的财产才能取回，但是这履约保证金是债务人的财产，因此原告自然丧失了权利。2. 本案的履约保证金不构成金钱的动产质押。如果履约保证金是质押，还应当将钱特定化，但是A公司没有开立特定账户，而是在汇进A公司的账户后，就和其他财产混在一起。3. 管理人接管A公司的时候，公司账户只有十几万元，这笔款项在管理人接管之前已经被消耗，所以管理人将其定为普通债权有理有据。一审争议的焦点是：原告是否有权从被告的破产财产中先行取回履约保证金。对此，一审法院认为，取回权是指人民法院受理破产申请后，债务人占有的不属于债务人的财产，该财产的权利人可以通过管理人取回财产的一种权利。本案中，原告向被告交纳履约保证金，是为了担保合同的履行，在合同的履行过程中，保证金只是暂时由被告占有。履约保证金并非基于实际交易而产生，不形成债的关系。从物权法意义上来讲，货币是种类物，但原告将其资金以保证金方式汇至被告账户，其实质等同于特户、封金方式，已将货币特定化。不能因收受履约保证金一方未将履约保证金予以妥善存管，而作为种类物处理了，即认定履约保证金已与收受一方的其他货币同化。如此行为将损害交纳履约保证金一方的利益，对交纳履约保证金一方不公平，而该损害行为又非保证金交纳方所能掌控。综观本案，原告承包的工程已通过验收，未有证据证明原告有违约行为，不存在履约保证金被没收的情形，故原告对履约保证金享有取回权。二审中，法院认为，涉案履约保证金是B公司为担保建设工程施工合同的履行而向发包方A公司支付的保证金，在建设工程竣工并验收合格后，A公司应当返还上述款项。B公司在交付该笔款项时明确注明为“保证金”，A公司收取该款项时亦已明知该款项的性质。该款项的担保性质决定了A公司对其仅享有占有权，并未取得其所有权，依法不得挪作他用。双方签订的建设工程施工合同中亦明确约定履约保证金的孳息即利息（按同期中国人民银行活期存款利率计算）由B公司享有，进一步反映出该履约保证金的所有权尚未转移。根据《最高人民法院关于适用〈中华人民共和国担保法〉若干问题的解释》第八十五条[①]的规定："债务人或者第三人将其金钱以特户、封金、保证金等形式特定化后，移交债权人占有作为债权的担保，债务人不履行债务时，债权人可以以该金钱优先受偿。"上述法律条款对货币担保的特定化形式作出了规定，其明确保证金是货币特定化的形式之一。本案中，履约保证金以保证金的方式已经将货币特定化，事实清楚，原判对该节事实认定及其分析并无不当。上诉人主张货币担保必须以"特户、封金"方式进行特定化，与上述法律规定不符，该院不予采纳。A 公司作为财产权利人，对涉案履约保证金享有取回权。上诉人收受履约保证金后未将履约保证金予以妥善存管，不影响履约保证金的权利归属。上诉人上述不当行为产生的不良法律后果，不应由无过错方即 B 公司承担。故被上诉人要求上诉人偿还与涉案履约保证金等量价值的货币，于法有据，该院予以支持。上诉人以其已将货币混同并灭失为由主张被上诉人不享有取回权，缺乏事实和法律依据，该院不予支持。

◆管理人履职提示

《最高人民法院关于适用〈中华人民共和国担保法〉若干问题的解释》第八十五条[②]规定："债务人或者第三人将其金钱以特户、封金、保证金等形式特定化后，移交债权人占有作为债权的担保，债务人不履行债务时，债权人可以以该金钱优先受偿。"该条规定列举了使货币特定化的三种形式，即"特户""封金"和"保证金"，争议点主要在于对于保证金的特定化的判断标准。

---

① 《最高人民法院关于适用〈中华人民共和国担保法〉若干问题的解释》第八十五条已失效，现行有效的法律规定为《最高人民法院关于适用〈中华人民共和国民法典〉有关担保制度的解释》第七十条第一款，债务人或者第三人为担保债务的履行，设立专门的保证金账户并由债权人实际控制，或者将其资金存入债权人设立的保证金账户，债权人主张就账户内的款项优先受偿的，人民法院应予支持。当事人以保证金账户内的款项浮动为由，主张实际控制该账户的债权人对账户内的款项不享有优先受偿权的，人民法院不予支持。

② 《最高人民法院关于适用〈中华人民共和国担保法〉若干问题的解释》第八十五条已失效，现行有效的法律规定为《最高人民法院关于适用〈中华人民共和国民法典〉有关担保制度的解释》第七十条第一款，债务人或者第三人为担保债务的履行，设立专门的保证金账户并由债权人实际控制，或者将其资金存入债权人设立的保证金账户，债权人主张就账户内的款项优先受偿的，人民法院应予支持。当事人以保证金账户内的款项浮动为由，主张实际控制该账户的债权人对账户内的款项不享有优先受偿权的，人民法院不予支持。

理论上对于保证金的特定化标准存在不同的观点。有学者认为保证金系特户或封金的具体表现形式，保证金本身并不具有特定化的属性，如仅明确款项用途系保证金，但未采用专户或予以封存的，不能认为该笔款项已被特定化。也有观点认为，根据《最高人民法院关于适用〈中华人民共和国担保法〉若干问题的解释》第八十五条[①]的规定，将“保证金”“特户”“封金”三者理解为并列概念并无不妥，对保证金无须硬性以特户、封金的途径进行条件限制，须尊重当事人双方对保证金进行约定的合意与现实交易的背景习惯，放宽对保证金特定化的认定标准，结合实际操作习惯，在转账当时清晰标注款项的用途属于“保证金”，且转入收款人提供的特定银行账户，就应当肯定“特定化”的成立。[②]

管理人进场后，面对要求就保证金行使取回权的请求时，应如何进行审查？保证金本身是否是对于货币的特定化，是否可因此成立取回权？

管理人进驻债务人企业后，在接管并清点债务人财产时，对债务人占有的保证金类型货币财产应当妥善处理。债务人对该保证金是否可适用“占有即所有”原则从而拥有所有权，直接关联债务人财产的总量，影响债权人的利益。由于当前法律对于保证金特定化没有具体的操作要求与认定标准，对《最高人民法院关于适用〈中华人民共和国民法典〉有关担保制度的解释》中保证金本身是否具有特定性，实务中法院存在不同观点。部分法院否认保证金本身的特定化属性，认为保证金同普通货币无实质区别，非特定物，要求当事人从事实上采取相应具体措施对保证金的所有权归属进行划分，也有法院认为保证金本身即具有特定化属性，若双方当事人对保证金加以约定，根据实际操作习惯，将具体款项明确标注为“保证金”并汇入约定的指定账户，该款项即被赋予了保证金的特定性。建议管理人在面对有关权利人就保证金要求行使取回权的申

---

① 《最高人民法院关于适用〈中华人民共和国担保法〉若干问题的解释》第八十五条已失效，现行有效的法律规定为《最高人民法院关于适用〈中华人民共和国民法典〉有关担保制度的解释》第七十条第一款，债务人或者第三人为担保债务的履行，设立专门的保证金账户并由债权人实际控制，或者将其资金存入债权人设立的保证金账户，债权人主张就账户内的款项优先受偿的，人民法院应予支持。当事人以保证金账户内的款项浮动为由，主张实际控制该账户的债权人对账户内的款项不享有优先受偿权的，人民法院不予支持。

② 朱伟方：《试论破产程序中特定化货币的一般取回权——以建设工程履约保证金为例》，载《法制与社会》2019 年 7 月（上）。

请时，应对所涉保证金做全面地调查了解，有明确把握，如合同是否约定该保证金的用途、保证金是否以清晰明确的方式转至账户内、账户是否为专门开设的保证金账户、账户转进转出流水如何等。建议先按照严格的认定标准进行审查，如双方对保证金性质作出了明确的约定，且事实上采取相应措施对保证金款项与债务人的其他资金予以区分，如采用专门账户进行管理，保证金未与其他款项混同，在此情况下，应认可保证金的特定化属性，同意权利人的取回权申请。如经过审查，双方仅就保证金的性质达成合意，但未采取具体措施，事实上将保证金款项与债务人的其他资金予以区分，在此情况下，建议管理人与当地法院先行沟通观点，了解法院是否认可保证金本身的特定化属性，获得当地法院观点性的理论基础，从而在权利人主张取回权时作出明确答复。若法院并不倾向于认定保证金本身的特定化属性，管理人可适当就举证责任的相对复杂性对权利人予以提示：权利人须对特定化行为进行举证，如专户、封金等，旨在证明保证金未与其他款项混同以致无法区分，且该笔保证金拥有一定的物权独立性，该举证责任对于主张取回权的权利人来说存在一定的难度，以尽可能地避免不必要的诉讼负担。

此外，在法院认可保证金本身的特定化属性或即使不认可保证金本身的特定化属性，但保证金已被采取一定的方式特定化的情况下，需关注当保证金与其他资金相混同、保管不当、擅自挪用等而灭失或不存在时的处理方式。有法院认为债务人应偿还与保证金等量价值的货币，如“（2019）浙03民终3054号A公司、B公司一般取回权纠纷二审案”；参考其他特定化货币取回纠纷，也有法院认为因特定化货币已丧失特定化属性，债权人对此不再享有取回权，其相关权利可转化为普通破产债权向债务人主张，如在“（2018）苏13民初290号A公司与B公司取回权纠纷一审案”中，法院认为，因被告就其和该买家的货款问题已经原告保险理赔，根据原、被告签订《委托代理协议》的约定，该货款中的5366.18美元（原告起诉时折合成人民币为36550.13元）应属债务人占有的不属于债务人的财产。因本案原告要求取回的系货币型财产，而货币属于种类物，一旦进入被告账户即与其他资金产生混同，故而原告要取回货币资金，应当举证证明该笔资金已经特定化，即被告应当能够证明其行使取回权时该笔资金的具体流向和该笔资金没有被使用。本案中，根据本案证据和原、被告的确认，该笔资金系以C公司支付的货款方式进入47号账户，此时该笔资金已经特定化，后被告将47号账户中包含本案原告主张取回权的资金转为人民币进入51号账户，可以清楚地表明该笔资金的流向，也可以判定为该笔资金已经特定化，但根据51号账户的银行交易流水，可见在原告提起诉讼主张取回权时该笔账户上资金已经为零，原告主张取回的资金已经被被告使用，其后进入该账户的资金与原告取回的资金已没有关联性，故原告主张取回该账户的资金没有事实依据。原告还主张51号账户上的两个保证金账户也应当作为行使取回权的资金账户，本院认为，原告不能提供证据证明涉案资金在何时以何种方式特定化后进入保函保证金账户和信用证保证金账户，故其主张行使对前述账户资金取回权依据不足，且该两个保证金账户的资金在2018年2月28日亦已经为零，故原告要求取回相应资金也没有事实依据。虽然原告主张取回权的主张不能成立，但其相关权利可以转化为普通债权，由其向破产管理人行使。

（二）货币特定化的认定标准

◆争议焦点

货币作为特殊的种类物，将其特定化并摒除其债权属性，而赋予其物权概念上的优先权，本质上可理解为避免所主张取回的货币在流通的过程中与其他款项混同，避免其未特定化前所具备的高度可替代性将其重新回归到种类物领域。实践中对于货币特定化的认定标准存在争议。

◆实务裁判观点

部分法院认为设立专门账户进行管理可作为货币是否被特定化的判断标准。在《最高人民法院关于河南省高级人民法院就郑州亚细亚五彩购物广场有限公司破产一案中董桂琴等50家商户能否行使取回权问题请示的答复》（〔2003〕民二他字第14号）中，最高人民法院对某省高院所受理的具体案件进行答复，并提供极具指导意义的解答：原则上同意某省高院不支持董某某等50家商户行使取回权。董某某等50家商户与A公司形成了委托收取销售货款的关系，现有证据不能证明A公司对所收取的货款开立专门账户加以管理，即A公司代收的货款没有特定化。由于货币作为动产的特殊属性，董某某等50家商户对没有特定化的货款不具有所有权关系，在企业破产还债程序中不能行使取回权，可以以普通债权人的身份参与破产财产的分配。

在“（2018）最高法民申2607号A公司、B公司取回权纠纷再审案”中，最高人民法院的再审裁定沿袭以上观点，最高人民法院认为，由于货币的特殊属性，现并无证据证明B公司对收取的案涉补偿款设立专款专户加以区分，该补偿款并未特定化，A公司对没有特定化的案涉补偿款不具有所有权及其他物权关系，该案涉补偿款返还债权只能作为普通破产债权清偿。A公司因此享有的是债权请求权，不属于《企业破产法》第三十八条规定的取回权。最高人民法院的判例重复说明了专门账户对款项特定化的必要性。

在地方人民法院，以上观点也被多次引用。在“（2017）皖1002民初1656号、（2017）皖1002民初1657号A市房屋专项维修资金管理中心与B公司取回权纠纷一审案”中，法院认为，取回权是破产法上的一项特殊权利。它的基础是民法上物的返还请求权，即权利人基于其所有或者占有物的事实以及法律上的原因，请求无偿占有人返还该物，以恢复权利人所有或者占有状态的权利，其所针对的是特定的财产。《企业破产法》第三十八条规定，人民法院受理破产申请后，债务人占有的不属于债务人的财产，该财产的权利人可以通过管理人取回。本案中，A市房屋专项维修资金管理中心申请取回的房屋专项维修资金已被B公司挪用，或债权抵销。B公司对代收的房屋专项维修资金即货币未进行专户管理，与其名下其他货币已混同无法区分；同时抵付房屋专项维修资金的买受人并未实际支付房屋专项维修资金。以上事实均发生在B公司破产清算受理前。依据《最高人民法院关于河南省高级人民法院就郑州亚细亚五彩购物广场有限公司破产一案中董桂琴等50家商户能否行使取回权问题请示的答复》规定，B公司代收的房屋专项维修资金没有特定化。由于货币作为动产的特殊属性，A市房屋专项维修资金管理中心对没有特定化的房屋专项维修资金不具有所有权关系，在企业破产程序中不能行使取回权，可以普通债权人的身份参与破产财产的分配。

在“(2019) 浙10民终1220号叶某某、B公司取回权纠纷二审案”中，法院在判决理由中同样引用了最高人民法院〔2003〕民二他字第14号的回复，法院认为，关于特定化，不仅要求合同约定，还要求设立专门账户保管，没有与其他资金混合。对于仅有合同约定，而未设立专门账户保管，或者已设立专门账户保管，但实际上已形成资金混同甚至被挪用，均不能认定已予特定化。在此情况下，不能确认权利人享有物权意义上的所有权和使用权以行使取回权，只能通过申报债权处理。本案中，B公司暂时保管、定期返还叶某某商业销售款项，虽有合同约定，但B公司并未设立专门账户予以保管，上述款项与B公司的其他款项混同使用于返还商户，支付公司职工工资、管理费、水电费、税收、装修费及银行还贷等方面，应认定叶某某商业销售款项未予特定化，不具有物权性质，叶某某不能行使取回权。

在“(2015) 宁民二初字第00403号A财政局与B公司取回权纠纷案一审案”中，法院认为，货币作为动产的特殊属性，一般遵循占有和所有相一致的原则，不存在物上返还请求权的问题，只有将货币特定化，使占有人资金相对独立且可以识别，权利人才不丧失转移货币的所有权。本案中，A财政局将263万元财政补助资金预拨给B公司后，并未设立该项资金的专用账户将其特定化，且该笔资金已被B公司使用，A财政局已丧失所有权，因此在破产还债程序中不能行使取回权，可以普通债权人身份参与破产财产的分配。故A财政局取回权的主张无事实及法律依据，其诉求不予支持。

实务中也有部分法院未对货币特定化即未与其他货币混同作出硬性要求，认为账户中的资金财产若能够加以明确与区分，只要掌握争议货币所在账户的详细流水，确保在入账出账的过程中争议款项未受影响，该款项自转入时即合理存在，且该货币在账户的数字金额上能够予以明确并区分，即不构成与其他款项混同，便可认定为非混同状态，从而确定案涉货币的特定化条件达成。而要求为涉案款项设立专门账户则是在形式上为双方施加不必要的义务，并为权利人取回权的成立设置了不符合公平、公正原则的障碍。

如在“(2018) 浙10民终769号A公司、B公司取回权纠纷二审案”中，法院认为，账户内货币资金在涉及第三人权利的情况下，应当通过特户等方式使其具有外观识别的特征以实现特定化；但在不涉及第三人权利的情况下，账户内货币资金虽未以特户等形式进行特定化，但只要实质上具备特定化特征，也应当认定该货币资金能够特定化。本案涉及的被上诉人B公司账户系一般账户，在一般情形下一般账户不具有特定化功能，主要是一般账户会发生使用和资金流动，无法实现特定化。但本案中，上诉人A公司汇入款项后，即被人民法院冻结并控制，该账户之后没有发生足以影响货币资金特定化的资金流动，人民法院冻结措施在客观上已对该货币资金进行了特定化，司法冻结是针对何种所有权权能，与本案货币资金是否特定化无关。因此，上诉人A公司在被上诉人B公司账户内的款项在客观上有两因素结合可以认定其特定化，一是人民法院实施冻结措施，二是该账户没有发生足以影响特定化的资金流动，也未有第三方资金进入，上诉人A公司错汇入的款项应认定系其所有，其有权行使取回权。

在"（2019）赣10民初24号张某某、章某某等与A公司取回权纠纷一审案"中，被告A公司管理人回函称，B学院将工程款存入的是A公司的一般存款账户，而一般存款账户不具有将货币特定化的功能。法院认为，虽然货币作为动产的特殊属性，通常情况下，货币的所有者与占有者一致，不同于一般物品能够取回。但在特定情况下，可以认定特定化的货币占有与所有相互分离。本案中，由于A公司在破产申请受理之前对B学院并不享有任何债权，2018年12月21日B学院汇入A公司账户的631923元是在A公司破产申请受理之后汇入的，是B学院根据合同约定支付给两原告的尚欠工程款，且与A公司账户内的其他资金没有混同，该631923元工程款具有特定化，两原告对该631923元工程款享有所有权。该案中，双方未就涉诉款项设置专门账户，法院在确认工程款未混同后，仍支持了原告的取回权。

值得注意的是，若权利人系在破产过程中将货币财产转入破产管理人的账户上，法院倾向于认为，即使未设立专门账户，只要货币仍在管理人账户上，且能够与其他财产相区分，该货币便具有特定化属性。

如在"（2019）川1602民初5637号李某某与A公司、A公司管理人取回权纠纷一审案"中，法院认为，原告李某某与被告A公司之间没有劳动关系或其他财务管理关系，在某加油站建设工程项目中，李某某自筹资金，自行组织施工，自主经营，自负盈亏，并承诺向 A 公司支付挂靠管理费，其实质是借用 A 公司资质与发包人签订合同，李某某系该建设项目的实际施工人，该项目的工程款应当由李某某收取。A 公司进入破产清算程序后，李某某向管理人报告了该情况，经管理人同意后与发包人进行了结算，并同意将该工程款支付至管理人账户，同时李某某向管理人支付了该工程应付的税费，现该工程款仍在管理人账户上，且能够与 A 公司其他财产相区分，已特定化，根据《企业破产法》第三十八条规定："人民法院受理破产申请后，债务人占有的不属于债务人的财产，该财产的权利人可以通过管理人取回……"该案中，双方就案涉工程款并未设立专门账户，而是汇至管理人账户，法院在认定款项能够区分的情形下即支持了涉案工程款的取回。

在"（2019）浙 03 民终 4524 号 A 公司、王某取回权纠纷二审案"中，法院认为，本案争议焦点为涉案款项是否可由王某取回，现该笔款项于破产程序中汇入管理人账户，可以与其资金相区分，应认定为特定化，具备取回条件，被上诉人主张取回挂靠在上诉人名下与案外人 B 公司发生买卖关系收到的货款，有事实和法律依据，本院予以支持。

在部分案例中，也有法院认为货币的特定化可依据双方当事人的约定达成，如约定款项不能转作其他费用，即可达成货币的特定化。

如在"（2011）黄民二（商）初字第 81 号 A 公司与 B 公司一般取回权纠纷一审案"中，法院认为，被告委托 C 公司代理某国际大厦的经营及物业管理服务业务并授权其签订相关租赁合同，而原告在签订两份《预租合同》时知道被告与 C 公司之间的代理关系，故两份《预租合同》直接对原、被告产生约束力。两份《预租合同》约定，押金在租赁期内不能转作租金或其他费用。根据上述条款，可以认定原、被告通过约定将押金特定化，故原告向被告缴纳的押金不属于被告财产，原告对于特定化的押金享有所有权。当然，根据《预租合同》的约定，原告向被告缴纳押金的作用在于担保《预租合同》的履行，故在《预租合同》期满且原告欠缴租金 87708 元的情况下，被告有权从其占有的押金中扣除相应的款项用于冲抵原告欠缴的租金。因此，在将原告欠缴的租金从押金中扣除后，原告作为权利人有权从被告破产管理人处取回押金786027元。

此外，如前文所述，有裁判观点认为，保证金本身即具有特定化属性，如前文列举的“（2019）黔04民初68号”“（2019）浙03民终3054号”等，根据《最高人民法院关于适用〈中华人民共和国担保法〉若干问题的解释》第八十五条①规定，对保证金无须再以“特户、封金”等其他方式进行特定化。只需明确付款方确将保证金款项交付至收款方指定账户（无须特定账户），保证金具备的特定化属性即不受影响。

◆管理人履职提示

基于货币“占有即所有”的原则，对货币行使取回权存在一定的障碍。在货币被特定化的情况下，其“占有”与“所有”相分离，脱离“占有即所有”的本质属性，系对货币行使取回权的前提。理论上，有观点认为，部分货币如“保证金”本身即具有特定化的形式，向指定账户转账时标注款项的性质，即可达成特定化属性；也有观点认为，即使是保证金也需要满足特定化的要件，直观表现在为货币设立专门账户，并在账户名称中标注账户存放资金的特定用途；部分学者建议对于货币特定化采取较为宽松的判断标准，认为在当事人对于资金的来源、用途有着明确约定的情况下，其已间接排除“占有即所有”原则的运用，此时的货币已被特定化。

实务中对于货币特定化的认定标准同样存在一定的争议，各法院判决中对于货币特定化的判断存在不同的标准：部分法院认为，使货币特定化需设立专门账户存放该款项；也有法院认为，只要厘清货币所在账户的详细流水，确保争议款项在账户的数字金额上能够区分，即具备特定化条件；部分法院采取更宽松的判断标准，认为货币的特定化通过双方约定即可达成。而对于权利人在破产

---

① 《最高人民法院关于适用〈中华人民共和国担保法〉若干问题的解释》第八十五条已失效，现行有效的法律规定为《最高人民法院关于适用〈中华人民共和国民法典〉有关担保制度的解释》第七十条第一款，债务人或者第三人为担保债务的履行，设立专门的保证金账户并由债权人实际控制，或者将其资金存入债权人设立的保证金账户，债权人主张就账户内的款项优先受偿的，人民法院应予支持。当事人以保证金账户内的款项浮动为由，主张实际控制该账户的债权人对账户内的款项不享有优先受偿权的，人民法院不予支持。

过程中将货币转入破产管理人账户的情况，法院倾向于认为，即使未设立专门账户，只要货币在管理人账户上，且能够与其他财产相区分，该货币即被特定化。

在此情形下，建议管理人首先应对受争议的货币的账户进行充分的调查，如该账户是否为专门用于存放该笔款项的账户，双方对该账户有无明确的约定，该账户汇入的款项是否均有清晰明确的备注，该账户是否存在转出记录，转出记录是否有明确证据支持取出款项的目的，该账户内的款项总数是否有明确的进出流水能够核对无误，是否能够认定该账户内争议款项不发生变动从而未与其他款项混同。鉴于是否同意取回权申请将直接关系到可向债权人分配的债务人财产总量，为全面防范风险，避免债权人提出异议，建议管理人应采取严格的判断标准，全面审查。如经判断，认为争议货币已采取专门账户管理，与债务人其他财产可明确区分，可同意取回权申请，如经审查，认为存在争议，如未开立专门账户进行管理，即使通过流水可将款项予以区分等，也不应直接同意取回权的申请。

三、融资租赁中取回权纠纷

◆争议焦点

融资租赁法律关系中包括两个交易行为，一是出卖人和出租人之间的买卖行为，二是承租人与出租人之间的租赁行为。即融资租赁法律关系必须要同时具有“融资”和“融物”两个属性。近年来，随着破产案件大量涌现，在融资租赁合同履行过程中，如承租人破产时，出租人会涉及主张就融资租赁的标的物行使取回权。根据《合同法》第二百四十二条规定[①]：“出租人享有租赁物的所有权。承租人破产的，租赁物不属于破产财产。”在融资租赁合同履行期间，承租人破产的，租赁物的所有权归属于出租人，原则上出租人可据此向管理人主张行使取回权。但在融资租赁合同中，基于交易的特殊性，出租人的取回权并不是绝对的。例如，在融资租赁交易中，除法律上明文禁止外，一般都允许承租人提前支付租金并行使选择权而获得租赁设备的所有权，故租赁物是否属

---

① 该条规定第一句对应《民法典》第七百四十五条：“出租人对租赁物享有的所有权，未经登记，不得对抗善意第三人。”第二句：“承租人破产的，租赁物不属于破产财产。”没有被《民法典》所吸收。

于破产财产，要根据合同和破产受托人的行为而定，并不是绝对地、当然地排除在破产财团之外。[①]

◆实务裁判观点

（1）在融资租赁合同履行期间，如承租人以融资租赁标的物为第三人设定抵押，第三人就该融资租赁物的抵押权构成善意取得的情况下，出租人可以依法取回融资租赁标的物，但其因所有权而产生的取回权不得对抗第三人因善意取得的抵押权，即第三人有权就抵押物优先受偿。

如在“（2015）滨中商终字第76号A公司与B公司、B公司管理人一般取回权纠纷二审案”中，争议焦点为A银行C县支行、C县农村信用合作联社及第三人D公司、E公司、F公司对涉案抵押物是否构成善意取得。对此，该院认为，上诉人A公司提供的《货物购买合同》、设备发票、《回租租赁合同》，虽能够证实其对涉案115台租赁物享有所有权，B公司对涉案设备无权处分。但是，《物权法》第一百零六条[②]第三款已明确抵押权等他项物权同样可适用善意取得制度。融资租赁合同对于设备所有权的约定实质上是将设备占有与实际所有权分离，而对于没有在相关机关进行所有权登记的机械设备而言，占有即为所有权的主要公示方式。交易双方对设备移交占有，同时又约定所有权保留的，因上诉人设备所有权未通过登记等方式进行公示，也未在设备上贴附上诉人的标识，即上诉人未在后续发生的权利对抗中采取物权保障，也未对出租设备进行持续监管。综上，上诉人没有尽到合理的公示义务，放任占有方对设备的处置，也由此产生了得以对抗所有权的其他权利。在本案中，B公司向A银行C县支行及C县农村信用合作联社贷款时，将涉案租赁物设立抵押并在工商机关进行动产抵押登记，该抵押登记为抵押权的主要公示方式，因此A银行C县支行及C县农村

---

① 王莹：《融资租赁中出租人破产取回权问题研究》，载《时代金融》2016年第9期中旬刊。

② 对应《民法典》第三百一十一条，无处分权人将不动产或者动产转让给受让人的，所有权人有权追回；除法律另有规定外，符合下列情形的，受让人取得该不动产或者动产的所有权：（一）受让人受让该不动产或者动产时是善意；（二）以合理的价格转让；（三）转让的不动产或者动产依照法律规定应当登记的已经登记，不需要登记的已经交付给受让人。受让人依据前款规定取得不动产或者动产的所有权的，原所有权人有权向无处分权人请求损害赔偿。当事人善意取得其他物权的，参照适用前两款规定。

信用合作联社在当时有理由相信，B 公司对涉案设备具有所有权，应认定两银行对涉案抵押物的权属尽到了审慎义务，且上诉人没有证据证实两银行在签订抵押合同时明知该物为租赁物，即没有证据证明两银行存在主观恶意，则应认定其为善意，由此两银行对涉案抵押物构成善意取得，该院依法予以确认。第三人 D 公司及第三人 E 公司、F 公司分别向 A 银行 C 县支行、C 县农村信用合作联社支付了对价，取得了借款合同和抵押合同的全部权利及义务，故对上述设备的拍卖所得享有优先受偿权。该院判决驳回上诉，维持原判，即抵押权人对已设定抵押的设备拍卖所得享有优先受偿权，拍卖所得剩余部分归原告 A 公司所有。

在“（2015）淄商终字第 390 号 A 公司与 B 公司取回权纠纷二审案”中，同样涉及抵押权的善意取得问题，法院同样肯定出租人对于案涉融资租赁物的所有权，认为抵押权优于所有权优先行使，原告因所有权而产生的取回权不得对抗第三人因善意取得的抵押权。

◆典型案例

1. A 公司与 B 公司取回权纠纷二审案

（2015）淄商终字第 390 号

【案情简介】

● 2010 年 7 月 27 日，被告向第三人 C 商行借款 1200 万元，借款期限为 2010 年 7 月 27 日至 2011 年 7 月 19 日，被告以其所有的生产设备（窑炉及配套生产线 2 套、液压自动压砖机 3 台、冷煤气站 1 套、40T 球磨机 12 台等）为该笔借款向第三人 C 商行提供动产抵押，并办理了抵押登记。

● 2011 年 6 月 27 日，在上述抵押权存续期间，原告与被告签订《融资租赁合同》，合同约定，被告向原告以融资租赁的方式回租包括存在抵押权的窑炉及配套生产线 2 套、液压自动压砖机 3 台，以及另外的 16T 球磨机 20 台、晒版机 1 台；上述四项租赁物的转让价款共计 18750000.00 元，租期为 3 年，租金总额为 20806512.00 元，租赁物在原告向被告支付转让价款之日即视为在完整状态下向被告交付完毕，租赁物件的所有权同时转归原告。原告于 2011 年 6 月 27 日及 28 日共向被告支付租赁物件转让价款 1875 万元。

● 2011年7月8日，被告在2010年7月27日的1200万元的借款即将到期之时以窑炉及配套生产线、液压自动压砖机、釉烧窑、二线煤气站、冷煤气站、球磨机等生产设备作为抵押物向第三人C商行借款。同日，被告向第三人C商行提出借款申请，第三人C商行于当日到被告处进行了实地贷前考察，考察事项中包括被告的抵押设备情况，未发现抵押设备原始发票盖有所有权已转移的印章，被告办理借款的经办人未向第三人C商行提及融资租赁事宜。2011年7月8日，D公司对被告提供抵押的抵押物进行了评估，评估财产中包括涉案的争议财产部分。D公司出具鲁华盛评报字（2011）第8号资产评估报告，委托评估资产的评估值为4139.76万元，评估报告中的委托评估资产设备发票复印件中未有所有权已转移的印章。

● 2011年7月13日，原告将窑炉及配套生产线2套、液压自动压砖机3台以及16T球磨机20台、晒版机1台抵押给E公司，并在F市工商局办理了动产抵押登记手续。经调查，在F市工商局的抵押登记材料中，未发现原告提供对抵押物享有所有权的证明材料。另查明，上述四项租赁物件的原始发票加盖了“所有权已转移给A公司”的印章，但无加盖时间，各方当事人也均不能证明印章加盖时间。融资租赁物件无其他所有权转移的标识。

● 2011年7月19日，被告偿还第三人C商行借款1200万元。2011年7月20日，被告与第三人C商行签订了借款合同，合同约定，被告向第三人C商行借款1200万元，借款期限为12个月。同日，被告将内墙生产线2条（窑炉及配套生产线2套）、液压自动压砖机3台，以及另外的40T球磨机6台、二线煤气站、冷煤气站等生产设备作为借款抵押物为该笔借款向第三人C商行提供动产抵押担保，并在C县工商行政管理局办理了动产抵押登记。同日，第三人C商行将1200万元的借款打入被告指定账户。

● 被告被宣告破产之后，原告申请取回上述融资租赁物件。被告至宣告破产之日尚未归还第三人C商行该借款。第三人C商行主张对租赁物件窑炉及配套生产线2套、液压自动压砖机3台享有抵押权。

【双方争议】

本案的焦点在于第三人所主张的对窑炉及其配套生产线2套、液压自动压砖机3台的抵押权是否能对抗原告基于所有权而产生的取回权，意即第三人是否善意取得了抵押权。

【判决结果及理由】

一审法院认为，第三人在办理抵押贷款时已尽到了合理审慎的注意义务，已经构成善意取得抵押权。原告基于融资租赁合同取得了涉案的窑炉及配套生产线2套、液压自动压砖机3台、16T球磨机20台、晒版机1台的所有权；第三人基于善意取得，享有对涉案窑炉及配套生产线2套、液压自动压砖机3台的抵押权。根据物权法的一般原理，一般所有权与抵押权并存时，抵押权优于所有权优先行使，因此原告因所有权而产生的取回权不得对抗第三人因善意取得的抵押权。故该院对原告请求确认其有权取回窑炉及配套生产线2套、液压自动压砖机3台、16T球磨机20台、晒版机1台的诉讼请求予以支持；对第三人请求确认对窑炉及其配套生产线2套、液压自动压砖机3台享有抵押权的诉讼请求予以支持。

一审法院判决：一、原告A公司有权取回窑炉及配套生产线2套、液压自动压砖机3台、16T球磨机20台、晒版机1台；二、第三人C商行对原告A公司具有所有权的窑炉及配套生产线2套、液压自动压砖机3台享有抵押权。

二审法院认为，依照《物权法》第一百零六条[①]第一款的规定，善意取得需符合三个条件：善意、合理价格和应登记的已经登记。双方对原审第三人符合后两者没有异议，该院予以确认。因此，本案二审的争议焦点是：原审第三人C商行取得案涉资产的抵押权时是否是“善意”的。

针对该焦点，上诉人A公司主张原审第三人存在重大过失，与被上诉人存在恶意串通之嫌，不能善意取得抵押权的上诉理由，该院认为与事实不符，不能成立，理由如下：

第一，原审第三人C商行不知道上诉人与被上诉人之间签订融资租赁合同一事。被上诉人在办理贷款过程中，始终是以所有权人的身份提供抵押物，显然其没有也不可能将融资租赁一事主动向原审第三人披露。上诉人作为融资租

---

① 对应《民法典》第三百一十一条。

赁合同的出租方，未提供证据证明其已经将融资租赁一事告知原审第三人。

第二，原审第三人尽到了合理的注意义务。在办理案涉第二笔贷款时，第一笔贷款尚未到期，对应的抵押仍然存在。在此情形下，原审第三人基于对第三方中介机构的信赖接受了评估报告，要求被上诉人提供了董事（股东）会决议，并在实际发放第二笔贷款的前一日（2011 年 7 月 18 日）查询了被上诉人融资租赁的情况，且顺利进行了抵押登记。上诉人主张原审第三人没有进行贷前实地调查，但未提供证据予以证实。而且，无论原审第三人是否进行了实地调查，因上诉人并未在案涉抵押物上进行标示，原审第三人均无法发现案涉抵押物权属已经变更。

另外，上诉人还主张原审第三人没有查验案涉抵押物的增值税专用发票原件，属于重大过失。依照《物权法》第二十三条①“动产物权的设立和转让，自交付时发生效力，但法律另有规定的除外”的规定，动产的所有权以交付、占有为标志。至于增值税专用发票，仅是纳税人缴纳增值税的凭证，并无证权效力。因此，原审第三人并无审查案涉抵押物的增值税专用发票原件的法定和约定义务。上诉人的该项上诉理由，于法无据，不能成立。

综上，原审第三人取得抵押权的行为符合善意取得的全部构成要件。二审法院判决驳回上诉，维持原判。

（2）融资租赁中常见的形式之一为售后回租，即出卖人与承租人系同一人。承租人基于融资的需要，将标的物出卖给出租人后回租，向出租人支付租金。在售后回租的情况下，如融资租赁物在融资回租前已设定抵押，根据《物权法》第一百九十一条②规定：抵押期间，抵押人未经抵押权人同意，不得转让抵押财产，但受让人代为清偿债务消灭抵押权的除外，可能导致案涉标的物转让无效，出租人未取得所有权，进而不能据此主张取回。案涉财产仍属于承

① 对应《民法典》第二百二十四条，动产物权的设立和转让，自交付时发生效力，但是法律另有规定的除外。

② 对应《民法典》第四百零六条，抵押期间，抵押人可以转让抵押财产。当事人另有约定的，按照其约定。抵押财产转让的，抵押权不受影响。抵押人转让抵押财产的，应当及时通知抵押权人。抵押权人能够证明抵押财产转让可能损害抵押权的，可以请求抵押人将转让所得的价款向抵押权人提前清偿债务或者提存。转让的价款超过债权数额的部分归抵押人所有，不足部分由债务人清偿。

租人及破产企业所有。

2. A公司与B公司一般取回权纠纷一审案

（2017）浙0122民初3687号

【案情简介】

● 2009年12月23日，B公司与C银行签订编号为JD（2009）31的《固定资产贷款合同》，约定被告向C银行借款8000万元，借款期限自2009年12月23日至2013年12月22日。2010年2月10日、2010年4月14日、2010年8月13日，被告分别与C银行签订三份《动产质押合同》，约定：为确保被告与C银行签订的编号为JD（2009）31的《固定资产贷款合同》的履行，被告以价值共计7565.85万元的机器设备为《固定资产贷款合同》所形成的债务提供质押担保。《动产质押合同》签订之日，被告与C银行在D市工商行政管理局E分局办理了动产抵押登记，将B公司所有的部分机器设备（包括案涉6台机器设备）抵押给C银行。

● 2013年9月24日，双方签订编号为HL2013B000301的《融资回租合同》，约定B公司以租回为目的，向原告转让案涉6台机器设备，租赁期间自2013年9月25日至2016年9月25日，租期共计36期，每期租金为1262700元，合同金额总计46657200元。同日，双方签订《所有权转让协议》。

● 2013年12月20日，原告与C银行签订合同编号为2013－1526的《人民币借款展期协议》，约定C银行同意对被告在编号为JD（2009）31的《固定资产贷款合同》项下的借款本金进行展期，展期金额为6000万元，展期为18个月，展期后借款到期日为2015年6月21日。

● 2014年10月16日，被告与C银行签订《最高额抵押合同》，约定被告将其所有的160项机器设备作价9001.035万元抵押给C银行，作为其自2009年12月1日至2015年10月16日与C银行签订人民币资金借款合同、出具保函协议等债务的最高额抵押担保，担保责任的最高限额为9001.035万元。双方于同日向D市工商行政管理局E分局办理了抵押手续，取得动产抵押登记书及附件。

● 2015年4月2日，C银行向D市中级人民法院起诉，要求B公司、F公司等人承担相应的还款责任。D市中级人民法院判决B公司归还C银行借款并支付利息，且C银行对B公司所有的160项机器设备（包含案涉6台机器设备）折价或者拍卖、变卖后所得价款在最高债权额9001.035万元范围内优先受偿。

● 2015年5月20日，双方在D市G区人民法院达成调解协议：1.2013年9月24日订立的编号为HL2013B000301的《融资回租合同》及相关协议双方同意继续履行；2. 被告于2015年5月31日支付A公司租金100000元……3.B公司支付A公司律师代理费200000元；4. 若B公司未按期履行任何一期，则《融资回租合同》及相关协议自逾期之日起第七日予以解除……

● 2017年1月17日，法院裁定受理B公司破产清算一案。

● 2016年4月5日，H银行将其对B公司的债权转让给I公司；2016年5月27日，上述债权转让给J公司；2016年12月19日，上述债权又转让给K公司。

● 原告向法院提出诉讼请求：1. 确认原告有权向被告取回属于原告所有的数控设备，共计6台，总价值4000万元；2. 本案全部诉讼费用及律师代理服务费由被告承担。

【双方争议】

本案的争议焦点为A公司对案涉6台机器设备是否享有所有权。

原告主张：原、被告双方签订的《融资回租合同》《所有权转让协议》均系双方当事人的真实意思表示，合法有效，原告有权依据《企业破产法》第三十八条之规定将涉案的6台设备取回。现被告管理人否定原告行使取回权，已侵害了原告的合法权益。

被告B公司答辩称：原告诉称的与被告签订融资回租合同及合同签订后支付转让款的事实存在。但2009年12月23日，被告与C银行曾就案涉设备签订《固定资产贷款合同》并办理了动产抵押登记。后将贷款期限延长至2015年6月21日，案涉设备作为担保物进行担保。根据法律规定，抵押期间，抵押人转让已经办理登记的抵押物的，应当通知抵押权人抵押物的转让情况，若抵押人未通知则转让行为无效。故对原告的诉请应当驳回。

第三人K公司陈述称：案涉设备属于C银行的抵押财产。原告主张取回的

6台机器设备均已抵押至C银行名下并办理了抵押登记。B公司未经C银行同意无权处分，其转让及融资租赁行为无效。现主债权已转让至第三人，担保权利随之转让。

【判决结果及理由】

法院认为：1. 关于K公司对案涉6台机器设备的抵押权是否成立。C银行对案涉标的享有抵押权。后C银行将对案涉标的的抵押权转让给K公司，K公司对案涉标的依法享有抵押权。2. 原告的买受行为能否对抗K公司的抵押权。对此，法院认为，根据《物权法》第一百九十一条第二款规定①：“抵押期间，抵押人未经抵押权人同意，不得转让抵押财产，但受让人代为清偿债务消灭抵押权的除外。”故原告与B公司签订《融资回租合同》转让案涉标的的行为未经抵押权人的同意，无法产生所有权变更的法律效果，故原告对案涉6台机器不享有所有权。判决驳回原告杭州金投融资租赁有限公司的诉讼请求。

◆管理人履职提示

管理人在处理企业融资租赁问题时，首先应判断融资租赁物的实际情况，判断融资租赁合同的效力。根据《最高人民法院关于审理融资租赁合同纠纷案件适用法律问题的解释》第一条的规定：“人民法院应根据民法典第七百三十五条的规定，结合标的物的性质、价值、租金的构成以及当事人的合同权利和义务，对是否构成融资租赁法律关系作出认定。对名为融资租赁合同，但实际不构成融资租赁法律关系的，人民法院应按照实际构成的法律关系处理。”建议管理人首先需对融资租赁合同背后的实际法律关系进行审查，融资租赁兼具“融资”与“融物”的属性，其次管理人需对融资租赁合同的具体约定、案涉融资租赁物是否真实存在、双方对于租金的约定、承租人实际使用的设备与融资租赁合同约定的标的物是否一致等进行全面审查，对于仅“融资”，以融资

---

① 对应《民法典》第四百零六条，抵押期间，抵押人可以转让抵押财产。当事人另有约定的，按照其约定。抵押财产转让的，抵押权不受影响。抵押人转让抵押财产的，应当及时通知抵押权人。抵押权人能够证明抵押财产转让可能损害抵押权的，可以请求抵押人将转让所得的价款向抵押权人提前清偿债务或者提存。转让的价款超过债权数额的部分归抵押人所有，不足部分由债务人清偿。

租赁之名行借贷之实的，应按借款合同处理，不承认出租人对于融资租赁合同标的物的所有权。如在“（2017）皖民终169号A公司与B公司一般取回权纠纷二审案[①]”中，二审中双方争议焦点之一在于B公司与A公司签订的《融资租赁合同》性质及效力如何认定，对此，法院认为，融资租赁合同具有融资与融物相结合的特点，融资租赁关系中包括两个交易行为，一是供货人和出租人之间的买卖合同，二是承租人与出租人之间的租赁合同。两个合同相互结合才能构成融资租赁合同关系，缺一不可。如无实际租赁物或者租赁物所有权未从出卖人处转移至出租人或者租赁物的价值明显偏低，则应认定该类融资租赁合同没有融物属性，系以融资租赁之名行借贷之实，应属借款合同。该院从不能证明B公司所主张设备客观存在、涉案租赁物的价值与约定的转让价款差异巨大、双方约定了租金利息等方面判定本案所述主合同系单纯的融资，并不具备融物特征，认为一审认定案涉《融资租赁合同》名为融资租赁实为企业间借贷并确认其无效正确，该院予以维持。

对于是否继续履行融资租赁合同，需要与企业人员进行沟通，判断融资租赁物是否为重整企业生产经营所必需，或者是否整体处置有利于资产价值最大化。一方面，由于融资租赁标的物往往是大型机器设备，在取回过程中可能会产生巨大的成本或者造成租赁物价值的极大贬损。另一方面，出租人往往系专业的融资租赁公司，对于租赁物有关的专业知识了解较少，其取回后，需要花费高额费用聘请专业人员维护管理。从整体利益最大化的角度考虑，由于融资租赁的设备往往是破产企业整体资产中的重要一环，将其与破产企业的其他资产整体处置，可能更有利于变现及获得更高的变现价款，在企业重整继续生产经营的情况下往往也需要继续使用融资租赁物。因此，建议管理人可与出租人协商，出租人不取回租赁物，由管理人对租赁物进行处置，出租人就租赁物清算所得价款优先受偿；或者继续使用融资租赁物，确认融资租赁债权为优先债权，但需要对融资租赁物

---

① 再审案件详见（2018）最高法民申2669号。原判决认为本案所涉主合同系单纯的融资而不具有融物特征，并认定《融资租赁合同》名为融资租赁实为企业间借贷，并无不当。关于《融资租赁合同》的效力问题，本院（2018）最高法民再373号民事判决书已认定为有效，原判决对此问题的认定确有错误。但B公司在本案中的主要诉请为A公司返还租赁物或相应的拍卖款，因《融资租赁合同》性质为企业间借贷法律关系，故原判决对该诉请未予支持的处理结果，并无不当。因此裁定驳回再审申请。

的所有权转移至破产企业。这样对于出租人与承租人来说，也是利益共赢的选择。

在管理人依据《企业破产法》第十八条与出租人解除融资租赁合同，以及在融资租赁合同已到期的情形下，出租人可以要求就融资租赁物行使取回权。如前文所述，在实务操作中争议可能出现的情形往往是由于融资租赁同时伴随抵押问题，管理人需对出租人取回权行使过程中的具体问题进一步分析。如在融资租赁合同履行期间，承租人以融资租赁标的物为第三人设定抵押，第三人就该融资租赁物的抵押权构成善意取得。在此情况下，出租人的取回权与抵押权人的抵押权之间存在一定冲突，往往就此引起争议。建议管理人应对案涉融资租赁物上所设权利负担进行全面调查了解，如发现在融资租赁合同履行期间承租人以融资租赁标的物为第三人设定抵押的，应就第三人就该融资租赁物的抵押权是否构成善意取得进行审慎判断。如果第三人确实系善意取得，出租人因所有权而产生的取回权不得对抗第三人因善意取得的抵押权，即第三人有权就抵押物优先受偿。

本章小结

取回权产生的基础是民事法律关系。管理人所接管的财产是债务人企业在法院受理破产时所占有的全部财产，其中不可避免地可能包含债务人企业所占有的属于第三人的财产。《企业破产法》第三十八条规定："人民法院受理破产申请后，债务人占有的不属于债务人的财产，该财产的权利人可以通过管理人取回。但是，本法另有规定的除外。"该条规定系破产程序中，财产权利人行使取回权的依据。需注意的是，取回权的基础权利不限于所有权，担保物权、占有权等，均可能成为权利人申请取回的权利来源。

因取回权的行使直接关乎可供向债权人清偿的财产总量、与债权人利益直接相关，管理人在面对取回申请时，应审慎判断，特别是在面对实务中存在较多争议的问题时。以房地产企业破产为例，近年来，房地产企业因资金链断裂等原因而导致破产的情况屡见不鲜，其中往往涉及众多的购房户，可能存在巨大的维稳压力。在此情况下，管理人往往面临大量的取回申请。其中较为常见的是购房户依据《破产规定》第七十一条第（五）项和第（六）项主张案涉房屋非破产财产，进而要求行使取回权。但实务中对于该两项规定的现行有效性存在较大争议，即使是最高人民法院，也在不同的案例中呈现了不同的观点，这也给管理人的判断带来了一定的难度。对此，建议管理人应尽到审慎审查的义务，全面分析依据《破产规定》第七十一条第（五）项及第（六）项主张的购房户的取回申请，从维护全体债权人利益的角度出发，综合考量购房户的请求及整个破产程序的推进。

除房地产企业破产程序中的取回权纠纷外，本章也提及了针对特定化货币的取回权纠纷。特定化货币的取回，在实务中同样存在较大的争议。主要在于对于“特定化”的判断标准，不同法院可能采取不同的判断标准。有的法院认为双方当事人的约定即可达成货币的特定化，采取较为宽松的判断标准；有的法院则从严处理，要求必须开立专门账户管理案涉款项才可构成特定化。对此，管理人在作判断时，从防范风险、尽最大可能维护债权人利益的角度考虑，建议采取严格的判断标准，如全面审查存放货币的账户、账户内的流水明细、双方当事人对货币的约定、与其他款项的区分程度等。同时应妥善存管保证金等特定化货币，避免因管理人保管不当造成货币不存在或其特定化属性灭失。

融资租赁作为一种新型交易模式，近年来得到了快速发展，也出现了诸多承租人破产，出租人要求行使取回权的纠纷。常见情形之一即为出租人所有权与抵押权人的抵押权在融资租赁标的物上的竞合，因租赁物在租赁期内为承租人所实际控制，如承租人以租赁物设定抵押，在第三人就融资租赁物构成抵押权的善意取得的情况下，出租人的取回权将落后于第三人的抵押权，即抵押权人有权就标的物优先受偿。这也给管理人提出了更高的要求，不仅要对融资租赁关系本身进行全面判断，分析实际法律关系，同时要关注融资租赁物上设定的权利负担。

综上，破产程序中的取回权纠纷复杂多样，实务中也存在较多的争议。因取回申请的同意与否直接关乎全体债权人的利益。管理人在判断是否同意取回申请时，应全面调查，审慎判断，综合评定是否具备取回条件、取回标的物的现有价值、行使取回权所发生的费用等。最大限度地减少因取回财产而造成的全体债权人利益的损失，实现个别取回权利人与全体债权人间的利益平衡，从而保障破产程序的顺利进行。

第九章
破产抵销权纠纷

破产抵销权是指债权人对于破产申请受理前对债务人负有的债务向管理人主张抵销的权利，对于债务发生的时间有着严格的要求，即债权人在法院受理破产申请前向债务人负有的债务，才能向管理人主张抵销，同时在法院受理破产申请前一年内，已知债务人有不能清偿到期债务或者破产申请的事实的债权人不能主张抵销，属于法律对于破产程序中个别清偿的禁止。本章对实践中存在的特殊类型且争议较大的抵销权纠纷进行了具体研究。如银行债权人就破产企业在其银行账户中的资金行使抵销权的情形，此种情形下银行债权人能否行使抵销权的关键在于银行的扣划行为性质的认定，是行使抵销权的行为还是个别清偿的行为。与之类似的问题还包括房地产企业破产后，购房者主张以剩余的购房款与延期交房违约金进行抵销，此种主张是否属于破产抵销权的范围问题。此外，本章也对管理人提起抵销无效之诉的诉讼时效问题进行了探究。

一、银行债权人就破产企业在其银行账户中的资金行使抵销权的法律效力

◆争议焦点

银行债权人与破产企业在进入破产程序前签订的借贷合同中，为保障贷款资金安全，往往约定，在发生债务逾期等情形时，银行有权扣划债务人在该行开立的任一账户中的资金用于清偿债务。在《中国人民银行关于金融机构能否

扣款还贷问题的批复》中，中国人民银行将债权银行扣划债务人在该行开立的账户中的资金清偿到期债务的行为概括为“扣款还贷”。[①] 在破产程序中，银行债权人往往利用其扣划资金的优势，以行使破产抵销权为由，实施扣款还贷行为。在司法实践中，法院在考察银行就破产企业在其银行账户中的资金行使抵销权行为的法律效力时，主要从抵销权构成要件分析，判断银行的划扣行为是否属于法定禁止抵销的情形。

◆实务裁判观点

(1) 银行债权人的扣划行为属于行使抵销权行为

在司法实践中，法院认为，破产抵销权行使的前提是双方互负债权债务，银行债权人与破产企业就案涉款项成立储蓄关系，银行对破产企业负有债务。则在银行的扣划行为不属于法定禁止抵销情形的情况下，法院一般支持银行破产抵销权的行使。

在“（2014）甬余商初字第1091号破产抵销权纠纷一审案”中，争议的焦点是B银行（被告）就案涉款项1148871.58元是否有权行使破产抵销权。某市中院认为，被告主张抵销的债务是A公司（破产企业）于2011年8月25日向被告交纳的保证金。在双方的合同中并未约定扣款还贷条款，被告与A公司之间形成储蓄存款合同关系，A公司依储蓄存款合同对被告享有债权。A公司对被告享有的债权远早于A公司被裁定的破产申请受理日，不存在《企业破产法》第四十条规定的不得抵销情形。被告于2014年12月26日向原告发函针对1148871.58元扣款提出破产抵销权主张，符合《企业破产法》第四十条行使抵销权，应当向管理人提出抵销主张的规定。原告提出该抵销系被告利用自身便利条件的个别受偿行为，违背了破产法规定的债权公平受偿原则的主张，于法不符，本院不予支持。被告的破产抵销权是基于其与A公司存在互负债务，被告对A公司享有的债权已经法院审查确认并已向原告申报，是被告行使抵销权的前提条件之一。现被告对A公司享有的8972621元债权的形成时间早于A公

---

① 郭艳杰：《破产程序中银行扣款还贷行为的法律性质与效力研究》，吉林大学法学院2017年硕士学位论文，第1页。

司被裁定的破产申请受理日，且大于被告对A公司负有的债务，被告主张全部抵销并无不当。故被告在扣划后再向管理人提出破产抵销权主张，对A公司的其他债权人的债权得以公平清偿不构成实质损害。

在“（2016）浙0211民初3692号破产抵销权纠纷一审案”中，争议焦点在于涉案保证金，A银行C市分行（被告）是否有权行使破产抵销权本院认为，第一，从实体上来说，《企业破产法》第四十条规定，债权人在破产申请受理前对债务人负有债务的，可以向管理人主张抵销。《最高人民法院关于审理企业破产案件若干问题的规定》第六十条第一款规定，行使抵销权的条件之一为“主张抵销的债权债务均发生在破产宣告之前”。本案中，B公司（破产企业）于2013年9月至10月向被告交存信用证保证金2778000元，被告于2013年12月9日向B公司发放贷款20000000元用于清偿信用证的对外付款，被告取得债权的时间为2013年12月9日。保证金所担保的主债务于2013年12月10日清偿完毕后，被告与B公司就剩余的保证金成立储蓄存款合同关系，该笔保证金是银行对破产企业负有的债务，同时双方并未在借贷合同中约定扣款还贷条款，双方满足互负债权债务的关系。本院受理B公司破产重整申请的时间为2013年12月19日，故被告对B公司享有债权和负担债务的时间均在本院受理B公司破产申请之前，被告向原告主张抵销符合行使抵销权的实体性要件。第二，从程序上来说，根据《最高人民法院关于适用〈中华人民共和国企业破产法〉若干问题的规定（二）》第四十一条第一款的规定：“债权人依据企业破产法第四十条的规定行使抵销权，应当向管理人提出抵销主张。”本案中，被告已于2016年10月14日向B公司管理人提出抵销主张，符合该条规定的程序性要件。因此，本院认为，被告就涉案保证金行使破产抵销权的行为应属有效。

在“（2017）辽民终157号管理人破产抵销权纠纷二审案”中，双方争议的焦点在于A银行B市分行就案涉款项200万元及期间利息是否有权行使破产抵销权。对此，某省高院认为，首先，B市分行与C公司互负债权债务，A银行B市分行对C公司享有的债权已经过管理人的审查确认，同时，因A银行B市分行的主债权消灭，则设定于该保证金之上的质权也消火，故该保证金担保功能丧失，不再具有特定物之属性，其性质应转为普通存款。其次，关于A银行B市分行对C公司负有债务的时间及原因并不符合法律规定不得抵销的除外情形。最终判定中行辽宁支行就案涉款项有权行使破产抵销权。

在“（2018）苏民申3680号破产抵销权纠纷再审案”中，某省高级人民法院认为，在保证金账户内资金，只要担保功能丧失，银行无须解付，该资金即为存款，构成开户人对银行的债权。在符合抵销权其他构成要件的情况下，债权人有权行使抵销权。在“（2018）苏民申3685号破产抵销权纠纷再审案”中，某省高院认为，存款在质押期间，存款人不能行使处分权。但是一旦丧失担保功能，保证金账户内资金的性质即为存款，构成开户人对银行的债权，即银行对开户人负有债务，在不符合法律规定不得抵销的除外情形下，银行债权人有权行使抵销权。

◆典型案例

1. A公司破产管理人与B银行C市分行破产抵销权纠纷二审案

（2014）浙商终字第27号

【案情简介】

● 2013年7月19日，某市中院裁定受理A公司破产。

● 2013年11月4日，裁定终止A公司重整程序并宣告A公司破产。

● A公司因开立信用证所需与B银行C市分行签订信用证开证合同，约定A公司将款交存于其在B银行C市分行开立的保证金专用账户，并承诺以该账户中的款项作为偿还开证合同项下债务的保证。当A公司不履行债务时，B银行C市分行有权在该账户中直接扣划保证金用于偿还债务，而B银行C市分行则对A公司交存的保证金按定期存款利率计付利息。

● A公司向B银行C市分行交纳的信用证保证金分别为2010年7月27日277372元，2010年8月11日240600元，2010年9月16日260000元，2010年12月17日268000元、211050元，相应的信用证到期付款日分别为2010年10月27日、2010年11月11日、2010年12月16日、2011年3月17日。A公司在B银行C市分行就信用证对外付款后，已向B银行C市分行履行了支付义务，但用于开立信用证的保证金在A公司被宣告破产前仍以存款方式留存在A

公司在B银行C市分行处开设的账户上。2012年12月之前，A公司经营尚属正常。B银行C市分行申报并经A公司破产管理人审查确认的对A公司享有的债权金额为25311292.49元人民币、6861027.78美元。

● A公司破产管理人在查账过程中发现，B银行C市分行于2013年9月5日对A公司在B银行C市分行的账户进行了两笔扣收不良贷款的操作，共计扣收1417286.15元。为此，A公司破产管理人向B银行C市分行发函，根据《企业破产法》第十六条关于个别清偿无效的规定，要求B银行C市分行返还。2013年10月29日，B银行C市分行向A公司破产管理人致《函复》，针对1417286.15元扣款，提出破产抵销权主张。2014年1月15日，A公司破产管理人起诉至法院，请求确认B银行C市分行主张的1417286.15元债务抵销行为无效，并要求B银行C市分行返还存款1417286.15元及利息。

【双方争议】

双方主要争议焦点在于B银行C市分行就案涉金额为1417286.15元是否有权行使破产抵销权，即B银行C市分行是否具备了行使破产抵销权的实体条件和程序条件。

A公司破产管理人主张：1. 本案不适用《企业破产法》第四十条，对特定客户的银行存款，银行是保管人，负有保管的法定义务，双方之间不形成货币意义上的债权债务关系，双方不存在“互负债务”，不能适用“破产抵销权”。2. 破产抵销权不包括“扣划”的行为。3. B银行C市分行的扣款行为，构成偏颇性清偿或优惠清偿。4. 本案应适用《企业破产法》第十六条，认定扣款行为无效。

B银行C市分行辩称：破产抵销权制度是例外的个别清偿，本案应审查的是是否属于例外情形。一审法院经审查认为不属于可以限制的行为，故一审适用法律是对的。B银行C市分行扣划行为是行使破产抵销权的后果，目前法律对如何行使破产抵销权没有详细规定，故B银行C市分行是有权行使的，虽提前个别行使，但不影响其他债权人利益，应当根据法律的有关规定，予以允许。

【判决结果及理由】

对于B银行C市分行就案涉金额为1417286.15元是否有权行使破产抵销权的问题，法院认为，本案中债权人主张撤销权符合实体条件。首先，该笔保证金所涉信用证到期付款日远早于破产案件受理日；其次，根据二审查明的事实，在2012年12月之前，A公司经营尚属正常，而信用证到期付款日远早于这一时间点；最后，债权人主观上存有恶意的举证责任在于主张破产抵销权无效的一方，在案证据无法证明B银行C市分行是在已知债务人有不能清偿到期债务或者破产申请的事实而对债务人负担该笔债务。因此，本案适用《企业破产法》第四十条，而不应适用《企业破产法》第十六条。

破产抵销权行使的程序条件是债权人据以主张抵销的债权在破产程序中必须依法申报并最终经人民法院裁定确认。通过管理人审查和债务人、债权人会议核查等程序，可以保证抵销债权的真实性、合法性和准确性，从而防止利用虚假债权侵蚀破产财产从而损害全体债权人利益的情况发生。因此，未经依法申报的债权不能主张抵销，并且最终抵销的债权必须是经人民法院裁定确认的债权。本案中，B银行C市分行申报并经A公司破产管理人审查确认的对A公司享有的债权金额为25311292.49元人民币、6861027.78美元。虽然该笔债权尚未经法院裁定确认，程序上存有瑕疵，但在该笔债权已经A公司破产管理人审查确认，其真实性、合法性和准确性能得到保障且债权数额远大于所欲抵销的债务数额的情况下，该程序瑕疵尚不构成破产抵销权行使的实质性障碍。综上，B银行C市分行有权行使破产抵销权。

（2）银行债权人扣划行为属于债的清偿行为

在司法实践中，法院认为，银行债权人与破产企业就案涉款项成立储蓄关系时，银行对破产企业负有债务。但是银行依据与破产企业约定的“扣款还贷”条款，扣划破产企业银行账户款项的行为无异于破产企业的主动清偿行为，法院多不支持银行债权人破产抵销权的行使，而认定该行为属于个别清偿行为并审查其效力。

在“（2015）浙湖商终字第668号破产撤销权纠纷二审案”[①] 中，争议的焦

---

① 再审案件详见（2016）浙民申2571号。再审法院认为，本案中，虽然A银行B市分行与C公司约定其有权直接扣划款项，但二审判决根据破产法及其司法解释的意旨，认定A银行B市分行的扣划行为属于个别清偿，依法应予以撤销，适用法律并无不当。至于C公司向徐某某借款后向A银行B市分行归还贷款的行为，二审判决认为徐某某出借资金的来源不影响清偿行为属于个别清偿的性质亦无不当。因此裁定驳回再审申请。

点是A银行B市分行（债权人）就外汇业务部分扣划6239461.16元人民币及641116.06美元是否有权行使抵销权。A银行B市分行所为托收、结汇等均以C公司（破产企业）为受益人，即托收、结汇所得款项实质应属C公司所有，为C公司财产。破产法律制度以公平清偿债务作为立足点，无论是适用破产抵销权，还是适用民法上的抵销权，都不应与平等保护债权人的集体利益相冲突。虽A银行B市分行与C公司约定其有权直接扣划款项，但该约定并不创设优先权。A银行B市分行的扣划行为使得其原普通债权获得了优先受偿的地位，侵犯了其他普通债权人的利益，且其抵扣也不符合行使破产抵销权的程序条件。因此，A银行B市分行在破产申请受理前六个月内扣划6239461.16元及641116.06美元的行为属个别清偿，依法应予撤销。

在"（2017）浙06民终2918号请求撤销个别清偿行为纠纷二审案"中，争议的焦点是A银行B支行从C公司（破产企业）账户扣划款项的行为是否属于行使破产抵销权。法院认为，债务抵销系一种观念交付行为，即互负债务的一方，将债务抵销的意思通知对方，双方之间的债务即告抵销。就本案而言，双方签署的《授信协议》中约定，银行"有权直接从乙方账户上扣款，用于偿还乙方在本协议及各具体合同项下所欠债务"。A银行B支行扣划C公司账户内款项用于归还贷款债务，该扣划行为系现实交付行为，不符合债务抵销的观念交付特征，故A银行B支行的扣划行为并非债务抵销行为，而是破产企业对债权人的个别清偿行为。

在"（2017）浙0109民初4983号破产抵销权纠纷一审案"中，争议焦点之一为被告A银行B支行行使的抵销权是否成立。法院认为，双方签订的《流动资金借款合同》中关于被告从债务人账户中直接扣款还贷的约定，其性质是债务人在其应还贷款本息金额范围内委托被告划收其账户存款还贷的委托还款约定，被告扣划破产企业银行账户款项的行为属于破产企业的个别清偿行为，故被告主张的抵销权不成立。法院最终判决被告A银行B支行扣划破产企业银行账户款项的行为无效。

在"（2017）浙06民终2917号请求撤销个别清偿行为纠纷二审案"中，争议焦点之一为A银行B市支行从C公司（破产企业）的账户中扣划款项的行为是否属于债务抵销行为。法院认为双方签订的《授信协议》中约定的“有权直接从乙方账户上划收贷款本息和其他相关费用”条款，并不符合债务抵销的约定，A银行B市支行不享有抵销权，其扣划破产企业银行账户款项的行为属于个别清偿行为，应当予以撤销。

在“（2017）浙0109民初4983号破产抵销权纠纷一审案”中，法院认为双方签订的《流动资金借款合同》中关于被告从债务人账户中直接扣款还贷的约定，其性质是债务人在其应还贷款本息金额范围内委托被告划收其账户存款还贷的委托还款约定，不符合抵销权规定，应予以撤销。在“（2017）浙0109民初4984号破产抵销权纠纷一审案”中，法院认为《流动资金借款合同》中关于被告从债务人账户中直接扣款还贷的约定，其性质是债务人在其应还贷款本息金额范围内委托被告划收其账户存款还贷的委托还款约定，不符合抵销权规定，应予以撤销。

2. A公司管理人、B银行C市支行与破产有关的纠纷再审案

（2018）浙民再70号

【案情简介】

● 2013年11月15日，法院裁定受理A公司破产清算一案。

● B银行C市支行是A公司（破产企业）的债权人，B银行C市支行于破产申请受理前，即2013年5月31日和6月3日扣划A公司账户中汇入的款项。B银行C市支行在债权申报期限内向管理人申报债权。

【双方争议】

本案的争议焦点之一为B银行C市支行扣划A公司银行账户款项的行为应归属于破产抵销权的行使还是破产企业的个别清偿行为。

B银行C市支行申请再审称，B银行C市支行的行为属于行使法定抵销权。实体上，双方互负债权债务，且双方互负债务发生在破产受理前。另外，A公司被扣收的账户资金系A公司的交易对手汇入的交易款项，B银行C市支行对债务人负担的债务是被动负债，主观上没有恶意。在程序上，B银行C市支行在债权申报期限内向管理人申报债权，审核确认金额已将被抵销款项预计扣减，

其真实性、合法性和准确性能得到保障且债权数额远远大于抵销债务金额，若程序存在瑕疵也不构成破产抵销权行使的实质性障碍。故B银行C市支行扣划破产企业账户款项的行为符合破产抵销权的构成要件。

A公司管理人在再审庭审中辩称，B银行C市支行扣款的相应依据是双方所签订的一个资金合同。该合同约定，如果借款人未按合同约定偿还本合同项下到期债务，贷款人有权从借款人开立在贷款人或B银行其他分支机构的所有本外币账户中扣收相应款项用于清偿。所以涉案款项的扣收并非B银行C市支行所主张的双方达成一个抵销的协议，而是A公司的个别清偿行为。

【判决结果及理由】

本案中，双方签订的两份《流动资金借款合同》中关于"A公司未按照约定偿还本合同项下到期债务的，B银行C市支行有权从借款人开立在贷款人或中国工商银行其他分支机构的所有本外币账户中扣收相应款项用以清偿，直至借款人在本合同项下的所有债务全部清偿完毕为止"之约定应属委托代扣条款，而B银行C市支行的上述扣划款项的行为本质上即A公司清偿其所负B银行C市支行债务的行为。《流动资金借款合同》对于扣款还贷的约定内容以及抵销属于观念交付而不是现实交付等规则和法理层面，B银行C市支行扣款行为不属于可以对抗破产撤销权主张的法定或约定抵销行为的理由。B银行C市支行在本案中的扣收款项行为应认为符合《企业破产法》第三十二条规定的偏颇性清偿行为的构成要件，属于破产企业的个别清偿行为，应当撤销。

◆管理人履职提示

在破产案件中，金融债权人往往是破产企业的主要债权人，金融债权的处置和保护是否得当，往往是破产重整案件能否顺利进行甚至成功的关键。同时由于银行这一主体的特殊性，使得其扣划破产企业账户款项的行为相对更加便利。实务中管理人在审查银行债权人以行使破产抵销权为由划扣账户款项的行为时，确定该行为的性质及诉讼案由是一个重要的环节。实践中，司法案例对破产程序中银行扣款还贷行为的效力争议颇大。通过对现有案例的分析和总结，笔者认为实践中出现诸多争议的原因在于，对银行扣划行为法律性质的理解。

部分法院认为银行与破产企业就银行账户中的资金形成储蓄存款合同关系，银行债权人对破产企业负有债务，符合双方互负债权债务这一前提，在不属于法定禁止的情形下，法院支持银行破产抵销权的行使；在银行依据与破产企业约定的“扣款还贷”条款，以行使抵销权为由扣划破产企业银行账户款项，部分法院认为双方约定的性质是债务人在其应还贷款本息金额范围内委托银行划收其账户存款还贷的委托还款约定，银行的扣划款项行为无异于破产企业的个别清偿行为。因此管理人在审查银行债权人扣划破产企业银行账户款项的行为时，应关注到银行与破产企业之前的借贷合同等约定，确定银行划扣破产企业账户款项行为的性质，从而确定诉讼案由，准确适用相关法律。

二、购房者以其应付购房款行使破产抵销权

◆争议焦点

在房地产商破产后，开发商与购房者之间的矛盾凸显。司法实务中一种常见的情况是，购房者缴纳部分购房款后，开发商进入破产程序，延迟交房时间产生了延期交房违约金，在未解除购房合同的情况下，购房者此时主张将剩余的购房款与延期交房违约金进行抵销。通过对现有案例的梳理分析，法院普遍认为购房者不能以其应付购房款行使破产抵销权。

◆实务裁判观点

购房者主张将剩余的购房款与延期交房违约金进行抵销的前提是双方购房合同并未解除，此种情形下，法院在判断购房者行使的破产抵销权效力时，主要从两个方面进行考虑，一方面是在管理人决定继续履行购房合同的情况下，购房者应付的剩余购房款为破产企业进入破产程序后，对破产企业的债务，属于法定禁止抵销的情形；另一方面是从同等性质的债权公平受偿这一核心价值和原则来进行考虑，也要禁止破产抵销权的行使。

在“（2017）浙09民终28号破产抵销权纠纷二审案”中，被告王某某作为购房户，因A公司的逾期交房而依法对A公司享有债权（逾期违约金）。A公司（破产企业）进入破产清算程序后，从最大限度地保护购房户利益的角度出发，管理人选择继续履行商品房买卖合同，通过重新筹集资金完成后续工程。合同继续履行后，被告作为购房户，所应支付剩余房款的义务属破产申请受理后对债务人负有的新的义务，被告主张违约金债权与支付房款的债务抵销，不符合破产法关于破产抵销的规定。另外，基于同等性质的债权公平受偿这一核心价值和原则，若允许本案被告债权债务适用破产抵销，则对于其他已全额付款的购房户来说，同样的债权可能得不到相同的清偿，违背了破产程序中同类债权获同等保护的基本原则。故确认购房者抵销无效。

在“（2016）皖18民终1008号破产抵销权纠纷二审案”中，被告岳某某与A公司签订《借款合同》，并签订《商品房买卖合同》作为《借款合同》的附件，以预付房款名义支付借款80万元，A公司清算组担任管理人接管公司后，在岳某某以预付房款名义支付借款80万元的基础上，通知岳某某按案涉商品房全价缴纳余下购房款，以此作为清偿岳某某80万元借款债权的方式。由此，岳某某对A公司负有补足余下购房款的债务，该债务属于破产清算程序中发生的债务，为法定禁止抵销的情形。故应当确认抵销无效。

在“（2018）浙01民终7471号与破产有关的纠纷二审案①”中，法院认为许某某与A公司签订的房屋买卖合同，属于破产申请受理前成立而双方当事人均未履行完毕的合同。因A公司已经进入破产程序，根据《企业破产法》第十八条规定，管理人对该合同有权决定解除或者继续履行。因此，许某某用以主张抵销的购房款债务，系基于破产申请受理后管理人决定继续履行合同而形成的债务，不符合《企业破产法》第四十条规定债权人可以主张抵销的条件。最终确认涉案房屋应属于债务人财产。

此外，“（2015）舟定商初字第1778号破产抵销权纠纷一审案”中，法院认为债权人应付购房款为A公司进入破产程序后产生的义务，属于法定禁止抵

① 再审案件详见（2019）浙民申16号。再审法院认为，原审生效判决认定事实清楚，适用法律正确，审理程序及实体处理均无不当，再审申请人所提出的再审申请事由不能成立。因此裁定驳回再审申请。

销的情形，同时出于同等性质的债权公平受偿这一核心价值和原则考虑，最终确认债权人抵销行为无效。

◆典型案例

邵某某与A公司管理人破产抵销权纠纷二审案

(2016) 浙09民终448号

【案情简介】

● 2014年11月6日，某区法院裁定受理债权人B公司提起的A公司破产清算申请。

● 邵某某系A公司所开发的楼盘的购房户，其向管理人申报的债权系逾期交房违约损失，经管理人审查，第一次债权人会议核查，确认邵某某对A公司享有的债权，债权性质为普通债权。2015年11月26日，管理人通知邵某某办理交房手续。经结算，邵某某应补交房款。因管理人不同意俞某口头主张的其对A公司享有的债权与其应付房款抵销，邵某某未办理交房手续。2015年12月6日，邵某某向管理人口头提出债务抵销的主张，管理人对邵某某的债务抵销主张有异议。

【双方争议】

本案争议焦点之一为邵某某能否就其所负的剩余购房款债务和破产企业对其所负的逾期交房违约金债务主张行使破产抵销权。

上诉人邵某某诉称，上诉人的债权是依A公司开发建设的楼盘开盘时所签订的购房合同产生并经债权人会议确认的债权，上诉人的债务也由购房合同签订时与债务人口头约定产生且延续至今（约定交房时付清尾款），均不属于《企业破产法》第四十条规定不得抵销的三种情形，一审依据该规定判决确认上诉人的债务抵销主张无效系适用法律错误。

被上诉人辩称，本案上诉人负有继续补交剩余房款的义务，系因管理人在A公司破产案中选择继续履行合同而产生，而《企业破产法》第四十条规定债权人可以主张抵销的债务是债权人在破产申请受理前对债务人负有债务。且如果本案支持上诉人的诉请，将导致积极履行合同的债权人相较于怠于履行合同的债权人获得的债权清偿率更低，不符合破产案件债权人公平受偿原则。

【判决结果及理由】

关于上诉人能否就其对A公司所负的剩余购房款债务和A公司对其所负的逾期交房违约金债务主张行使破产抵销权的问题。首先，邵某某用以主张抵销的购房款债务，系基于破产申请受理后管理人决定继续履行合同而形成的债务，不符合《企业破产法》第四十条规定债权人可以主张抵销的条件。其次，破产清算程序的意义在于公平清理破产企业债权债务，保护债权人和债务人的合法权益。鉴于在房地产企业破产案件中，交付房屋对于债权人而言已经体现了优先保护，邵某某支付剩余购房款系其为取得所购房产完整权利而支出的对价，而其享有的逾期交房违约金债权系破产普通债权，两者性质不同。如果允许本案当事人行使抵销权，则无异于允许个别破产债权由破产财产优先获得全额清偿，而其他已全额付款的购房户对A公司享有的同类债权却得不到相同的清偿，显然违反了破产法的公平清偿原则。故确认债权人抵销行为无效。

◆管理人履职提示

关于购房者可否主张将剩余房款与延期交房违约金互相抵销的问题，在进入破产程序后，并未解除购房合同的情况下，从现有案例可以看出，法院多认为购房者不能行使抵销权。

一方面，进入破产程序后，破产管理人有权解除或者继续履行合同，若管理人通过合法程序决定继续履行合同，则购房者应付购房款的债务为破产申请受理后产生的债务，属于法定禁止抵销权的情形。另一方面，破产清算程序是对债务人所涉债务的集中清偿程序，同等性质的债权公平受偿是核心价值和原则，若允许缴纳了部分房款的购房户债权债务适用破产抵销，则对于其他已全额付款的购房户来说，同样的债权可能得不到相同的清偿，违背了破产程序中同类债权获同等保护的基本原则。因此管理人在审查购房者行使的抵销权时，不仅要从法定构成要件方面进行考虑，还要从破产法关于同等性质的债权公平受偿这一核心价值和原则进行考虑，维护广大债权人的利益。

三、管理人提起抵销无效之诉的诉讼时效

◆争议焦点

《最高人民法院关于适用〈中华人民共和国企业破产法〉若干问题的规定（二）》第四十二条、第四十四条规定了管理人提起诉讼的法定异议期为三个月。在实务中，存在债权人以管理人未在异议期限内提起抵销无效之诉为由，主张抵销权成立的情形。针对债权人的这一主张，管理人可以《破产规定》第六十条第一款规定为抗辩理由，即“与债务人互负债权债务的债权人可以向清算组请求行使抵销权，抵销权的行使应当具备以下条件：（一）债权人的债权已经得到确认；（二）主张抵销的债权债务均发生在破产宣告之前”。在司法实践中，法院多认为管理人提起抵销无效之诉受到三个月法定异议期限制的前提为债权人行使的抵销权成立。

◆实务裁判观点

在“（2015）长中民四终字第08665号管理人请求撤销个别清偿行为纠纷二审案”中，A公司主张管理人未在三个月的异议期限内提起抵销无效之诉，一审法院认为A公司的主动债权尚未确认，其主张行使破产抵销权不适格。根据《破产规定》第六十条之规定，债权人的债权已经得到确认之后，方能主张破产抵销权。本案中A公司在申报债权时，其债权并未得到管理人确认，其对债务人所拥有的债权是否存在、数额多少，须经诉讼程序确定，否则有可能损害到其他债权人的合法权益。故《最高人民法院关于适用〈中华人民共和国企业破产法〉若干问题的规定（二）》第四十二条不适用于本案。

在“（2016）闽02民终907号破产抵销权纠纷二审案”中，上诉人A公司表示，管理人提起破产抵销权异议之诉已经超过3个月，过了管理人异议的诉讼时效。对此，某市中院认为，A公司主张依据《最高人民法院关于适用〈中华人民共和国企业破产法〉若干问题的规定（二）》第四十二条的规定，由于其在提出抵销后管理人未在该条规定的期限内提出异议，故其抵销已经成立，

但是，最高人民法院上述司法解释是对债权人破产抵销权的行使和救济的规定，其适用应以债权人存在破产抵销权为前提。权利不存在，即不存在权利的行使和救济。本案中，A公司主张抵销的租金债务在B公司破产申请受理时尚未发生，已如前述，在其不享有破产抵销权的情况下，其要求依据该规定行使抵销权并获得救济，没有相应的事实和法律基础。

在“（2018）浙民再70号与破产有关的纠纷再审案”中，A银行B市支行再审认为，管理人提起抵销无效之诉已超过法律规定的除斥期间，法院不应支持，对此法院认为《最高人民法院关于适用〈中华人民共和国企业破产法〉若干问题的规定（二）》第四十四条规定的三个月异议期属于除斥期间，不发生中止、中断和延长。但该条款适用的前提须是债权人行使的破产抵销权合法有效。结合本案，A银行B市支行的扣划行为亦不构成法定的抵销，因此本案不适用《最高人民法院关于适用〈中华人民共和国企业破产法〉若干问题的规定（二）》第四十四条规定的法定期限。

◆典型案例

A公司与B公司租赁合同纠纷二审案

（2015）苏民终字第00658号

【案情简介】

● 某市中院于2013年4月依法裁定受理债务人B公司破产清算一案。

● B公司于2013年11月20日以A公司为被告，起诉要求A公司立即迁出B公司厂区，支付所欠租金，A公司未在该案中提起反诉，主张租金应当与其对B公司享有的债权抵销。某市中院于2013年4月依法裁定受理债务人B公司破产清算一案，并指定了管理人，B公司管理人接管企业后，曾三次发函要求A公司缴纳土地、房屋占用费用，如不缴纳，则要求A公司立即迁出B公司厂区，而A公司在收到函件后并未缴纳任何租金，故B公司管理人通知其解除租赁合同。

【争议焦点】

本案争议焦点之一为管理人未在三个月异议期限内提起抵销无效之诉，该期限限制是否应以抵销权成立为前提。A 公司主张根据《最高人民法院关于适用〈中华人民共和国企业破产法〉若干问题的规定（二)》第四十二条的规定，管理人没有在三个月内提起抵销无效诉讼的，抵销权生效。

【判决结果及理由】

对此一审法院认定根据《最高人民法院关于适用〈中华人民共和国企业破产法〉若干问题的规定（二)》第四十二条的规定，管理人没有在三个月内提起抵销无效诉讼的，抵销权生效。但该条款所适用的前提是法院受理破产案件之前债权债务可以抵销的情形，而本案中 A 公司要求抵销的租金发生在法院受理 B 公司破产案件后，故不适用上述条款。

◆管理人履职提示

在破产程序中常见债权人行使抵销权的行为，管理人在审查债权人抵销权时，所受到的硬性规定之一为三个月的异议期限限制，同时，这也是债权人行使法定抵销权的救济方式之一。针对债权人行使破产抵销权，《破产规定》第六十条规定了债权人行使抵销权的两个前提，一个是债权人的债权已经得到确认，另一个是主张抵销的债权债务均发生在破产宣告之前。虽然在实务操作中，某些地方法院否定了《破产规定》中的部分条款，但就管理人提起抵销无效之诉期限这一点而言，大部分法院认可第六十条关于行使抵销权前提的规定。通过对现有案例的梳理分析，法院多认为管理人提起抵销无效之诉受到三个月异议期限限制的前提是债权人享有法定抵销权。因此，在债权人提出管理人提起抵销无效之诉已超过三个月异议期时，管理人可以该条规定为法律基础，以法院判决为支撑点进行抗辩。

但需要提示的一点是，虽然有法规和实务判决认为管理人提起抵销无效之诉受到三个月期限限制的前提是抵销权成立，但出于履职安全谨慎的角度考虑，对于需要提起抵销无效之诉的案件，管理人应着重关注三个月的异议期限，在法定期限内提起抵销无效之诉。

本章小结

本章主要依据《企业破产法》《最高人民法院关于适用〈中华人民共和国企业破产法〉若干问题的规定（二）》以及地方法院指导意见等相关法律、法规、司法解释的规定，通过梳理以破产抵销权纠纷为案由的法院判例，总结了破产抵销权纠纷在实务操作中具有普遍性意义的争议焦点。破产管理人作为债权人行使破产抵销权的第一位审核主体，应担负起审慎核查，谨慎行使职权的责任。综合上述案例及法理分析，管理人在审核债权人行使的破产抵销权或提起抵销无效之诉时，应至少注意以下三个方面的问题。

首先，在破产抵销权纠纷中，管理人所接触的第一件工作是审核债权人破产抵销权的行使是否符合法律规定。在实务操作中，债权人行使抵销权的情形复杂繁多，管理人在审查时，应从最基本的破产抵销权构成要件进行分析，确定债权人行使抵销权的合法性。根据《企业破产法》第四十条规定及法院实务操作，实体上债权人行使破产抵销权，应符合以下条件：（1）双方存在互负债权债务关系；（2）时间上债权人应当是在破产申请受理前对破产企业负有债务；（3）对于特定期限内成立的债务，债权人主观上需无恶意。程序性条件为债权人据以主张抵销的债权在破产程序中依法申报并经人民法院裁定确认。同时管理人应秉持同等性质的债权公平受偿这一核心价值和原则，保障最广大债权人的权益，合理、合法履行管理人职责。

其次，管理人在对债权人行使的抵销权存在异议的情况下，需要向法院提起抵销无效之诉，在此存在的一个强制性规定为三个月的异议期限。在实务操作中，存在债权人以管理人未在法定异议期限内提起抵销无效之诉为由，要求法院驳回管理人抵销无效之诉。虽然从法律规定及现有法院判决中可以看出，管理人提起抵销无效之诉受到三个月异议期限限制的前提为债权人享有法定抵销权。但出于安全审慎考虑，管理人需要重视提起抵销无效之诉的三个月时效限制，确保履职无疏漏。

最后，管理人在审查债权人行使的抵销权时，除审查抵销权构成要件外，还应关注债权人与破产企业的法律关系，从而确定诉讼案由及准确适用相关法律。以破产程序中存在的金融债权人以行使破产抵销权为由划扣破产企业银行账户款项这一情形为例。审查此类抵销权，首先需要确定的是法律主体之间的法律关系，从而确定诉讼案由。通常在破产程序中，银行债权人扣划破产企业账户款项时，银行与债务人存在两种法律关系，一种是银行与债务人之间基于银行账户资金形成普通储蓄合同关系，在这种关系下，管理人主要通过分析破产抵销权构成要件及法定禁止抵销情形，来判断债权人行使的抵销权是否合法有效。另一种是银行依据“扣款还贷”条款，以行使破产抵销权为由扣划破产企业银行账户款项，在法院实务中通常认为，银行与债务人基于“扣款还贷”条款形成的是一种委托法律关系，即债务人委托银行扣划账户款项，用以偿还贷款，银行债权人在实施这一行为时，则无异于破产企业主动清偿债务。因此，银行的扣款还贷行为不属于抵销权的行使，而是债务人的个别清偿行为。通过分析银行债权人与破产企业在划扣账户款项时的法律关系，管理人可以更准确地确定诉讼案由，更大可能地取得诉讼的胜利。

从破产抵销权纠纷案件梳理情况来看，破产抵销制度理论在实践中运用还存在一定缺陷，抵销制度呈现出来的许多问题，说明我国不断完善破产抵销权的空间还很大。管理人在履职过程中，需要时刻保持审慎的态度，根据个案情况，了解抵销的基本理念与行使的特征，注重抵销与其他部门法关于债权债务的联系。这样才能在破产抵销制度中达到其目的，减少不必要的程序同时衡平债权债务人的关系。在保障抵销权人的利益的同时，也不侵害其他债务人与其他债权人的自由财产和个人利益。

第十章
别除权纠纷

别除权是指《企业破产法》第一百零九条规定的对破产人的特定财产享有担保权的权利人，对该特定财产享有优先受偿的权利。权利人通过行使优先受偿权未能完全受偿的，其未受偿的债权作为普通债权；该特定财产在权利人优先受偿后的剩余部分，在破产程序中可用以清偿破产费用、共益债务和其他破产债权。别除权的权利基础在于担保物权和法定优先权，担保物权包括抵押权、质权和留置权，权利人可依据担保物权行使别除权，此时要注意担保物权的效力问题和行使期间问题，担保物权是否生效、何时生效，以及效力范围问题，均影响别除权的实现。此外，除了法定优先权，建设工程价款优先权以及在房地产企业破产中的购房人优先权也属于别除权的范畴，对其如何认定在实践中有较大争议。本章对此也进行了探讨。

一、有特定财产担保债权

（一）有特定财产担保的债权中担保效力的认定

◆争议焦点

实务中，对于有特定财产担保的债权中担保物权何时生效及若抵押物被转让或者出租的，担保物权的实现存在争议。

◆实务裁判观点

担保物权是否生效是对有特定财产担保债权进行确认的关键。《民法典》

第四百条规定："设立抵押权，当事人应当采用书面形式订立抵押合同。抵押合同一般包括下列条款：（一）被担保债权的种类和数额；（二）债务人履行债务的期限；（三）抵押财产的名称、数量等情况；（四）担保的范围。"抵押合同必须具备上述条款才能够明确所担保的债务的范围和具体的担保财产，是抵押合同成立和生效的前提。但出于保护交易安全的考虑，我国实行物权公示主义，根据《民法典》第四百零二条规定："以本法第三百九十五条第一款第一项至第三项规定的财产或者第五项规定的正在建造的建筑物抵押的，应当办理抵押登记。抵押权自登记时设立。"即不动产抵押权自抵押登记时设立，未经登记的，不动产抵押合同仅产生合同效力，而不产生物权变动效果，即不动产抵押合同的成立并不意味着抵押权的设立；动产抵押权的设立采取登记对抗主义，根据《民法典》第四百零三条规定："以动产抵押的，抵押权自抵押合同生效时设立；未经登记，不得对抗善意第三人。"[①] 关于质权的设立，根据《民法典》第四百二十九条规定："质权自出质人交付质押财产时设立。"即动产质权自质押财产交付时设立。

如在"（2014）益法民二终字第199号别除权纠纷案"中，法院认为，A公司约定以机械设备和材料圆库为凌某某的借款提供抵押担保，但均未办理抵押登记。不动产抵押权自抵押登记时设立，动产抵押权自抵押合同生效时设立，登记并非动产抵押权的生效要件，动产抵押权未经登记不影响其作为物权的属性，其效力优先于普通债权。凌某某只对该公司的机械设备享有抵押权，而对于材料圆库不享有抵押权。

在"（2014）济商终字第663号别除权纠纷二审案"中，法院认为，依据曲某某与A公司签订的质押合同第四条的约定，质押物系交付于广增保管。证据可以证实A公司已向保管人于广增交付质物。故依照《物权法》[②] 第二百零

---

① 参见仲崇镇：《动产担保物权可否善意取得》，载"中国法院网"，https://www.chinacourt.org/article/detail/2014/08/id/1362843.shtml，2020年9月14日最后访问。

② 对应《民法典》第四百二十五条，为担保债务的履行，债务人或者第三人将其动产出质给债权人占有的，债务人不履行或者发生当事人约定的实现质权的情形，债权人有权就该动产优先受偿。前款规定的债务人或者第三人为出质人，债权人为质权人，交付的动产为质押财产。《民法典》第四百二十九条规定，质权自出质人交付质押财产时设立。

八条、第二百一十二条之规定，质权已经设立，债权人曲某某依法享有质权，并有权就质押物优先受偿。

若抵押物被转让或者出租的，应当如何处理？首先，若转让行为发生在抵押权设定之前，则抵押人没有在物上设定抵押的权利，设定抵押的行为属于无权处分行为，原则上抵押无效，债权人不享有别除权。但是，需注意的是如抵押权人满足善意取得的构成要件，则抵押权人可以善意取得抵押权，从而行使别除权。

其次，在设定抵押权之后，抵押人能否将抵押物转让？《民法典》第四百零六条规定："抵押期间，抵押人可以转让抵押财产。当事人另有约定的，按照其约定。抵押财产转让的，抵押权不受影响。抵押人转让抵押财产的，应当及时通知抵押权人。抵押权人能够证明抵押财产转让可能损害抵押权的，可以请求抵押人将转让所得的价款向抵押权人提前清偿债务或者提存。转让的价款超过债权数额的部分归抵押人所有，不足部分由债务人清偿。"根据上述规定，在抵押期间，可以转让抵押财产。

若在抵押权设定之前，抵押财产上存在租赁关系的，根据《民法典》第四百零五条规定："抵押权设立前，抵押财产已经出租并转移占有的，原租赁关系不受该抵押权的影响。"故抵押权的设定不影响租赁合同的效力，原租赁合同继续有效，抵押物的受让人承继原租赁合同的权利义务关系。

如抵押人在抵押权设立后将抵押财产出租，根据《最高人民法院关于适用〈中华人民共和国担保法〉若干问题的解释》第六十六条，抵押人将已抵押的财产出租的，抵押权实现后，租赁合同对受让人不具有约束力。抵押人将已抵押的财产出租时，如果抵押人未书面告知承租人该财产已抵押的，抵押人对出租抵押物造成承租人的损失承担赔偿责任；如果抵押人已书面告知承租人该财产已抵押的，抵押权实现造成承租人的损失，由承租人自己承担。[①] 成立在后的租赁关系对设立在先的抵押权当然无对抗效力。如在"（2020）辽01民终1452号案外人执行异议之诉二审案"中，法院认为，上诉人在签订该租赁合同

---

① 该规定现已失效，但暂无新的法律规定。

时应尽到审慎的注意义务，由房屋所有权人高某某如实告知或由上诉人自行了解房屋是否存在抵押等情况。由于该合同签订时抵押权已经设立，故该租赁关系不得对抗已经登记的抵押权。

◆典型案例

A公司与B商场别除权纠纷二审案

(2011) 新民二终字第7号

【案情简介】

● 1993年9月至1999年11月，B商场陆续从C银行借款15笔均未归还。双方就债权关系签订了抵押合同，约定以在建工程B商场营业大楼作为抵押物设定抵押担保。

● 1998年8月3日，B商场与C银行签订房地产抵押合同，约定B商场自愿将位于本市中山路30号的房地产抵押于C银行，合同签订后双方办理了抵押登记手续。

● 1999年9月28日至1999年11月25日，B商场与C银行签订了三份借款合同及相对应的抵押合同，抵押物仍为B商场营业大楼，但未办理抵押登记手续。

● 2005年8月2日，C银行与A公司签订了债权转让协议，C银行将其对B商场享有的债权转让给A公司。

● 2008年3月10日B商场宣告破产。

● 2008年5月9日，A公司向破产管理人提交了破产债权申报书，同年6月24日破产管理人向A公司出具了债权申报审核意见。该意见中确认：截至2008年3月B商场欠付C银行共计380826478.47元的破产债权列入普通破产债权。

【双方争议】

A公司（上诉人）主张双方签订《房地产抵押合同》并办理了抵押登记手续。因此，抵押权人对抵押财产即房地产变现后的价值享有优先受偿权。对于抵押未载明被担保的主债权种类等内容缺失，可以补正，并不产生合同无效的法律后果。因此请求确认上诉人 A 公司就 B 商场破产财产享有抵押优先权。

B 商场（被上诉人）主张 1998 年 8 月 3 日与 C 银行签订抵押合同时，B 商场既未取得国有土地使用权证，也未取得房屋所有权证书，物权尚未形成，故抵押权利也未成立。C 银行与 B 商场于 1999 年 9 月 28 日、1999 年 11 月 24 日签订的三份抵押合同因未办理抵押登记手续而未生效。因此被上诉人请求认定抵押合同无效。

【判决结果及理由】

一审法院认为，C 银行与 B 商场签订的以在建工程为抵押物的抵押合同中未载明土地使用权证、用地规划许可证、建设工程规划许可证编号等内容，也没有明确的与之相对应的主合同，且双方在合同签订后也未办理抵押登记手续，故此份抵押合同为无效合同。1998 年 8 月 3 日，C 银行与 B 商场签订的房地产抵押合同，未依照《担保法》第三十九条①的规定，载明被担保的主债权种类，故该抵押合同应为无效合同。1999 年 9 月 28 日至 11 月 25 日，B 商场与 C 银行签订了三份借款合同及相对应的抵押合同，抵押物仍为 B 商场营业大楼，但并未办理抵押登记手续，故三份抵押合同为无效合同。鉴于上述抵押合同均为无效合同，据此 A 公司的请求于法无据。因此，驳回原告 A 公司要求确认就 B 商场破产财产享有抵押优先权的诉讼请求。

在本案中，二审法院与一审法院持相同观点。二审法院认为，抵押合同应当明确载明被担保的主债权的种类和数额。本案中，C 银行与 B 商场 1998 年 8 月 3 日签订的《房地产抵押合同》，虽然约定将 B 商场在建工程作为 B 商场清偿 C 银行贷款的抵押，并办理了抵押登记手续，但抵押合同并未载明主债权的种类与数额，合同内容存在重大缺失，且事后也未对所担保的债权进行明确，抵押权指向不明，故原审法院依据《担保法》② 认定 1998 年 8 月 3 日所签订的

① 对应《民法典》第四百条，设立抵押权，当事人应当采用书面形式订立抵押合同。抵押合同一般包括下列条款：（一）被担保债权的种类和数额；（二）债务人履行债务的期限；（三）抵押财产的名称、数量等情况；（四）担保的范围。

② 对应《民法典》第四百条，设立抵押权，当事人应当采用书面形式订立抵押合同。抵押合同一般包括下列条款：（一）被担保债权的种类和数额；（二）债务人履行债务的期限；（三）抵押财产的名称、数量等情况；（四）担保的范围。

抵押合同无效并无不当。原审法院认定A公司就B商场的破产财产不享有抵押优先权，明确载明了所适用的法律规定，A公司称原审判决未写明认定合同无效所适用的法律依据的理由不能成立。

◆管理人履职提示

在对有特定财产担保债权进行审查时，管理人要着重审查担保物权是否生效：第一，审查主债权是否依法成立并生效，若主债权无效，则作为从债权的担保债权也无效；第二，担保行为的合法性，有无效力瑕疵，是否存在无效、可撤销，担保不成立等情形，是否属于让与担保等。例如，对于不动产的担保并未经过登记公示或对于质押财产并未实际交付的，管理人认定为担保物权未生效的，债权人对此特定财产不具有别除权，该笔债权应作为普通债权受偿。依照《企业破产法》规定，人民法院受理破产申请前一年内，对没有财产担保的债务提供财产担保的，管理人有权请求人民法院予以撤销；依照《全国法院民商事审判工作会议纪要》规定，若让与担保符合第七十一条①的规定，管理人在确认财产归属于债务人的同时，需要参照法律关于担保物权的规定，认可债权人优先受偿的权利。

同时，对于抵押物存在被转让或者出租的情况，首先应确定抵押物被转让或者出租的时间。若抵押物在抵押权设立之前就已被转让的，则设定抵押权的行为属于无权处分，此时就该物的抵押权未设立，该债权只能作为普通债权受偿，例外情形下，如抵押权人符合善意取得的构成要件，则抵押权人可以善意取得抵押权，从而行使别除权。若在抵押期间内抵押物被出售的，依据《民法

---

① 《全国法院民商事审判工作会议纪要》第七十一条，债务人或者第三人与债权人订立合同，约定将财产形式上转让至债权人名下，债务人到期清偿债务，债权人将该财产返还给债务人或第三人，债务人到期没有清偿债务，债权人可以对财产拍卖、变卖、折价偿还债权的，人民法院应当认定合同有效。合同如果约定债务人到期没有清偿债务，财产归债权人所有的，人民法院应当认定该部分约定无效，但不影响合同其他部分的效力。当事人根据上述合同约定，已经完成财产权利变动的公示方式转让至债权人名下，债务人到期没有清偿债务，债权人请求确认财产归其所有的，人民法院不予支持，但债权人请求参照法律关于担保物权的规定对财产拍卖、变卖、折价优先偿还其债权的，人民法院依法予以支持。债务人因到期没有清偿债务，请求对该财产拍卖、变卖、折价偿还所欠债权人合同项下债务的，人民法院亦应依法予以支持。

典》第四百零六条的规定，抵押期间，除当事人另有约定外，抵押人可以转让抵押财产，抵押财产转让的，抵押权不受影响。对于抵押物上存在被出租的情况，若抵押物在抵押权设立之前就存在租赁关系的，则抵押权的实现不影响租赁关系的存续，抵押物的受让人需承继原本的租赁合同；若抵押人在抵押期间将抵押物出租的，该租赁关系不影响抵押权的实现。

（二）房地分别抵押下抵押物范围的确定

◆争议焦点

在房地分别抵押的情况下，应如何确定抵押物的范围？

◆实务裁判观点

土地与地上建筑物是难以分割的整体，我国实行“房随地走、地随房走”的双向统一原则。《民法典》第三百九十七条规定，以建筑物抵押的，该建筑物占用范围内的建设用地使用权一并抵押。以建设用地使用权抵押的，该土地上的建筑物一并抵押。抵押人未依据前款规定一并抵押的，未抵押的财产视为一并抵押。在不动产上设立抵押权需要经过登记，根据上述规定，只要建筑物或者该建筑物占用范围内的建设用地使用权中的一项办理了抵押登记，另一项即视为一并抵押。《全国法院民商事审判工作会议纪要》第六十一条对于房地分别抵押的情形进一步明确：“……在房地分别抵押，即建设用地使用权抵押给一个债权人，而其上的建筑物又抵押给另一个人的情况下，可能产生两个抵押权的冲突问题。基于‘房地一体’规则，此时应当将建筑物和建设用地使用权视为同一财产，从而依照《物权法》第 199 条[①]的规定确定清偿顺序：登记在先的先清偿；同时登记的，按照债权比例清偿。同一天登记的，视为同时登记。

① 对应《民法典》第四百一十四条，同一财产向两个以上债权人抵押的，拍卖、变卖抵押财产所得的价款依照下列规定清偿：（一）抵押权已经登记的，按照登记的时间先后确定清偿顺序；（二）抵押权已经登记的先于未登记的受偿；（三）抵押权未登记的，按照债权比例清偿。其他可以登记的担保物权，清偿顺序参照适用前款规定。

应予注意的是，根据《物权法》第200条[①]的规定，建设用地使用权抵押后，该土地上新增的建筑物不属于抵押财产。”此规定明确了在房地分别抵押造成抵押权冲突的情形下，将其视为同一财产上存在先后两个抵押权，按照《物权法》第一百九十九条[②]的规定确定抵押权清偿顺序。

对于抵押的建筑物占用范围内的土地使用权的计算，实务中存在两种观点：

第一种观点认为土地使用权抵押面积应为房屋投影项下的面积，在“（2015）六商初字第131号别除权纠纷一审案[③]”中，法院认为，以建筑物抵押的，该建筑物占用范围内的建设用地使用权一并抵押，被告A公司破产管理人对原告土地使用权抵押的面积确定为房屋投影项下的面积，享有优先受偿权，并无不当。但是该判决已经在二审中被撤销。

第二种观点认为应当以抵押建筑物面积占全部建筑物总面积的比例作为分摊案涉土地权益的基本依据，其中如尚未按照《建设用地规划许可证》完成全部规划总建筑面积的，以抵押建筑物面积占规划建设总面积的比例作为分摊案涉土地权益的基本依据。如在“（2015）宁商终字第00847号别除权纠纷二审案”中，关于抵押权人对抵押建筑物占用范围内建设用地使用权的优先受偿比例应当如何确定的问题，法院认为，《物权法》第一百八十二条第二款规定，[④]抵押人未依据前款规定一并抵押的，未抵押的财产视为一并抵押。所称“占用范围内”主要用来界定建筑物与建设用地使用权之间的所属关系，即建设用地

---

① 对应《民法典》第四百一十七条，建设用地使用权抵押后，该土地上新增的建筑物不属于抵押财产。

② 对应《民法典》第四百一十四条，同一财产向两个以上债权人抵押的，拍卖、变卖抵押财产所得的价款依照下列规定清偿：（一）抵押权已经登记的，按照登记的时间先后确定清偿顺序；（二）抵押权已经登记的先于未登记的受偿；（三）抵押权未登记的，按照债权比例清偿。其他可以登记的担保物权，清偿顺序参照适用前款规定。

③ 二审案件详见（2015）宁商终字第00847号。二审法院认为，在案涉工业用地的规划条件未作变更，也未进行宗地分割处理的情况下，基于公平合理的原则并兼顾抵押人和抵押权人的利益，本案应当以抵押建筑物面积占规划建设总面积的比例作为分摊案涉土地权益的基本依据。A公司主张以抵押建筑物投影面积，以及B省分行主张以抵押建筑物占现有合法建筑物面积的比例分摊涉案土地权益，均缺乏事实和法律依据，本院不予支持。因此撤销原判，予以改判。

④ 对应《民法典》第三百九十七条，以建筑物抵押的，该建筑物占用范围内的建设用地使用权一并抵押。以建设用地使用权抵押的，该土地上的建筑物一并抵押。抵押人未依据前款规定一并抵押的，未抵押的财产视为一并抵押。

使用权仅指与设押建筑物相应的建设用地使用权，而非其他建设用地使用权。当宗地上有数栋建筑物，且该建筑物不属于区分所有，权利人以其中部分建筑物设定抵押的，该设押建筑物所占该宗地的应有份额一并抵押。虽然A公司实际办理建设工程规划许可证面积为33355.8平方米，领取房产证的建筑面积为33323.74平方米，但并不表明案涉工业用地不能按照规划要求进行后续建设，也即案涉工业用地可以容纳的合法建筑物不仅有已经建成并领取房产证的建筑物，还应包含规划总建筑面积范围内尚未建设的建筑物。在案涉工业用地的规划条件未作变更，也未进行宗地分割处理的情况下，基于公平合理的原则并兼顾抵押人和抵押权人的利益，本案应当以抵押建筑物面积占规划建设总面积的比例作为分摊案涉土地权益的基本依据。A公司主张以抵押建筑物投影面积，以及B省分行主张以抵押建筑物占现有合法建筑物面积的比例分摊涉案土地权益，均缺乏事实和法律依据，本院不予支持。

在“（2020）浙06民终2074号别除权纠纷二审案”中，法院认为，在所涉工业用地的规划条件未作变更，也未进行宗地分割处理的情况下，基于公平合理的原则并兼顾各方的利益，被告管理人认为以抵押建筑物面积占规划总建筑面积的比例作为分摊土地权益的基本依据是对抵押权人由于合同约定不明后果的一个较为公平的合理处理。因此以总土地使用权面积×建筑面积÷规划建筑面积这样一个计算方式得出的面积是较为公平合理的。其余财产和土地面积或为普通债权人享受，或为案外人第三人所有，不属于抵押财产之列。

同样地，在“（2017）浙04民终2531号别除权纠纷二审案”中，法院认为，确认原告享有抵押权的建筑物占用范围内的国有土地使用权面积，并以此为依据确定原告对A公司的国有土地使用权变价款优先受偿的金额，应衡量对特定财产享有担保物权的债权人即原告与普通债权人之间的利益，较为合理的方法是以抵押建筑物的面积占全部建筑物面积之比例来进行计算。在“（2015）宁商终字第00805号别除权纠纷案”“（2018）苏0116民初3891号别除权纠纷案”“（2017）苏01民终10801号别除权纠纷二审案”“（2016）苏0116民初6116号别除权纠纷一审案”等案中法院均按照此原则进行处理。

◆典型案例

A区支行诉B公司别除权纠纷案

（2015）宁商终字第00805号

【案情简介】

● 2012年6月20日，C公司与A区支行签订《流动资金借款合同》，约定A区支行向C公司提供贷款2600万元，借款期限为12个月。

● 同日，B公司与A区支行签订《某区房地产抵押合同》，约定B公司以其名下的房产作为C公司向A区支行贷款2600万元的抵押物。双方办理了抵押登记手续。

● 2012年6月21日，A区支行按约发放了贷款。

● 2013年8月26日，A区支行向一审法院起诉。一审法院判决B公司、C公司于该判决生效后十日内归还A区支行借款，A区支行有权以B公司抵押的房产折价、变卖、拍卖，所得价款优先偿还上述债务。

● 2013年12月3日，一审法院裁定受理B公司破产清算一案。A区支行申报债权，且主张优先权。B公司管理人确认A区支行对B公司的抵押房产享有优先权，并对上述房屋投影项下10365平方米的土地使用权享有优先权。

【双方争议】

A区支行主张在案涉抵押合同中，土地抵押面积以及B公司提供的抵押财产均明确土地抵押范围是57200.2平方米，故A区支行对该宗地块中的57200.2平方米的土地使用权享有担保物权。

B公司主张我国实行不动产抵押登记生效制度，办理了抵押登记的房产所占用范围内的土地视为一并抵押。但A区支行认为占用范围内的土地应当解释为被抵押人B公司所拥有的全部国有土地使用权，没有事实和法律依据。

【判决结果及理由】

一审法院认为A区支行发放贷款，与B公司签订了房产抵押合同，并办理了房产抵押，但未办理土地使用权抵押手续。以建筑物抵押的，该建筑物占用范围内的建设用地使用权一并抵押。B公司管理人对A区支行土地使用权抵押面积确定为房屋投影项下的面积，享有优先受偿权，并无不当。A区支行要求对B公司土地使用权抵押面积，按抵押房屋面积比例计算为土地面积57200.2平方米的拍卖价款享有优先受偿权的诉讼请求，于法无据，一审法院不予支持。

二审法院认为根据物权法定和物权公示原则，财产抵押是重要的民事法律行为，法律除要求设立抵押权要订立书面合同外，还要求对包括不动产在内的某些财产的抵押必须办理抵押登记，不经抵押登记，抵押权不发生法律效力。案涉《某区房地产抵押合同》虽然约定B公司将建筑物及经评估划定的部分土地使用权抵押给A区支行，但由于最终未能办理土地使用权抵押登记，该约定依法不发生设立土地使用权和抵押权的法律效力。故A区支行认为其对案涉85219.9平方米中的57200.2平方米的工业用地享有抵押权的上诉理由不能成立。而关于土地抵押面积的问题，应以该设押建筑物所占该宗地的应有份额一并抵押，所以本案应当以抵押建筑物面积占规划建设总面积的比例作为分摊案涉土地权益的基本依据。

◆管理人履职提示

管理人在对有特定财产担保债权进行审查时，需确定担保物的范围。当担保合同约定的担保范围与担保物的登记范围不一致时，依据《最高人民法院关于适用〈中华人民共和国民法典〉有关担保制度的解释》第四十七条规定，不动产登记簿就抵押财产、被担保的债权范围等所作的记载与抵押合同约定不一致的，人民法院应当根据登记簿的记载确定抵押财产、被担保的债权范围等事项。在抵押登记对抵押物的范围记载不明确的情况下，需结合抵押合同的约定进行判断。当出现重复抵押时，则可依照《民法典》第四百一十四条的规定处理，确定优先受偿的范围。

实践中常出现房屋建筑物与其所占用的土地分别抵押的情况，对此，我国法律对于建筑物及其所占部分的土地使用权坚持“房随地走，地随房走”的原则，因此在设定抵押权时，如果仅对建筑物设定抵押权，则其所占部分的土地使用权视为一并抵押，如果仅对土地使用权设定抵押权，则其上建筑物视为一并抵押。

对于“视为一并抵押”的“该建筑物占用范围内的建设用地使用权”的计算，可参考以抵押建筑物面积占全部建筑物总面积的比例与抵押建筑物占地面积占土地总面积的比例一致原则，即总土地使用权面积×（抵押建筑物面积÷总建筑面积）。

二、关于建设工程优先权（工程款债权）

◆争议焦点

实践中对于建设工程的实际施工人是否可以作为主张建设工程优先权的主体存在争议。

◆实务裁判观点

《民法典》第八百零七条规定：“发包人未按照约定支付价款的，承包人可以催告发包人在合理期限内支付价款。发包人逾期不支付的，除根据建设工程的性质不宜折价、拍卖外，承包人可以与发包人协议将该工程折价，也可以请求人民法院将该工程依法拍卖。建设工程的价款就该工程折价或者拍卖的价款优先受偿。”由此明确与发包人订立建设工程施工合同的承包人之优先受偿权。关于实际施工人是否同样享有该项权利，《最高人民法院关于审理建设工程施工合同纠纷案件适用法律问题的解释（一）》第四十三条第二款规定：“实际施工人以发包人为被告主张权利的，人民法院应当追加转包人或者违法分包人为本案第三人，在查明发包人欠付转包人或者违法分包人建设工程价款的数额后，判决发包人在欠付建设工程价款范围内对实际施工人承担责任。”赋予实际施工人向发包人主张欠付工程价款的权利，然而该权利是否具有优先权效力，一直争议不断。①

---

① 唐倩：《实际施工人的建设工程价款优先受偿权实证研究》，载《中国政法大学学报》2019 年第 4 期（总第 72 期）。

第一种观点认为，实际施工人不是优先受偿权主体。其一，实际施工人缺乏资质或资质较低不具备正当性，在履行缺陷维修和质量保修义务上不具备可操作性，从而丧失优先受偿的请求权基础。① 其二，实际施工人有权请求参照合同约定支付工程价款，但是该请求支付工程价款的权利不同于工程价款债权和优先受偿权。

在司法实践中，一些判例认为，优先受偿权作为一种物权性权利，权利主体须由法律明确规定，对优先受偿权的主体认定须严格限制。若实际施工人不符合法定意义上的承包人，则不能作为该权利的主体主张优先受偿权，因此，优先受偿权权利主体不应包含实际施工人。

在“（2015）民申字第2311号申请再审案”中，法院认为，鉴于建设工程价款优先受偿权系法定优先权，因其具有优于普通债权和抵押权的权利属性，故对其权利的享有和行使必须具有明确的法律依据，实践中亦应加以严格限制。建设工程的承包人是市政第十工程处和A公司，王某某只是该工程的实际施工人，不符合法律及司法解释规定的可以享有优先受偿权的主体资格，其主张建设工程价款优先受偿权没有法律依据。

在“（2018）最高法民申5769号建设工程施工合同纠纷再审案”中，最高人民法院认为，行使优先受偿权的主体应仅限于建设工程承包人，现行法律及司法解释并未赋予实际施工人享有建设工程价款优先受偿的权利。因此，周某、冯某作为案涉工程的实际施工人主张建设工程价款的优先受偿权，缺乏法律依据。

在“（2019）最高法民申2755号建设工程施工合同纠纷再审案”中，二审法院认为，鉴于建设工程价款优先受偿权系法定优先权，因其具有优先于普通债权和抵押权的权利属性，故对其权利的享有和行使必须具有明确的法律依据。根据前述法律规定及相关司法解释规定，行使优先受偿权的主体应仅限于建设工程承包人，现行法律和司法解释并未赋予实际施工人享有建设工程价款优先受偿的权利。故马某作为涉案工程的实际施工人主张建设工程价款的优先受偿

---

① 宿辉：《建设工程价款优先受偿权论争》，载《重庆社会科学》2017年第9期（总第274期）。

权，缺乏法律依据。再审的最高人民法院认为，马某并非与发包人A公司签订建设工程施工合同的承包人，二审法院认为马某作为实际施工人不享有建设工程价款优先受偿权，适用法律正确。

同样地，在“（2019）鄂28民终624号建设工程价款优先受偿权纠纷二审案”“（2019）闽09民终385号别除权纠纷二审案”“（2017）浙05民初158号建设工程施工合同纠纷一审案”“（2019）川民终794号建设工程合同纠纷二审案[①]”“（2018）粤0605民初10289号、（2018）粤0605民初10288号、（2018）粤0605民初10284号、（2018）粤0605民初10283号、（2018）粤0605民初10279号建设工程施工合同纠纷一审案”中，法院观点均系不支持作为非承包人的实际施工人享有建设工程价款优先受偿权，即实际施工人并非该权利主体。

第二种观点认为，实际施工人可以作为优先受偿权主体。其一，转包人或违法分包人享有优先受偿权，实际施工人基于代位权之诉亦可主张优先受偿权；[②] 增加代位权的救济也有利于解决承包人怠于行使请求权的情况。[③] 其二，从物权属性分析，优先受偿权作为一种担保物权，实际施工人可基于物上追及力而突破合同相对性，追及发包人处行使。[④] 其三，实际施工人突破合同相对性向发包人主张权利，立法本意是保护作为弱势群体的建筑工人的劳动报酬，故实际施工人在欠付工程款范围内主张优先受偿权并无不妥。[⑤]

在司法实践中，从优先受偿权设立的目的出发，最高人民法院有的裁判观点表明，设立优先受偿权有利于贯彻优先保护劳动报酬的法律原则。劳动者的工资及其他劳动报酬包含在欠付的工程款内，在此基础上，直接赋予参与施工的实际施工人以优先受偿权，使实际施工人的权利得到保障，欠付工程款的纠纷更利于得到解决。因此，优先受偿权权利主体可以包含实际施工

① 再审案件详见（2019）最高法民申6367号。再审法院认为A公司的再审申请不符合再审条件，裁定驳回再审申请。

② 盛惊宇、肖中泽：《理解与适用：发包人在欠付工程款内对实际施工人承担责任》，载《住宅产业》2019年10月。

③ 马超、牟海瑞：《浅析〈建设工程施工合同司法解释二〉背景下的工程价款优先受偿权制度》，载《太原城市职业技术学院学报》2019年第7期。

④ 徐科：《建设工程价款优先受偿权若干疑难问题分析》，载《职工法律天地》2017年第1期。

⑤ 刘勇平：《建设工程价款优先受偿权实务中的几个问题》，载《法制与经济》2012年第12期。

工人。

在“（2017）最高法民申4000号建设工程施工合同纠纷再审案”中，法院认为，A公司将涉案工程项目分包给了杨某施工，双方构成事实上的劳务分包合同关系，杨某实际对涉案工程进行了施工，其主张相应的工程价款及优先权，并不违反《合同法》第二百八十六条①以及《最高人民法院关于审理建设工程施工合同纠纷案件适用法律问题的解释》第二十六条②的规定，B公司作为发包方及工程接收方亦未提出异议，故作为违法分包人的A公司主张杨某不享有建设工程价款优先受偿权，理据不足。

在“（2013）民申字第283号案外人执行异议之诉申请再审案”中，一、二审判决查明的事实表明，伍某系某花园项目的实际施工人，A公司对该事实并未提出异议，只是主张伍某不具有施工资质，其与B公司签订的是无效合同。对此主张，法院认为，即使因自然人伍某不具有施工资质而认定建设工程施工合同无效，实际施工人在工程竣工验收合格的情况下仍有权主张工程价款；同时，伍某作为该花园项目的实际施工人有权对该项目地上建筑物拍卖所得的价款主张优先受偿权。

相似地，某市中级人民法院作出的（2019）鲁16民终192号、（2018）鲁16民终2206号判决与同省某市人民法院作出的（2018）鲁1626民初1257号、（2018）鲁1626民初1279号、（2018）鲁1626民初1043号判决中，即使案例并不都涉及实际施工人主张优先权的问题，但以上二法院均在判决中对建设工程价款优先受偿权作出了定义，认为建设工程价款优先受偿权是指建设工程的承包人、分包人或实际施工人就该建设工程修建而产生的债权，对该建设工程折价或者拍卖的价款享有优先受偿的权利。

---

① 对应《民法典》第八百零七条，发包人未按照约定支付价款的，承包人可以催告发包人在合理期限内支付价款。发包人逾期不支付的，除根据建设工程的性质不宜折价、拍卖外，承包人可以与发包人协议将该工程折价，也可以请求人民法院将该工程依法拍卖。建设工程的价款就该工程折价或者拍卖的价款优先受偿。

② 对应《最高人民法院关于审理建设工程施工合同纠纷案件适用法律问题的解释（一）》第四十三条第二款，实际施工人以发包人为被告主张权利的，人民法院应当追加转包人或者违法分包人为本案第三人，在查明发包人欠付转包人或者违法分包人建设工程价款的数额后，判决发包人在欠付建设工程价款范围内对实际施工人承担责任。

第三种观点相对比较折中，认为在承包人怠于主张优先受偿权的情况下，允许实际施工人代位主张优先权，更利于保护其合法权益；[1] 此时，优先受偿权同实际施工人向发包人主张欠付工程价款的权利一样，均突破了合同的相对性。[2]

在司法实践中，也有地方法院出台了指导意见，如《安徽省高级人民法院关于审理建设工程施工合同纠纷案件适用法律问题的指导意见》《浙江省高级人民法院民事审判第一庭关于审理建设工程施工合同纠纷案件若干疑难问题的解答》《四川省高级人民法院关于审理建设工程施工合同纠纷案件若干疑难问题的解答》《河北省高级人民法院建设工程施工合同案件审理指南》《江苏省高级人民法院关于审理建设工程施工合同纠纷案件若干问题的解答》，认为在承包人怠于行使工程价款优先受偿权的情况下，实际施工人方可行使优先权。该观点赋予实际施工人限制性的优先权，因此，优先受偿权权利主体在一定条件下可包含实际施工人。

在“（2019）苏0826民初1852号建设工程施工合同纠纷一审案”中，法院认为，建筑工程价款优先受偿权是法院赋予承包人的权利，旨在保障承包人物化在建设工程上的投入能够得到实现，从而保障农民工的利益。当建设工程存在非法转包、违法分包时，总承包人或转包人怠于行使工程价款优先受偿权时，实际施工人可以代位行使建设工程价款优先受偿权。因此，实际施工人行使优先受偿权的方式是行使代位权，即其对承包人享有债权。原告王某承建的脚手架工程系由熊某以A公司分包，故王某与A公司之间具有直接合同关系，对A公司享有债权，在A公司未向B公司主张优先权的情况下，王某主张优先权应当依法予以支持，其优先权范围应以所欠工程款为限，在其承建的脚手架工程范围内享有。

在“（2017）皖民终622号建设工程合同纠纷二审案”中，法院认为，承包人A公司怠于向发包人B公司主张权利，A公司特别授权的委托诉讼代理人

---

① 邹梦云：《建筑施工合同中施工人工程价款优先受偿权研究》，载《法制与社会》2017年第23期。

② 李后龙、潘军锋：《建设工程价款优先受偿权审判疑难问题研究》，载《法律适用》2016年第10期。

二审庭审时明确表示，可以将该公司对B公司的合同权利全部放弃交由王某主张，已构成A公司将其建设工程合同下的权利转让与王某（必须指出的是，该权利转让并非合同权利义务的转移，不减免A公司应对B公司承担的法定及约定义务，亦不得对B公司行使法定及合同权利构成额外负担）。此时，作为实际施工人的王某就其实际承建的工程在B公司欠付的工程款范围内主张工程价款优先受偿权的，可予支持。

◆典型案例

1. 陈某、A银行某支行建设工程施工合同纠纷再审案

（2019）最高法民申2852号

【案情简介】

● 2010年4月16日，招标人B公司与招标代理机构C公司向D公司、E公司出具《某市建筑工程施工招标中标通知书》。

● 2013年，发包人B公司与承包人D公司、E公司就F山庄工程项目签订《建设工程施工合同》，但各方并未实际履行该合同。

● 其后，B公司于2013－2015年陆续办理了F山庄各建设项目的竣工验收备案。其提供的2015年5月11日的《某省房屋建筑和市政基础设施工程竣工验收备案表》中载明合同工程竣工日期为2015年4月2日。施工单位为D公司、E公司。

● 2015年12月9日，甲方B公司与乙方陈某签订《F山庄后期工程款支付确认单》，确认：F山庄后期工程结算审核总造价为83670599元（扣税收及管理费后）。甲方已支付乙方工程款44842911.76元；甲方未支付乙方工程款38827687.24元。

● 2016年7月2日，一审法院前往E公司调查核实F山庄后期工程项目相关情况，E公司出具的《确认函》载明：本公司与D公司虽作为中标方与B公司签订F山庄工程项目《建设工程施工合同》，但未实际履行。该项目建设工程由实际施工人陈某包工包料施工完成，工程款结算等概由陈某与B公司直接结算。陈某与B公司双方均向本公司承诺F山庄后期工程项目施工所产生的债

权债务均与本公司无关，本公司不承担任何责任，也不向陈某与B公司主张与F山庄后期工程项目相关的权利。

【双方争议】

陈某对其所承建的F山庄后期工程项目折价或拍卖所得的价款在B公司所欠付的工程款范围内是否享有优先受偿权，也即实际施工人是否为享有优先受偿权的适格主体。

陈某认为，其享有案涉工程款优先受偿权，即使B公司与陈某签订的合同是无效合同，陈某也有权主张涉案工程款并享有优先受偿权。

A银行某支行认为，F山庄工程的承包人为D公司和E公司，陈某作为实际施工人不享有建设工程价款的优先受偿权。

【判决结果及理由】

二审法院认为，陈某于2016年4月11日诉请确认对其所建的涉案工程折价或者拍卖所得价款享有优先受偿权，超过法律规定的六个月的除斥期间，依法不享有优先受偿权。

再审法院认为，就涉案工程，陈某为借用资质的实际施工人。优先受偿权作为一种物权性权利，根据《物权法》第五条[①]“物权的种类及内容，由法律规定”之物权法定原则，享有建设工程价款优先受偿权的主体必须由法律明确规定。而《合同法》第二百八十六条[②]、《最高人民法院关于建设工程价款优先受偿权问题的批复》第一条[③]均明确限定建设工程价款优先受偿权的主体是建设工程的承包人，而非实际施工人。这也与《最高人民法院关于审理建设工

① 对应《民法典》第一百一十六条，物权的种类和内容，由法律规定。

② 对应《民法典》第八百零七条，发包人未按照约定支付价款的，承包人可以催告发包人在合理期限内支付价款。发包人逾期不支付的，除根据建设工程的性质不宜折价、拍卖外，承包人可以与发包人协议将该工程折价，也可以请求人民法院将该工程依法拍卖。建设工程的价款就该工程折价或者拍卖的价款优先受偿。

③ 对应《最高人民法院关于审理建设工程施工合同纠纷案件适用法律问题的解释（一）》第三十六条，承包人根据民法典第八百零七条规定享有的建设工程价款优先受偿权优于抵押权和其他债权。

程施工合同纠纷案件适用法律问题的解释（二）》第十七条[①]明确规定建设工程价款优先受偿权的主体为“与发包人订立建设工程施工合同的承包人”这一最新立法精神相契合。陈某作为实际施工人，并非法定的建设工程价款优先受偿权主体，不享有建设工程价款优先受偿权。同时指出，二审法院虽以容缺备案登记表载明的2015年4月2日作为涉案工程竣工日期并由此起算建设工程价款优先受偿权存在不当，但实体结果没有支持陈某优先受偿权并无错误。

2. A公司、杨某建设工程施工合同纠纷再审案

（2017）最高法民申4000号

【案情简介】

● 2011年8月16日，B公司作为发包人，A公司作为承包人，双方签订了《某市建设工程施工合同》，约定A公司为B公司的国际商业广场家居、建材商场工程施工。

● A公司承包上述工程后，将其中部分工程另行分包给杨某，杨某与A公司未签订相关工程分包合同，但杨某作为实际施工人对南区地下车库及地上一层等部分工程项目进行了施工。

● 2014年9月20日，C公司出具证明一份，记载C公司与A公司商谈的国际商业广场建材商场工程的劳务一事，达成协议，但未签订合同并且未履行合同。

● 2012年1月8日，A公司某分公司作为甲方，D公司八分公司作为乙方，双方签订了《补充协议》。甲方落款处有朱某签字，乙方落款处加盖D公司八分公司合同专用章并由杨某签字。

● 2012年8月23日，A公司与杨某及案外人王某签订了《关于劳务单价的确定》（商业广场工程）。

---

① 对应《最高人民法院关于审理建设工程施工合同纠纷案件适用法律问题的解释（一）》第三十五条，与发包人订立建设工程施工合同的承包人，依据民法典第八百零七条的规定请求其承建工程的价款就工程折价或者拍卖的价款优先受偿的，人民法院应予支持。

● 杨某进场施工后，完成了部分工程项目，至2012年4月12日涉案工程因发包方未取得施工手续被责令停工，至停工时杨某已完工工程范围为该商业广场地下车库南区及地上一层南区部分等项目。

● 2013年7月13日，A公司与杨某签订《关于商业广场工程南区人工费的协商处理意见》约定分两次由A公司付杨某人工费共100万元。

● 2013年9月10日，马某、李某出具《承诺》一份，主要内容：定于2013年9月16日与杨某、王某作上马工程决算，在此期间双方各自作出工程量明细单，如果一方不作出工程量清单后果自负。2011年9月6日，李某出具《证明》一份。2011年10月7日，李某出具一份用工记录。

● E公司作出工程造价司法鉴定报告书，结论为杨某申请鉴定的已完工部分和造价及损失部分造价为16251533.11元，其中列为争议项造价为5552021.67元。

【双方争议】

双方争议焦点主要在于建设工程价款优先受偿权的主体及范围问题。

A公司认为，工程价款优先受偿权应限于总承包人，杨某作为劳务分包工程的实际施工人不享有上述权利。根据《最高人民法院关于建设工程价款优先受偿权问题的批复》（现已失效）的规定，即使杨某享有工程价款优先受偿权，也仅应限于直接的、实际发生的工程造价，一审判决将模板损失列入可优先受偿的工程价款范围，属适用法律错误。

杨某认为，其作为实际施工人，应当享有建设工程价款优先受偿权。

【判决结果及理由】

一审法院认为，关于杨某主张的工程价款优先受偿权的问题，涉案工程于2012年4月12日停工，双方未进行结算，涉案工程未整体完工，未进行竣工验收，杨某于2014年1月撤场时应视为双方终止施工关系，杨某2014年1月提起本案诉讼，主张工程价款优先受偿权符合法律规定。二审法院未就该案优先受偿权进行讨论。

再审法院认为：首先，根据一审、二审法院认定的事实，A公司将涉案工程项目分包给了杨某施工，双方构成事实上的劳务分包合同关系，杨某实际对涉案工程进行了施工，其主张相应的工程价款及优先权，并不违反《合同法》

第二百八十六条[①]以及《最高人民法院关于审理建设工程施工合同纠纷案件适用法律问题的解释》第二十六条[②]的规定，B公司作为发包方及工程接收方亦未提出异议，故作为违法分包人的A公司主张杨某不享有建设工程价款优先受偿权，理据不足。其次，由前所述，模板费用应计入杨某施工的工程造价，并非A公司主张的违约损失，故一审法院将该笔费用列入优先受偿的工程价款范围，并无不当。

3. 某镇人民政府、占某建设工程施工合同纠纷再审案

（2019）皖民再223号

【案情简介】

● 2012年6月26日，发包人某镇政府与承包人A公司签订了一份《建设工程施工合同》，约定：某镇政府将该镇整村推进某区安置房项目工程发包给A公司施工；承包范围为图纸范围所有工程；合同价款为58686900.58元；工程竣工验收合格后付至合同价款的60%，竣工后第二年付20%，余款第三年付清；本工程不分包。

● 2013年8月28日，A公司与占某签订《项目工程管理合作协议书》，约定：A公司将该镇整村推进某区安置房项目从工程项目开工到竣工验收交付使用、工程结算等全过程交由占某施工承包经营管理。

● 2013年11月6日，该镇整村推进某区安置房项目开工。后A公司确定工程价款为28511966.43元。

● 2017年2月15日，该镇政府向A公司发出通知，要求A公司在30日内进场完成其承建的该镇整村推进某区安置房项目未完工程量，并将工程竣工验

---

① 对应《民法典》第八百零七条，发包人未按照约定支付价款的，承包人可以催告发包人在合理期限内支付价款。发包人逾期不支付的，除根据建设工程的性质不宜折价、拍卖外，承包人可以与发包人协议将该工程折价，也可以请求人民法院将该工程依法拍卖。建设工程的价款就该工程折价或者拍卖的价款优先受偿。

② 对应《最高人民法院关于审理建设工程施工合同纠纷案件适用法律问题的解释（一）》第四十三条，实际施工人以转包人、违法分包人为被告起诉的，人民法院应当依法受理。实际施工人以发包人为被告主张权利的，人民法院应当追加转包人或者违法分包人为本案第三人，在查明发包人欠付转包人或者违法分包人建设工程价款的数额后，判决发包人在欠付建设工程价款范围内对实际施工人承担责任。

收资料收集整理装订成册，送至某县质监站初审，以满足竣工验收条件。

● 2017 年 6 月 12 日，A 公司及其法定代表人甘某共同向该镇政府承诺，在 15 日内完成该镇整村推进某区安置房项目的房屋穿线，将安置房钥匙交付给该镇政府，同时办理竣工验收手续等事项。

【双方争议】

杨某对案涉某镇整村推进某区安置房主张优先受偿权是否有事实和法律依据。

该镇政府认为，二审法院判决占某有权就其施工的工程享有工程价款优先受偿权没有法律依据。

杨某认为，作为案涉工程的实际施工人，二审法院依据相关法律法规的规定，在 A 公司怠于主张工程价款优先受偿权时，占某依法享有发包方欠付的工程款范围内的工程价款的优先受偿权。

【判决结果及理由】

二审法院认为，案涉工程自 2015 年 1 月 15 日竣工，2015 年 2 月 13 日视为竣工验收日，虽然该镇政府在合同约定的付款期限内未向 A 公司足额支付工程款，但 A 公司一直怠于行使工程价款优先受偿权，因此，杨某作为案涉工程的实际施工人，有权就其承建的工程在欠付的工程款范围内主张优先受偿权。因此，对杨某要求确认其对所承建的案涉工程在欠付的工程款范围内享有优先受偿权，予以支持。

再审法院认为，关于杨某是否享有工程价款优先受偿权，根据《竣工验收报告》载明的时间为 2018 年 4 月 10 日，杨某主张优先受偿权时并未超过 6 个月期限，二审支持其享有工程价款优先受偿权并无不妥。

◆管理人履职提示

如在债权申报期间内，有债权人申报债权并主张建设工程价款优先受偿权，要求就破产财产优先受偿，且该债权人并非与破产企业直接签订建设工程施工合同的承包人，而是与总承包人签订协议的分包人或实际施工人，或是与破产企业签订合同但非承包人的实际施工人。在此情况下，管理人应当如何认定实际施工人主张的优先债权？

在司法实践中存在观点不一的判决。如在“（2017）最高法民申4000号”案例中，在认定存在违法分包且合同无效的情形下，最高人民法院仍支持了实际施工人的优先受偿权。另外，有地方法院出台了相应的指导意见，在承包人怠于履行优先权的情况下赋予实际施工人限制性的优先受偿权，实践中也存在相应的案例。然而，实践中多数案例的观点倾向于实际施工人不享有该优先受偿权。

最高人民法院于2018年、2019年均作出了不予支持实际施工人主张优先受偿权的判例，其中2019年的判决在《最高人民法院关于审理建设工程施工合同纠纷案件适用法律问题的解释（二）》（法释〔2018〕20号）出台之后，而持相反意见的判决为2013年、2017年作出的。由此可见，最高人民法院的最新观点仍是该优先受偿权的权利主体限定于承包人。与此同时，近几年地方法院的判例也倾向于实际施工人不享有该优先受偿权。

2021年1月1日生效的《最高人民法院关于审理建设工程施工合同纠纷案件适用法律问题的解释（一）》（法释〔2020〕25号）第三十八条规定：“建设工程质量合格，承包人请求其承建工程的价款就工程折价或者拍卖的价款优先受偿的，人民法院应予支持。”对享有优先受偿权的主体进行严格限定，即限于合同相对方的承包人。由于《最高人民法院关于审理建设工程施工合同纠纷案件适用法律问题的解释（一）》将建设工程优先权受偿主体限定为承包人，未赋予非承包人的实际施工人以该项权利，且最高人民法院最新观点也倾向于支持此观点，建议管理人在审查实际施工人申报建设工程优先权的债权时，原则上，基于合同的相对性，由承包人申请建设工程优先权。另外，管理人可以与受理法院沟通思路，由于不少高级人民法院对该争议点出台了相应的指导意见，如安徽①、浙江②、

---

① 《安徽省高级人民法院关于审理建设工程施工合同纠纷案件适用法律问题的指导意见》第十八条：“分包人或实际施工人完成了合同约定的施工义务且工程质量合格的，在总包人或非法转包人怠于主张工程价款优先受偿权时，就其承建的工程在发包人欠付的工程款范围内主张工程价款优先受偿权，可予支持。”

② 《浙江省高级人民法院民事审判第一庭关于审理建设工程施工合同纠纷案件若干疑难问题的解答》第二十二条：“建设工程施工合同无效，但工程经竣工验收合格，承包人可以主张工程价款优先受偿权。分包人或实际施工人完成了合同约定的施工义务且工程质量合格，在总承包人或转包人怠于行使工程价款优先受偿权时，就其承建的工程在发包人欠付工程价款范围内可以主张工程价款优先受偿权。”

四川[①]、河北[②]、江苏[③]等。法院的观点可能会产生一定实质性的影响，管理人对于受诉法院所在地区出台的相关文件须重点关注，全面了解，并与破产案件的审理法官就标准的把握进行充分沟通。

三、购房人的优先权

（一）消费者购房人的判断标准

◆争议焦点

《最高人民法院关于建设工程价款优先受偿权问题的批复》[④]（法释〔2002〕16号）第二条规定："消费者交付购买商品房的全部或者大部分款项后，承包人就该商品房享有的工程价款优先受偿权不得对抗买受人。"对于如何判断是否符合《批复》中所述的消费者购房人从而认定为优先债权，实践中存在争议。

◆实务裁判观点

2005年，《最高人民法院执行工作办公室关于〈最高人民法院关于建设工程价款优先受偿权问题的批复〉中有关消费者权利应优先保护的规定应如何理解的答复》[⑤] 中指出：《批复》第二条关于已交付购买商品房的全部或者大部分

---

① 《四川省高级人民法院关于审理建设工程施工合同纠纷案件若干疑难问题的解答》第三十七条第二款，建设工程施工合同无效，但建设工程经竣工验收合格，或者未经竣工验收但已经实际使用，实际施工人请求其工程价款就承建的建设工程折价或拍卖的价款优先受偿的，应予支持。

② 《河北省高级人民法院建设工程施工合同案件审理指南》第三十三条，建设工程施工合同无效、但建设工程质量合格，承包人主张建设工程价款就该工程折价或拍卖的价款优先受偿的，人民法院应予以支持；分包人或实际施工人在总包人或非法转包人怠于主张工程价款时，主张建设工程价款就该工程折价或拍卖的价款优先受偿的，人民法院应予支持。

③ 《江苏省高级人民法院关于审理建设工程施工合同纠纷案件若干问题的解答》第十六条，实际施工人在总承包人或者转包人不主张或者怠于行使工程价款优先受偿权时，就其承建的工程在发包人欠付工程价款范围内可以主张优先受偿权。

④ 《最高人民法院关于建设工程价款优先受偿权问题的批复》已失效，新的司法解释尚未更新，民法典和《最高人民法院关于审理建设工程施工合同纠纷案件适用法律问题的解释（一）》尚未对消费者购房人被认定为优先债权人进行规定。但就立法态度而言，保护消费者购房人优先权的态度应当不会发生变化。为便于论述，本部分将其简称为《批复》。

⑤ 该答复现行有效，因此虽然《批复》已失效，但关于《批复》第二条的答复现行仍有效。

款项的消费者权利应优先保护的规定，是为了保护个人消费者的居住权而设置的，即购房应是直接用于满足其生活居住需要，而不是用于经营，不应作扩大解释。从而，将消费者局限于个人消费者的居住权，排除了商铺的范围。《最高人民法院关于人民法院办理执行异议和复议案件若干问题的规定》第二十九条规定："金钱债权执行中，买受人对登记在被执行的房地产开发企业名下的商品房提出异议，符合下列情形且其权利能够排除执行的，人民法院应予支持：（一）在人民法院查封之前已签订合法有效的书面买卖合同；（二）所购商品房系用于居住且买受人名下无其他用于居住的房屋；（三）已支付的价款超过合同约定总价款的百分之五十。"该规定进一步限定了消费者购房人的概念，除用于居住外，还限定购房人名下无其他用于居住的房屋。

但在实践中，对于某一业主是否符合消费者购房人的条件从而享有优先权，各地法院的判决存在一定的差别。通过研究司法实践中法院对消费者购房人的认定，其本质是通过判断生存居住权，从而判定是否为消费者。而生存居住权的判断，需要结合以下几种实际情况具体分析：

第一，自然人购房人。对于非自然人购房人是否是消费者购房人的问题，在检索到的案例中，法院普遍没有支持非自然人购房人身份的主体享有消费者优先权，享有优先权的主体限定在自然人范围内，其他主体在实务判例中不享有消费者购房人优先权。

在"（2016）最高法民监25号建设工程施工合同纠纷、商品房预售合同纠纷再审案"中，法院认为，该案争议主要为信用社购买争议门市房的行为能否对抗建筑公司的建设工程款优先受偿权的问题。首先，在本案审查中，经过现场勘察可知，A商住楼临街第一幢拐角1层至6层与北临4层并非不可分割的整体，原审认定两栋楼为不可分割的整体，应整体交给信用社作为营业用房，缺乏事实依据。且信用社获得争议房产后即将房产高价出售，并未作为营业用房。其次，《批复》第二条规定："消费者交付购买商品房的全部或者大部分款项后，承包人就该商品房享有的工程价款优先受偿权不得对抗买受人。"对于本条所称"消费者"，应为消费者权益保护法所规定的消费者，应为自然人，不能为法人或其他组织。其购房系为生活消费需要而并非经营。

在“（2017）最高法民申 1660 号再审案”中，法院认为，《批复》系针对建筑工程承包人优先受偿权行使问题的规定，本案 A 公司与 B 公司之间法律关系的性质为商品房买卖合同关系，C 公司与 B 公司之间法律关系的性质为借款合同关系，A 公司依据上述司法解释主张本案当事人之间的权利顺位，缺乏法律依据。且 A 公司作为经营性企业，其购买案涉房屋后实际用于注册公司、生产经营，亦不属于上述司法解释规定的“消费者”，A 公司依据上述司法解释规定，主张其享有的债权可以对抗 C 公司抵押权行使的申请再审理由不成立。

第二，购买商铺的购房人。有的法院认为，《批复》项下“消费者”购买的房屋须为居住性用房，直接满足自然人的生活居住需求，商铺等经营性用房并非消费者生存权益的刚性需求，购买商铺的购房人不应享有优先权。

在“（2017）浙 0110 民初 3690 号破产债权确认纠纷一审案”中，原告买受人已支付 50% 以上的总价款以购买商业营业性质的商品房，请求确认就已付房款所申报的债权为优先受偿债权而非普通债权。法院认为，《批复》第二条规定：“消费者交付购买商品房的全部或者大部分款项后，承包人就该商品房享有的工程价款优先受偿权不得对抗买受人。”《批复》的立法目的是保护相对弱势的消费者的生存利益，本案中原告购买的商品房系商业营业用房，并不属于《批复》所指的消费者，因此，原告为购买该商品房支付的款项不应属于优先受偿的债权。故对原告要求确认上述债权为优先债权的诉讼请求，不予支持。

在“（2019）浙 0604 民初 94 号破产债权确认纠纷一审案”中，法院认为，从法律规定来看，《消费者权益保护法》第二条明确规定消费者为“为生活消费需要购买、使用商品或者接受服务”，不包括为生产经营需要购买、使用商品或者接受服务的个人、群体，故《批复》第二条规定的“购房消费者”也应指为生活消费需要购房而非经营需要购房的个人、群体。从保护目的来看，《批复》第二条系为解决承包人建筑工程价款利益与购房消费者权益之间的利益冲突，确定承包人利益退居消费者权益之次，系经营利益在与生存利益衡平后作出的退避，目的在于保护消费者生存权益。本案原告购买某商贸城市场区域商铺系商业经营行为，非生活居住需要，故原告不属于《批复》第二条规定的应予保护的“购房消费者”，原告主张债权优先受偿依据不足。

在“（2017）苏0682民初12488号别除权纠纷一审案”中，法院认为，《批复》对交付购买商品房全部或者大部分款项的消费者予以优先保护是基于生存利益大于经营利益的社会政策原则，为保护消费者的居住权而设定的，在适用中应对其范围予以严格限制，不宜作扩大解释。消费者购房应是为了满足生活居住需要，而非出于经营或者抵债等其他原因。本案原告所购买的商品房用途为商业，且原告名下已经有其他居住房产，生存利益已经得到保障，其并非《批复》中所指的消费性买受人。综上，对于原告的诉讼请求，本院难以支持。

但是，并非购买商铺者均不可作为消费者购房人。有的法院从探究其实际用途出发，对购房人的实际生活情况进行了充分考量。在实际生活中，经营性质的商铺、车库等也有承载着购房人生存需求的可能性。若单一地从购房合同的房屋性质判断购房人的购房目的与实际需求，无法准确判定该房屋是否直接与购房人基本生存利益相关联。

在“（2016）皖民终688号破产债权确认纠纷二审案”中，二审法院认为，原审法院在审查购房合同、购房性质及房款的支付情况的基础上，确认周某对于A公司享有破产优先债权164954.00元。吕某上诉称因该房屋为商铺，具有投资经营属性，该购房款不享有优先权。周某系农村居民，无固定生活来源。为满足生活需要，倾尽所有积蓄，另加多方举债筹措，购买面积仅为26.66平方米的商品房。该房屋价值及预期的经营收益承载了周某及其家人的生存保障功能。原审法院依照《批复》的相关规定及破产法优先保护生存利益的司法精神，确认周某对A公司的164954.00元购房债权为优先债权，并无不当。

在“（2017）皖民终249号破产债权确认纠纷二审案”中，陈某购买了两套商铺，请求确认其对涉案商铺享有优先权。法院认为，陈某作为普通农村居民，购买面积合计仅为36.35平方米的商品房，该商品房虽属商铺，具有一定的经营属性，但该商品房的价值及所预期的经营收益承载了对陈某及其家人的生存保障功能，该购房行为仍属普通消费购房范畴。陈某支付了所购商品房的大部分款项，陈某及其家人就该商品房及所付购房款具有生存利益，在破产债权清偿中应予优先保障。因此，A公司管理人对陈某购房债权确认具有优先权，符合法律和司法解释规定精神。

在“（2018）渝0111民初6229号返还原物纠纷一审案”中，案件争议焦点为胡某购买且已支付50%以上房款的三个车库是否享有优先权。法院认为，在《批复》所规定的“消费者”含义理解上，相关司法解释均未明确该处“消费者”的含义与《消费者权益保护法》中的“消费者”的含义相同，亦无只保护生活消费的限制性解释，且本案胡某所购买的车库，可以认定其功能主要为保障与改善家庭生活，承载了对胡某及其家人的生存保障功能，该购房行为仍属于普通消费购房范畴。胡某亦为普通消费者。加之被告胡某购买涉案的车库支付了所购车库的大部分款项，且实际占有使用该车库达四年之久，因此，胡某对于涉案车库的债权具有特定性和优先性。

第三，仅有一套房产或名下无其他房产。从保障其生活居住权的角度考虑，对于仅有一套房产的，在司法实践中，也作为消费者购房人的考量因素。在“（2019）桂05民初205号房屋买卖合同纠纷一审案”中，法院认为，根据《批复》第一条、第二条的规定，人民法院在审理房地产纠纷案件和办理执行案件中，应当依照《合同法》第二百八十六条[①]的规定，认定建筑工程的承包人的优先受偿权优于抵押权和其他债权。消费者交付购买商品房的全部或者大部分款项后，承包人就该商品房享有的工程价款优先受偿权不得对抗买受人。相对于工程价款优先受偿权、抵押权而言，法律更加保护作为消费者的购房人的生存居住权。根据上述《批复》的立法精神，涉案房屋虽是开发商名下的现房，但两原告已支付了全部购房款，A公司亦已将该房屋交付两原告使用至今，且两原告目前在B市并无其他居住用房，仅购买了涉案一套房屋，故两原告作为消费者享有的生存居住权不应受到影响。两原告仅对涉案房屋享有物权期待权，其请求确认涉案商品房买卖合同合法有效以及要求A公司协助将涉案产权转移登记至其名下之诉求合法有据，法院予以支持。

但是，相反地，实践中也有少数法院认为购房人支付50%以上的价款即拥有优先受偿权，并未对要求主体为消费者进行过多的限制。即出于经济利益的

---

① 《合同法》已失效，现行有效的法律规定为《最高人民法院关于审理建设工程施工合同纠纷案件适用法律问题的解释（一）》第三十六条，承包人根据《民法典》第八百零七条规定享有的建设工程价款优先受偿权优于抵押权和其他债权。

购买目的并不阻碍该权利得以成就，消费者购买多套房屋或者用于商业用途并不能排除购房人对《批复》的适用。

在“（2014）广民二初字第00402号破产债权确认纠纷一审案”中，买受人蒋某支付50%以上购房款，以购买A公司主楼房屋，请求确认购买房屋所形成的债权具有优先权性质。法院认为，蒋某与A公司签订的《房屋转让合同》真实有效，蒋某已经支付了全部购房款，虽然该房屋尚未办理产权证，但是这并不影响蒋某购房者的身份和权益。根据相关法律规定，消费者交付购买商品房的全部或者大部分款项后，承包人就该商品房享有的工程价款优先受偿权不得对抗买受人，而建筑工程的承包人对工程款享有优先权，故消费者购房款更享有优先权。从法律意义上讲，消费者应该是为个人目的购买或使用商品和接受服务的社会成员，蒋某为实现自己的经济利益购买了A公司的房屋，其作为消费者支付的购房款应当享有优先权。

在“（2020）冀民申158号破产债权确认纠纷再审案”中，二审法院认为，根据商品房买卖合同的约定，赵某首付价款为案涉商品房总金额的50%，应认定为支付了大部分款项。同时，上述批复规定并未将购买商业用途的商品房的情形排除在外。结合在债权人会议中对绝大部分全款购买商业门市的购房者的房款已认定为优先债权且已全部分配完毕的事实，一审法院认定作为购房户的赵某的房款享有优先受偿权，进而驳回A银行某支行的诉讼请求，符合公平原则，并无不妥。

在“（2016）皖民终968号破产债权确认纠纷二审案”中，法院认为，一、《批复》第二条规定：消费者交付购买商品房的全部或大部分款项后，承包人就该商品房享有的工程价款优先受偿权不对抗买受人。该批复系针对《合同法》第二百八十六条的理解和适用作出，其中对“消费者”并没有作出特别的限定条件。二、吕某与A公司签订了66份《商品房买卖合同》并已备案，已实际支付全部购房款650万元，符合前述批复中消费者享有优先权的条件。三、二审庭审中，A公司称购房户签订《商品房买卖合同》并备案，且交付全部或部分购房款，管理人即认定购房户享有优先权，本案吕某与A公司签订《商品房买卖合同》且已支付650万元购房款，符合A公司管理人关于购房户享有优先权的认定条件。

◆典型案例

A公司、B公司商品房预售合同纠纷再审案

（2017）最高法民申3088号

【案情简介】

● 2010年9月17日，B公司取得《商品房预售许可证》。

● 2011年12月15日，A公司、被告签订《商品房买卖合同》及《合同补充协议》，约定A公司向B公司购买“C国际广场”第一栋和第八栋第一层房屋（商业），总价为1600万元。

● 2011年12月16日，A公司向B公司通过银行转账付款人民币1600万元。同日，B公司出具《收款收据》。

● 2012年3月，B公司将出卖给A公司的房屋转卖给第三人。

● 2012年5月30日，A公司与B公司经协商签订《商品房买卖合同补充协议》，约定：一、变更购买的标的甲（A公司）乙（B公司）双方在主合同第三条中约定的乙方购买的商品房为第一栋和第八栋（一层），因甲方在与乙方签订购买合同后又将该房错卖给第三方，已构成违约且致使乙方不能实现合同目的，为此，甲、乙双方同意按以下方式处理：1. 乙方向甲方购买商品房的位置变更为：C国际广场D栋商业3－4层。面积为5839平方米，总价仍为1600万元不变（已付清）。2. 双方于2011年12月15日签订的《商品房买卖合同》除本补充协议另有约定的外，仍然履行。3. 就此次违约，甲方一次性向乙方支付违约金200万元，于2012年7月15日前一次性支付给乙方。二、将主合同第八条修改为：甲方应当在2012年7月15日前，根据相关规定将符合交房条件的商品房交付给乙方使用。三、将主合同第九条修改为：若甲方未按本合同规定的期限将主合同约定的商品房交付乙方使用的，乙方有权选择下列方式之一，要求甲方履行相应义务：1. 乙方选择继续履行购房合同的，甲方仍应将乙方所购房屋交付给乙方，每逾期一日，按乙方已支付甲方购房款的0.3%向乙方支付违约金，直至该商品房符合约定交房条件并交付给乙方使用为止。2. 乙方有权单方解除购房合同，自乙方解除购买合同的书面通知送达甲方之日，甲、乙双方签订的《商品房买卖合同》及本补充协议终止，甲方应于三日内将乙方已支付的1600万元购房款一次性退还给乙方，并按乙方支付购房款的20%向乙方支付违约金（不包括甲方因一房二卖应当支付给乙方的违约金）。在乙方未决定单方解除购房合同之前，甲方仍应按上述本条第1项的约定履行交房义务并承担违约责任。四、本补充协议系合同不可分割的组成部分，与主合同具有同等的法律效力，主合同与补充协议内容不一致的，以补充协议为准。

● 2012年12月31日，A公司委托D律师事务所向被告发出《律师函》要求B公司在收到律师函起三日内将符合条件的商品房“C国际广场”D栋商业3-4层交付给A公司使用，并按《商品房买卖合同》及《合同补充协议》的约定履行义务、承担责任。

● B公司收函后未履行交房义务，A公司于2014年1月27日起诉。

【双方争议】

A公司认为，其已支付购房全款，在建工程抵押权不得对抗A公司作为买受人的优先权。案涉房产不属于破产财产的范围，B公司应当履行交房义务。

B公司认为，A公司与B公司之间系名为买卖实为借贷的法律关系。案涉《商品房买卖合同》的附件四《合同补充协议》第十条约定，出卖方有权在本合同期内按照合同签订时的出卖价回购铺面，在此期间不备案登记。此回购条款表明双方系明确的借贷关系，而非房屋买卖关系。

【判决结果及理由】

最高人民法院认为，对于A公司主张其依据《批复》享有优先受偿权的问题，《批复》对交付购买商品房全部或者大部分款项的消费者予以优先保护是基于生存利益大于经营利益的社会政策原则，为保护消费者的居住权而设置的特殊规定，在适用中应对其范围予以严格限制，不宜作扩大解释。消费者购房应是为了满足生活居住需要，而非用于经营或其他原因。本案中，根据已经查明的案件事实，2011年12月15日，双方签订的《商品房买卖合同》约定，A公司购买B公司开发的“C国际广场”第一栋和第八栋一层房屋（商品），总价为1600万元。《合同补充协议》约定，出卖方有权在本合同期内按照本合同签订时的出卖价回购铺面，在此期间不备案登记。2012年5月30日，A公司、

B公司又签订《商品房买卖合同补充协议》，约定因双方签订购房合同后，B公司又将该房错卖给第三方，故A公司向B公司购买商品的位置变更为：C国际广场D栋商业3-4层，总价仍为1600万元不变。可见，A公司购买的案涉房产性质为商铺，并非为了居住所需，并无获得优先保护的特殊利益，其主张优先于其他债权人个别清偿，依据不足。

◆管理人履职提示

房地产公司破产，已支付50%以上房屋总价款的购房人向管理人申报债权，并要求确认购房款所形成的债权为优先债权，管理人是否可将该类债权列为优先债权?

理论上，多数观点认为，最高人民法院的《批复》因基于保护消费者基本的生存权利而设立，消费者的利益属于生存利益。① 有观点认为，在无法查实购房人是否属"刚需"的情况下，将"刚需"锁定在购房人在该开发商的楼盘中是否"唯一住宅"的方式不无合理性。② 类似地，也有观点认为，在认定消费性购房款优先权的主体上，消费者的目的非经营需要即可，基本生活消费或改善型需要的购房人均可享有优先权。③

在司法实践中，这种生存居住权主要体现为三种情形，一是自然人购房人，二是购买商铺的购房人，三是仅有一套房产的购房人。

第一，在优先权享有者的自然人主体身份上，法院普遍支持非自然人主体不享有购房人优先权。第二，若购房人为达成经营目的或房屋为商业用途等，房屋本身非用于直接居住，购房人则不属于最高人民法院规定中的"消费者"范畴。但这种判断不应只是形式判断，需要结合实际情况，判断商铺是否也承载着购房人的生存保障功能。第三，仅有一套房产的购房人，对此也可以作为消费者购房人的一个判断因素，还需要结合其他因素综合判断。

---

① 宓佳霙：《论建设工程承包人与购房人之间的权利顺序》，载《今日湖北（中旬刊）》2014年第11期。

② 许见明：《论破产案件中的购房消费者优先权》，载《法制与社会》2018年5月（中）。

③ 傅忠彬、朱涛：《浅析房地产企业破产案件中的消费性购房款优先权》，载《产业创新研究》2019年第11期。

(二) 预告登记的购房人的优先权

◆争议焦点

管理人依据《企业破产法》第十八条解除购房人与破产房地产企业签订的购房合同，对于房屋已预告登记的购房人，能否就其已经支付的价款享有优先受偿权?

◆实务裁判观点

对于预告登记的购房款的优先权问题，实务中存在较大争议。第一种观点认为购房款不能就房屋拍卖所得优先清偿。该方认为预告登记是为了保障将来物权的实现，只是一种物权期待权，是双方义务履行完毕后，预告登记权利人可以优先取得房屋所有权。当管理人解除房屋买卖合同后，这种期待权因为债权关系的终止而消灭。《企业破产法》也没有明文规定预告登记债权的优先性，因此预告登记购房人的购房款应作为普通债权清偿。在“(2019) 粤13民初62号一般取回权纠纷一审案”中，房屋已经办理预告登记，管理人将购房者享有的购房款返还请求权列为普通债权。

尤其是在“以房抵债”“名为买卖实为借贷担保”的情形中，双方虽然签订买卖合同并就房屋进行预告登记，但有的法院认为预告登记并没有赋予债权破产法上的保护效力，此类债权应按照基础法律关系认定为普通债权。在“(2017) 苏民申1469号与破产有关的纠纷再审案”中，法院认为虽然购房人对案涉房屋办理了预告登记，但其并不因此在久发公司破产中对该房屋享有优先权。依照《物权法》[①] 规定，预告登记是为保障将来物权的实现，预告登记本身不产生物权设立与变动的后果。即预告登记的效力以债权有效存续为基础，而不是因为进行了预告登记所以债权必定有效且具有了物权属性。购房人认为

---

① 对应《民法典》第二百二十一条，当事人签订买卖房屋的协议或者签订其他不动产物权的协议，为保障将来实现物权，按照约定可以向登记机构申请预告登记。预告登记后，未经预告登记的权利人同意，处分该不动产的，不发生物权效力。预告登记后，债权消灭或者自能够进行不动产登记之日起九十日内未申请登记的，预告登记失效。

因为进行了房屋预告登记故管理人无权解除合同、其对房屋具有了破产优先权没有法律依据。在“（2019）皖02民终2139号破产债权确认纠纷二审案”中，法院认为双方签订以房抵债的买卖合同后，仅办理了预告登记，预告登记中的登记并非现实的所有权。代物清偿的合意产生后原债务并不当然灭失，只有当抵偿物实际交付或办理物权转移登记以后原债务才得以灭失。因此原债权按照普通债权清偿。

在“（2015）庆商终字第373号别除权纠纷二审案”中，法院认为双方当事人签订的是商品房买卖合同，但实质是A公司为所借款项向出借人提供的一种担保。预告登记在权利性质上属于物权化的债权，其与别除权的基础权利即担保物权存在区别，而其预告登记的效力是否享有法定担保物权的登记备案效力，法律并无明文规定。因此该非典型担保方式不能如法定担保物权一样享有优先受偿的权利。类似案例还有“（2019）黔2725民初1992号普通破产债权确认纠纷一审案”“（2018）浙01民终7242号破产纠纷二审案”“（2018）苏0411民初1764号普通破产债权确认纠纷一审案”“（2019）鲁民终1543号破产债权确认纠纷二审案”。

其中，又有部分法院认为购房款不能就房屋拍卖所得优先清偿，但可以作为共益债务清偿。破产申请受理后，管理人解除合同，根据《合同法》第九十七条①的规定，合同解除后，对于已经履行的部分，当事人可以请求恢复原状。基于《企业破产法》第四十二条第（三）项的规定，买房人可以不当得利为由，要求将购房款返还请求权认定为共益债务。② 实务中有的法院支持这种观点，如在“（2017）赣02民终759号别除权纠纷二审案”“（2019）浙0381民初7114号破产债权确认纠纷一审案”“（2014）浙温商终字第894号破产撤销权纠纷二审案”中，法院认为，管理人将合同解除后，购房人已支付的购房款认定为共益债务。需要说明的是，法院在解决此类纠纷时没有考虑房屋是否已经预告

① 对应《民法典》第五百六十六条，合同解除后，尚未履行的，终止履行；已经履行的，根据履行情况和合同性质，当事人可以请求恢复原状或者采取其他补救措施，并有权请求赔偿损失。合同因违约解除的，解除权人可以请求违约方承担违约责任，但是当事人另有约定的除外。主合同解除后，担保人对债务人应当承担的民事责任仍应当承担担保责任，但是担保合同另有约定的除外。

② 许德风：《论破产中尚未履行完毕的合同》，载《法学家》2009年第6期。

登记。

有观点认为在《民法典》第二百二十一条中规定的预告登记债权作为准物权得到保护，在破产程序中其也应当享有一定程度的优先受偿权。

在“（2019）浙0703民初543号普通破产债权确认纠纷一审案”中，法院认为购房人按约已将全部购房款付清，所购买的消费性商品房亦办理了预告登记，产生了物权期待权，应赋予购房人的购房款破产优先受偿权。

在“（2019）湘民终870号破产债权确认纠纷二审”中，法院认为，案涉15套房屋在办理了预告登记后，A公司不能将案涉房屋再行出售或者设置其他权利，故该预告登记具有排他效力，起到了一定的财产权利变动的公示作用。现A公司到期没有清偿债务，李某请求参照法律关于担保物权的规定对案涉房屋处分所得享有优先受偿权，可予以支持。

在“（2019）湘民申2945号商品房销售合同纠纷再审案”中，破产财产的变价方案显示，将未完工程处置后，已预告登记、网签的商铺按价值金额对应清偿购房款。意味着在此案中，经预告登记的商铺，已支付价款的清偿具有一定的优先性。在“（2019）云3103民初942号破产债权确认纠纷一审案”中，购房款也被认定为优先债权。

即使经预告登记的房屋的购房款可以优先受偿，但现实中仅办理网签的情况较为普遍，网签的效力是否等同于预告登记？仅办理网签未进行预告登记的房屋买卖，购房款是否也能优先受偿？

有的观点认为，买卖合同的网签备案登记与预告登记具有同等的效力。因为网签后的合同具有公示作用，与预告登记的功能并无差异。如果办理预告登记的房屋的购房款可以优先受偿，那么已经办理网签的购房款也可以。在“（2018）苏0211民初2835号房屋买卖合同纠纷一审案”中，法院认为《商品房买卖合同》已经备案在先，买房人也已经付清全部购房款，则其对破产企业未建造完成的别墅享有的权利应有别于普通债权，是一种针对特定不动产所享有的具有物权期待权属性的特殊债权。故在受偿顺序上应在建设工程价款优先受偿权和担保债权之前。

但也有观点认为，网签备案登记是房产管理部门和土地管理部门对开发商房屋买卖合同的一种行政管理措施，而不是民法典所规定的房屋买卖标的预告登记行为，因此仅办理网签的买卖合同并没有物权期待权，合同解除后已履行的价款应作为普通债权清偿。

在“（2019）浙06民终4690号破产债权确认纠纷二审案”中，法院认为，虽双方签订的《商品房买卖合同》有效并进行了网签，但并未进行预告登记，该合同并未使原告对涉案房屋享有优先于其他债权人的优先权，若赋予原告债权优先受偿权，其实质是要求破产企业对其债权在破产程序之外给予全额、个别清偿，而根据《企业破产法》第十六条之规定，个别清偿无效，因此不能认定原告对涉案房屋享有优先权。

在“（2019）川0503民初1697号与破产有关的纠纷一审案”中，法院认为商品房预售合同登记是对买卖房屋的合同进行登记，登记的对象是双方所签订的合同，确认购房人拥有的权利仅是合同的债权，而不是所购房屋的物权，商品房买卖合同的预售登记不具有商品房房屋买卖预告登记制度所享有的对抗第三人物权的法律效力。类似案例还有“（2018）鲁1003民初267号破产债权确认纠纷一审案”“（2018）鲁03民终2868号破产债权确认纠纷二审案”“（2018）苏13民终2591号商品房销售合同纠纷二审案”。值得注意的是，这些法院也并没有明确指出房屋预告登记后，购房人已支付房款有优先受偿权。

◆典型案例

1. 刘某与A公司别除权纠纷二审案

（2015）庆商终字第373号

【案情简介】

● 2011年7月28日和2011年8月22日，原告刘某两次借款给被告A公司共计1200万元。双方同时签订了商品房买卖合同，并办理了房屋预告登记。

● 2013年12月2日，法院裁定受理安某对被告A公司的破产申请。

● 之后，原告向被告A公司申报了债权。被告A公司破产管理人将其债权列为普通债权。

【双方争议】

双方对原告是否就已预告登记房屋的购房款享有优先受偿权产生争议。

刘某主张，物权法的预告登记规定，只要没有法定的事由在预先登记的期限内即具有排斥第三人的效力，任何人处分该不动产的行为均属于无效。最高院物权研究小组在《物权法条文理解与适用》中认为，预告登记实质作用在于限制权利人行使处分权，保障预告登记权利人的权益，赋予预告登记的请求权以物权效力。预告登记具有保全效力，即保全未来发生不动产物权变动的请求权，包括取得、转移、变更不动产的物权请求权，使其发生所约定的或制定的法律后果，具有排斥后来的其他物权变动的效力；预告登记具有保存顺位的效力，即通过预告登记保全的权利与其顺位同时登记；预告登记具有破产保护的效力，可以在不动产物权人陷入破产时，对抗其他债权人而保全请求权的目的实现。

A 公司主张：案涉房屋虽办理预告登记，但不能享有优先受偿权。

【判决结果及理由】

一审法院认为，该商品房买卖合同可视为 A 公司为其借款提供的抵押担保，其目的系保障将来债权得以实现。但双方仅在某县房产管理部门办理了预告登记，其性质应系抵押预告登记。抵押预告登记与抵押登记，虽设立的目的都是为债权人的债权得以实现提供担保，但两者的效力完全不同。抵押登记系能使不动产物权的设立、变更、转让和消灭发生效力的行为；而抵押预告登记，并不导致不动产物权的设立或变动，只是使登记申请人取得一种请求将来发生物权变动的请求权。抵押登记属于本登记，其登记具有终局效力；抵押预告登记属于预备登记，不具备终局的物权效力，具有临时性，待物权变动的条件具备后，权利人需积极行使该权利才能为本登记。抵押登记完成后设立的抵押权具有物权的支配性和排他性，抵押权人享有优先受偿权；而抵押预告登记针对的系将来发生的不动产物权，是否能最终成为现实的物权尚存在不确定性。本案中，原告对被告 A 公司抵押担保的房产（68 套房产）仅进行了预告登记，而至法庭辩论终结前均未进行抵押登记，其抵押权并未设立，被告 A 公司进入破产程序后，原告对破产人的财产无权行使抵押权，对抵押担保的房产不享有优先受偿的权利。对于原告主张其对预告登记的房产享有别除权，其债权应优于一般破产债权而优先受偿。因别除权系以担保物权为基础的权利，系就担保人特定财产设定的担保物权。不动产担保物权的取得须以不动产物权登记为原则。而原告对抵押担保的房产未进行不动产登记，仅有预告登记，其抵押权不生效，其对抵押担保的房产不具有支配权，故原告对其主张的房产不享有别除权，亦不享有优先受偿的权利。

二审法院认为，双方当事人到某县房产管理部门对68套房屋办理了预告登记手续，上诉人领取了商品房预告登记证明。上诉人为此主张担保合同已经进行了登记备案，且预告登记具有排斥后来其他物权变动、保存顺位及破产保护的效力，故其应在破产程序中享有别除权。本院认为，别除权是指担保权人享有就特定财产不依照破产清算程序而优先获得清偿和满足的权利。法定担保物权能在破产程序中转化为别除权。案涉担保方式虽被《最高人民法院关于审理民间借贷案件适用法律若干问题的规定》所认可，但并非物权法规定的法定物权种类和内容，且预告登记在权利性质上属于物权化的债权，其与别除权的基础权利即担保物权存在区别，而其预告登记的效力是否享有法定担保物权的登记备案效力，该非典型担保方式是否如法定担保物权享有优先受偿的权利，法律并无明文规定，故对上诉人的该项主张，因无法律依据，本院不予支持。

2. 叶某与A公司房屋买卖合同纠纷一审案

（2018）苏0211民初2835号

【案情简介】

● 2014年9月18日，叶某与A公司签订《商品房买卖合同》并进行备案。

● 2017年9月6日，法院裁定受理了B银行某支行对A公司的破产清算申请。

● 2018年4月12日，管理人向叶某发出解除合同通知书，通知叶某因A公司破产其所购买的两幢别墅尚未完工且无法续建，故无法履行合同、交付房屋，管理人决定解除合同，由此产生的损失叶某可向管理人申报债权或向本院起诉。

- 2018年5月7日，叶某向法院起诉。
- 2018年6月12日，A公司被裁定宣告破产。

【双方争议】

双方对购房款是否能优先受偿产生争议。

叶某主张其已经支付全部房款，买卖合同已经备案在先，购房款要优先受偿。

A公司主张应按照普通债务清偿。

【判决结果及理由】

法院认为，因A公司已被宣告破产，且售于叶某的两幢别墅尚未建造，则A公司根据《商品房买卖合同》向叶某交付房屋的合同目的显然无法实现，故管理人为此解除合同并无不当。但叶某因合同目的无法实现所致的损失应由A公司承担。涉案A52幢52单元1－2层、53幢53单元1－2层两幢别墅虽未建造，但原因全系A公司所致，且涉及的《商品房买卖合同》已经备案在先，叶某业已付清全部购房款，则其对A公司享有的涉及上述特定物的权利应有别于普通债权，是一种针对特定不动产所享有的具有物权期待权属性的特殊债权。故在受偿顺序上应在建设工程价款优先受偿权和担保债权之前。但其优先受偿额仅以叶某支付的购房款为限，其余损失仍以普通债权受偿。

◆管理人履职提示

对于房屋已经办理预告登记，合同解除后购房款如何清偿，在实践中仍存在较大争议，未形成主流观点。预告登记债权在物权法上虽具有准物权的性质，但《企业破产法》对于此种性质债权如何认定并没有明确规定。从理论上来看，普通债权具有相对性，而预告登记债权具有对世性，按照民法的逻辑其应优先于普通债权清偿，但合同解除后预告登记即失效，债权则丧失这种准物权的特性，此时是否可以优先清偿尚无定论；别除权可以以特定物的变现款优先清偿，而预告登记债权是赋予权利人依债权优先获取物权的权利，因此预告登记债权能否基于优先获取物权的性质而享有优先受偿权尚存在争议。综合来看，就目前学术界的观点，趋向于赋予预告登记债权一定的优先性。[①] 如前文所列举的案例，实践中也有部分法院认为预告登记后的房屋，其购房款可以优先清偿，至于其清偿顺位则没有明确结论。

在实践中大量出现仅办理网签而未预告登记的情形，办理网签的购房合同形成的债权是否具有同样的优先性呢？网签与预告登记的功能相似，公示效果相近。预告登记保障房屋购买人请求出卖人转移房屋所有权的权利，可以防止一房数卖。网签也能防止一房数卖，即不注销网签，同一房屋无法进行第二次网签。但目前网签只是一项行政管理措施，没有网签也并不影响房屋买卖合同的效力，法律亦没有明确规定网签的性质。因此，仅办理网签未预告登记的购房合同形成的债权是否可以优先受偿，尚存在较大争议。

综上所述，当管理人选择解除已经办理预告登记的房屋买卖合同，而且购房人不属于《批复》第二条[②]规定的“购房消费者”，此时购房人已支付的房款能否作为优先权清偿，尚有争议。但综合来看，此种情形下，购房款的清偿有三种途径：第一，作为普通债权清偿，对于“以房抵债”或者“名为买卖实为借贷”的购房合同，无论是预告登记还是办理网签，一般都按照普通债权清偿，实践中争议不大。但是对于一般的预告登记的购房人，有观点认为不属于别除权，而应当作为普通债权清偿，此种观点司法实践中的案例数量较少。第二，作为共益债务清偿，虽然实践中也有此做法，但是学术界有学者认为合同解除后，将债权人已履行部分作为共益债务清偿存在不合理之处。因为破产法赋予管理人对待履行合同的解除权是为了使破产人摆脱造成负担的合同，实现破产财产的稳定或增值，而作为共益债务清偿则有违公平[③]。第三，作为优先权清偿。但是对于优先清偿的顺位并没有统一做法。有的法院认为可以在建设工程价款优先受偿权和担保债权之前受偿。有的学者认为预告登记标的物如果在破产时已存在，则可优先于普通债权受偿。预告登记债权与别除权的受偿顺位，

---

① 庄加园：《预告登记的破产保护效力》，载《南京大学学报》2014 年第 6 期。

② 已失效，但新司法解释中未有对应的内容。

③ 王欣新、余艳萍：《论破产程序中待履行合同的处理方式及法律效果》，载《法学杂志》2010 年第 6 期。

则可按设立时间的先后确定。[①] 综上所述，当前实践中存在赋予预告登记债权在破产清偿中一定优先性的趋势，但是缺乏破产法域的明确规定，各地做法不一。因此在管理人处理此类债权时，需了解当地法院以往的观点，与法官先行沟通。同时也应当根据各地具体情况慎重研究，以防止各项目的标准不一引发业主不满的群体性事件。

本章小结

别除权是指债权人因其债权设有物权担保或享有特别优先权，而在破产程序中就债务人特定财产享有的优先受偿权利。别除权一般是基于担保物权而产生，但在实践中也将工程款债权、消费者购房人债权作为别除权清偿。此类债权是针对债务人特定财产行使的权利，普通破产债权和产生于破产申请受理后的破产费用、共益债务是针对无担保的破产财产行使的权利。因此别除权不同于破产费用、共益债务从债务人无担保财产中的优先随时清偿，更不同于普通破产债权因性质不同而根据社会政策在清偿顺序上排列的先后，而是针对特定担保财产行使的，不受破产清算与和解程序限制，可优于其他债权人单独、及时受偿之权。

本章就三个类型优先权中的具体问题进行了分析。那么，如果同一个物上同时包含多个不同类型的优先权，该以何种顺位进行清偿?

对于《企业破产法》第一百零九条规定的有特定财产担保的债权，即抵押权、质权、留置权，应当根据《民法典》第四百五十六条“同一动产上已经设立抵押权或者质权，该动产又被留置的，留置权人优先受偿”以及《全国法院民商事审判工作会议纪要》第六十五条“同一动产上同时设立质权和抵押权的，应当参照适用《物权法》第199条[②]的规定，根据是否完成公示以及公示先后情况来确定清偿顺序：质权有效设立、抵押权办理了抵押登记的，按照

① 吴春岐：《论预告登记之债权在破产程序中的法律地位和保障》，载《法学论坛》2012年第1期。

② 对应《民法典》第四百一十四条，同一财产向两个以上债权人抵押的，拍卖、变卖抵押财产所得的价款依照下列规定清偿：（一）抵押权已经登记的，按照登记的时间先后确定清偿顺序；（二）抵押权已经登记的先于未登记的受偿；（三）抵押权未登记的，按照债权比例清偿。其他可以登记的担保物权，清偿顺序参照适用前款规定。

公示先后确定清偿顺序；顺序相同的，按照债权比例清偿；质权有效设立，抵押权未办理抵押登记的，质权优先于抵押权；质权未有效设立，抵押权未办理抵押登记的，因此时抵押权已经有效设立，故抵押权优先受偿”的原则进行排序。

对于抵押权和建设工程优先权发生冲突的，按照《最高人民法院关于审理建设工程施工合同纠纷案件适用法律问题的解释（一）》第三十六条规定“承包人根据民法典第八百零七条规定享有的建设工程价款优先受偿权优于抵押权和其他债权”，即建设工程优先权优先于抵押权进行清偿的原则进行排序。

第十一章 损害债务人利益赔偿纠纷

损害债务人利益赔偿纠纷是指债务人的有关人员违反有关义务损害债务人财产或债权人利益时，管理人在破产程序中要求有关人员承担损害赔偿责任所产生的纠纷。主要包括企业董事、监事或者高级管理人员违反忠实义务、勤勉义务，致使所在企业破产的；债务人的董事、监事和高级管理人员利用职权从企业获取非正常收入和侵占企业财产的；以及债务人故意减损债务人财产的行为、破产欺诈和偏颇清偿行为，损害债权人利益等情形。企业的董监高违反忠实义务、勤勉义务的不当职务行为损害了企业利益，不仅减损了债务人的责任财产，也影响着债权人利益的实现，对于该非正常收入和侵占的企业财产，管理人应当予以追回；债务人的破产欺诈等行为属于无效行为，管理人有权向人民法院申请确认债务人的行为无效。因上述行为造成的损失，管理人可以要求有关人员承担损害赔偿责任。

对于损害债务人利益赔偿纠纷，实务中的主要争议焦点在于侵权行为的认定。例如，董监高负责企业的日常经营行为，其从企业账户支取财物等行为应被认定为职务行为还是侵占企业财产？再如，企业有关人员未尽忠实勤勉义务导致企业破产的，管理人应当证明有关人员未履行忠实、勤勉义务，以及上述人员违反忠实、勤勉义务的行为与企业破产间存在因果关系，其中对于因果关系的证明在实务中存在很大困难。此外，如何证明存在破产欺诈行为和偏颇清偿行为也是实务中的一大难点。本章将对以上问题一一进行探究。

一、破产企业有关人员涉侵占公司财产应承担的赔偿责任

◆争议焦点

《企业破产法》第三十六条规定："债务人的董事、监事和高级管理人员利用职权从企业获取的非正常收入和侵占的企业财产，管理人应当追回。"对于董监高的哪些行为可被认定为利用职权侵占企业财产被管理人起诉追回，在实务中需要关注。

◆实务裁判观点

根据检索到的相关案例，企业有关人员利用职务之便侵占企业财产的行为有不同的表现方式：如将应交至企业的款项如租金等据为己有、利用职权将公司账款划入个人名下、私自将公司财产转卖并收取款项等。如根据双方提交的证据，企业有关人员的行为不能被认定为合理，且确从中获利，进而损害可供债权人分配的债务人财产，法院倾向于支持管理人的诉求。

如在"(2015)嘉善商初字第01431号A公司诉被告吴某、周某某损害债务人利益赔偿纠纷一审案"中，被告吴某、周某某系原告A公司董事长和总经理，在公司经营不善临近破产时利用职权将公司账款转入自己账户。法院认为，被告吴某共转款774716元，其中762864元属于合理支出，用以发放工资及报销等，应从总款774716元中扣除，余款11852元未入账款应返还公司；被告周某某身为公司总经理在公司濒临破产时，以工资余额、业务补贴、年终奖金的名义一次性领取自2006年至2011年968000元，用于做平历年挂账，该行为违反《企业破产法》及相关司法解释，对于该部分领款应予返还。

在"(2018)鲁01民终5495号隋某与A公司损害债务人利益赔偿纠纷二审案"中，隋某作为A公司原法定代表人，占有使用A公司所有车辆，并在公司经营不善临近破产时将公司所有车辆未经公司同意以148000元的价格出售，且未将所得款项交付于A公司。法院认为隋某的该行为属侵占企业财产和从企

业获取的非正常收入，其行为必然减损了债务人（已进入破产程序的 A 公司）的整体责任财产，从而损害了债权人的共同清偿利益，使债权人遭受经济损失，应承担返还财产等赔偿责任。

在“（2018）鲁 01 民终 7540 号 A 公司与隋某损害债务人利益赔偿纠纷二审案”中，隋某作为 A 公司原法定代表人，将 A 公司开发承建的办公室登记在个人名下，且目前房产因其个人债务已被法院查封。法院认为，《企业破产法》第三十六条规定：“债务人的董事、监事和高级管理人员利用职权从企业获取的非正常收入和侵占的企业财产，管理人应当追回。”在公司经营不善临近破产时，隋某已不能将该涉案房屋归还于 A 公司。被告的该行为，必然减损了债务人（已进入破产程序的 A 公司）的整体责任财产，从而损害了债权人的共同清偿利益，使债权人遭受经济损失，其应承担返还财产等赔偿责任。

但是，当在破产企业有关人员确实存在占有应属于企业资产的客观情形时，根据案件的具体情况，如其行为可被认定为正常执行职务的行为且并未因此获取私利，管理人的诉求可能无法得到支持。

如在“（2019）渝 0151 民初 3627 号 A 公司与阳某某损害债务人利益赔偿纠纷一审案”中，企业的法定代表人阳某某代企业收取保证金后，并未交还至公司。法院认为，阳某某收取保证金 40 万元系履行职务行为，其本应将该款交回 A 公司，但阳某某提前将 40 万元保证金返还了彭某，虽未到退还时间，但阳某某作为法定代表人提前退还该款系履行职务行为，可视为变更退还时间，且该款均在法院受理破产清算申请一年前予以退还，阳某某现今并未占有 A 公司的该 40 万元保证金。法院未支持管理人要求返还保证金的请求。

除此之外，在企业经营过程中，经常存在企业有关人员代为垫付工资、货款等情况，在管理人起诉要求其返还所侵占的企业财产时，其可能主张抵销，如抵销依法成立，法院可能基于公平原则等予以支持，进而驳回管理人的诉讼请求。

如在“（2019）渝 0151 民初 3627 号 A 公司与阳某某损害债务人利益赔偿纠纷一审案”中，双方的争议焦点之一是 A 公司要求阳某某归还租金 60 万元及支付租金利息的诉讼请求是否应予支持，以及阳某某的抵销权是否成立。对此，法院认为，A 公司在阳某某为 A 公司支付了超过 60 万元的货款、工程款、天然气入户费等款项后未向阳某某出具借条等凭据，阳某某也未将该款项作为 A 公司的借款或垫支款记入 A 公司账务，但阳某某为 A 公司垫付款项的事实成立，阳某某现主张该垫付款项为借款，法院予以支持。阳某某在收取彭某租金 60 万元后虽未交回 A 公司，也未列入 A 公司账务，但因此前 A 公司向阳某某借款超过 60 万元，阳某某主张该 60 万元租金抵偿其借款，根据公平原则，予以支持。因此，法院未支持管理人要求阳某某归还租金及支付该租金利息的请求。

同时需要注意的是，因企业经营过程中可能存在企业的财产与个人财产混同的情形，在该种情况下，证明企业有关人员存在侵占公司财产的行为，可能存在一定的难度。如在“（2019）川 06 民终 1117 号 A 公司、唐某损害债务人利益赔偿纠纷二审案”中，关于唐某于 A 公司破产前收取的 15 万元租金是否应当返还给 A 公司的问题，管理人认为，唐某虽然在 A 公司破产前存在支付员工工资的行为，但 A 公司也有其他收入存入了唐某个人账户，不足以认定其收取的租金用于发员工工资而进行抵扣。法院认为，A 公司在破产前存在公司财产与唐某个人财产混同的情形，唐某是否需要返还公司财产需要清理公司全部账目后予以认定，A 公司提交的现有证据尚不足以证明唐某在破产前占用了 A 公司的财产，故对 A 公司的该项主张不予支持，A 公司可在查清账目后另行主张。

◆管理人履职提示

《企业破产法》第三十六条规定的侵占企业财产行为，主要指的是企业的有关人员利用其对于企业的管理优势和便利条件，为个人谋取私人利益，表现形式有多种，如伪造账目侵占企业资金、私自变卖企业财产并将款项据为己有等。上述行为损害用以向全体债权人进行分配的整体责任财产，进而损害债权人的共同利益。为保全债务人财产，维护广大债权人利益，管理人应当对被侵占的企业财产进行追回。

在追回方式上，《企业破产法》及相关司法解释未加以明确，部分地方性操作指引中有所涉及，如《深圳市中级人民法院破产案件管理人工作规范》第三十八条规定："管理人经调查发现债务人的董事、监事和高级管理人员利用职权获取非正常收入或者侵占债务人财产的，应当书面通知其返还财产。上述人员在限定时间内未返还财产的，管理人应当依法向本院提起诉讼。构成犯罪的，管理人应当向有关机关报案，追究其刑事责任。"但如上文所述，企业有关人员侵占企业财产的行为可能有多种表现形式，有一些甚至十分隐蔽。对此，建议管理人全面、仔细地调查。如发现有关人员存在为谋取私利侵占企业财产的行为，应及时书面通知要求其限期返还财产，若其拒绝返还或未在限定期限内返还，应及时起诉。若所侵占财产已灭失、转让而不能返还，或虽能返还但已使企业、债权人遭受其他损失时，应要求有关人员承担赔偿损失的民事责任。此外，若有关人员的侵占行为构成犯罪，管理人应向有关部门报案。另外，对于企业同时对该类涉侵占企业财产的有关人员负有债务的情况也应加以关注，对于抵销权依法成立的情形，法院可能基于公平原则等予以支持，进而驳回管理人的诉讼请求。

另外，需提示的是，对于企业财产与个人财产混同的情形，如管理人未能对企业账目进行全盘梳理，充分举证证明对方存在侵占企业财产的行为，可能因此承担败诉的风险，如"（2019）川 06 民终 1117 号 A 公司、唐某损害债务人利益赔偿纠纷二审案"。建议管理人在此种情况下应在起诉前对企业与该个人的资金往来等全面清理，以尽可能准确判断是否存在侵占企业财产的行为。

二、破产企业有关人员致企业破产应承担的赔偿责任

◆争议焦点

《企业破产法》第一百二十五条第一款规定："企业董事、监事或者高级管理人员违反忠实义务、勤勉义务，致使所在企业破产的，依法承担民事责任。"《公司法》第一百四十七条第一款规定："董事、监事、高级管理人员应当遵守

法律、行政法规和公司章程，对公司负有忠实义务和勤勉义务。”第一百四十九条规定：“董事、监事、高级管理人员执行公司职务时违反法律、行政法规或者公司章程的规定，给公司造成损失的，应当承担赔偿责任。”该两条主要是针对企业有关人员对企业经营不善或经营失败所应承担的民事责任。但《企业破产法》第一百二十五条的规定较为笼统，没有明确的判断标准[①]，管理人在诉讼中举证存在一定的难度，特别是在证明企业有关人员的行为与企业破产之间存在因果关系方面。

◆**实务裁判观点**

若管理人拟依据《企业破产法》第一百二十五条追究企业有关人员致使企业破产所应承担的民事责任，一方面需证明有关人员未履行忠实、勤勉义务，另一方面需证明上述人员违反忠实、勤勉义务的行为与企业破产间存在因果关系。

如在“（2016）浙03民终816号A公司与高某某、阮某损害债务人利益赔偿纠纷二审案”中，一审法院认为，根据《公司法》第一百四十七条的规定，董事、监事、高级管理人员对公司负有忠实义务和勤勉义务；根据《企业破产法》第一百二十五条的规定，企业董事、监事或者高级管理人员违反忠实义务、勤勉义务，致使所在企业破产的，依法承担民事责任。A公司收到的投资款理应用于合伙经营国际转口贸易，但是高某某、阮某（若如被告高某某所言）却将应由公司操作的资金用于偿还阮某个人债务，已经损害了A公司的利益。退言之，即使认定A公司未收到投资款，或者高某某对投资款流向原先并不知情，则高某某、阮某在A公司没有收到投资款也没有任何利益的情况下，于2012年7月11日仍然一致同意以A公司名义签署《决议书》，使A公司承担巨额债务，亦已违反了对A公司的忠实义务，损害了公司的利益。如果高某某于2012年7月11日签署《决议书》是经股东会决议授权，则高某某、阮某作为A公司的股东，作出让A公司承担巨额债务的决议也属于滥用股东权利损害公司利益的

① 郑鹏：《论董事对破产公司债权人的赔偿责任》，对外经济贸易大学法学院2015年硕士学位论文，第2页。

行为。据上，高某某、阮某存在违反法定义务损害公司利益的行为。另外，由于高某某、阮某的损害行为，致使A公司负担了巨额债务，并直接导致A公司被债权人申请破产。因此，高某某、阮某应承担损害赔偿责任。二审法院认定一审判决认定事实清楚，适用法律正确，应予以维持。

同理，在“（2018）最高法民再366号A公司、胡某某损害公司利益责任纠纷再审案”中，A公司管理人申请再审称，根据《企业破产法》第一百二十五条的规定，企业董事、监事或者高级管理人员违反忠实义务、勤勉义务，致使所在企业破产的，依法承担民事责任，因此，六名董事应对A公司股东欠缴出资所造成A公司的损失承担连带赔偿责任。最高人民法院认为，胡某某等六名董事未能提交证据证明其在股东出资期限届满即2006年3月16日之后向股东履行催缴出资的义务，以消极不作为的方式构成了对董事勤勉义务的违反。一审法院依据（2012）深中法执恢字第50号执行裁定，强制执行了B公司财产后，B公司没有其他可供执行的财产，一审法院于2012年3月21日裁定终结该次执行程序。后A公司被债权人捷普电子（苏州）有限公司申请破产清算。由此可见，股东B公司未缴清出资的行为实际损害了A公司的利益，胡某某等六名董事消极不作为放任了实际损害的持续。股东B公司欠缴的出资即为A公司遭受的损失，B公司欠缴出资的行为与胡某某等六名董事消极不作为共同造成损害的发生、持续，胡某某等六名董事未履行向股东催缴出资义务的行为与A公司所受损失之间存在法律上的因果关系。综上，胡某某等六名董事未履行向股东催缴出资的勤勉义务，违反了《公司法》第一百四十七条第一款规定，对A公司遭受的股东出资未到位的损失，应承担相应的赔偿责任。

如管理人未能就有关人员存在违反忠实、勤勉义务的行为，或违反忠实、勤勉义务的行为与企业破产之间存在因果关系充分举证，法院倾向于不予支持管理人的诉请。如在“（2020）鲁1092民初940号A公司与杨某某、郭某某损害债务人利益赔偿纠纷一审案”中，原告主张根据《公司法》第一百四十九条和《企业破产法》第一百二十五条的规定，被告给A公司造成巨大损失应当承担赔偿责任。法院认为，企业高级管理人员不得有挪用公司资金等行为。本案被告系A公司的股东、高级管理人员，对A公司负有忠实义务和勤勉义务，若有不当行为给企业造成损失，A公司管理人有权要求被告承担赔偿责任。《民事诉讼法》第六十四条第一款规定："当事人对自己提出的主张，有责任提供证据。"被告虽承认已实际收到涉案货款，但已提供证据证实相应款项用于偿还A公司的债务。A公司相应账簿记载内容与实际严重不符，被告将公司货款在账外使用的行为不当，但原告不能证实该宗款项由被告私自占有，则原告基于涉案货款要求被告承担赔偿责任，本院不予支持。

◆管理人履职提示

现代企业基于经营管理的需要，企业的经营权与所有权在很多情况下呈分离状态，公司所有者即股东较少参与公司的经营管理，企业的所有者与经营者之间存在信息不对称。基于对股东和债权人利益保护的需要，《公司法》第一百四十七条规定了企业高管人员对公司负有忠实义务和勤勉义务。因违反忠实义务和勤勉义务而致企业破产，系对股东、债权人及其他利益相关人的极大侵害。企业有关人员致使企业破产，主要是指在公司正常经营期间，有关人员违反了对公司的忠实和勤勉义务，因过错行为造成企业破产的结果。

《企业破产法》第一百二十五条即用以追究董事、监事或者高级管理人员致使公司破产的民事责任的法律依据，但实践判断难度比较大。一方面，企业破产的原因可能是多方面因素导致的，如行业发展、社会经济状况等，董监高未尽到忠实、勤勉义务可能只是其中的一个因素，且存在很大的证明难度。另一方面，《企业破产法》第一百二十五条对于董监高致使企业破产所应承担的责任规定得较为笼统，未规定明确的判断标准[①]。上述"（2016）浙03民终816号A公司与高某某、阮某损害债务人利益赔偿纠纷二审案"中，企业法人、执行董事兼总经理高某某及监事阮某的违反法定义务行为致使企业负担巨额债务，该债务所对应的债权人即为后续向法院申请债务人企业破产的申请人。法院据此判定高某某及阮某的行为与企业破产之间存在直接的因果关系。该案存在一

---

① 冯继刚：《公司破产高管人员民事责任研究》，扬州大学法学院2016年硕士学位论文，第9页。

定的特殊性：企业有关人员的过错行为的相对方即为向法院申请企业破产的申请人，其行为与企业破产之间的因果关系较为明晰。但如上文所述，造成企业破产的原因可能有多方面，企业有关人员的行为可能只是原因之一，进一步加大了举证难度。

管理人实务中，建议开展针对性核查，包括破产原因分析、敏感债权债务核查等，发现线索，必要时启动专项调查及审计，审慎履职，最大限度维护债权人合法权益。

三、破产企业有关人员就破产欺诈行为及偏颇清偿行为应承担的赔偿责任

◆争议焦点

《企业破产法》第三十一条至第三十三条规定管理人对于破产欺诈行为和偏颇清偿行为有权申请法院撤销或判定无效，上述行为的共同结果是导致公司破产财产减少。实务中，即使管理人依法起诉，挽回全部损失也存在不确定性。《企业破产法》第一百二十八条即针对破产欺诈行为及偏颇清偿行为规定企业有关人员应承担的民事责任，其目的在于使债务人的财产尽可能恢复原状。实务中争议焦点主要在于是否存在破产欺诈行为或偏颇清偿行为以及在存在上述行为的情况下，企业有关人员是否应承担责任。

◆实务裁判观点

根据《企业破产法》第一百二十八条的规定，企业有关人员承担民事赔偿责任的前提之一是债务人有本法第三十一条、第三十二条、第三十三条规定的可撤销行为或无效行为。故，如管理人无法证明存在上述可撤销行为或无效行为，一般无法依据《企业破产法》第一百二十八条追究企业有关人员的赔偿责任。

如在“（2020）皖民申40号A公司、许某某损害债务人利益赔偿纠纷再审案”中，法院认为A公司提供的证据仅能证明2010年3月11日至2010年10

月 29 日许某某在任 A 公司法定代表人并持有 A 公司 80% 股权期间，A 公司有陆续向许某、B 公司汇款的行为，但其并未提供充分证据证明该汇款行为存在逃避债务或是虚构债务、承认不真实的债务的情形，应承担举证不能的法律后果，裁定驳回 A 公司的再审申请。

管理人介入的滞后性，很多情况下使管理人举证证明存在上述行为具有一定难度。实务中，已有法院考虑到破产案件的特殊性，如在“（2017）京民终 308 号 A 公司与韩某某等损害债务人利益赔偿纠纷二审案”中，二审法院认为，案涉报废品价值 1510414.31 元，因缺乏原始凭证无法判断案涉报废品交易是否属于《企业破产法》第三十一条第（二）项规定的“以明显不合理的价格进行交易的”情形，从而最终确定是否给弘大公司造成损失或造成损失的金额。由于 A 公司的高级管理人员刘某某、侯某某、韩某某负有法定义务保管原始财务凭证，A 公司证明损失的存在必须依赖于 A 公司的财务原始凭证，根据《最高人民法院关于适用〈中华人民共和国民事诉讼法〉的解释》第一百一十二条规定：“书证在对方当事人控制之下的，承担举证证明责任的当事人可以在举证期限届满前书面申请人民法院责令对方当事人提交。申请理由成立的，人民法院应当责令对方当事人提交，因提交书证所产生的费用，由申请人负担。对方当事人无正当理由拒不提交的，人民法院可以认定申请人所主张的书证内容为真实。”据此，可以认定 A 公司所主张的案涉财务原始凭证记载内容不利于 A 公司的高级管理人员刘某某、侯某某、韩某某。一审法院在因 A 公司高级管理人员的过错行为无法提供案涉财务原始凭证致使无法确认 A 公司是否有损失或者损失数额的情况下，没有考虑破产案件的特殊性、破产管理人介入债务人事务的滞后性，错误地分配举证责任，简单地以 A 公司提交的证据不足以证明 A 公司的损失为由驳回 A 公司的诉讼请求，应当予以纠正。由于原始凭证的缺失致使本案的损失数额处于不明状况，A 公司破产管理人主张以审计后无法明确说明的 3145295.21 元推定为实际造成的损害赔偿数额，因原始凭证的缺失，此种推定本院难以支持。本院参照《会计法》第四十二条之规定：“违反本法规定，有下列行为之一的，由县级以上人民政府财政部门责令限期改正，可以对单位并处三千元以上五万元以下的罚款；对其直接负责的主管人员和其他直接责任人员，可以处二千元以上二万元以下的罚款；属于国家工作人员的，还应当由其所在单位或者有关单位依法给予行政处分：……（三）未按照规定填制、取得原始凭证或者填制、取得的原始凭证不符合规定的；（四）以未经审核的会计凭证为依据登记会计帐簿或者登记会计帐簿不符合规定的……（八）未按照规定保管会计资料，致使会计资料毁损、灭失的……”本院酌定刘某某、侯某某、韩某某在2万元的范围内承担赔偿责任。本案未支持A公司破产管理人大部分诉讼请求，源于A公司高级管理人员刘某某、侯某某、韩某某违反对公司的忠实、勤勉义务，未妥善保管A公司原始财务凭证的过错行为，侯某某、韩某某在答辩中亦明确承认本案产生的原因在于“账务处理、账务手续方面存在不规范，导致当期账务不当处理，造成账实不符，引发本案”，为了体现对此行为的否定评价，以儆效尤，本院判定，刘某某、侯某某、韩某某承担本案一审、二审的全部诉讼费用。

但需注意的是，在该案中，虽然法院考虑到了管理人举证方面的难度，认定A公司所主张的案涉财务原始凭证记载内容不利于被告，但法院未支持管理人的大部分诉求。法院认为因缺乏案涉财务原始凭证，企业的实际损失数额无法确定，故仅依照《会计法》的有关规定，对被告违反对公司的忠实、勤勉义务，未妥善保管A公司原始财务凭证的过错行为判处2万元的赔偿责任。管理人的大部分主张未得到支持的根本原因仍在于证据的缺失。

根据已检索到的案例，在确存在破产欺诈行为或偏颇清偿行为的情况下，如企业的有关人员系案涉行为直接参与人，法院一般认定其应对案涉行为承担赔偿责任。

如在“（2016）浙0822民初2827号A公司与江某1、江某2等损害债务人利益赔偿纠纷一审案”中，法院认为被告江某1、江某2作为A公司的高级管理人员，以原告公司的轻质碳酸钙代偿B公司欠C公司的货款代偿之后，未向B公司行使追偿权，造成原告财产损失。二被告的行为已损害了原告及原告债权人的合法利益，依法应承担赔偿责任。被告江某3未实际参与该代偿行为，因此不应承担相关责任。该案中，被告江某1、江某2为案涉代偿行为的直接参与人，被认为应依法承担相应的赔偿责任，对于财务负责人江某3，因其并非上述行为的参与人，故未被判赔。

在“（2018）甘01民初269号A公司破产管理人与张某损害债务人利益赔偿纠纷一审案”中，因A公司与被告张某签订《房地产买卖合同》并办理移转登记的行为被生效判决认定为系A公司为逃避债务而将房地产无偿转移、损害其他债权人利益的行为，法院判决被告张某作为直接责任人员依法应当承担相应赔偿责任。该案中，张某为案涉破产欺诈行为的直接参与人，被认定应当承担赔偿责任。

但是，在企业有关人员非直接参与人的情况下，是否可能因未尽到勤勉义务等被认定应承担赔偿责任存在不确定性。

如在“（2014）浙温商终字第839号A公司与郑某某、张某某等损害债务人利益赔偿纠纷二审案”中，法院认为郑某某作为A公司的监事长以及财务主管，其对公司的财务行为应尽到勤勉义务。根据公司资产负债表显示A公司于2012年5月31日已资不抵债，鉴于2012年6月20日的614500元、7月11日的300000元领款凭证系张某某审批，故郑某某对该二张收款收据合计914500元不应承担赔偿责任。但其他六张领款凭证均系在无任何审批，且公司财务也未核实丁某某身份的情况下，对其个别清偿，郑某某作为财务主管又系张某某持丁某某向A公司管理人申报债权的受委托人，应承担赔偿责任。该案中，郑某某并未直接参与案涉个别清偿行为，但其作为财务主管，对于公司的财务行为负有勤勉义务，法院据此判决其对六张未经任何财务审批的领款凭证对应的金额承担赔偿责任。但在前述“（2016）浙0822民初2827号A公司与江某1、江某2等损害债务人利益赔偿纠纷一审案”中，财务负责人江某3，因其并非案涉行为的参与人，并未被判赔。

◆典型案例

A公司与江某1、江某2等损害债务人利益赔偿纠纷一审案

（2016）浙0822民初2827号

【案情简介】

● 2015年12月30日，被告江某1代表原告A公司，被告江某1、江某2

代表B公司与C公司签订《同意书》一份，用原告公司价值193194.04元的轻质碳酸钙代偿B公司欠C公司的货款。代偿以后，两被告未向B公司行使追偿权，造成原告财产损失193194.04元。

● 2016年5月，原告因不能清偿到期债务向D县人民法院申请破产。

● 2016年5月3日，D县人民法院作出（2016）浙0822民破4号民事裁定书，裁定受理原告破产清算申请，并指定E律师事务所担任管理人。管理人在清查原告资产时发现上述事项，遂通过邮政EMS向被告邮寄《履行赔偿责任通知书》，并向法院起诉。

【双方争议】

三被告的行为是否造成原告财产损失，损害了原告及原告债权人的合法利益，是否依法应当承担赔偿责任。

【判决结果及理由】

本院认为，被告江某1、江某2作为A公司的高级管理人员，以原告公司的轻质碳酸钙代偿B公司欠C公司的货款，代偿之后，未向B公司行使追偿权，造成原告财产损失。二被告的行为已损害了原告及原告债权人的合法利益，依法应承担赔偿责任。被告江某3未实际参与该代偿行为，因此不应承担相关责任，对原告要求江某3承担赔偿损失的请求，本院不予支持。

◆管理人履职提示

《企业破产法》第一百二十八条是规定企业有关人员对于破产欺诈行为及偏颇清偿行为所应承担的民事责任："债务人有本法第三十一条、第三十二条、第三十三条规定的行为，损害债权人利益的，债务人的法定代表人和其他直接责任人员依法承担赔偿责任。"《企业破产法》第三十一条第（一）项、第（二）项、第（五）项及第三十三条，均系对于破产欺诈行为的列举性规定，主要包括：受理破产申请前一年内无偿转让财产；受理破产申请前一年内以明显不合理的价格进行交易的；受理破产申请前一年内放弃债权的；为逃避债务而隐匿、转移财产的；虚构债务或者承认不真实的债务的。《企业破产法》第三十一条第（三）项、第（四）项及第三十二条均系对偏颇性清偿行为的规定，主要包括：对没有财产担保的债务提供财产担保的；对未到期的债务提前清偿的；人民法院受理破产申请前六个月内，债务人有本法第二条第一款规定的情形，仍对个别债权人进行清偿的。

根据《企业破产法》第三十一条、第三十二条及第三十三条的规定，在管理人经调查发现存在破产欺诈行为或偏颇性清偿行为时，管理人通过行使撤销请求权或申请法院判定债务人行为无效，从而追回属于债务人的财产，并归入破产财产当中，以纠正债务人的破产欺诈行为及偏颇清偿行为①。但在多数情况下即使依照规定申请法院将上述行为撤销或判定无效，也难以使财产恢复原状，债权人的利益必然遭受一定程度的损失，在此情况下，要求企业的有关责任人员对上述行为承担赔偿责任是十分必要的。该种赔偿责任作为一种补充责任，是以填补损害为承担责任的结果，以破产欺诈行为或偏颇性清偿行为所造成的无法恢复原状的财产损失为赔偿范围。②《最高人民法院关于适用〈中华人民共和国企业破产法〉若干问题的规定（二）》第十八条规定："管理人代表债务人依据企业破产法第一百二十八条的规定，以债务人的法定代表人和其他直接责任人员对所涉债务人财产的相关行为存在故意或者重大过失，造成债务人财产损失为由提起诉讼，主张上述责任人员承担相应赔偿责任的，人民法院应予支持。"依照上述法律规定，针对企业有关人员对涉及债务人财产的破产欺诈行为及偏颇清偿行为所应承担的民事责任，管理人应依照有关法律规定及时提起诉讼，以维护债权人利益。

管理人在履职时需注意以下问题：第一，依据《企业破产法》第一百二十八条及《最高人民法院关于适用〈中华人民共和国企业破产法〉若干问题的规定（二）》第十八条的规定，企业有关人员承担民事责任的前提是债务人存在破产欺诈行为或偏颇性清偿行为。第二，在证据准备方面，建议管理人与审计机构充分沟通，共同对案涉行为进行全面的梳理，尽可能提供充分的证据，虽

---

① 甘培忠、赵文贵：《论破产法上债务人高管人员民事责任的追究》，载《中国高等学校学术文摘·法学》2009年第2期。

② 王欣新、王雷祥：《论企业高管人员对破产可撤销行为的民事赔偿责任》，载《法治研究》2013年第6期。

已有法院考虑到管理人举证上存在的劣势，但如无确切的证据证明债务人存在破产欺诈行为或偏颇清偿行为及企业有关人员与案涉行为相关，管理人可能需承担败诉的结果。第三，在判断应承担赔偿责任的人员时，建议管理人应关注虽未直接参与案涉行为，但案涉行为的发生与其未尽到必要的忠实、勤勉义务有关的人员，如“（2014）浙温商终字第839号A公司与郑某某、张某某等损害债务人利益赔偿纠纷二审案”中，郑某某并未直接参与案涉个别清偿行为，但其作为财务主管，对于公司的财务行为负有勤勉义务，法院据此判决其对六张未经任何财务审批的领款凭证对应的金额承担赔偿责任。从恢复债务人财产，维护债权人利益的角度出发，建议管理人对企业情况进行充分调查，如有必要一并提起赔偿诉讼。

本章小结

基于现代企业快速发展的需要，因企业的管理层等对于企业的日常经营拥有巨大的权利，有必要就其对企业及第三人特别是债权人的民事责任加以规制。在企业破产的情况下，对管理层的法律责任规制，同为完善公司治理结构的重要部分。破产企业有关人员承担个人责任的事由包括经营不善致使企业破产、破产欺诈、侵占企业财产等。追究破产企业有关人员的个人责任具有必要性，一方面有助于对企业有关人员起到警示及制裁作用，以增加或恢复债务人企业财产，进而维护债权人利益。另一方面有助于遏制企业有关人员滥用破产程序逃废债的行为[①]。

对此，我国《企业破产法》主要在第三十六条、第一百二十五条及第一百二十八条中就企业有关人员的民事责任作出规定，主要目的在于尽可能增加可供债权人分配的债务人财产，以保障债权人的利益。企业有关人员按照上述规定承担的相应赔偿责任或是返还的归属于企业的财产，依法纳入债务人企业的资产范围，依法公平公正地在各债权人之间进行分配。

---

① 张世君：《破产企业高管对债权人损害赔偿的个人责任研究》，载《中国政法大学学报》2019年第5期。

企业的董事、监事和高级管理人员是负责企业生产经营的主要人员，实践中不乏该类人员利用职权为个人谋取私利的现象。其侵占企业财产的表现形式可能有多种，甚至有些十分隐蔽，判断与证明都存在一定难度。对此，建议管理人全面调查，厘清有关人员与破产企业资金等往来，特别是对于企业资金与个人资金混同的情况，不能直接通过单笔或单次的资金往来判断，应在梳理全部账目的基础上判断是否存在侵占企业财产的行为。

如前所述，企业的董事、监事或者高级管理人员对于企业的存续与发展起到巨大的作用，同时也负有相当的责任。而债权人在多数情况下对于企业的管理了解甚少，也很难及时维护自身的权益。如果董监高违反忠实、勤勉义务，作出不当决策致使企业背负巨额负债，进而导致企业破产，则债权人只能在破产程序当中受偿，其利益将严重受损。《企业破产法》第一百二十五条即对董监高违反忠实、勤勉义务致企业破产的民事责任作出规定。但实务中相关案例较少，一方面该条规定较为笼统，没有明确的判断标准，同时，作为该条立法根据的《公司法》第一百四十七条第一款和第一百四十九条在董监高民事责任的免责事由、责任承担范围等方面均未明确规定，使得该条规定的民事责任追究亦缺乏明确的法律指引；另一方面管理人在举证证明董监高的行为与企业破产之间存在因果关系上面临很大难度，主要原因在于企业破产往往是多方面因素导致的，董监高的行为可能只是其一。

《企业破产法》第一百二十八条是对企业有关人员就债务人的破产欺诈行为及偏颇清偿行为所应承担的民事责任的规定。《企业破产法》第三十一条、第三十二条及第三十三条对破产欺诈行为及偏颇清偿行为进行了列举，但通过本书第一、二章可知，实务中对于上述行为的认定仍存在很大争议，而要求企业有关人员承担责任的前提之一是企业确存在上述行为。另外，基于管理人介入破产程序的滞后性，管理人在举证证明存在上述行为及企业有关人员对上述行为的发生具有故意或者重大过失上存在一定的难度。

管理人在履职过程中，一方面，应对企业有关人员利用职权侵占财产、违反忠实、勤勉义务致使企业破产，以及破产欺诈行为、偏颇清偿行为等的多种可能的表现形式充分了解，并通过案例判断法院对某种特定行为类型的裁判标准；另一方面，管理人介入程序的滞后性带来一定的举证难度，建议管理人与审计、评估机构充分沟通、协作，对企业有关人员可能涉及侵害债务人利益的行为进行全面调查，尽可能在掌握确切证据的基础上追究有关人员的责任，维护债权人合法权益。

第十二章 管理人责任纠纷

破产管理人在处理企业破产相关工作时应当勤勉尽责，忠实执行职务，如未尽忠实勤勉义务给债权人、债务人或者第三人造成损失的，应当依法承担赔偿责任。管理人责任的判断要点在于管理人是否“勤勉尽责，忠实执行职务”，即是否履行了《企业破产法》第二十五条规定的职责，是否因过错未履行职责造成了债务人财产的不当减损。利害关系人认为管理人未能“勤勉尽责，忠实执行职务”的，可以向人民法院提起管理人责任之诉，但是对于管理人责任之诉的具体问题，如诉讼主体、诉讼请求、管辖法院，以及民事赔偿责任的承担主体等，实践中仍存在较大争议。对诉讼主体的确认，尤其在清算组作为管理人时，没有组织机构和独立财产，无法以自身能力对外独立承担民事责任，此时适格被告应是管理人还是担任管理人的中介机构仍有争议。对于管理人责任纠纷的诉讼管辖问题，管理人责任属于侵权责任的范畴，但是《企业破产法》第二十一条规定：“人民法院受理破产申请后，有关债务人的民事诉讼，只能向受理破产申请的人民法院提起。”那么因为管理人责任纠纷引起的诉讼应该向破产法院提起，还是按照侵权之诉的规定确定管辖法院。以上具体问题在实务中仍存在争议，本章将对此一一探究。

一、管理人承担民事赔偿责任的认定

（一）管理人“未勤勉尽责，忠实执行职务”的情形

◆争议焦点

《企业破产法》第一百三十条规定：“管理人未依照本法规定勤勉尽责，忠

实执行职务的，人民法院可以依法处以罚款；给债权人、债务人或者第三人造成损失的，依法承担赔偿责任。”实务中，就特定情形下管理人的履职行为是否“勤勉尽责，忠实执行职务”会成为争议焦点。

◆实务裁判观点

《企业破产法》规定了管理人的多项职责，并要求管理人“勤勉尽责，忠实执行职务”，否则要承担相应的责任。因此在讨论管理人“勤勉尽责，忠实执行职务”之前，需要明晰“勤勉尽责，忠实执行职务”的内涵与表现形式。

关于“勤勉尽责，忠实执行职务”的内涵，《企业破产法》起草组解释，忠实执行职务是管理人的忠实义务，要求管理人忠实履行法律赋予的职责，维护债务人财产利益的最大化，不得利用职务便利牺牲债务人、债权人或者其他方面的利益，不得为自己或者他人牟取不正当的利益。勤勉尽责是指管理人要悉心履行职责，以债务人财产利益最大化为原则，尽心尽力地以正常的商业判断发挥善良管理人的细心善管和合理注意义务。[①] 其中，勤勉的标准是“善良管理人”。善良管理人的注意不同于一般常人的注意，用于评价具有相当知识或经验的管理人在为具体行为时的注意程度，并以此衡量管理人有无过失。若管理人欠缺此种注意，为一般过失；若管理人欠缺一般常人的注意，则为重大过失。[②]“尽责”则确定了管理人勤勉的范围，即以符合职责要求为尺度。若管理人行为不足以满足履行职责的要求，则可认为其未达到足够的勤勉尽责，需要承担相应责任。[③]

关于“勤勉尽责，忠实执行职务”的表现形式，无论是“勤勉尽责”还是“忠实执行职务”都围绕着管理人职责的履行。以下列举《企业破产法》中管理人的部分职责，有助于理解“勤勉尽责，忠实执行职务”的表现形式。

《企业破产法》规定管理人需要接管、调查、管理、处分债务人财产，决定债务人管理事务，代表债务人参加法律程序，提议召开债权人会议等（第二

---

① 《中华人民共和国企业破产法》起草组：《〈中华人民共和国企业破产法〉释义》，人民出版社2006年版，第360页。

② 李永军：《破产法理论与规范》，中国政法大学出版社2013年版，第181页。

③ 王卫国：《破产法精义》，法律出版社2007年版，第76页。

十五条）；依法进行必要的民事活动以及诉讼、仲裁活动，如行使撤销权、取回权、追缴出资等追回债务人财产（第三十一条至第三十七条）；接受债权申报，调查并制定职工债权清单（第四十八条）；对申报的债权进行审查并编制债权表，保存债权表和债权申报材料并供利害关系人查询（第五十七条）；向债权人通知债权人会议的召开（第六十三条）等。在重整程序中，若由破产管理人负责管理财产和营业事务，则管理人应制作重整计划草案（第八十条），并自人民法院裁定债务人重整之日起6个月内，同时向法院和债权人会议提交重整计划草案（第七十九条）。若重整计划由债务人负债，管理人需要监督重整计划的执行并向法院提交监督报告（第九十条、第九十一条）。在和解程序中，和解协议达成后，管理人应当向债务人移交财产和营业事务，向法院提交执行职务的报告（第九十八条）。在清算程序中，管理人应按照破产财产变价方案出售破产财产（第一百一十一条）。管理人应当及时拟定破产分配方案，提交债权人会议，会议通过后将方案提请法院裁定认可，获得认可后，管理人执行（第一百一十五条、第一百一十六条）。财产分配完毕后，及时向法院提交财产分配报告，提请法院裁定破产程序终结。自破产程序终结之日起十日内，向破产人的原登记机关办理注销登记（第一百二十条、第一百二十一条）及其他职责等。

在司法实践中，管理人责任纠纷之诉中，利害关系人认为管理人未勤勉忠实履行职责的情形，常见于以下几种情形。

第一，管理人在管理和处分破产财产时，利害关系人认为管理人未能勤勉忠实。

一方面，表现在管理人接管破产企业后，在管理破产财产时未能勤勉忠实，怠于管理。在“（2019）苏11民终3217号管理人责任纠纷二审案”中，因为A公司破产管理人与某市中院办理破产财产交接后，对案涉财产放任不管，导致存放破产资产的部分仓库被拆除，破产资产堆放凌乱。法院认为立信事务所怠于行使管理人对破产财产的管理职能，未能勤勉尽责采取合理的保管措施，致使破产财产灭失，需承担与其过错相当的赔偿责任。在“（2016）辽0681民初337号管理人责任纠纷一审案”中，债权人认为管理人未依法履职责，对债务人的财产不闻不问，导致A服装厂生产车间和办公楼所有的门窗及门窗框全部丢失，要求管理人赔偿损失。法院认为门窗丢失系因盗窃，管理人已经及时报警尽到了责任。

另一方面，表现在管理人处分破产财产时，未能勤勉尽责，给债权人、债务人或者第三人造成损失。在“（2015）烟民受终字第8号二审案”中，A公司认为清算组未通知债权人和公开拍卖，将已经查封的办公楼私自卖与他人，严重违反程序，要求清算组承担责任。在“（2018）苏0205民初4360号管理人责任纠纷一审案”中，债权人认为管理人在财产、估价、处理、指定重整计划草案过程中违反勤勉忠实义务、履行职责不当，导致C市支行享有抵押权的资产被低评、被低价处置，要求管理人赔偿。法院认为无证据证明A律师事务所、B会计师事务所作为管理人违反勤勉尽责义务和忠实义务导致C市支行利益受损，从而驳回债权人的诉讼请求。

在“（2019）苏0205民初1412号管理人责任纠纷一审案”中，通过拍卖取得破产财产的A公司在接收过程中发现实际移交的资产与拍卖、变卖时确认的情况不符，认为B公司作为管理人未履行忠实和勤勉义务职责，致使相关财产灭失或毁损，要求管理人承担赔偿责任。因为原告无充分证据证明财产灭失及财产灭失系由B公司违反勤勉尽责义务和忠实义务所致，法院最终驳回起诉。在“（2018）苏02民终3617号管理人责任纠纷二审案”中，A公司承租破产企业土地，破产企业拍卖土地时，依“房随地走”的原则，将A公司建设的厂房一并拍卖。A公司认为管理人漏评资产，隐藏评估价格，要求破产企业承担赔偿责任，管理人B公司承担补充责任。法院查明在评估过程中评估范围变化导致存在补充评估，并认定A公司签订协议时已经明确知晓其所涉资产评估价格为308.61万元，不存在C公司隐瞒评估价格的事实。最终法院驳回上诉，维持原判。

第二，管理人履行追回破产财产职责时，因债权人、债务人或第三人认为管理人未依法追回企业财产，给其造成损失，要求管理人承担责任。

因为除了谨慎管理处分破产企业现存财产，防止利害关系人的财产不当减损，管理人的另一职责则是尽可能使破产企业财产最大化，依法定程序追回应当属于破产企业的财产。

因债权人认为管理人未尽职催收债权而引起的纠纷。在“（2019）苏08民终2876号管理人责任纠纷二审案”中，债权人主张破产企业大额收入去向不明，多次请求管理人核实，但管理人出具了不真实的审计报告，认为管理人怠于履行职责而要求其承担责任。法院查明，管理人发现应收账款后，及时进行了催收、对相关回复进行披露并提出建议方案，债权人会议通过了核销应收账款的决议。因此法院认为管理人不存在过错，不需要承担责任。类似案例如“（2020）陕01民终1593号管理人责任纠纷二审案”。

因债权人认为管理人未追缴出资而引起的纠纷。在“（2016）苏12民终1500号管理人责任纠纷二审案”中，债权人认为管理人是利用自身专业技能掩盖股东抽逃出资，对债务进行核销，是欺骗行为。二审法院认为，管理人发现股东存在抽逃出资的行为后，与一审法院到实地调查、查阅工商登记资料，发现抽逃出资的相关企业已停业、被吊销营业执照等。在出资无法追缴的情况下提出核销方案，并经债权人会议表决通过，故A会计师事务所作为管理人，在管理期间尽到了忠实、勤勉的义务，不存在损害B公司利益的行为。

因债权人认为管理人不行使撤销权而引起的纠纷。在“（2019）浙10民终831号管理人责任纠纷二审案①”中，债权人认为原管理人在履职期间对债务人的个别清偿行为未依法行使撤销权，从而导致全体债权人受到损害，应当承担赔偿责任。因为原告所提供的证据均不足以证明A律师事务所在担任B公司管理人期间因未行使涉案撤销权而造成不可弥补损失的事实，一审法院对原告所主张的损失诉请不予支持。二审法院认为，律所在担任管理人期间未提起涉案撤销权主要系对该两个案件是否需要行使撤销权存在不同认识，因此管理人不存在故意，且后续可以要求新的管理人行使撤销权也没有造成实际损失，驳回原告请求。在“（2018）苏01民终5342号管理人责任纠纷二审案”中，债权人认为破产企业与关联企业的账务调整是可撤销的个别清偿，但因管理人怠于履行职责导致破产财产损失。法院经审理查明，两公司对该部分账务进行调整，不属于以抵销方式进行的个别清偿，也未有证据证明诉争账务调整业已致其产生实际损失，从而认为管理人无须承担赔偿责任。

---

① 再审案件详见（2019）浙民申2794号。再审法院认为，原生效判决认定事实清楚，适用法律正确，审理程序及实体处理均无不当，再审申请人提出的再审申请事由不能成立，裁定驳回再审申请。

在管理人追回、取回财产过程中，利害关系人认为管理人行为不当而引起的纠纷。在“（2015）民申字第1766号管理人责任纠纷申请再审案”中，管理人在从李某处取回破产企业的财产时，李某认为管理人非法侵入住宅，抢夺财物，对其财产造成损害，要求管理人承担赔偿责任。法院认为，本案属于管理人责任纠纷之诉，但管理人执行职务中造成他人财产损毁承担的是补充赔偿责任，因为李某仅起诉管理人而不追究破产企业，最终驳回李某的诉讼请求。

第三，在管理人代表破产企业进行有关诉讼活动时，也可能会被债权人认为未勤勉尽责。

若管理人怠于履行此项职责，如没有代表破产企业应诉，则会被债权人等认为未勤勉尽责，从而被追究管理人责任。在“（2019）浙10民终2821号管理人责任纠纷二审案[①]”中，原告认为在A银行提起的金融借款纠纷案件中，二审裁定书已经载明B公司的破产管理人系C律师事务所，而C律师事务所没有代表B公司参加诉讼，导致A银行依据生效的判决文书向B公司申报债权，给全体债权人造成了损失，要求管理人赔偿。法院认为原告不能举证证明C律师事务所当时已接到所涉案件的开庭传票及相关诉讼材料，或虽未接到传票等诉讼材料，但已得知该案的相关诉讼事项而拒不参加诉讼，因此法院未支持原告诉讼请求。

若利害关系人认为管理人盲目诉讼，即本可以不必诉讼而诉讼，也会追究管理人责任。在“（2017）苏01民终11185号管理人责任纠纷二审案”中，债权人提出，对于A公司与B机械厂之间的纠纷，机械厂曾表示愿意向A公司支付400万元左右，但被告在清算过程中选择以诉讼的方式解决纠纷，但是已败诉，由此给A公司造成的损失应由被告赔偿。法院认为管理人以诉讼方式解决纠纷并无不妥，从而驳回上诉，维持原判。

第四，管理人在处理债权申报及确认有关事项时，也存在被债权人起诉的情形。

实务中存在因债权人认为管理人未尽到通知义务而引起的纠纷。在“（2015）咸中民终字第00560号申请破产清算、管理人责任纠纷二审案”中，债权人A

① 再审案件详见（2019）浙民申4840号。再审法院认为，原生效判决认定事实清楚，适用法律正确，审理程序及实体处理均无不当，再审申请人提出的再审申请事由不能成立，裁定驳回再审申请。

公司认为其为已知债权人，管理人因履职疏忽未向其书面通知申报债权，导致其遭受损失，应承担赔偿责任。法院查明，虽债权名册上出现“A 仓储公司”，但具体名称与债权数额均与上诉人主张不相符，因此管理人凭债务人移交的资料无法确定债权人的具体信息，导致无法直接通知，对无法直接通知或不确定的债权人通过人民法院予以公告，该程序符合法律规定。法院最终认定管理人按照法定程序履行职责，尽到了通知义务。在“（2018）豫03 民终2565 号管理人责任纠纷二审案”中，也是因为债权人认为管理人没有通知其申报债权而引起纠纷。

因债务人或债权人认为管理人在债权确认程序中存在失职而引起的纠纷。在“（2015）兖民初字第1576 号申请破产清算、管理人责任纠纷一审案”中，债务人认为管理人对其提出的异议置之不理，对债权申报材料的真实性、合理性未进行审查就直接认定债权。管理人认为其无权认定债权，对异议进行了回复，在债权人会议上债权人已对债权进行核查，法院最终认定管理人无失职行为。

在“（2017）浙10 民终1810 号管理人责任纠纷二审案”中，A 银行认为管理人对其申报的债权进行了登记但未提交债权人会议核查。管理人认为因为原告虚报债权，在 B 公司破产财产分配方案中，原告申报的普通债权 1700 万元，分配比例、分配金额为 0。法院认为，管理人依照法定程序行使职权，破产财产分配方案最终经过第三次债权人会议表决形成处理结果，因此管理人并无过错。在“（2017）最高法民申1753 号管理人责任纠纷再审案”中，债权人认为管理人用《不确认申报债权告知书》（2015）F1 – T05 – 107 和《债权确认告知书》（2015）F1 – T06 – 107 两份通知书替换并骗取了（2013）丰民初字第16225 号民事判决书对 A 公司法定强制执行偿还其中的债权钱款。法院认为，B 律师事务所对张某某的债权申报作出《不确认申报债权告知书》，详细说明了债权不予确认的具体理由，并向张某某告知了法律救济途径，不存在履职违法的情形。

第五，利害关系人认为管理人未能“勤勉尽责，忠实执行职务”的其他情形。

除了上文所列举的各种情形，实务中还存在其他利害关系人可能会要求管理人承担赔偿责任的情形。

利害关系人认为管理人将职责全部或部分委托给他人属于怠于履行职责的表现，要求管理人承担责任。在“(2017) 皖1525民初1794号管理人责任纠纷一审案”中，原告认为被告A会计师事务所将破产管理人职责全权委托给B会计师事务所郝某某的行为无效，因而提起民事诉讼。法院认为不是民事诉讼受理范围，指出原告可以请求破产合议庭予以监督和纠正。

利害关系人认为管理人未能及时清偿，而要求管理人承担责任。在“(2019) 赣民申400号管理人责任纠纷再审案”中，重整计划执行期间，杨某某和黄某认为管理人未及时按计划清偿，要求管理人赔偿。法院认为原告诉请A律师事务所承担破产管理人履职赔偿责任不符合侵权责任构成要件，管理人将B公司对杨某某和黄某的争议债权暂不清偿的行为正是其勤勉尽职的表现，也是其作为管理人应尽的职责之一，并非侵权行为，从而驳回再审申请。在“(2016) 粤民终1942号管理人申请破产清算、管理人责任纠纷二审案”中，债权人认为质押物拍卖后，管理人未及时划款，造成利息损失，要求管理人赔偿。法院认为管理人行为符合法律规定，原告要求管理人承担赔偿迟延划款的利息损失没有事实依据和法律依据。

利害关系人认为管理人扩大破产成本而要求管理人承担责任。在“(2017) 苏01民终11185号管理人责任纠纷二审案”中，原告认为管理人无故聘请保安导致扩大清算成本，因原告未能提供充分证据证明，法院最终不予采信。在“(2014) 粤高法民二终字第13号管理人责任纠纷二审案”中，破产企业认为管理人聘请A所作为其代理人参加诉讼费用应由管理人承担，高院最终认定管理人是会计所聘请律师的费用应作为破产费用，管理人不存在未能勤勉尽责，忠实执行职务的情况。

◆典型案例

1. A会计师事务所有限公司与B公司、C公司管理人责任纠纷二审案

(2019) 苏11民终3217号

【案情简介】

● 2013年6月3日，某市中院裁定受理D公司请求宣告B公司破产的

申请。

● 2013 年 7 月 3 日，某市中院指定 A 会计师事务所为管理人。

● 2013 年 11 月 14 日，某市中院召集管理人、B 公司代理人、保管员孙某清点破产资产，并经各方确认，制作了详细清单。A 会计师事务所委托 B 公司的留守人员孙某对破产资产进行保管。

● 2016 年 10 月 14 日，某市中院裁定宣告 B 公司破产。

● 2018 年 5 月 17 日，某市中院工作人员和破产管理人处工作人员及具有破产资产竞拍意愿人员到破产资产存放处看样时发现存放破产资产的部分仓库已经被拆除，破产资产堆放凌乱，已经存在缺失情况。某市中院随即发出通知要求管理人即 A 会计师事务所寻找符合条件的仓储场所，转移破产资产，并进行全面盘点，列明清单及缺失清单，对缺失的资产尽快找回。

● 2018 年 5 月 18 日，A 会计师事务所向某市城镇派出所报了案，并未对破产资产进行盘点及制作清单，也未寻找合适场所保管现存破产资产。

● 2018 年 7 月 23 日，某市中院决定解除 A 会计师事务所为 B 公司的管理人职务，指定 E 律师事务所为 B 公司的管理人。

【双方争议】

本案争议焦点为：管理人履职期间出现债务人的财产损失，管理人是否承担赔偿责任。

A 会计师事务所主张：其不是侵权行为人，案涉破产财产被一审法院查封在他人的库房里，后来有人擅自拆除了该仓库，导致破产财产损失。拆除存放着被查封破产财产仓库的人，是造成本案所涉破产财产损失的责任人。擅自拆除法院查封仓库的行为，才是造成破产财产损失的直接原因，才是侵权行为所在。上诉人在发现仓库被破坏及破产财产损失后，及时向公安部门进行报案，请求公安部门追查毁坏破产财产的责任人。得到的答复是，公安部门对法院在办案件所查封的财产不予理涉，上诉人已及时将该情况书面汇报给了一审法院。

B 公司主张：A 会计师事务所担任管理人期间应当履行《企业破产法》第二十五条的规定，管理和处分债务人财产。A 会计师事务所没有尽到妥善保管义务，导致破产财产减少，给债权人、债务人造成损害，应当承担赔偿责任。

【判决结果及理由】

法院认为，A会计师事务所为某市中院指定的B公司破产管理人，应当勤勉尽责，忠实执行职务。管理人未能按照我国破产法的规定，勤勉尽责，忠实执行职务，给债权人、债务人或者第三人造成损失的，依法应承担赔偿责任。A会计师事务所作为B公司的破产管理人，应当认真履行对破产财产的管理职能，保证破产财产的存放安全，避免破产财产的灭失给债权人、债务人或者第三人造成损失。虽然某市中院在与B公司破产管理人A会计师事务所办理破产财产的交接时，制作了查封笔录及查封清单，并对案涉仓库加贴了法院封条，但并不能以此为由减轻A会计师事务所作为管理人的责任，也不能成为管理人对案涉财产放任不管的理由。A会计师事务所作为B公司的破产管理人，在接手破产资产后，未能勤勉尽责，采取合理的保管措施，怠于行使管理人对破产财产的管理职能，致使破产财产灭失，造成损失，应承担与其过错相当的赔偿责任。其在承担相应的赔偿责任后有权向侵权人进行追偿。

2. 张某1、A律师事务所管理人责任纠纷再审案

(2017) 最高法民申1753号

【案情简介】

● 2013年10月11日，某区法院作出（2013）丰民初字第16225号民事判决，判令B公司于判决生效后7日内赔付张某1440万元。

● 2015年2月3日，张某2向张某1支付了143万元。电子回单附言：退购房款。

● 2015年10月2日，A律师事务所作为B公司破产管理人向张某1发出《不确认申报债权告知书》(2015) F1－T05－107，并说明了理由。同时告知：您在收到本告知书之日起15日内，可以向破产管理人补充提交债权及利息计算明细，协商退还个别清偿，并对破产管理人调查的问题进行实质性回复，请求破产管理人重新启动债权审查程序。也可以在收到本告知书之日起15日内，以债务人B公司为被告，向某市二中院提起债权确认之诉。

● 张某1据此向法院起诉，认为破产管理人未尽到职责要求，破产管理人应向张某1赔偿800元，某市二中院驳回了张某1的诉讼请求。后张某1申请再审，2016年6月26日，最高人民法院作出（2016）最高法民申1476号民事裁定书，驳回了张某1的再审申请。

● 2016年1月6日，A律师事务所以B公司破产管理人的身份起诉张某1，请求法院撤销2015年2月3日B公司对张某1的个别清偿，并判令张某1返还143万元。

● 2016年6月22日，某市二中院作出（2016）京02民初14号民事判决书，驳回了B公司破产管理人的诉讼请求。该判决已经生效。

● 2016年6月30日，A律师事务所作为B公司破产管理人向张某1发出《债权确认告知书》（2015）F1－T06－107，确认张某1对B公司享有普通债权1438946.99元，其中原始债权1438946.99元，利息债权0.00元；劣后债权2200000.00元，其中赔偿金2200000.00元，利息债权0.00元。同时告知：对于破产管理人确认的债权如有异议，务必在收到本通知书15日内，向破产管理人申请复核或直接以债务人B公司为被告提起债权确认之诉。

【双方争议】

本案争议焦点为：管理人在债权申报的处理过程中是否履行了管理人职责。

张某1主张：A律师事务所作为B公司的破产管理人拒不履行破产管理人职责。A律师事务所的律师利用破产管理人身份持续违法，用《不确认申报债权告知书》（2015）F1－T05－107和《债权确认告知书》（2015）F1－T06－107两份通知书替换并骗取了（2013）丰民初字第16225号民事判决书对B公司法定强制执行偿还其中的债权钱款。

A律师事务所主张：A律师事务所正常履行了管理人职责，如果张某1对债权认定有异议，可以提起债权人异议之诉。

【判决结果及理由】

法院认为，A律师事务所作为B公司的管理人，负有对张某1申报的债权进行审查的职责，张某1作为债权人如果对管理人认定的债权有异议，应当根据破产法的规定另行提起债权确认之诉。天正所作为B公司的破产管理人作出的《不确认申报债权告知书》（2015）F1－T05－107和《债权确认告知书》

(2015) F1－T06－107，均详细说明了债权不予确认以及确认的具体理由，并向张某1告知了法律救济途径，系破产管理人的正常履职行为。张某1在本案中并没有提出充足的证据，证明天正所存在不当履职的行为并给其造成了损失。

◆管理人履职提示

实务中破产管理人接管破产企业后，面对众多不同的利益主体，时间紧迫，需要处理诸多错综复杂的具体事务，对管理人的专业、效率和各项技能都是极大的挑战。若管理人未能勤勉尽责，忠实执行职务，给债务人、债权人及第三人造成损失的，依据《企业破产法》第一百三十条规定，管理人面临着被起诉的风险。从司法实践来看，管理人在履职期间不存在低风险或高风险区域，每个阶段都有可能因为履职不当而陷入管理人责任纠纷之诉当中。

管理人在破产程序中必须认真履行职责，保持"勤勉尽责，忠实执行职务"的精神，恪尽职守，不能疏忽大意。例如，在管理和处分破产财产时，因涉及多方利益，管理人要谨慎应对，严格依照法定程序处理。除了谨慎管理破产财产防止破产企业财产减损，管理人还需要审查破产企业的债权债务状况，主动追回符合特定情形的财产；在代表破产企业起诉应诉时，应当充分准备，衡量诉讼风险。针对不同情况采取不同的诉讼策略；在债权申报过程中，管理人要认真细致，严格按照法律规定通知各类债权人；在债权审查时，管理人需要认真进行核实，编制好的债权表交由债权人会议核查，对于疑难复杂债权管理人应该提醒债权人会议重点讨论核查。对提出异议的债权，管理人要谨慎、认真调查，及时回应异议债权人等。

同时，管理人要不断提升自身的专业素养，降低执业风险。不断学习，与时俱进。时刻关注新出台的法律法规等相关规定。根据最新规定，调整破产程序中的操作细节。同时，对破产程序中管理人工作的程序性事项，以及对各项工作的风险点进行总结，并不断更新完善，以尽量避免常规工作的遗漏和错误。

此外，管理人需要做好沟通工作，加强与各利益主体间的信息同步，减少误解。破产程序往往涉及各方利益，管理人在履职时要注意处理好与各方的关系，及时就破产工作与各方做好信息披露和沟通，耐心、细心应对异议，化解矛盾，减少误解。

（二）管理人民事赔偿责任的构成要件

◆争议焦点

当利害关系人认为管理人未能“勤勉尽责，忠实执行职务”，对于管理人责任之诉的具体问题如诉讼主体、诉讼请求等实践中仍有不同理解。

◆实务裁判观点

在了解管理人未能“勤勉尽责，忠实执行职务”的情形之后，则需要重点关注管理人责任的性质及如何认定管理人责任。《企业破产法》第一百三十条规定：“管理人未依照本法规定勤勉尽责，忠实执行职务的，人民法院可以依法处以罚款；给债权人、债务人或者第三人造成损失的，依法承担赔偿责任。”由此可以看出，管理人责任本质是一种民事责任。民事责任一般分为违约责任与侵权责任。在破产程序中，管理人由法院指定，具有独立性和中立性，与利害关系人未形成合同关系。因此，管理人责任不可能是违约责任，宜将其定性为侵权责任。[①]《企业破产法》第一百三十条的立法目的是弥补利害关系人因管理人不当行为遭受的损失。这也符合侵权责任制度设置的初衷。

因此，管理人责任之诉实质上为侵权责任纠纷更加合理，但是部分利害关系人对管理人责任之诉存在误区，导致其诉讼请求是要求管理人作出何种行为或是对管理人行为表示异议。法院普遍认为，这类诉求不属于管理人责任纠纷之诉的范围。因为债权人对管理人履职行为有意见和建议的，可以直接向管理人提出，或者通过债权人委员会、债权人会议行使监督权。若管理人拒绝纠正，债权人委员会可以请求人民法院作出决定。

---

① 最高人民法院民事审判第二庭：《企业改制 、破产与重整案件审判指导》，法律出版社 2015 年版，第 171 页。

在“（2019）苏民申6307号管理人责任纠纷再审案”中，债权人请求法院判令A律师事务所履行管理人职责，对清算过程中未查明的破产财产进行查实、清收，并依法就未查明的破产财产制作分配方案提请债权人讨论并由人民法院裁定进行分配。法院认为债权人诉请事项是对破产管理人在履职过程中的具体要求，并未涉及破产管理人赔偿责任，不属于管理人责任之诉。在“（2019）皖15民终1126号管理人责任纠纷二审案”中，法院认为，管理人执行职务的行为受到债权人会议和债权人委员会的监督，原告起诉请求确认A会计师事务所将B陵园破产管理人职责全权委托给郝某某的行为无效的事项，实际上是对管理人执行职务行为过程中对相关事务的监督，该权利依法应由债权人会议或债权人委员会行使。类似案例还有“（2019）冀04民终2457号管理人责任纠纷二审案”“（2019）苏民申48号管理人责任纠纷再审案”“（2017）京民终442号管理人责任纠纷二审案”“（2019）川11民终521号管理人责任纠纷二审案”，法院均认为债权人或第三人的诉讼请求涉及破产程序中的具体事项，并不属于《企业破产法》第一百三十条规定的情形。

因此，在管理人责任纠纷诉讼中，利害关系人的诉讼请求应为要求管理人赔偿其损失。

如上文所述，管理人责任纠纷实质上属于侵权责任纠纷之诉。按照侵权责任的构成要件，管理人承担民事责任的要件为：一、管理人实施了违反勤勉尽责义务和忠实义务的客观行为；二、前述行为给债权人、债务人或第三人造成损失；三、损失与管理人的不当行为之间存在因果关系；四、管理人在主观上存在故意或过失。本书接下来将重点讨论管理人责任纠纷认定的构成要件。

第一，管理人实施了“违反勤勉尽责义务和忠实义务的客观行为”。

在争议焦点（一）中，本书已经详细讨论了管理人未能“勤勉尽责，忠实执行职务”的情形，即本处的客观行为，在此不再赘述。

第二，管理人的不当行为给债权人、债务人或第三人造成损失。

在“（2019）浙10民终831号管理人责任纠纷二审案[①]”中，法院认为至今尚不能认定被告的过失行为已经产生了不可弥补的后果。管理人在对债务人财务账册材料进行核查过程中，虽有过失，但其作为管理人应对全体债权人承担赔偿责任的要件并不具备，因此，原告的诉讼请求该院难以给予支持。在“（2017）湘0703民初693号管理人责任纠纷一审案”中，原告未及时申报抵押权，后要求管理人赔偿损失，法院以没有证明损失为由驳回。在“（2019）皖民终536号管理人责任纠纷二审案”中，法院认为因A公司破产程序尚在进行中，债权能否得到清偿、能得到多少清偿、是否因管理人的责任而发生不能依法得到清偿的损失，均处于未最终确定的状态，从而驳回其诉讼请求。类似案例还有“（2015）郏民初字第4267号管理人责任纠纷一审案”“（2015）武民二初字第00220号破产管理人管理人责任纠纷一审案[②]”。

第三，利害关系人的损失与管理人的不当行为之间存在因果关系。

在“（2016）辽0681民初337号破产管理人管理人责任纠纷一审案”中，法院认为门窗丢失系因盗窃。原告现有证据不足以证明被告未尽破产管理人职责并导致破产财产遭受损失。在“（2019）皖15民终1126号管理人责任纠纷二审案”中，法院认为因案涉破产清算涉及殡葬改革及公益事业，某省人民政府皖政办秘〔2012〕125号文件作为规范性文件，对涉及殡葬改革的有关事项进行了安排和部署，导致A公司的资产至今尚未变现。因此，债权人债权未获清偿非因管理人履职行为所致。在“（2019）苏0205民初1412号管理人责任纠纷一审案”中，因为原告无充分证据证明财产灭失及财产灭失系由B公司违反勤勉尽责义务和忠实义务所致，法院最终驳回起诉。

第四，管理人在主观上存在故意或过失。

在“（2016）苏0925民初4968号管理人责任纠纷一审案”中，原告对债权分配有异议，要求管理人赔偿差额。法院认为，在破产裁定书中，破产法院

---

① 再审案件详见（2019）浙民申2794号。再审法院认为，原生效判决认定事实清楚，适用法律正确，审理程序及实体处理均无不当，再审申请人提出的再审申请事由不能成立，裁定驳回再审申请。

② 二审案件详见（2016）豫08民终1121号。二审法院认为，本案中，被上诉人没有独立的财产，无法对外承担独立的法律责任，故不属于“其他组织”，不具有诉讼主体资格。因此原审裁定驳回何春生起诉并无不当，裁定驳回上诉，维持原判。

对破产管理人制作并经债权人会议表决通过的方案予以认可，体现破产债权自治原则，符合法律规定。A会计师事务所在履行破产管理人职责时，符合法律规定，并无过错，原告要求其承担赔偿责任没有法律依据，从而驳回其诉讼请求。在“（2014）乐商初字第1022号管理人责任纠纷一审案”中，原告认为管理人将A公司有沿街平房等10处财产，价值作零处理，没有事实及法律依据，要求管理人承担赔偿责任。法院认为，人民政府对以划拨方式取得土地使用权的企业破产时，其土地使用权由市、县人民政府无偿收回，造成了破产企业地上建筑物与土地使用权分离，地上建筑物的价值难以实现，故不能认定某县交通运输局及破产清算组在A公司破产过程中存在过错或者重大过失。在“（2016）苏12民终1500号管理人责任纠纷二审案”中，原告认为管理人在履职期间故意隐匿A公司股东抽逃资本的事实，没有依法追讨，债权人会议中没有把股东投资情况有没有虚假出资、抽逃出资以及对虚假出资和抽逃出资的处理向债权人予以报告，致使原告70余万元得不到清偿。法院认定，管理人依照法定程序行使破产管理人职权，对破产过程中发现的问题进行了披露、调查，并提出处理方案，最终经过债权人会议表决形成了处理结果。最终，法院认为原告未有证据证明被告存在“故意隐匿A公司股东抽逃资本的事实，没有依法追讨”的情形，亦未提供证据证明被告在行使破产管理人职责期间存有过错，故未支持原告的诉讼请求。

◆典型案例

邱某某、阮某某管理人责任纠纷二审案

（2019）浙10民终831号①

【案情简介】

● 2015年1月8日，法院受理A公司破产重整申请。

● 2015年1月20日，法院指定B律师事务所担任管理人。

---

① 再审案件详见（2019）浙民申2794号。再审法院认为，原生效判决认定事实清楚，适用法律正确，审理程序及实体处理均无不当，再审申请人提出的再审申请事由不能成立，裁定驳回再审申请。

● B律师事务所担任管理人期间，在履行调查债务人财产状况等职务行为的过程中，由于没有发现账册中记载着债务人于2014年11月对债权人泮某某清偿了100000元、2014年12月对债权人潘某某清偿了50000元，导致未进行调查核实并根据核实的情况依法决定是否向法院提起撤销权诉讼。

● 2017年1月7日，法院决定准许B律师事务所辞去管理人职务。

● 2017年4月20日，该院指定C律师事务所担任管理人。

【双方争议】

本案争议焦点为：是否追究B律师事务所的民事赔偿责任。

邱某某、阮某某主张：B律师事务所违反《企业破产法》第二十五条、第二十七条、第三十二条的规定，依据企业破产法第一百三十条等的规定，应当依法承担赔偿责任。

B律师事务所主张：不存在侵权行为，原告所称的造成损失没有法律和事实的依据，原告的损失是其主观认为，而非实际损失，实际损失尚未造成。

【判决结果及理由】

法院认为，管理人承担赔偿责任必须具备以下四个要件：（1）管理人未依法行使撤销权。如何判断管理人是否依法行使了撤销权，这需要根据其法定的职责和义务来进行准确的判断。首先，如果管理人在执行职务的过程中已经发现债务人存在《企业破产法》第三十一条和第三十二条所规定的可撤销情形，却没有提起撤销权之诉，或者债权人发现了可撤销行为，要求管理人提起破产撤销权之诉，管理人无正当理由拒不起诉，法院均可认定管理人未依法行使撤销权。显然，本案现无证据可以证明被告在执行管理人之职务过程中存在上述两种情况。其次，从我国企业破产法的规定来看，法律并未要求管理人在发现可撤销行为之日起多长时间之内提起撤销权之诉。因此，即使管理人未能在发现可撤销行为的第一时间即起诉，亦只能算是未及时行使撤销权，而不宜将此情形认定为未依法行使撤销权。（2）产生了债务人财产不当减损的后果。而如何判断债务人的财产发生了不当减损，只有当管理人未依法行使撤销权，产生了不可弥补的后果，导致债务人的财产无法追回，才能认定为产生了“不当减损”。（3）“管理人未依法行使撤销权”与“债务人财产的不当减损”之间存在明确的因果关系。由于本案债务人的新管理人可根据财务账册记载的情况经过调查核实后，对确属于债务人个别清偿的行为依法提起撤销权之诉，故现在尚不能认定被告在执行管理人之职务过程中未行使撤销权，已经产生了不可弥补的后果即导致债务人的财产无法追回而形成了“不当减损”，因此，也无法评价上述的因果关系要件是否成立。（4）管理人存在故意或过失。本案 B 律师事务所在担任管理人期间未提起涉案撤销权主要系对该两个案件是否需要行使撤销权存在不同认识，并非因故意或过失行为，并且目前 A 公司的破产程序并未终结，债权人仍可就是否需要行使上述撤销权向现管理人提出，则目前尚未造成实有的损害后果。故现有证据均不足以证明 B 律师事务所在担任 A 公司管理人期间因未行使涉案撤销权而造成不可弥补损失的事实，其作为管理人应对全体债权人承担赔偿责任的要件并不具备。

◆管理人履职提示

利害关系人因管理人未能勤勉尽责，忠实执行职务导致财产遭受损失，可以向法院起诉，这类诉讼被归类为以“管理人责任纠纷”为案由的诉讼。此类诉讼所要解决的是在管理人违反勤勉忠实义务不当履行职责的行为，给债权人、债务人或者第三人造成损失时，受害人有权要求管理人承担的相应民事赔偿责任。然而实务中，部分利害关系人对管理人责任纠纷存在误区，导致其诉讼请求表现为：请求确认管理人未尽勤勉义务，或者要求管理人为一定的行为。事实上，请求确认管理人未尽勤勉义务，仅是对行为事实是否发生的确认及相应法律评价，在性质上应当属于起诉的事实和理由，仅是构成受害人请求损害赔偿的事实依据，而非诉讼请求。要求管理人为一定的行为与要求管理人为金钱给付也截然不同，因此不是管理人责任纠纷的范围。总而言之，管理人责任纠纷是侵权纠纷，原告的诉讼请求应当是要求管理人赔偿不当行为导致的损失。

既然管理人所承担的民事赔偿责任属于侵权责任，按照侵权责任的构成要件，管理人承担民事责任要满足的四个要件为：一、管理人实施了违反勤勉尽责义务和忠实义务的客观行为；二、前述行为给债权人、债务人或第三人造成损失；三、损失与管理人的不当行为之间存在因果关系；四、管理人在主观上存在故意或过失。因此，若符合上述构成要件，管理人则会被要求承担民事赔偿。

值得注意的是，依据《全国法院民商事审判工作会议纪要》第一百一十六条规定，当管理人聘请中介机构时存在失职，而该中介机构履职不当造成损失，管理人也要承担相应责任。实践中存在债权人因中介机构履职不当而提起诉讼。在“（2016）苏 12 民终 1606 号侵权责任纠纷二审案”中，原告 A 公司认为由于 B 公司出具虚假资产评估及验资报告，致使其利益受损，要求 B 公司赔偿损失，法院认为原告提起诉讼主张侵权责任已超过诉讼时效，从而驳回原告的诉讼请求。此案中原告的诉讼请求虽然已过诉讼时效，且原告并未追究管理人，但管理人仍要引以为戒。

关于管理人被追究赔偿责任时适用侵权责任法相关事由的抗辩。有观点认为，要求管理人承担民事赔偿责任的权利属于请求权，适用诉讼时效。我国《企业破产法》没有涉及管理人责任的诉讼时效的规定，但可根据《民法总则》[①] 的规定确定诉讼时效。[②] 在实务中也出现过一例因诉讼时效已过，法院驳回原告请求的案件。在“（2019）川 11 民申 25 号管理人责任纠纷再审案”中，法院认为某县人民法院依法裁定认可《某县运输公司破产财产分配方案》的时点为 2013 年 6 月 9 日，A 公司就已经知道破产财产分配方案。如果 A 公司认为破产管理人侵害其权利，就应当在 3 年内向人民法院提起管理人责任纠纷的诉讼。但是到 2017 年 6 月 28 日 A 公司将债权转让给宁高，此期间 A 公司一直未提起管理人责任诉讼，因此 A 公司已经超过提起管理人责任纠纷的法定诉讼时效期间。B 作为债权受让人，应受 A 公司债权已经超过诉讼时效期间的约束。需要注意的是，2021 年 1 月 1 日生效的《民法典》第一百八十八条规定，向人民法院请

---

① 对应《民法典》第一百八十八条，向人民法院请求保护民事权利的诉讼时效期间为三年。法律另有规定的，依照其规定。诉讼时效期间自权利人知道或者应当知道权利受到损害以及义务人之日起计算。法律另有规定的，依照其规定。但是，自权利受到损害之日起超过二十年的，人民法院不予保护，有特殊情况的，人民法院可以根据权利人的申请决定延长。

② 最高人民法院民事审判第二庭：《企业改制、破产与重整案件审判指导》，法律出版社 2015 年版，第 170 页。

求保护民事权利的诉讼时效期间为三年，则管理人责任纠纷诉讼时效期间也变更为三年。与《民法总则》[①] 的规定相一致。因此管理人可依据相关案件事实和《民法典》的规定确定诉讼时效期间。

此外，还有观点提出如果过多限制管理人的职责履行，会增加管理的难度，不利于这一职业的生产和发展，主张赋予管理人一定的责任豁免，如商事判断规则豁免、第三人诉讼豁免、按法院指令行事豁免等。[②] 但尚未检索到实践中的此类案件。

二、清算组担任管理人时的责任承担

◆争议焦点

当管理人为清算组时，应如何确定适格被告以及民事赔偿责任的承担主体。

◆实务裁判观点

依据《企业破产法》第二十四条第一款规定："管理人可以由有关部门、机构的人员组成的清算组或者依法设立的律师事务所、会计师事务所、破产清算事务所等社会中介机构担任。"当利害关系人认为管理人未勤勉尽职、忠实执行职务，通常根据《企业破产法》第一百三十条追究上述清算组或中介机构责任。

第一，管理人责任之诉的适格被告问题。

目前通常认为不能以"×××管理人"为被告，而以担任管理人的中介机构为被告。在梳理以"管理人责任纠纷"为案由的300多份判决裁定中，利害关系人在追究责任时，普遍以担任管理人的清算组或社会中介机构为被告，直接以"×××管理人"为被告的判决仅有10余例。在"（2014）民申字第827号管理人其他合同纠纷申请再审案"中，最高人民法院明确指出，管理人系破

---

① 对应《民法典》第一百八十八条，向人民法院请求保护民事权利的诉讼时效期间为三年。法律另有规定的，依照其规定。诉讼时效期间自权利人知道或者应当知道权利受到损害以及义务人之日起计算。法律另有规定的，依照其规定。但是，自权利受到损害之日起超过二十年的，人民法院不予保护，有特殊情况的，人民法院可以根据权利人的申请决定延长。

② 杨彪：《破产管理人民事责任制度研究》，载《民商法论丛》2006年第35卷。

产程序中为接管破产财产并负责破产财产的保管、清理、估价、处理和分配等事务而临时设立的专门职能机构，并非独立的民事主体。A 公司基于 B 管理人履职不当提起诉讼，应当将担任管理人的江苏高的律师事务所列为本案被告，A 公司将 B 管理人列为被告不当。

但是当清算组为管理人时，如何确定被告尚存在较大争议。有的观点认为不能以清算组为被告，有的观点认为清算组可以成为被告，还存在以清算组组长或者清算组成员为被告的情况。

部分法院认为清算组不是管理人责任之诉的适格被告。《民事诉讼法》第四十八条第一款规定："公民、法人和其他组织可以作为民事诉讼的当事人。"依据《最高人民法院关于适用〈中华人民共和国民事诉讼法〉的解释》第五十二条规定，其他组织是指合法成立、有一定的组织机构和财产，但又不具备法人资格的组织。依照此规定，中介机构可以作为民事诉讼中的适格主体。如果破产清算组可作为当事人参与民事诉讼，除非其具有"其他组织"性质。若严格依照法律规定，清算组并无一定的组织机构和独立财产，因此无法以自身能力对外独立承担民事责任，不能成为管理人责任之诉的适格被告。

在"（2019）冀 11 民终 1911 号清算组管理人责任纠纷二审案"中，一审法院认为，根据《民事诉讼法》第四十八条第一款和《最高人民法院关于适用〈中华人民共和国民事诉讼法〉的解释》第五十二条的规定，民事诉讼的"其他组织"应当有一定的组织机构和财产。而原告 A 起诉的是 B 厂清算组，清算组是作为配合破产程序开展而成立的临时性组织，并非独立的民事主体。二审法院认为，根据《最高人民法院关于审理企业破产案件若干问题的规定》第五十一条："清算组对人民法院负责并且报告工作，接受人民法院的监督。人民法院应当及时指导清算组的工作，明确清算组的职权与责任，帮助清算组拟订工作计划，听取清算组汇报工作。清算组有损害债权人利益的行为或者其他违法行为的，人民法院可以根据债权人的申请或者依职权予以纠正。人民法院可以根据债权人的申请或者依职权更换不称职的清算组成员。"和《民事诉讼法》第一百二十四条第（三）项关于"依照法律规定，应当由其他机关处理的争议，告知原告向有关机关申请解决"的规定，如债权人认为破产清算组有损害债权人利益的行为或者其他违法行为的，债权人可通过其他途径向人民法院申请解决。当事人为此而提起的诉讼，一审法院驳回起诉并无不当。

在“（2015）民一终字第171号管理人责任纠纷二审案”中，最高人民法院认为，根据《民事诉讼法》第四十八条第一款和《最高人民法院关于适用〈中华人民共和国民事诉讼法〉的解释》第五十二条的规定，民事诉讼的“其他组织”应当有一定的组织机构和财产。A公司的管理人是清算组。清算组作为配合重整程序的开展而成立的临时性组织，随着重整程序的终结而解散，不符合成为民事诉讼当事人的法定条件。在“（2018）冀民申9332号管理人责任纠纷再审案”“（2017）陕05民初6号破产清算组管理人责任纠纷一审案”中，法院亦持相同观点。

相反地，原告列清算组为被告时，部分法院并没有以清算组不是适格被告为由驳回。如“（2019）苏04民终2828号管理人责任纠纷二审案”“（2019）冀民申2500号破产清算组管理人责任纠纷再审案”“（2019）冀民申2500号破产清算组管理人责任纠纷再审案”。也有个别法院明确指出应以清算组为被告。在“（2017）川1123民初1974号管理人责任纠纷一审案[①]”中，法院认为原告以管理人未勤勉尽责、忠实执行职务为由，主张管理人承担侵权责任并赔偿损失，应当向A公司清算组主张权利。

此外，也有利害关系人以清算组组长或者清算组成员为被告，要求其承担管理人责任。就目前收集的案例而言，法院普遍认为清算组成员处理破产事务的行为属于职务行为，不是个人行为，不能作为被告。如“（2016）豫08民终2393号管理人责任纠纷二审案”“（2015）郏民初字第4267号管理人责任纠纷一审案”“（2019）川11民终680号管理人责任纠纷二审案”。

第二，除了对管理人责任之诉的适格被告存在争议，对最终的管理人责任应如何承担也存在不同做法。

当管理人为清算组时，无论是以清算组为被告，还是以其他主体为被告，

---

① 再审案件详见（2019）川11民申23号。再审法院认为，本案虽然有6名清算组成员是被申请人某县经信局职工，但某县经信局并非管理人，不是原审适格被告。申请人B向某县经信局主张权利不当；原审第三人为A公司法定代表人，现作为某县经信局职工均是履行职务行为，不是原审适格主体。因此，某县提交的证据不足以推翻原审判决，裁定驳回再审申请。

归根结底是为了解决最终赔偿责任承担的问题。此种情况下，管理人责任如何承担，实践案例甚少。

一种观点认为，清算组的管理人责任应由设立清算组的有关组织承担。在“（2017）陕05民初6号破产清算组管理人责任纠纷一审案”中，法院认为A水泥厂破产管理人的过错责任，应当由设立破产清算组的具有民事诉讼当事人资格的单位承担。

另一种观点认为，清算组的民事赔偿责任应当由破产企业承担。在“（2016）吉民终396号管理人责任纠纷二审案”中，A公司破产清算组作为破产管理人，处分了B公司的财产。B公司要求A公司破产清算组应对B公司予以赔偿。法院受理此案后，考虑到A公司破产清算组自身并无财产，其接收A公司资产的拍卖所得款在A公司破产清算组处，并由A公司破产清算组用于企业破产活动，最终判决损失由A公司破产清算组在A公司的破产财产范围内予以赔偿。

◆典型案例

池某某与A公司管理人管理人责任纠纷二审案

（2015）民一终字第171号

【案情简介】

● 2013年6月18日，法院受理A的重整申请。某市中院从政府有关部门、社会中介机构中指定的自然人组成清算组，担任管理人。

● 2013年12月20日，法院批准A重整计划，终止A重整程序。

● 2014年3月11日，法院裁定将重整计划执行的监督期限延长至2014年7月20日。

● 2014年7月21日，法院裁定，终结A重整程序。

【双方争议】

本案争议焦点：清算组是否是适格的诉讼主体。

池某某主张：《企业破产法》并未规定对管理人的诉讼因破产重整程序终结而终止。破产重整程序终结后，管理人依然可以在诉讼中承担权利义务，担任管理人的社会中介机构或人员仍然构成诉讼主体。

清算组主张：破产程序终结后，A 管理人终止执行职务，其不具有诉讼主体资格。

【判决结果及理由】

最高人民法院认为，根据《民事诉讼法》第四十八条第一款和《最高人民法院关于适用〈中华人民共和国民事诉讼法〉的解释》第五十二条的规定，民事诉讼的“其他组织”应当有一定的组织机构和财产。A 的管理人是清算组。清算组作为配合重整程序的开展而成立的临时性组织，随着重整程序的终结而解散，不符合成为民事诉讼当事人的法定条件。

◆管理人履职提示

通过当前可以检索到的案例可以看出，当清算组为管理人时，以清算组成员为被告通常可能被法院驳回，但能否以“清算组”为被告尚存在较大争议。

第一种观点认为管理人责任纠纷之诉不能以清算组为被告。具体理由是《民事诉讼法》第四十八条第一款规定：“公民、法人和其他组织可以作为民事诉讼的当事人。”《最高人民法院关于适用〈中华人民共和国民事诉讼法〉的解释》第五十二条规定，其他组织是指合法成立、有一定的组织机构和财产，但又不具备法人资格的组织。若严格依照法律规定，因清算自身并无财产，则无法成为民事诉讼法上的适格被告。

第二种观点认为清算组是管理人责任纠纷之诉的适格被告。具体理由是《企业破产法》规定清算组可以担任管理人，当管理人履职出现第一百三十条规定的情形时，利害关系人有权要求相应主体承担责任，没有将管理人是清算组的情况排除。因此清算组仍须对其行为负责。

事实上，管理人是清算组的特殊之处在于，无财产的清算组因失职行为造成他人损失时，最终的赔偿责任由谁承担。

按照《民法典》第一千一百九十一条规定，用人单位的工作人员因执行工作任务造成他人损害的，由用人单位承担侵权责任。用人单位承担侵权责任后，可以向有故意或重大过失的工作人员追偿。劳务派遣期间，被派遣的工作人员因执行工作任务造成他人损害的，由接受劳动派遣的用工单位承担侵权责任；劳务派遣单位有过错的，承担相应的责任。第一种观点认为清算组的责任分担方面，应适用民法上的“雇主责任”，由派遣单位承担。[①]而清算组的派遣单位一般是指设立清算组的有关组织。第二种观点认为应当由“用人单位”承担，即破产案件中由破产企业承担赔偿责任。在实践中已有法院支持清算组的赔偿责任最终由设立清算组的组织或由破产企业承担，按照《民法典》第一千一百九十一条的规定，用人单位承担侵权责任后，可以向有故意或重大过失的工作人员追偿，即破产企业承担赔偿责任后，可以向有故意或者重大过失的管理人追偿。第三种观点认为解决责任承担问题的基本思路是将清算组成员的责任与其身份、执行职务的方式联系起来。首先，应考虑区分清算组成员的身份而确定其民事责任，对于社会中介机构、金融资产管理公司派出专业人员出任清算组成员的，应参照普通管理人做法确定其民事责任；对于政府机关派出国家工作人员出任清算组成员的，则可适用职务侵权的相关规定确定其民事责任。其次，在清算组执行职务的情况下，因清算组集体决定执行职务给利害关系人造成损害的，各成员负连带责任，有证据证明在决议时持相反意见的除外；在清算组某成员单独执行职务的情况下，因该成员违反忠诚、勤勉义务而给利害关系人造成损害的，应由该成员直接负责。[②] 但是尚未检索到支持此观点的案例。

综上所述，虽然当前管理人是清算组时的最终责任承担问题尚未解决，但清算组与其他类型管理人有着同样的执业风险。当清算组作为管理人时，清算组成员应当勤勉尽责、忠实审慎地执行职务。

三、管理人责任纠纷的管辖

◆争议焦点

管理人责任纠纷之诉是由受理破产案件的法院管辖，还是根据侵权之诉的原则确定管辖法院？

---

① 李永军：《破产法理论与规范》，中国政法大学出版社 2013 年版，第 186 页。

② 最高人民法院民事审判第二庭：《企业改制、破产与重整案件审判指导》，法律出版社 2015 年版，第 176 页。

◆**实务裁判观点**

利害关系人依据《企业破产法》的相关规定追究管理人责任，而管理人责任实质上属于侵权责任。因此，管理人责任纠纷之诉是依据处理破产业务的有关规定由受理破产申请的法院管辖，还是依据侵权责任纠纷的管辖原则，由侵权行为地或者被告住所地人民法院管辖，这在实务中存在争议。

第一种观点认为，管理人责任纠纷之诉应当由受理破产案件的人民法院管辖。

有的法院依据《企业破产法》第二十一条“人民法院受理破产申请后，有关债务人的民事诉讼，只能向受理破产申请的人民法院提起”，确定有管辖权的法院。

在“（2019）云06民终358号管理人责任纠纷二审案”中，法院认为，根据《企业破产法》第二十一条规定，人民法院受理破产申请后，有关债务人的民事诉讼，即债务人的债权人或债务人就债务人财产与债务人发生争议需要提起诉讼，只能向受理破产申请的法院提出，不能向其他法院提出。2017年9月，某县法院作出（2016）云0625破申1号之三民事裁定书，裁定批准上诉人A公司重整计划。现上诉人A公司诉被上诉人B律师事务所管理人责任纠纷，应向某县法院起诉。类似案例如“（2015）琼民二初字第7号管辖一审案”。

有的法院依据《最高人民法院关于破产清算组在履行职责过程中违约或侵权等民事纠纷案件诉讼管辖问题的批复》，“企业被宣告破产后，清算组因履行清算职责对他人违约或者侵权引起的民事诉讼，发生在破产程序终结之前的，由受理破产案件的人民法院管辖，在破产程序中一并处理”，确定有管辖权的法院。

在“（2018）赣民辖终18号管理人责任纠纷二审案”中，法院认为《最高人民法院关于破产清算组在履行职责过程中违约或侵权等民事纠纷案件诉讼管辖问题的批复》对清算组在履行职责过程中的违约、侵权或由此引起的民事诉讼案件管辖的规定，虽施行于现行《企业破产法》之前，但至今仍有效。本案系债权人A公司以管理人B律师事务所在履行管理人职责过程中侵犯其财产权益而引发的管理人责任纠纷，可以参照适用该批复，即管理人责任纠纷案件由受理破产案件的人民法院管辖。截至2021年1月1日，因该批复现已失效，且未查询到相对应的司法解释，因此关于此问题应当以《企业破产法》《最高人民法院关于适用〈中华人民共和国企业破产法〉若干问题的规定（二）》的管辖规定，以受理破产案件的法院作为管辖法院。

第二种观点认为，管理人责任纠纷之诉应当适用侵权责任纠纷案件的管辖原则。

第三种观点直接认为，应当按照侵权责任纠纷案件确定有管辖权的法院。

在“（2017）浙0602民初10017号管理人责任纠纷一审案”中，法院认为本案系管理人责任纠纷，并非有关债务人的民事诉讼，讼争焦点在于被告是否需承担民事侵权责任，故应根据侵权责任的管辖规则确定管辖法院。类似案例如“（2018）皖03民初21号管理人责任纠纷一审案”。

◆典型案例

1. A公司、B公司与C公司、D会计师事务所管辖一审案

（2015）琼民二初字第7号

【案情简介】

● 2009年8月24日，某市一中院裁定E公司进入破产程序，并指定D会计所作为E公司的破产管理人。

● A公司、B公司向某区法院提起诉讼，请求确认D会计所以E公司破产管理人身份代表该公司于2014年11月28日在C公司2014年第二次临时股东大会上对《关于公司向特定对象非公开发行股票方案的议案》以及其他相关议案的投票行为（投赞成票）无效。某区法院于2015年2月12日受理本案，将案由确定为“损害股东利益责任纠纷”。

● A公司、B公司增加诉讼请求，请求D会计所赔偿两原告经济损失5000万元，C公司承担连带责任。

● 2015年4月10日，某区法院以诉讼标的额超过该院级别管辖为由裁定将案件移送某省高院管辖。

【双方争议】

双方就有权管辖的法院产生争议。

【判决结果及理由】

法院认为，本案属于管理人责任纠纷和公司决议撤销纠纷，有关管理人 D 会计所因履行管理职责而引发的责任纠纷案件亦应由受理 E 公司破产案件的北京一中院管辖。本案已由某区法院移送到本院，根据《民事诉讼法》第三十六条的规定，受移送的人民法院认为受移送的案件依照规定不属于本院管辖的，应当报请上级人民法院指定管辖，不得再自行移送。据此，经本院审判委员会讨论决定，于 2015 年 11 月 24 日将本案报请最高人民法院指定管辖。最高人民法院于 2015 年 12 月 10 日作出《关于管理人责任及公司决议撤销纠纷一案指定管辖的通知》，认为本案是两原告针对 E 公司破产管理人 D 会计所未勤勉尽责、忠实执行职务提起的损害赔偿纠纷，属于与企业破产有关的纠纷，即破产衍生诉讼。

2. A 公司、B 律师事务所管理人责任纠纷二审案

（2018）赣民辖终 18 号

【案情简介】

● 原告 A 公司以 B 律师事务所在破产重整方案或财产处分方案未经审议的情况下，擅自处分债务人 C 公司已抵押给其的某县某小区第五栋房产，且将出售价款挪作他用，侵害其抵押优先权为由，诉请四被告赔偿其损失 23649554. 07 元。

【双方争议】

被告 B 律师事务所、付某某、周某某、饶某某对管辖权提出异议。

被告认为本案应移送至受理债务人 C 公司重整案件的某县法院管辖。理由：第一，《企业破产法》第二十一条规定：“人民法院受理破产申请后，有关债务人的民事诉讼，只能向破产申请的人民法院提起。”该法条中的“有关债务人的民事诉讼”既应包括债务人作为原告或被告的民事诉讼，还应包括诉讼标的物涉及债务人的民事诉讼，本案标的物某县某小区第五栋房产属于债务人的财产，本案应属于“有关债务人的民事诉讼”。第二，最高人民法院向湖北省高级人民法院作出的《最高人民法院关于破产清算组在履行职责过程中违约或侵权等民事纠纷案件诉讼管辖问题的批复》[①] 中指出“企业被宣告破产后，清算组因履行清算职责对他人违约或者侵权引起的民事诉讼，发生在破产程序终结之前的，由受理破产案件的人民法院管辖，在破产程序中一并处理”。该批复虽指的是清算组，但根据《企业破产法》第二十四条规定，清算组与律师事务所、会计师事务所、破产清算事务所等社会中介机构一样，均可作为管理人。B 律师事务所作为管理人，履行的职责与该批复中的职责相同，适用该批复。

【判决结果及理由】

法院认为，被告 B 律师事务所、付某某、周某某、饶某某对管辖权提出的异议成立。

第一，债务人 C 公司破产重整案件被某县法院受理后，目前尚未审理终结，原告 A 公司在破产重整案件尚未审结的情况下，以 B 律师事务所未善尽管理人职责侵害其抵押优先权为由，诉请四被告赔偿其损失 23649554. 07 元，其诉争的抵押权标的物某县某小区第五栋房产属于债务人的财产，这一诉讼与债务人存在关联，属于“有关债务人的民事诉讼”。

第二，《最高人民法院关于破产清算组在履行职责过程中违约或侵权等民事纠纷案件诉讼管辖问题的批复》[②] 规定，“企业被宣告破产后，清算组因履行清算职责对他人违约或者侵权引起的民事诉讼，发生在破产程序终结之前的，由受理破产案件的人民法院管辖，在破产程序中一并处理”。该批复于 2004 年 6 月公布施行，现已失效，当时有关企业破产法律规定的清算组职责已被现行《企业破产法》规定的管理人取代，由于 A 公司起诉 B 律师事务所的案由是管理人责任纠纷，故本案诉讼管辖应该适用该批复的规定。

◆管理人履职提示

《联合国国际贸易法委员会破产法立法指南》指出，“对于针对具有正式身

① 该规定现已失效，但暂无新的具体法律规定。

② 该规定现已失效，但暂无新的具体法律规定。

份的破产代表提起的诉讼，可能需考虑确定哪个法院对这种诉讼拥有管辖权。为了避免不确定性和混乱，宜确保所审理的法院是指定破产代表的同一法院”。其中，指定破产代表的法院在我国一般为受理破产申请的法院。但我国并无法律明文规定管理人责任之诉的管辖法院。就目前收集到的案例而言，实务中对管理人责任纠纷的管辖法院如何确定也存在较大争议。

一种观点认为，管理人责任之诉应由审理破产案件的法院管辖，因为受理破产案件的法院更清楚管理人履职情况，也方便法院集中处理有关破产案件。有的观点认为可以依据《企业破产法》第二十一条规定：“人民法院受理破产申请后，有关债务人的民事诉讼，只能向破产申请的人民法院提起。”也有观点认为，可以依据2004年最高人民法院向湖北省高级人民法院作出的《最高人民法院关于破产清算组在履行职责过程中违约或侵权等民事纠纷案件诉讼管辖问题的批复》[①]。即“企业被宣告破产后，清算组因履行清算职责对他人违约或者侵权引起的民事诉讼，发生在破产程序终结之前的，由受理破产案件的人民法院管辖，在破产程序中一并处理”。该批复虽指的是清算组，但根据《企业破产法》第二十四条规定，清算组与律师事务所、会计师事务所、破产清算事务所等社会中介机构一样，均可作为管理人。因此可以类推适用到所有有关管理人责任之诉中。

另一种观点则认为，应根据侵权责任的管辖规则确定管辖法院。因为管理人责任纠纷的本质是对侵权责任的认定。《企业破产法》第二十一条规定的“集中管辖”适用于“有关债务人的民事诉讼”。就字面意思而言，是指债务人作为原告或被告的民事诉讼，作为管理人的中介机构等组织似乎并不符合“债务人”的条件。因此，若管理人责任之诉发生在破产程序终结后则更应当适用侵权责任的规定确定管辖法院。

当管理人责任之诉发生时破产程序尚未终结，如何确定有管辖权的法院尚存在争议。若管理人责任之诉提起时破产程序已终结，适用侵权责任的规定确定管辖法院可能更为合适。主要基于如下原因：第一，《企业破产法》第二十

---

① 该规定现已失效，但暂无新的具体法律规定。

一条规定的集中管辖在破产程序终结后已不再适用。在 2019 年 11 月 8 日最高人民法院印发的《全国法院民商事审判工作会议纪要》第一百一十三条规定，“重整计划执行期间，因重整程序终止后新发生的事实或者事件引发的有关债务人的民事诉讼，不适用《企业破产法》第 21 条有关集中管辖的规定”。第二，破产程序终结后发生的管理人责任之诉由受理破产案件的人民法院管辖，无相关规定支持。

本章小结

破产企业往往有着诸多疑难复杂的问题，管理人处于破产程序中的核心地位，业务难度大，需要全面接管破产企业，保管清理破产财产，对破产财产进行估价、处理、变价和分配，代表破产企业进行必要的民事及其他活动等。《企业破产法》第二十七条规定：“管理人应当勤勉尽责，忠实执行职务。”因此，管理人执业风险很高。在履职中稍有疏忽，轻则面临债务人、债权人、第三人的质疑，如《企业破产法》第二十二条第二款规定：“债权人会议认为管理人不能依法、公正执行职务或者有其他不能胜任职务情形的，可以申请人民法院予以更换。”重则可能被相关人员起诉要求承担责任，如《企业破产法》第一百三十条规定：“管理人未依照本法规定勤勉尽责，忠实执行职务的，人民法院可以依法处以罚款；给债权人、债务人或者第三人造成损失的，依法承担赔偿责任。”在正文中已梳理普遍出现的可能要求管理人承担民事责任的情形，需要管理人重点关注。对于清算组担任管理人时，管理人责任最终如何承担的问题，在我国至今尚未解决。但已有学者提出清算组虽无独立财产承担赔偿责任，但是可以由清算组成员承担。因此，无论是以何种形式组建的管理人，都应当保持严谨认真的职业态度，勤勉尽责，忠实地执行职务。

管理人因履职不当，除了承担民事责任，还可能被追究其他类型责任。如罚款、停止任职、除名等。《企业破产法》第一百三十条规定：“管理人未依照本法规定勤勉尽责，忠实执行职务的，人民法院可以依法处以罚款……”《最高人民法院关于审理企业破产案件指定管理人的规定》第三十九条规定，在发生破产管理人变更情形时，原管理人拒不向新管理人移交相关事务，人民法院可以根据《企业破产法》第一百三十条的规定和具体情况，决定对管理人罚款。对社会中介机构为管理人的罚款5万元至20万元人民币，对个人为管理人的罚款1万元至5万元人民币。编制管理人名册的人民法院可以决定停止其担任管理人一年至三年，或者将其从管理人名册中除名。

依据《企业破产法》第一百三十一条规定："违反本法规定，构成犯罪的，依法追究刑事责任。"管理人也有可能被追究刑事责任。在"（2016）豫0203刑初34号刘某某单位行贿、挪用公款、贪污、隐匿、故意销毁会计凭证、会计账簿、财务会计报告一审案"中，刘某某作为清算组成员未能勤勉尽责，忠实执行职务，谋取私利，最终法院认为其构成单位行贿、挪用公款、贪污、隐匿、故意销毁会计凭证、会计账簿、财务会计报告等罪，判处其有期徒刑十年。

降低执业风险最根本的做法是不断学习，不断获取信息，不断提升管理人团队的职业能力。破产业务是一项综合复杂的系统性工程。在纵向时间轴上依照破产法相关规定推进破产程序，在横向上破产程序涉及众多法律业务领域。所以管理人除了需要熟练掌握破产法相关规定，对于民商事诉讼、劳动人事、刑事诉讼、金融领域等也要有一定的把握。同时，在破产程序尤其是破产重整中，有时管理人需要扮演类似企业经营者的角色，为了更好处理破产事务，管理人往往还需要关注宏观经济形势及破产企业所在行业和地区的特点。因此管理人要加强团队建设，提高自身综合素养，全方面降低执业风险。

图书在版编目（CIP）数据

破产诉讼案件裁判规则与管理人实务／高美丽编著．—北京：中国法制出版社，2021.9

ISBN 978-7-5216-2133-4

Ⅰ.①破… Ⅱ.①高… Ⅲ.①企业-破产-经济纠纷-审判-案例-中国 Ⅳ.①D922.291.925

中国版本图书馆CIP数据核字（2021）第176756号

责任编辑 朱丹颖　　封面设计 杨泽江

破产诉讼案件裁判规则与管理人实务

POCHAN SUSONG ANJIAN CAIPAN GUIZE YU GUANLIREN SHIWU

编著/高美丽

经销/新华书店

印刷/三河市国英印务有限公司

开本/710毫米×1000毫米 16开　　印张/27 字数/372千

版次/2021年9月第1版　　2021年9月第1次印刷

中国法制出版社出版

书号 ISBN 978-7-5216-2133-4　　定价：98.00元

北京市西城区西便门西里甲16号西便门办公区

邮政编码100053　　传真：010-63141852

网址：http：//www.zgfzs.com　　**编辑部电话：010-63141667**

市场营销部电话：010-63141612　　**印务部电话：010-63141606**

（如有印装质量问题，请与本社印务部联系。）